西方经济学基础教程
（微观部分）

Essentials of Economics
Microeconomics

主　编　赵予新
副主编　刘晓慧

中国财经出版传媒集团
经济科学出版社
Economic Science Press

图书在版编目（CIP）数据

西方经济学基础教程. 微观部分 / 赵予新主编. —北京：经济科学出版社，2016.7

示范性应用技术大学系列创新教材

ISBN 978 - 7 - 5141 - 7091 - 7

Ⅰ.①西… Ⅱ.①赵… Ⅲ.①西方经济学 - 高等学校 - 教材②微观经济学 - 高等学校 - 教材 Ⅳ.①F091.3

中国版本图书馆 CIP 数据核字（2016）第 162265 号

责任编辑：张　频　杨　梅
责任校对：王肖楠
责任印制：李　鹏

西方经济学基础教程
（微观部分）

主　编　赵予新
副主编　刘晓慧

经济科学出版社出版、发行　新华书店经销
社址：北京市海淀区阜成路甲 28 号　邮编：100142
总编部电话：010 - 88191217　发行部电话：010 - 88191540
网址：www.esp.com.cn
电子邮件：esp@esp.com.cn
天猫网店：经济科学出版社旗舰店
网址：http://jjkxcbs.tmall.com
北京季蜂印刷有限公司印装
787×1092　16 开　17.75 印张　420000 字
2016 年 7 月第 1 版　2016 年 7 月第 1 次印刷
ISBN 978 - 7 - 5141 - 7091 - 7　定价：39.00 元
（图书出现印装问题，本社负责调换。电话：010 - 88191502）
（版权所有　翻印必究　举报电话：010 - 88191586
电子邮箱：dbts@esp.com.cn）

总　序

　　截至 2014 年 7 月，全国高等学校（不含独立学院）共计 2 542 所，其中普通高等学校 2 246 所（包括民办普通高校 444 所）；成人高等学校 296 所。近年来，党中央、国务院做出了引导部分地方本科高校转型发展的重大决策。《国务院关于加快发展现代职业教育的决定（国发〔2014〕19 号）》指出，要采取试点推动、示范引领等方式引导一批普通本科高等学校向应用技术类型高等学校转型，重点举办本科职业教育。建立高等学校分类体系，实行分类管理，加快建立分类设置、评价、指导、拨款制度。加快发展现代职业教育，是党中央、国务院做出的重大战略部署，对于深入实施创新驱动战略，创造更大的人才红利，促进经济转型升级具有十分重要的战略意义。

　　在原有的教育教学质量评估体系下，地方本科院校纷纷将学术型人才培养作为学校的培养目标。人才培养方案过于强调理论体系的系统和完整，"大一统"的课程设置导致不同类别、不同层次高校之间的培养目标和规格的描述大同小异，追求所谓的"宽口径、厚基础"而缺少个性，缺少地方特色，缺少行业特色，缺少学校特色；重理论轻实践，知行分离，使培养的学生从事理论研究的功底不深，动手操作上又技能不足。使用的教材大多数是统一的"规划教材"，难以适应应用型本科人才培养的需要。

　　教材建设是高等学校的一项重要的基本建设。教材是对学生进行教育、传授知识、训练技能和发展智力的主要工具，是教育教学质量的重要保证。为使教材真正切合应用型人才的培养目标，黄河科技学院组织由专家、教授、博士等学术骨干组成具有较强实力的编写组走访了大量高等学校，深入地与用人单位进行了交流，在明确了用人单位需求的基础上，编写了一套"示范性应用技术大学系列创新教材"，该套教材以应用型人才培养目标为导向，围绕应用讲理论，突出案例分析及团队实训，反映最新的教育教学改革成果及岗位要求，强调科学性、实用性、通用性和可操作性。

　　这套系列教材在内容设计上，总体上遵循"精练、新颖、适用"的基本原则。"精练"即内容精练，突出经济学类、管理学类专业课程标准所要求的基本内容，对于繁复的理论阐述和复杂的公式推导进行删减。"新颖"

即内容上反映学科和专业研究的前沿理论和新方法，体现教育教学改革的最新成果。"适用"即适合应用型本科人才培养的需要，力求做到"教、学、练"一体化。我们希望通过该套系列教材的出版，有助于将学生培养成具有强烈的创新意识与精神，基础理论扎实、知识面宽、创新能力强，能够综合运用科学理论和方法解决实际问题，适应市场经济要求的高素质应用型人才。

赵予新

2016 年 1 月 5 日

前　言

西方经济学是以西方市场经济国家的经济运行为背景，全面阐释市场经济一般理论的科学，是高等院校经济学类和管理学类专业一门重要的专业基础课。在长期的教学实践中我们了解到，学生虽然也能认识到这门课程的重要性，也有积极性学好西方经济学，但经常听到学生抱怨这门课程太难学。目前国内出版的用于本科教学的《西方经济学》教材林林总总、版本繁多，但许多教材存在着教学内容不顾应用型本科院校学生的现有基础和人才培养目标的需要求全求深，使学生普遍感到西方经济学内容庞杂、术语繁多、理论深奥、枯燥乏味，而且内容与中国实际具有较大的距离，从而大大影响了学习效果。如何适应应用型本科院校的战略转型和高素质应用型人才培养目标的需要，编写一本适合本科高职经济管理类应用型人才培养的需要的西方经济学教材，是一个亟待研究和解决的问题，本教材编写组在这方面进行了一些尝试。

本教材具有以下三个特点：

第一，在指导思想方面，注重培养学生的现代经济思维和分析问题、解决问题的能力。西方经济学既具有理论性强的特点，又对实践具有很强的指导作用。根据高素质本科应用型人才的培养目标，我们试图通过西方经济学的教学和实践环节的安排：一是为学生较为系统地介绍西方经济学的基本概念、基本理论和基本方法，为学好其他专业课打好基础；二是为学生熟练地运用经济理论和方法独立地研究经济问题，提供理论分析的思想框架；三是使学生了解企业、政府在市场经济中的地位与作用，借鉴和吸收西方经济学反映现代社会化生产和市场经济运行规律的内容与方法；四是通过全方位的"案例分析""团队实训""技能训练"等实践环节的安排，提高学生运用理论解决实际问题的能力。在本教材的编写中，注重加强对学生创新思维和科学、规范地应用经济学分析工具的基本训练，使学生初步学会像经济学家一样思考和解决问题，为提高学生今后从事实际工作能力奠定基础。

第二，在体例设计方面，力求使内容和表现形式更加灵活多样。每一章首先提出知识要求，简明扼要地列出本章涉及的知识点和学生在基本概念、方法、技能等方面应达到的基本要求。在每章之前设有"案例导入"，以引导本章的主要内容并启发学生思考。在内容设计上，突出西方经济学本科教学大纲所要求的基本内容，对于繁复的理论阐述和复杂的公式推导进行了删减，精选了图表和公式。根据教学需要在有关章节设置了"知识链接"专栏，对必要的知识点进行拓展；还设计了"即问即答"环节，以引导学生边学习边思考；在各章之后安排了"延伸阅读""经济学名家""技能训练""案例分析""团队实训"等项目，既有利于激发学生的学习兴趣，又有助于提高学生分析和解决问题的能力。在案例选择上，尽可能采用中国案例，把学生引导到实际问题中去，培养学生运用经济学的思想和方法分析解决现实经济生活中问题的能力。通过每章的"团队实训"项目，培养学生团队合作意识，激发学生走向社会，调查研究，积极思考，提高综合调查和研究能力。

第三，在结构安排方面，试图构建符合本科高职需要的西方经济学知识体系，反映经济学研究的前沿理论和新方法，体现西方经济学教学改革的最新成果。微观经济学部分共十章，介绍供求理论、消费者理论、生产者理论、成本理论、市场结构理论、博弈论、分配理论、一般均衡与福利经济学、微观经济政策的相关知识。

本教材由赵予新担任主编，刘晓慧担任副主编。参加微观部分编写的教师分工如下：第一章，赵予新；第二章、第六章，李红欣；第三章、第四章、第五章，张志娟；第七章、第十章，孙常辉；第八章，李红欣、豆晓利；第九章，刘晓慧。全书的统稿和校对工作由赵予新和刘晓慧完成。

本书主要面向应用型本科经济学类、管理学类专业的教学需要。

在本书编写过程中，我们参阅了国内外大量的经济学教材和著作，吸收了西方经济学教学改革的最新成果，力求使本教材更加适合应用型本科教学的要求。主要参考文献列于书后，在此特作说明，并向有关作者表示诚挚的谢意。

限于编写者水平有限，书中难免有不妥或疏漏之处，敬请广大读者和学界同行给予批评指正，以便再版时修订完善。

编者

2016 年 1 月 15 日

目 录

第一章 导论 ·· 1
  第一节 为什么要学习经济学 ··· 1
  第二节 经济学的研究对象 ··· 3
  第三节 经济学的十大原理 ··· 7
  第四节 经济学的研究方法 ··· 13
  第五节 两个基本的经济模型 ··· 16
  第六节 经济学的由来和演变 ··· 20

第二章 供求理论 ·· 27
  第一节 需求曲线 ·· 27
  第二节 供给曲线 ·· 33
  第三节 供求均衡 ·· 37
  第四节 弹性理论 ·· 42

第三章 消费者理论 ·· 65
  第一节 效用论概述 ··· 65
  第二节 无差异曲线 ··· 76
  第三节 预算线及消费者均衡 ··· 82
  第四节 替代效应和收入效应 ··· 89

第四章 生产者理论 ·· 99
  第一节 企业基本理论 ··· 100
  第二节 生产要素与生产函数 ··· 102
  第三节 短期内一种可变生产要素的最适投入 ··························· 105
  第四节 长期内两种生产要素的最佳组合 ·································· 109

第五章 成本理论 ·· 122
  第一节 成本的概念 ··· 122
  第二节 短期成本曲线 ··· 126
  第三节 长期成本曲线 ··· 133
  第四节 收益与利润最大化原则 ·· 138

第六章　市场结构理论……144
第一节　厂商和市场的类型……144
第二节　完全竞争市场……146
第三节　完全垄断市场……159
第四节　垄断竞争市场……169
第五节　寡头垄断市场……175
第六节　市场结构与市场效率……179

第七章　博弈论……186
第一节　博弈论概述……187
第二节　完全信息静态博弈……189
第三节　完全信息动态博弈……194
第四节　不完全信息博弈……198

第八章　分配理论……206
第一节　生产要素收入分配的原理……207
第二节　工资、利息、地租、利润理论……212
第三节　洛伦兹曲线和基尼系数……218

第九章　一般均衡和福利经济学……226
第一节　一般均衡……227
第二节　经济效率的判断……230
第三节　交换的帕累托最优条件……232
第四节　生产的帕累托最优条件……235
第五节　交换和生产的帕累托最优条件……237
第六节　完全竞争和帕累托最优状态……243
第七节　社会福利函数……246

第十章　微观经济政策……254
第一节　垄断……255
第二节　公共物品……258
第三节　外部性……262
第四节　信息不对称……267

参考文献……274

第一章 导 论

知识要求 >>>>>>

了解为什么要学习经济学；了解经济学的基本假设；掌握经济学研究的基本问题；掌握经济学十大原理；熟悉市场运行图和生产可能性边界的含义；了解经济学的研究方法；了解经济学的发展简史；了解西方经济学理论的基本框架。

案例导入 >>>>>>

从一位大三学生出人意料的选择说起

1975年，一个20岁的美国哈佛大学大三学生，面临如下的选择：是继续最后一年的大学学业，还是与好友去做一次有风险的创业？一方面是再有一年多就要穿上多少人都羡慕的哈佛大学毕业生的学位服；另一方面是自己雄心勃勃的在软件行业的创业计划。对于他来说，既不耽误学业又能投入他钟情的计算机开发软件的事业中是不可能的。因为时间是稀缺的：他没有时间同时做两件事情。而他做出的选择令多少人不解：从哈佛大学辍学！将全部精力投入软件开发中。这个人就是曾任微软公司CEO和首席软件设计师的比尔·盖茨（Bill Gates）。他以自己成功打造"微软帝国"的骄人业绩告诉世人：他的选择是正确的，他成功了！他在连续多年的全球亿万富翁排行榜中蝉联世界首富，成就了自己让计算机成为每个家庭、每个企业最重要的工具的梦想。就在2007年，功成名就的盖茨拿到了迟到30年的哈佛大学荣誉学位。

这个真实的故事诠释了经济学的核心思想：在资源稀缺的约束下，人们需要进行有目的的选择。经济学就是有关在稀缺性的约束下，人们如何进行选择的学问。本书将带你进入经济学的世界，学习如何像经济学家一样思考。

第一节 为什么要学习经济学

开卷之际，你也许会问：为什么要学习经济学？不同的人可能有不同的回答。经济学常常被人们说成是"致用之学"，那么，其"用"体现在何处，我们从以下四个方面来认识。

一、更好地解释社会现实中的经济现象

在这丰富多彩的大千世界，我们有太多的困惑和不解的谜团：

——水和钻石相比，为什么对人们更重要的水的价格却那么低，相对来说并不重要的钻石价格却很高？

——人们欢迎的廉价高效药为什么销声匿迹，而有些药价居高不降为什么那么"任性"？

——奶农为什么要把新鲜的牛奶倒掉？果农为什么将挂果的果树砍掉？

——2014年，我国粮食产量在实现"十一连增"的同时，粮食进口却持续增加，国内粮价还远高于国外，为什么？

我们在生活中常常遇到这类令人困惑的问题。经济学能够为合理解释这些现象提供分析思路，以做出合理的解释。经济学家施蒂格勒（Stigler）指出："经济学的主要任务一直是以大众可以接受的方式来解释经济现象。"另一位经济学家弗里德曼（Friedman，1953）也强调，"作为一种实证科学，经济学是一种被尝试接受的，关于经济现象的概括体系，用以对条件变化的结果做出预测。"当你学会运用经济思维以后，就能够像经济学家那样思考和解释经济现象。

二、更好地掌握经济活动运行的规律

许多司空见惯的现象背后隐含着深刻的经济规律的支配。

——全世界所有超市里的蔬菜价格，为什么会不停地变化？

——当政府对市场上某产品实行价格上限时，为什么这类物品会产生短缺？

——企业为什么能够通过扩大生产规模，达到降低产品价格的目的？

——为什么中国改革开放以来经济长期保持持续增长，而世界上有些国家始终走不出贫困的陷阱？

经济学作为一门科学，是对经济活动运行规律的总结、抽象与概括。这种经济规律是各种经济关系内在的、本质的和必然的联系。例如，生产者理论和消费者理论概括了左右企业和消费者行为的内在规律。学习经济学就是要掌握经济活动中所发生的各种关系的规律，为把握经济活动的发展变化趋势提供指导。

三、指导人们在经济活动中进行最佳选择

任何个人、企业和组织在生活、生产中都随时面临各种各样的选择：

——一个大学毕业生，是选择就业创业，尽快向抚养自己的父母做出回报？还是选择深造读研或出国，为自己可持续发展再添动力？

——一个家庭，如何把有限的收入，在购买各种不同的商品和服务中进行选择，让全家人都获得最大程度的满足？

——一家生产空调的企业，为了获得最大利润，生产什么类型和规格的空调？生产多少？用什么技术和工艺？定价多高？是否应向新的领域投资？

——各国政府的宏观调控政策一般有三个主要目标：高经济增长、低失业率、低通货膨胀。然而，如何在三者之间权衡利弊呢？

类似的问题还有很多。经济学理论可以指导企业在各种选择中优化资源配置，降低成本，提高经济效益；可以指导政府进行科学决策，充分考虑社会各阶层、企业、团体的利益，有效地配置资源，提高社会整体福利水平。罗宾斯（Lionel Robbins）认为，在错综复杂的现实世界中，当人们进行多种目标选择时，经济学可以帮助人们理解自己选择的意义，以及如何选择，"它提供了人们合理行动的一种技术"。

四、为学好专业和走向社会奠定基础

著名经济学家萨缪尔森认为，为什么要学习经济学？"一条最重要的理由应该是，在你的一生（从摇篮到坟墓）中，你都永远无法回避无情的经济学真理"。"学习经济学并非是要你变成一个天才，但若不学经济学，命运很可能与你格格不入"。[1]

对于经济学类、管理学类等专业的学生而言，经济学是一门重要的专业基础课。现代经济学和管理学体系中的许多课程都要建立在对经济理论掌握的基础之上，如产业经济学、金融学、投资经济学、财政学、区域经济学、国际经济与贸易、劳动经济学、税收学等。要学好这些课程，先要学好经济学的基本原理。

经济学对经济问题的分析，几乎涵盖了生活的方方面面。例如，婚姻、择业、失业、利润、利率、债券、股票、经营决策、法律问题、竞争策略等，都能从经济学理论和方法中得到启发。经济学有助于我们建立良好的人生观，处理好和周围人群的关系，懂得个人的社会责任。[2] 通过学习经济学，不仅可以帮助理解一些社会问题发生的根源，而且还有助于找到解决许多社会问题的方式和方法。

需要注意的是，"经济学主要还是一门学术而非职业的学问。经济学并不是一门研究怎样赚钱的学问。对经济学知识的掌握和对经济前景的把握，有助于你经营好一家公司或管理好个人财务，但这并不是这门学科的主要目的。经济学最终是从社会而非个人的角度研究问题和决策，从社会利益最大化角度来讨论商品和服务的生产、交换和消费，而不只是从增加个人收入角度来讨论上述问题。"[3]

第二节 经济学的研究对象

什么是经济学？这是初学经济学必须解决的问题。本节从经济学的两个基本假设入

---

[1] 保罗·萨缪尔森，威廉·诺德豪斯，萧琛主译：《经济学（第十七版）》，人民邮电出版社2004年版，第1页。
[2] 茅于轼：《微观经济学十讲（第二版）》，暨南大学出版社2008年版，第254页。
[3] 坎贝尔·R·麦克南，斯坦利·L·布鲁伊，李绍荣等译：《经济学（第五版）》，中国财政经济出版社2004年版。

手,介绍经济学研究的基本问题,并对经济学的两个分支——微观经济学和宏观经济学作简要介绍。

一、经济学研究的基本假设

经济学理论的建立是以一系列的假设条件为前提的。整个经济学科就是建立在有关基本假设的基础之上。经济学的两个最基本的假设是:经济资源是相对稀缺的,经济个体是理性的。

(一) 资源的相对稀缺性

经济学产生于资源的稀缺性和资源使用的可选择性。

经济学所说的资源(resources),可以被定义为生产过程中所使用的投入。实际上,当资源是生产性的,则它们被称为生产要素。按照常见的划分方法,资源被划分为以下四种:一是自然资源(natural resources),指未经劳动加工由大自然提供的一切物品,如矿藏、森林、水资源、土地等。二是人力资源(human resources),指蕴藏于劳动者身上的脑力和体力。每当潜在的劳动者经受学校教育和专业训练,以及每当实际劳动者学习新技术后,他们对生产的产出量的贡献就会提高。三是物质资本(physical capital),是由劳动和土地生产出来,再投入生产过程的生产要素,包括厂房、机器设备、原料等。四是企业家才能(entrepreneurial ability)。这是一种特殊的人力资源,主要指企业家的经营、管理、创新才能等。这是将其他经济资源组织起来,并使之具有活力的生产要素。

1. 资源稀缺性的内涵

所有的经济问题都源于一个不可回避的事实:任何社会或个人总是无法得到自己想要的一切东西,人们生活在一个存在稀缺性的世界。

所谓资源稀缺性(scarcity),是指欲望总是超过了能用于满足欲望的资源。有限的资源相对于人类无限的欲望总会显得不足,因而我们说资源是稀缺的。稀缺并不意味着难以得到,而仅仅意味着,不付出代价就不能得到。稀缺是每一个人所面对的现实。即使是一个亿万富翁,他似乎可以拥有他想要的一切,但在他的字典里仍然有"稀缺"这个词,比如,他的时间是有限的。

在自然界和社会中,从稀缺性出发,我们将满足人们消费需求的物品分为两类,自由物品(free goods)和经济物品(economic goods)。不用付出代价就可以得到的物品被称为自由物品。在这个稀缺的世界上自由物品是个例外,是大自然的恩赐。空气曾经被公认是自由物品,但是随着污染遍及世界各地,自由地呼吸新鲜的空气似乎越来越变成人们的一种奢望。需要付出代价才能得到的物品,就是经济物品。

2. 资源使用的可选择性

如果只是资源有限,也不一定要研究经济学,由于同一资源有多种用途,从而需要进行选择。选择性是指资源配置,即将具备多用性的资源在各种用途之间进行选择,以便更好地满足人类的需要。例如,煤炭既可以用于发电、炼钢,又可用于做饭、取暖。

在有限的时间里，人们既要安排工作、学习、吃饭睡觉，又得考虑郊游、锻炼、聚会。一定的资源如果更多地用于生产军需品，就得减少民用品供给。

（二）经济个体是理性的

在经济学家看来，大千世界千差万别的无数经济个体都是理性人（rational person），即不懈地追求自身最大限度满足的理性人。理性是对经济生活中一般人的抽象，其本性被假设为是利己的。具体来说，"理性"的经济学含义包括以下三个方面：

（1）人的自利性。其核心思想是，人具有和动物一样的求生本能，由于人的物质欲望大大超出稀缺资源所能满足的程度，于是发生了与达尔文进化论提出的"物竞天择"类似的社会竞争规律。每个人都从利己心（self-love）出发，争相选择一个对自己最有利的经济行为。

（2）极大化原则。即经济主体总以约束条件下的幸福最大化为目标（或等价地追求痛苦最小化）。在理想状态下，经济人总能充分利用其智力资源，经过精确的计算，使他们的选择在理性的时候停止下来：个体为增加一个边际量的"幸福"所付出的努力带来的"痛苦"感正好与该边际量的"幸福"感相等，即新古典经济学所谓的边际收益与边际成本相等。

（3）一致性原则。每个人的自利行为与群体内其他人的自利行为之间存在一致性。每个人的自利行为都是在与社会中其他的自利人发生相互作用的前提下完成的，因此有可能存在所谓的"社会博弈"过程和"博弈均衡"，经济学也因此与社会学面临着共同的基本问题。

二、经济学研究的基本问题

经济学产生于人类欲望的无限性与经济资源的稀缺性之间的矛盾。一方面，人类要生存和发展，就需要各种生活物品和服务，而且这种需要是无限的。这种无限性表现在：旧的欲望满足了又会产生新的欲望。例如，没有住房的人需要住房，有了小房子想换大房子，有了大房子又想更豪华的装修。骑自行车的人想换成摩托车，有了摩托车又想小轿车，有了国产小轿车又想换成进口豪华轿车，等等。另一方面，上面的这些欲望能否得到满足，并不取决于人们的主观愿望，而要受资源供给的可能性影响。相对于人类需求的无限性而言，资源总是稀缺的，因此，人类的需要在任何时候都不可能全部得到满足。

不同的经济学家所下的经济学定义尽管有差异，但都包括三方面内容：人的无限欲望、资源稀缺性和由此产生的选择。这里我们采用美国著名经济学家萨缪尔森（Paul A. Samuelson）和诺德豪斯（D. Nordhaus）对经济学所下的定义：经济学研究的是一个社会如何利用稀缺的资源以生产有价值的物品与劳务，并将它们在不同的人中间进行分配。[①] 具体来说，经济学研究以下两个方面的问题。

---

① 保罗·萨缪尔森，威廉·诺德豪斯：《经济学（第十七版）》，人民邮电出版社2004年版，第2页。

（一）资源配置问题

人类进行选择的过程也就是资源配置过程。面对资源的稀缺性，人类社会必须对如何利用既定资源去生产经济物品做出选择，具体要解决以下三个基本问题：

（1）生产什么（what）和生产多少（how much）。由于资源有限，用于生产某种产品的资源多一些，用于生产其他产品的资源就会少一些。人们必须做出选择：用多少资源生产某种产品，用多少资源生产其他产品。例如，是多生产军需用品满足国防需要，还是多生产民用品满足消费需求。

（2）怎样生产（how）。不同的生产方法和资源组合是可以相互替代的。同样的产品可以有不同的资源组合（例如，劳动密集型方法或资本技术密集型方法）。人们必须决定：各种资源如何进行有效组合，才能提高经济效率。同样的产品生产在不同的外部环境下会有不同的劳动生产率，所以人们还必须决定，资源配置在哪种外部环境下最有效。例如，是用石油和煤炭发电还是用水力、风力、原子能发电？是手工操作还是机器大规模生产？

（3）为谁生产（for whom）。包括产品如何进行分配，根据什么原则、采用什么机制进行分配，以及分配的数量界限如何把握等。

（二）资源利用问题

所谓资源利用是指人类社会如何更好地利用现有的稀缺资源，使之生产出更多的物品。资源利用包括以下三个问题：

（1）为什么资源得不到充分利用，如何解决失业问题，实现充分就业。

（2）货币购买力是否发生了变动，为什么产生这种变动，对经济有怎样的影响，如何控制通货膨胀。

（3）经济为什么会发生变动，如何才能实现持续稳定的经济增长。

由上可见，稀缺性不仅引起了资源配置问题，而且还引起了资源利用问题。经济学家认为，经济学是研究稀缺资源配置与利用的科学。

 **即问即答**

1. 经济学可以定义为（　　　）。
   A. 政府对市场制度的干预　　　　　　　　B. 企业取得利润的活动
   C. 研究如何合理地配置稀缺资源于诸多用途　　D. 人们靠收入生活
2. 经济物品是指（　　　）。
   A. 有用的物品　　　　　　　　　　　　　B. 稀缺的物品
   C. 要用钱购买的物品　　　　　　　　　　D. 有用且稀缺的物品

三、微观经济学和宏观经济学

随着1936年凯恩斯的《就业、利息和货币通论》发表，经济学理论在分析内容、研究层次等方面就逐渐形成了两大类别：以单个经济单位为研究对象的微观经济学；以国家和地区经济系统作为整体，研究经济总量的宏观经济学。

（一）微观经济学

微观经济学（microeconomics）是以单个经济单位（家庭、企业等）作为考察对象，分析个别市场的经济活动和个别企业、个别消费者、个别资源所有者的经济行为和相互关系；解决的问题是资源配置；中心理论是价格理论，说明在市场经济体制中如何通过价格机制的作用使资源配置达到最优化；研究方法是个量分析。具体内容主要包括：供求理论、消费者行为理论、生产者行为理论、市场结构理论、生产要素和收入分配理论、一般均衡理论与微观经济政策等。

（二）宏观经济学

宏观经济学（macroeonomics）以一个国家（地区）作为考察对象，研究该国（地区）的整体经济运行和政府如何为实现经济目标而进行的调节问题。宏观经济学的研究对象是整个经济，研究总体经济的运行方式和规律；解决的问题是资源利用，分析资源未能充分利用的原因，以及实现充分利用的途径；中心理论是国民收入决定理论；研究方法是总量分析。其基本内容包括：国民收入决定理论、失业和通货膨胀理论、经济周期和经济增长理论、宏观经济政策、开放经济理论等。

第三节 经济学的十大原理

学习经济学，需要掌握其分析问题的基本理念和思路。美国经济学家曼昆（N. Gregory Mankiw）将经济学研究的林林总总的问题归纳出十大原理，这是对人类长期以来经济行为进行观察而得出的一些总结，是经济分析的基础。这十大原理可以归入三个层次，即个人决策的基本原理、人们相互交易的基本原理和整体经济运行的基本原理。通过本节的学习，大家会了解到一些最重要的经济学思想。

一、个人决策的基本原理

（一）人们经常会面临权衡取舍

经济学关注的最为基本的问题是：面对稀缺的资源，人们不得不在多种需要中做出取舍和选择。在资源既定的情况下，多生产某种产品，必须以减少生产其他产品为代价。做出决策要求我们在一个目标与另一个目标之间有所取舍。

人们面临各种不同的交替关系。对于个人而言，为了得到我们喜爱的一件东西，通常就不得不放弃另一件我们喜爱的东西。一个学生，你用 100 元去网吧上网打游戏，意味着你无法再用这 100 元来购置学习用品或其他生活用品。一个地区，如果一块土地被用于建造商品房，就意味着它不能再用来生产粮食。一个国家，把更多的钱用于国防以免受外国入侵时，我们能用于提高国内生活水平的个人物品的消费就减少了。

"天下没有免费的午餐"，是我们学习经济学首先必须接受的最基本的原理。认识到生活中存在的权衡取舍关系是重要的，因为人们只有了解到自己可以得到的各种选择的利弊得失，才能做出好的决策。

 **即问即答**

列举两个你在生活中曾面临重要的权衡取舍的例子，你当时是如何决策的？

（二）某种东西的成本是为了得到它而放弃的东西

既然是选择，就意味着牺牲和放弃。用经济学术语来表述，这就是机会成本。所谓机会成本（opportunity cost），是指把既定资源投入某一特定用途所放弃的其他可能用途中获得的最大收益。

如果一家企业决定重置其机械设备，它可能必须延迟修建新的总经理办公室。如果一国政府扩展了其国防工程，将不得不缩减建设学校的支出。经济学家认为，这些决策的真实成本并非花费购买新机器或国防支出上的钱，而是为了达到以上目标所必须放弃的修建新的总经理办公室或学校建设所带来的那部分损失了的价值。这些价值就是机会成本。

由于人们面临着交替关系，所以，做出决策就要比较可供选择的行动方案的成本与收益。然而，在许多情况下，某种行动的成本并不像乍看时那么明显。

一种东西的机会成本是为了得到这种东西所放弃的东西。决策者应该认识到伴随每一种可能的行动而来的机会成本。例如，某人有 10 万元资金，开商店可获利 2 万元，炒股票可获利 3.5 万元，如果他选择了开商店，则机会成本就是 3.5 万元。再如，是否上大学时，在美国那些正值上大学年龄的优秀运动员如果退学而从事职业运动就能赚几百万美元，因此他们上大学的机会成本极高。他们往往如此决定：不值得花费这种成本来获得上大学的收益。

 **即问即答**

1. 分析题：

一位大学生在毕业时面临三种选择：一是继续读研深造，每年需要花费 3 万元；二是考取公务员，每年可以获得5万元年薪；三是到一家企业去上班，每年可以获得8万元年薪。试问：该毕业生选择读研究生的机会成本是多少？

假如该同学到企业工作之余还可以做兼职，每年的兼职收入为1.5万元。请问：该同学选择读研的机会成本又是多少？

2. 判断正误：

（1）机会成本是资源被用于某种用途以后，所放弃的其他用途中最大的那种用途所产生的效用。（　　）

（2）机会成本存在的前提是选择的多样性。（　　）

3. 延伸思考：

（1）经济学上的机会成本概念与会计学上的成本概念有何联系与区别？

（2）大学毕业后，你会去充满机会但竞争激烈、生活成本较高的"北上广"发展，还是回到自己的家乡小城镇工作？

（三）用边际分析方法思考至关重要

人们生活和经济活动中的许多决策涉及对现有行动的计划进行微小的增量调整。经济学把这类调整称为边际分析。实际上，边际分析是在现状的基础上，研究增加一点或减少一点的效果。"边际"一词可以理解为"增加"的意思，"边际量"就是"增量"的含义。即自变量增加一单位，因变量所增加的量就是边际量。

考虑一个航空公司决定对等退票的乘客收取多高的价格。假设一架200个座位的飞机横越国内飞行一次，每个座位的平均成本是500美元。有人会得出结论：航空公司的票价决不应低于500美元。然而航空公司可以通过考虑边际量而增加利润。假设一架飞机即将起飞时仍有10个空位。在登机口等退票的乘客愿意支付300美元买一张票。航空公司应该卖给他票吗？当然应该。这是由于虽然一位乘客飞行的平均成本是500美元，但边际成本仅仅是这位额外的乘客将消费一包花生米和一罐饮料的成本而已。只要等退票的乘客所支付的钱大于边际成本，卖给他机票就是有利可图的。

在许多情况下，人们可以通过考虑边际量来做出最优决策。通过上述例子可以看出，在利用边际分析法进行决策时，需要对比边际收益与边际成本。如果边际收益大于边际成本，这就是理性选择；否则，就是非理性决策。

边际分析法的提出被认为是经济学方法的一次革命。它不仅为决策提供了一个有用的工具，而且使数学方法在经济学中得到广泛应用。

 **即问即答**

假如在你大学毕业之前有两种选择：一是到一家公司去就业；二是与朋友一起去创业。试用边际分析方法说说你选择的思路。

（四）人们会对激励做出反应

由于人是利己的，所以，面对物质利益的变化，人们必然会做出反应。即人们会对激励做出反应。人们会通过比较成本与收益做出决策。当成本或收益变动时，人们的行为也会改变。例如，当苹果的价格上升时，人们就决定多吃梨少吃苹果，因为购买苹果的成本高了。同时，苹果园主决定雇用更多工人并多摘苹果，因为出售苹果的收益也高了。

在现实经济中，行为人任何行为的改变都可以从激励得到解释。例如，人们为什么从甲公司跳槽到乙公司，企业为什么用更新换代后的新产品来替代滞销的过时产品，其实都是经过成本和收益的比较之后所做出的选择。这一原理告诉我们，如果想改变人们的行为，就要从改变对人们的激励开始。

 即问即答

如果政府大范围高税率，会对财政收入带来什么影响？试用"人们会对激励做出反应"原理加以分析。

二、相互交易的基本原理

在市场经济中，人们的许多决策不仅影响自己，还影响其他人。以下三个原理是关于人们如何互相交易的。

（一）贸易能使每个人的状况变得更好

两个人的交换能使双方获益。两个国家的贸易可以使每个国家的状况都变得更好。这一原理称交换（贸易）原理，说明交易能使每个人（国家）的状况更好。

如今，中国生产了许多被美国人大量购买的商品，包括玩具、纺织品、电子类设备等。美国制造商常常抱怨来自中国的竞争，并要求实行贸易保护以阻止进口商品的涌入。经济学家并不认同这种观点。他们认为，双方一般都会从国际贸易中获利。贸易促使人们专门从事自己最擅长的活动，并享有更多的物品和劳务。

为了说明原因，我们考虑贸易如何影响你的家庭。当你的一个家庭成员找工作时要与也在找工作的其他家庭成员竞争。当各个家庭购物时，他们也相互竞争，因为每个家庭都想以最低的价格购买最好的东西。因此，在某种意义上说，经济中每个家庭都与所有其他家庭竞争。

尽管有这种竞争，但把你的家庭与所有其他家庭隔绝开来并不会过得更好。如果是这样的话，你的家庭就必须自己种粮食，自己做衣服，盖自己住的房子。显然，你的家庭在与其他家庭交易的能力中受益匪浅。无论是在耕种、做衣服或盖房子方面，贸易使每个人可以专门从事自己最擅长的活动。通过与其他人交易，人们可以按较低的价格买到各种各样的商品与劳务。

国家和家庭一样也从相互交易的能力中获益。贸易使各国可以专门从事自己最擅长的活动，并享有更多的各种各样的物品与劳务。美国人和法国人、埃及人与巴西人一

样，既是我们的竞争对手，又是我们在世界经济中的伙伴。

 **即问即答**

1. 你的室友做饭比你好，但你清扫房间比你的室友快。如果你的室友承担全部做饭工作，你承担全部清扫工作，这比你们平均分担每一项工作时你要花费的时间多了，还是少了？试举一例，说明专业化和贸易如何使两个国家的状况变得更好？

2. 既然自由贸易能增进双方的福利，为什么有些国家还要打"贸易战"呢？

（二）市场通常是组织经济活动的一种好方法

这一原理又称"看不见的手"原理，是指家庭或企业受价格这只"看不见的手"指引，决定购买什么、购买多少、何时购买，决定生产什么、生产多少、如何生产、为谁生产，他们时刻关注着价格，不知不觉地考虑其行动的收益与成本，价格指引这些个别决策者通过市场在大多数情况下实现整个社会福利的最大化。

亚当·斯密（Adam Smith）认为，每个人既不打算促进公共的利益，也不知道他所增进的公共福利为多少。他所追求的仅仅是他个人的利益，他受一只"看不见的手"引导去促进一种目标，而这种目标绝不是他所追求的东西，由于他追逐自己的利益，经常促进社会利益，其效果要比他真正想促进社会利益时所得到的效果要大①。

关于"看不见的手"原理在分析经济活动中有一个重要推论：当政府阻止价格根据供求自发地调整时，就限制了"看不见的手"协调组成经济的千百万个家庭和企业的能力。这个推论解释了为什么税收对资源配置有不利的影响：税收扭曲了价格，从而扭曲了家庭和企业的决策。这个推论也解释了计划经济的失败。在计划经济国家中，价格不是在市场上决定的，而是由中央政府确定。这些计划者缺乏那种在价格对市场力量自由地做出反应时反映在价格中的信息，政府在管理经济时把市场上那只"看不见的手"束缚起来了。

（三）政府有时可以改善市场结果

这一原理又称"看得见的手"原理，是指在市场失灵的领域，不得不进行政府干预或宏观调控。有时政府干预可以改善市场结果。而市场失灵是指市场本身不能解决资源有效配置的情况。市场失灵包括失业和经济周期、公共产品、外部性等问题。

"看得见的手"原理必须建立在市场基础上，在市场失灵的领域发生作用。由于信息不完全、政策程序等原因，政府干预虽然可以改善市场结果，但并不意味着它总能促进经济福利。

---

① [英] 亚当·斯密：《国民财富的性质和原因的研究》，下卷，商务印书馆1972年版，第25页。

 **即问即答**

1. 试举出现实中的 2~3 个例子，说明需要政府干预或调控的领域。
2. 最低工资法的实施能增加年轻人和不熟练工人的就业机会吗？

三、整体经济运行的基本原理

（一）一国的生活水平取决于它生产物品与劳务的能力

世界各国的生活水平的差别是惊人的。高收入国家的公民比低收入国家的公民，拥有更多的房子、汽车、更好的医疗保健，以及更长的预期寿命。

是什么原因导致各国和不同时期生活水平的差别呢？答案在于各国生产率的差别，即一个工人一小时所生产的物品与劳务量的差别。在那些单位时间工人能生产大量物品与劳务的国家，大多数人享有高生活水平；在那些生产率低的国家，大多数人必须忍受贫困的生活。同样，一国的生产增长率决定了平均收入增长率。

 **即问即答**

你的生活水平在哪些方面不同于你的父母或爷爷、奶奶在你这个年龄时的生活水平？为什么会发生这些变化？

（二）政府发行过多的货币将引起通货膨胀

通货膨胀是指经济中物价总水平的上升。世界各国都把保持低通货膨胀作为经济政策的重要目标之一。1921 年 1 月，德国一份日报的价格为 0.3 马克。不到两年之后，1923 年 11 月，一份同样的报纸价格为 7 000 万马克。经济中所有其他价格都有类似的上升。这是历史上最惊人的通货膨胀的实例。

是什么引起了通货膨胀？在大多数严重或持续的通货膨胀情况下，罪魁祸首总是相同的，那就是货币量的增长。当一个政府创造了大量本国货币时，货币的价值下降了。在 20 世纪 20 年代初的德国，当物价平均每月上升 3 倍时，货币量每月也增加了 3 倍。美国的情况虽然没有这么严重，但美国经济史也得出了类似的结论：20 世纪 70 年代的高通货膨胀与货币量的迅速增长是相关的，而 90 年代的低通货膨胀与货币量的缓慢增长也是相关的。

（三）通货膨胀与失业之间存在短期替代关系

通常认为，降低通货膨胀会引起失业暂时增加。用来描述通货膨胀与失业之间这种替代关系的被称为菲利普斯曲线（philips curve）。这种替代关系体现在政府在宏观经济政策的选择上：治理通货膨胀要以失业率提高为代价；反之，降低失业率要以通货膨胀率的提高为代价。

通货膨胀与失业之间的交替关系只是暂时的,但可以持续数年之久。因此,菲利普斯曲线对理解经济中的许多发展是至关重要的。特别是决策者在运用各种政策工具时可以利用这种交替关系。短期内决策者可以通过改变政府支出量、税收量和发行的货币量来影响经济所经历的通货膨胀与失业的组合。

 **即问即答**

试分析为什么通货膨胀与失业之间存在短期替代关系?

第四节 经济学的研究方法

对市场经济中资源配置问题的研究,可以从不同的角度出发,采用不同的方法。经济学作为一门社会科学,不仅采用一般的科学研究方法,而且借鉴了自然科学、特别是数学和物理学的研究方法。

一、实证分析法与规范分析法

实证分析(positive analysis)超脱或排斥一切价值判断,只考虑建立经济现象之间的关系,并在这些规律的作用下,分析和预测经济行为的结果。简而言之,实证分析是研究经济问题"是什么"的方法。它侧重于经济体系如何运行,分析经济活动的过程和后果以及向什么方向发展,而不考虑运行的结果是否可取。这种方法在使用中,主要依据于一定的前提假设以及有关经济变量之间的因果关系,来描述、解释或说明已观测到的事实,对有关现象将来出现的情况做出预测。以实证表述为内容的经济学称为实证经济学(positive economics)。

规范分析(normative analysis)是以一定的价值判断为基础,提出某些准则,作为判断经济现象好坏以及制定经济政策的依据。简而言之,规范分析就是研究经济运行"应该是什么"的研究方法。这种方法主要是依据于一定的价值判断和社会目标,来探讨达到这种价值判断和社会目标的步骤。以规范表述为内容的经济学称为规范经济学(normative economics)。

例如,对于吸烟,实证分析研究的是有多少人吸烟,哪类人吸烟;而规范分析研究为什么不应当吸烟,如何禁烟等。

实证分析和规范分析尽管有所不同,但并不是绝对对立的。一般来说,实证分析以规范分析为指导,实证分析命题的选择、假设的确定、方法的采用都涉及价值判断问题。同时,规范经济学要以实证经济学为基础,价值判断往往产生于一定的实证分析结论。不同的人对同一个问题有不同的价值判断,这主要取决于他们的实证经验。

 **即问即答**

指出以下几种表述是实证命题还是规范命题：
（1）其他条件不变时，天气变得炎热会导致消费者购买更多的空调。
（2）地球由于空气中二氧化碳的增加而变暖。
（3）我们应该减少使用煤和石油这类燃料，以保护环境。
（4）税收和社会福利应该削减。
（5）减税和削减社会福利会使人们更加勤奋地工作。

二、均衡分析法

在经济学的实证分析中，均衡分析占有重要地位。均衡（equilibrium）是从物理学借用的一个概念。经济均衡是指经济体系中各种力量处于平衡时的状态。在均衡状态下，决策者意识到重新调整资源的配置方式已不可能获得更多的利益，从而不改变其经济行为。均衡分析方法主要研究各种经济力量达到均衡所需要的条件和均衡实现稳定的条件。

假如在一个鸡蛋市场上，只有一个卖主和一个买主，你就是那位唯一的买主，希望买3千克鸡蛋。如果卖主正好有3千克鸡蛋，要价是每千克7元，你的出价是每千克6元，最后以每千克6.5元成交3千克。这里的6.5元就是均衡价格。这一均衡价格实现的背后，意味着任何高于或低于6.5元，买卖双方总有一方会受损，难以达成交易，而6.5元的价格是双方都能接受的，这就是均衡。

均衡分析方法包括局部均衡（partial-equilibrium）和一般均衡（general-equilibrium）。局部均衡分析是在其他条件不变的情况下，个别商品的均衡产量和均衡价格的形成过程。即在某种商品的需要量和供应量相等时为均衡产量，此时的价格为均衡价格。一般均衡是在市场上商品的供给、需求、价格相互影响的条件下，所有的商品供求达到均衡状态。

局部均衡分析假定"其他条件不变"，实质上这种分析法有一定的抽象意味，从而使这种分析法很容易揭示事物的实质。然而在现实的经济运行中，"其他条件不变"这样的前提，只有在纯理论的推导中才存在，而真实的情况是供给、需求、价格等经济的因素相互作用、相互影响。然而，由于一般均衡分析涉及的因素比较复杂，这种分析方法应用起来比较困难，实际中大多采用局部均衡分析。

三、静态分析法、比较静态分析法和动态分析法

静态分析方法（static analysis）是抽象掉了时间因素和变化过程而静止地分析问题的方法，说明什么是均衡状态和均衡状态所要达到的条件，而不管达到均衡的过程和取

得均衡所需要的时间。

当已知条件发生变化以后,均衡状态会由一种状态转化到另一种状态。如果只着眼于前后两个均衡状态的比较,而不考虑从一个均衡点的移动过程和经济变化中的时间延滞,则被称为比较静态分析(comparative static analysis)。

动态分析方法(danamic analysis)是对经济体系变化运动的数量进行研究,它通过引进时间因素来分析经济现象从前到后的变化和调整过程。

静态分析、比较静态分析和动态分析之间的区别主要在于是否考察时间因素。静态分析不仅不区分经济变量的时间先后,而且还略去变量调整所需要的时间和过程,考察自变量既定时,因变量达到均衡时的状态。比较静态分析也不考察自变量调整所需要的时间和过程,但考察外生变量变化后,对均衡状态产生的影响。而动态分析则考察经济的实际变化过程。

四、经济模型

鉴于错综复杂的经济现象由成千上万个变量所构成,经济学理论必须对复杂的现实经济活动进行高度概括,去粗取精,以把握经济关系的实质。经济学家常常利用简化的模型去了解现实世界并进行预测,就如同一个孩子通过火车模型来了解真正的火车是如何运行的。

经济模型(economic model)是指用来描述与所研究的经济现象有关的经济变量之间依存关系的理论结构。经济模型可以采用语言文字、数学符号、几何图形等表达方式。经济学使用较多的是数学模型和几何图形,用语言文字表述的经济模型常常起辅助作用。经济模型中的变量分为内生变量(endogenous variable)与外生变量(exogenous variable)、存量(stock)与流量(flow)。在一个模型中,由该模型本身所决定的未知变量,称为内生变量;由该模型以外决定的变量,为外生变量。存量是在某个时点上发生的量值。流量是在某一时期内发生的量值。

数学经济模型一般由描述若干变量之间经济关系的方程式构成。建立一个经济模型需要经过以下几个主要步骤:(1)设立假设前提,这些假设由对经济现象的归纳得到;(2)建立有关经济变量之间的联系;(3)通过逻辑演绎得出结论。

 **即问即答**

说明下列量值哪一种是存量指标,哪一种是流量指标?
(1)某商店在某个月内卖出的电冰箱台数;
(2)某年12月31日某商店库存的电冰箱台数;
(3)一国一年内的人口出生数;
(4)年末某国所拥有的人口数。

第五节　两个基本的经济模型

经济学常常用模型来研究问题。经济模型通常包括图表、方程式等。经济模型把许多细节忽略不计，只根据研究需要确定一些重要的变量，并通过可观察的变量，由已知变量推导未知变量。市场运行图和生产可能性曲线是两个最基本的经济模型。

一、市场运行图

市场运行图是对现实世界中的经济活动从总体上进行描述的模型，又称为产品—收入循环图。这一模型从纷繁复杂的人类经济活动中，选取能够反映经济运行的最本质的要素，对现实经济运行的过程和本质进行描述。

（一）市场经济体制及其构成

资源配置有两种基本方式，即计划经济（planned economy）和市场经济（market economy）。计划经济是通过中央计划来决定生产什么、如何生产和为谁生产。由于计划经济不能解决诸如信息问题、动力问题、失衡问题、配置成本问题、条块分割和政企不分等问题。因此，当今世界绝大多数国家都选择了以市场为基础的市场经济体制。

所谓市场经济是在市场机制作用下配置经济资源的体制，由市场主体、市场客体以及市场机制构成。市场（market），简单地说就是商品或劳务交换的场所。市场可以是有形的场所，如商店、贸易市场、订货会等；也可以是无形的场所，如一个电话或某个场合签订的合同便可完成商品或劳务的交换。即任何存在供求关系的时空，都可称为市场。

市场主体和市场客体是构成市场运行的两大系统。

市场的参与者称为市场主体，即市场上从事各种交易活动的当事人。它包括自然人、家庭、企业、社团组织的法人等。市场主体以买者或卖者身份参与市场经济活动，活动中不仅有买卖双方或供求双方的关系，还有买方之间、卖方之间的关系。供给方为市场提供商品、劳动力、房屋、土地、资金、技术和信息等，供给者之间为争取更多的买者和更高的价格以获取更多的盈利，会展开激烈的竞争，如提供新产品和服务，提高产品和服务质量，降低价格、利率、租金和工资等来吸引购买者；需求方同样为争取到自己所需要的产品、劳务或生产要素而展开竞争，谁出价高，谁就能在竞争中获胜；供求双方的竞争导致价格上下波动并趋近于均衡。因此，市场主体之间的竞争表现为买者之间的竞争、卖者之间的竞争和买卖双方的竞争。

市场客体是指市场主体在市场活动中的交易对象。它体现了市场中的经济关系，是各种经济利益关系的物质承担者，包括商品、劳动力、工资、技术、资金和信息等。市场机制是指通过市场价格和供求关系变化及经济主体之间的竞争，协调生产与需求之间的联系和生产要素的流动与分配，从而实现资源配置的一套有机系统，其核心是市场价格与竞争机制。市场机制作为价格、竞争、供求、利率、工资等诸如市场要素形成的制约体系，主要括价格机制、竞争机制、供求机制、利率机制和工资机制等。

需要指出的是，在现实经济中，许多国家都是市场与计划不同程度的结合，实行国家宏观调控的市场经济制度，经济学家把这种经济制度称为"混合经济"。本书所介绍的，主要是市场经济制度下稀缺资源的配置和利用问题。

（二）两部门经济市场运行图

人类经济活动从稀缺性衍生出来的最基本的活动不外乎两种：生产活动和消费活动，与此对应的自然也有两个行为主体：生产主体—厂商（生产者）和消费主体—居民（消费者）。两部门经济市场运行图对现实经济运行中的基本经济行为进行了简单而富有意义的简化，把一些对分析问题关系不大的因素省略掉，突出对经济运行最为关键的两个行为主体的联系。图1-1是经济运行最基本的一个经济模型。

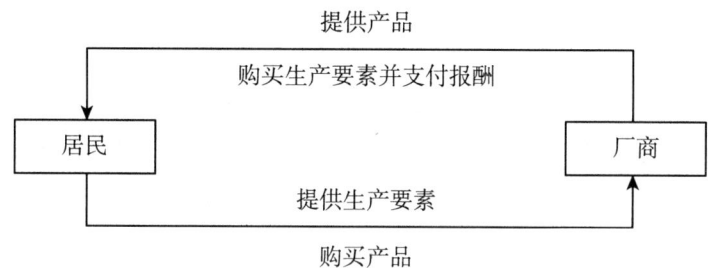

图1-1 两部门经济市场运行示意

从微观经济分析的角度看，图1-1的下半部分，居民向厂商提供生产要素并购买厂商的产品；图1-1的上半部分，厂商购买居民的生产要素并支付报酬，而且还向居民提供产品。需要说明的是，产品的买卖发生在产品市场，生产要素的买卖在要素市场中进行，因此，厂商和居民是通过产品市场和要素市场建立联系的。通过交换，厂商得到了生产产品需要的生产要素，而居民在提供了生产要素后，则获得了他们购买产品和服务所需要的货币收入，即劳动者获得工资、土地所有者获得了租金、资本所有者获得了利润。正是两种行为人的角色互换，使得市场活动得以顺利进行，也最终完成了经济活动的循环。

从宏观经济分析的角度看，该图表现了经济总体运行的方向和过程，也反映出了一国经济运行最基本的等式：总需求等于总供给。就两部门经济而言，可以把居民对产品的购买和厂商对要素的需要看成是国民经济的总需求；把居民对要素的提供和厂商对产品的提供看成是总供给。显然，当既不存在过剩的需求也不存在过剩的供给的时候，即总供给等于总需求时，宏观经济就可以良好的运行。事实上，居民不会把全部的要素收入都用于购买产品，一定还会储蓄到金融机构中一部分，然后金融机构再将这些钱放贷出去就形成了经济运行中的投资。只要厂商的投资等于居民的储蓄，宏观经济就能正常运转。

 **即问即答**

判断正误：

(1) 在市场经济体制条件下，经济体系中的决策完全是由非政府组织做出的。（　　）

(2) 在中国转轨经济体制条件下，政府仍然会参与到经济决策过程中，然而随着转轨过程的完成，政府进行经济决策的功能会自动完成。（　　）

二、生产可能性曲线

经济学用生产可能性曲线（production-possibility curve）来表示不同情况下资源配置与利用的效率。生产可能性曲线是指一个社会用其全部资源和当时的技术所能生产的各种产品和劳务的最大数量的组合。

由于整个社会的经济资源是有限的，当这些经济资源被充分利用时，增加一定量的一种产品的生产，就必须放弃一定量的另一种产品的生产。整个社会生产的选择过程形成了一系列产品间的不同产量的组合，所有这些不同产量的组合就构成了社会生产的生产可能性曲线。下面用一个简化的模型说明生产可能性曲线的含义。

假设在某个经济体系中：

一是现有资源仅用于生产两种产品，即民用品与国防品，分别用 A 和 B 表示。

二是资源是固定的而且充分利用。即在现有生产过程中可供使用的各种生产要素的数量是固定不变的，所有的生产要素均得到了充分利用，不存在资源闲置。

三是生产技术即由投入转化为产出的能力，在一定时间内是固定不变的。现有资源既可以全部用于生产民用品，也可以全部用于生产国防品，或生产民用品和国防品的某种组合。假定这个经济的可能生产的产量组合见表 1-1：

表 1-1　　　　　　　　民用品与国防品的生产可能性组合

组合	a	b	c	d	e	f
民用品（X，百万件）	0	1	2	3	4	5
国防品（Y，万台）	54	52	47	38	24	0

将表 1-1 中的点在图 1-2 中标出，并做连线，就得到一条生产可能性曲线，这条曲线表示可能生产的民用品和国防品的最大数量组合的轨迹图。图 1-2 所示的生产可能性曲线是一条凹向原点的曲线。

图 1-2 中的生产可能性曲线（a、b、c、d、e、f 的连线）表示一个社会在资源有限、技术一定的情况下所能生产的产品 A 和产品 B 的不同产量组合，其经济含义包括以下几个方面：

(1) 生产可能性曲线是稀缺性的具体化。任何经济不可能无限量地生产，使用一定资源所能生产出来的民用品和国防品也有一个最大限量，这个最大量就是生产可能性曲线内和线上任何一点，如点 c 和点 d，民用品和国防品的组合都可以实现，但在线外的任何一点如点 h，就是现有条件下无法实现的。

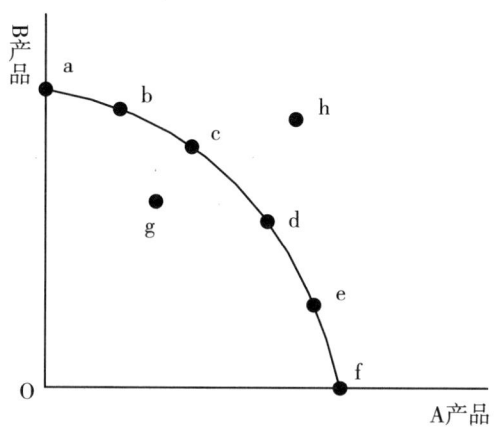

图 1-2 生产可能性曲线

（2）生产可能性曲线表明任何一个经济都必须进行选择。由于稀缺性的存在，人们在生产这两种产品时受最大量的限制，因此必须选择多生产民用品少生产国防品，或少生产民用品多生产国防品。在图 1-2 上就表现为生产可能性曲线上选择某一点的组合，然后根据这种选择进行资源配置。而选择生产可能性生产曲线上的哪一点取决于人们的偏好，如果注重国防，则会选 a 点或 b 点；如果注重消费品生产，则会选择 e 点或 f 点。

（3）生产可能性曲线还说明选择的具体内容，即选择"生产什么""如何生产""为谁生产"。当选择了在生产可能性曲线上某一点进行生产时，就解决了生产什么及生产多少的问题。如选择图 1-2 中的 c 点，则决定了既生产民用品又生产国防品，同时决定了民用品的数量为 200 万个单位，国防品的数量为 47 万个单位。当从资源使用的效率出发来决定选择生产可能性曲线上的某点时，也就选择了如何进行生产，如选择 c 点时，资源利用的效率高过其他点，而过多生产民用品，会由于资源的不适用而使同样的努力得不到同样增加的生产。生产可能性曲线上的某一点表示了人们的某种偏好，而对某点的选择也就解决了为谁生产的问题，如果生产更多的民用品表示注重于消费品生产，而生产更多的国防品则表示注重国家军事安全。

（4）生产可能性曲线可以说明资源配置的效率。当生产的民用品和国防品的组合是生产可能性曲线上的任何一点时，表明资源得到了充分利用。如果二者的组合在生产可能性曲线以内的任何一点上（如图 1-2 的点 g），则表明资源没有得到充分利用，或者说是无效率的。当然，在既定的资源和技术条件下，生产可能性曲线之外的任何一点都不具有实现的可能性。

（5）生产可能性曲线与机会成本。选择就要付出代价，就会存在机会成本。在生产可能性曲线上选择了一种产品时所放弃的另一种产品就是被选择的这一产品的机会成本。如图 1-2 所示，假设把全部生产要素资源用来生产民用品，如 a 点（X = 0，Y = 54）可生产 54 万台国防品，当选择从 a 点移到 b 点（X = 1，Y = 52）时，增加 100 万个单位的民用品生产就要放弃 2 万台国防品的生产,因此增加生产 100 万个单位(件)民用品的机会成本是 2 万个单位(台)的国防品。再如从点 a 依次到点 f,民用品依次增加 100 万个单位,而每增加 100 万个单位民用品所放弃的国防品数量依次是 2 万、5 万、9 万、14 万、24 万,即机会成本呈递增的趋势。这种变化体现在生产可能性曲线上使之成为一条向右下方倾斜并凹向原点的曲线。

最后,对生产可能性曲线的经济含义的理解需要注意的是,当关于生产可能性曲线的假设条件发生变化,生产可能性曲线就会发生平移。如资源的数量增加、技术水平的提高等,就会使生产可能性曲线向右方平移,则代表着正的经济增长;如资源的数量减少或技术水平的降低等,就会使生产可能性曲线向左方平移,则代表着负的经济增长。

 **即问即答**

判断正误:
1. 生产可能性曲线上的所有点都意味着生产效率的最高水平。(   )
2. 只有生产可能性曲线向右移动才意味着经济增长。(   )

第六节 经济学的由来和演变

经济学作为一门独立的学科,是伴随资本主义生产方式的变革和发展逐渐形成的,如今被称为"社会科学的皇后"。从它产生到今天,大体上经历了重商主义、古典经济学、新古典经济学和当代经济学等几个主要阶段。

一、重商主义——经济学萌芽阶段

重商主义产生于 15 世纪,终结于 17 世纪中期。这一时期是资本主义生产方式的形成和确立时期。重商主义的主要代表人物有英国经济学家约翰·海尔斯、威廉·斯塔福德,法国经济学家安·德·孟克莱田等人。1615 年孟克莱田写了一本《献给国王和王后的政治经济学》,首次提出了"政治经济学"的名称,意在研究整个国家的经济管理和财富增长。重商主义认为只有商业才是生产,利润来自于流通过程,金银是财富的唯一形式,增加财富的办法是扩大出口、限制进口,主张国家干预经济。然而,由于实行重商主义政策使农业逐渐衰落,于是在 18 世纪的法国出现了重农主义,认为只有农业才是生产,地租是剩余价值的唯一形式,反对重商主义的国家干预政策。

二、古典经济学——经济学形成阶段

古典经济学从 17 世纪中期开始,到 19 世纪 70 年代前为止。主要代表人物有英国

经济学家亚当·斯密（A. Smith）、大卫·李嘉图（D. Ricardo）、约翰·穆勒（J. Mill），法国经济学家让·巴蒂斯特·萨伊（J. B. Say）等人。亚当·斯密于 1776 年集古典政治经济学之大成，发表了《国民财富的性质和原因的研究》（简称《国富论》），从"人是利己的经济人"这一假设出发，以经济自由为中心思想，以国民财富为研究对象，建立了政治经济学的完整理论体系，使经济学真正成为独立的学科。此后，李嘉图提出了"剩余价值"说，萨伊提出了劳动、资本、土地"三位一体"说等。1848 年，约翰·穆勒对斯密以后的各种经济思想进行综合，发表《政治经济学原理》，成为 19 世纪下半叶正统经济学教科书。

三、新古典经济学——微观经济学形成阶段

新古典经济学从 19 世纪 70 年代的"边际革命"开始，到 20 世纪 30 年代结束。这一时期经济学的中心虽然仍是自由放任，但却从新的视角、采用新的方法论述自由放任思想，并形成了微观经济学体系。

19 世纪 70 年代，奥地利经济学家 K. 门格尔、英国经济学家 W·S. 杰文斯、法国经济学家 L. 瓦尔拉斯分别提出了边际效用价值论，引发了经济学上的"边际革命"。边际效用价值论以主观价值论代替劳动价值论，认为商品的价值取决于人们对商品效用的主观评价。新古典经济学把消费、需求分析与生产、供给分析结合起来，建立了现代微观经济学体系。1890 年，英国剑桥学派经济学家阿弗里德·马歇尔在综合上述理论的基础上，出版了《经济学原理》，成为新古典经济学的代表作。这是西方经济学的第二次综合和第二本通用教科书。

四、当代经济学——宏观经济学形成与发展阶段

当代经济学是以 20 世纪 30 年代凯恩斯主义的出现为标志。这一阶段的中心是宏观经济学的形成与发展。这一阶段可分为三个时期。

第一时期：凯恩斯革命时期。这一时期从 20 世纪 30 年代至 50 年代之前。1929～1933 年席卷西方世界的经济危机，打破了新古典经济学论述的通过自由竞争可以协调发展的神话，传统经济理论与现实发生了尖锐的矛盾。经济学面临它的第一次危机。1936 年，英国经济学家 J. M. 凯恩斯发表了《就业、利息和货币通论》（简称《通论》）。他根据大萧条的实际情况，指出有效需求不足，必须放弃自由放任，实行国家干预。这些观点被认为是经济学史上的第三次革命——凯恩斯革命。

第二时期：凯恩斯主义发展时期。这一时期从 20 世纪 50 年代至 60 年代末。"二战"以后，西方各国普遍奉行凯恩斯的国家干预政策，取得了战后繁荣。1948 年，美国经济学家 P. 萨缪尔森将凯恩斯经济学与新古典经济学结合在一起，形成了新古典综合派，出版《经济学》教科书，这是西方经济史上的第三次综合和第三本通用教材。新古典综合派全面发展了凯恩斯主义，对各国经济理论和政策产生了重大影响，成为当代经济学的主流。

第三时期：自由放任思想的复兴时期。这一时期从20世纪70年代至今。20世纪60年代末至70年代初，西方国家出现了严重的"滞胀"局面，即严重的失业与通货膨胀并存。由于新古典综合理论拿不出令人满意的理论解释和有效对策，反对国家干预的新自由主义各学派纷纷崛起。货币主义学派主张，用稳定增长的货币政策代替新古典综合派见机行事的财政政策。供给学派认为，总需求管理破坏生产积极性，只有增加总供给才能解决"滞胀"问题。理性预期学派则认为，具有理性的人们会对任何经济变动做出符合实际的预期，使政府的政策变得无效，甚至有害。当代西方经济学形成了以新古典综合派为首的新凯恩斯主义与理性预期学派为首的新古典主义两大阵营，争论的焦点是国家干预与反国家干预。

 延伸阅读

机会成本应用的实例——维护治安的"最适当"程度

所有犯罪的人应当一网打尽吗？如果不考虑一网打尽的经济成本，答案当然是肯定的。但是当政府尽力来抓逃犯时，其所用的人力与财力就不能同时用之于其他方面。这就是经济学上"机会成本"的考虑。因此，维护治安的"最适当"或"最优"程度不一定就是把所有的犯人都抓到。试看看图1-3。

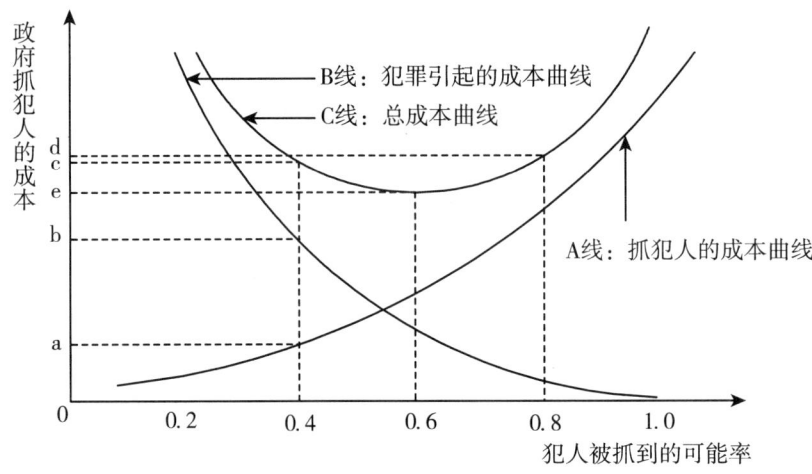

图1-3 维护治安的"最佳"选择

图1-3中的横坐标是"抓到犯人的可能率"，2/10、4/10等。纵坐标是"政府抓犯人的成本"。图中有三条曲线：A线——抓犯人的成本曲线，显然地，犯人被抓到的可能率越高，所花费的成本也越大。例如，犯人被抓到的可能率为2/10时，成本比较低；8/10时就比较高。B线——犯罪引起的成本曲线，当犯人被抓到的可能率越低时（如2/10），对社会带来的成本也就越高；反之越低。C线——总成本曲线，A、B两线的综合，也就是"抓犯人的成本"加上"犯罪引起的成本"。

图1-3中显示如果"犯人被抓到的可能率"为4/10时，"抓犯人的成本"是

oa，"犯罪所引起的成本"是 ob，两者相加总成本等于 oc。如果"犯人被抓到的可能率"是 8/10 时，总成本为 od。

从经济上最低成本的观点来看，"犯人被抓到的可能率"为 6/10 时是治安"最适当"的程度（Optimal level），因为这是总成本的最低点，也就是 oe。

资料来源：高希均：《经济学的世界——二十世纪的经济面貌》，博益出版集团有限公司，1991 年版，第 23~24 页。

· 经济学名家 ·

现代经济学之父——亚当·斯密

亚当·斯密（1723~1790）被称为"现代经济学之父""自由企业的守护神"。出生于英国苏格兰爱丁堡附近的一个小镇。斯密少年时体弱多病，但他脾气温和，性格友善而且慷慨。1737 年，14 岁的斯密考入格拉斯哥大学学习伦理学、数学和政治经济学。1740 年起在牛津大学就读的六年间，斯密把大部分时间耗在了图书馆里。在牛津大学毕业后，从 1748~1750 年，他做了爱丁堡大学的讲师，此时兴趣转移到经济学。不久，他再度回到格拉斯哥大学担任逻辑学教授。在格拉斯哥大学期间，他主要讲授道德哲学，并且阐发了自由贸易思想。

36 岁时，斯密发表了他的名著《道德情操论》，阐述人们怎样具备辨别是非的道德观念。44 岁时，辞去教职，埋首于《国富论》写作。1776 年，凝聚了他 10 年心血的伟大的经济学巨著《国富论》问世。此书成为现代经济学研究的起点，被称为"西方经济学的圣经"。《国富论》的主旨是研究国民财富的性质，增加国民财富的原因和途径。《国富论》提出：人是自私的，都要做出让自己利益最大化的选择，但是这种自利行为却会给他人带来幸福。这种"自利的人"的假设成为经济学研究的基础。

亚当·斯密终生未娶，只与老母为伴。他的思想统治了整整一个时代，其影响一直延续至 21 世纪的今天。

【本章小结】

1. 经济学是建立在资源的稀缺性和理性人两大基本假设的基础上的。

2. 经济学研究的是一个社会如何利用稀缺的资源以生产有价值的物品与劳务，并将它们在不同的人中间进行分配。它研究的基本问题包括两个方面：资源配置问题和资源利用问题。

3. 经济学分为微观经济学和宏观经济学。微观经济学研究个体经济单位的决策行为和相互关系。宏观经济学研究总体经济运行。

4. 美国经济学家曼昆归纳的经济学十大原理包括：人们经常会面临权衡取舍，某种东西的成本是为了得到它而放弃的东西，用边际方法思考至关重要，人们会对激励做出反应，贸易能使每个人的状况变得更好，市场通常是组织经济活动的一种好方法，政府有时可以改善市场结果，一国的生活水平取决于它生产物品与劳务的能力，政府发行过多的货币将引起通货膨胀，通货膨胀与失业之间存在短期替代关系。

    5. 机会成本是指把既定资源投入某一特定用途所放弃的其他可能用途中获得的最大收益。

    6. 比较重要的研究方法有实证分析法与规范分析法、均衡分析法、静态分析、比较静态分析和经济模型方法等。

    7. 市场运行图确定了产品市场和要素市场的位置，并说明家庭和企业之间主要的实物和货币流。企业是产品市场的卖方，要素市场的买方；而家庭是要素市场的卖方，产品市场的买方。

    8. 生产可能性曲线可以形象表示资源配置的有效性。它表示在既定技术和资源下可能达到的最大产出。实际产出可能低于它。

    9. 经济学从重商主义开始发展，亚当·斯密使之成为独立的学科，历经300年的发展，当前形成了以新古典综合派为首的新凯恩斯主义与理性预期学派为首的新古典主义两大阵营，争论的焦点是国家干预与反对国家干预。

【关键术语】

    经济学，理性人，稀缺性，宏观经济学，微观经济学，实证分析，规范分析，机会成本，经济模型，内生变量和外生变量，流量和存量，静态分析、比较静态分析和动态分析，均衡分析，生产可能性边界，经济运行图

【技能训练】

    1. 简述微观经济学研究的基本问题。
    2. 如何理解西方经济学是一门考察资本主义市场体系中稀缺资源配置的科学？
    3. 试述实证经济学与规范经济学的联系与区别。
    4. 简述经济学十大原理。
    5. 三位饮料公司的经理正在讨论是否增加饮料产量。每位经理提出了做出这个决策的一整套方法：张经理认为，我们应该检查一下公司的生产率——每个工人生产的饮料数量是上升了，还是下降了？王经理提出，我们应该检查一下我们的平均成本——每个工人的成本是上升了，还是下降了？李经理认为，我们应该检查一下多卖一箱饮料的额外收益大于还是小于额外的成本？你认为谁说的有道理？为什么？
    6. 中国现在是世界上第二大经济体。试在查阅有关资料的基础上，分析最近中国政府的决策受到稀缺性资源严重约束的情况。描述它所包含的权衡取舍。实际决策的机会成本又是什么？
    7. 你管理的公司在开发一种新产品的过程中已经投资500万美元，但开发工作还远远没有完成。在最近的一次会议上，你的销售人员报告说，竞争性产品的进入使你们新产品的预期销售额减少为300万元。如果完成这项开发还要花费100万元，你还应该继续进行这项开发吗？为了完成这项开发你应该最多花费多少？

【案例分析】

要粮食还是要燃料的两难选择

美国前国务卿基辛格说："如果你控制了石油，你就控制了所有的国家；如果你控制了粮食，你就控制了所有的人"。

玉米、豆油都是人们餐桌上的食品，也是生产动物饲料的原料。然而，通过现代生物技术的加工，它们又能成为"生物燃料"。玉米主要用于生产燃料乙醇，豆油用于生产生物柴油。在全球石油资源日趋减少、石油供应动荡不定的形势下，生物燃料以其可生物降解、无毒性、对环境无害、可利用资源丰富等诸多优势，在以美国、巴西和欧盟为代表的许多国家与地区迅速发展，从而引发了一场"要粮食还是要燃料"的激烈争论。支持发展生物燃料的一方认为，生物燃料能缓解能源短缺，降低对进口石油的依赖性。而反对一方认为，生物燃料的生产是一项违反人道的罪行，因为它夺去了穷人的粮食。

近年来，近50个国家颁布了旨在促进生物燃料生产与消费的法律法规。一些国家以法令形式规定生物燃料必须在运输燃料消耗中占有一定比例；减免生物燃料消费税和燃料税，还为生物燃料技术开发、设施建设和原料生产提供优惠贷款。从而形成了"富人的油箱"与"穷人的胃"争夺粮食的局面。美国地球政策研究所的布朗将此归结为："世界上8亿机动车主和20亿贫困人口将大规模竞争粮食，机动车主想让车动起来，贫困人口则仅仅想吃口饭活下来"。

燃料乙醇在我国的发展基于两个背景：一是消化积压多年的陈化粮；二是能源供应紧张和价格上涨。2000年试点工作开始。国家先后批准建设了吉林、黑龙江、河南、安徽四家燃料乙醇生产企业。产量从2003年的7万吨上升至2006年的132万吨。然而，随着粮食产量发生波动导致供应紧张，玉米价格一路攀升并超过水稻和小麦价格，政府开始对生物燃料的生产和使用加以限制，2006年12月，国家发展改革委员会、财政部下发了《关于加强生物燃料乙醇项目建设管理促进产业健康发展的通知》，提出"坚持非粮为主，积极稳妥推动生物燃料乙醇产业发展"。所谓"非粮为主"，是指在盐碱地、沙荒地、荒坡荒滩地生产甜高粱、木薯、甘薯、麻风树、黄连木、油茶等非粮能源作物，以提高生物质能源的原料供给能力。2007年，燃料乙醇项目的扩张被国家发展改革委叫停。

业内人士预计，全球生物燃料产业仍将保持良好的发展势头。然而，与其他任何技术一样，生物燃料技术既带来了机会，也面临着挑战。生物燃料所需原料已经成为农产品新需求的最大来源，并将在未来对全球粮油市场产生巨大影响。我国是一个人多地少的国家。随着新型工业化、城镇化的加速推进，耕地面积会逐年减少，而人口在逐年增加，工业用粮和饲料用粮逐年增加，粮食进口数量有限。这些因素共同决定了我国粮食供需处于一种紧平衡状态，国家粮食安全压力大。一些专家提出，在发展生物原料的同时，应采取措施，限制生物燃料生产对粮食安全的负面影响，实现粮食安全、能源安全、环境安全的协调发展。

问题：

（1）通过查阅相关的背景资料，谈谈在我国发展以玉米为原料的燃料乙醇，主要受到那类资源的约束？这类稀缺资源有什么特征？

（2）"要粮食还是要燃料"的讨论，是一个实证经济学命题还是规范经济学命题？如果你是一个决策者，会做出怎样的选择？

（3）你认为处理好"要粮食还是要燃料"这对矛盾，应该主要发挥市场机制的作用，还是主要靠政府发挥作用？二者如何结合？

【团队实训】

分析研讨某经济现象

1. 实训目的

分组研讨经济现象与经济问题，培养学生运用经济学原理分析经济问题的意识。

2. 实训内容及要求

学生自愿组成研究小组，每组5~6人，以组为单位选择一个大家感兴趣的经济问题进行调研和分析（例如，治理城市雾霾的困难与对策）。问题的选择可以通过报纸、网络等渠道搜集参考资料。在广泛调研的基础上，召开小组研讨会。在小组研讨会上进行下列活动：

（1）由一名同学介绍所要讨论的经济问题。

（2）集体讨论，自由发言。研讨内容围绕以下几个方面：该经济问题的实质是什么？产生的原因有哪些？解决的难点是什么？解决该问题的对策有哪些？不同的对策会产生什么效果？如何选择最佳方案？大家的分析涉及经济学十大原理哪些方面的理论和思想？在小组研讨的过程中，由一人负责记录。

（3）小组选一名同学，根据研讨情况总结归纳，形成一份"关于对某经济现象的分析报告"。

（4）班内组织交流。每个小组推荐一名代表做演讲发言，其他小组可以随机提问，同一小组成员可以做补充回答。

3. 成果与考核

（1）每个小组提交一份修改后的"关于对某经济现象的分析报告"。

（2）由教师和全班同学共同根据各组的报告、班组交流发言以及提问答辩情况对每个组进行评价打分，综合评定各组成绩。

（3）教师点评。

资料来源：张永良：《经济学基础》，北京理工大学出版社2014年版，第21页。

第二章 供求理论

知识要求 >>> >>>

掌握需求和供给的含义；掌握需求和供给的影响因素；掌握供求均衡和均衡的变动；掌握需求价格弹性的含义和计算，掌握需求价格弹性和厂商销售收入之间的关系；理解需求收入弹性和需求交叉价格弹性的含义；掌握供给价格弹性的含义和计算；能够运用供求理论解释经济现象。

案例导入 >>> >>>

影响石油价格的供求因素是什么？

20世纪70年代，石油输出国组织（OPEC）的成员决定提高世界石油价格，以增加它们的收入。这些国家通过减少他们提供的石油产量而实现了这个目标。从1973～1974年，石油价格（根据总体通货膨胀水平进行了调整）上涨了50%以上。几年以后，OPEC又一次故技重施。从1979～1981年，石油价格几乎翻了一番。但OPEC发现要维持高价格是困难的。从1982～1985年，石油价格一直以每年10%的速度稳步下降。不满与混乱很快蔓延到OPEC各国。1986年，OPEC成员国之间的合作完全破裂了，石油价格猛跌了45%。1990年，石油价格（根据总通货膨胀水平进行了调整）又回到1970年时的水平，并在20世纪90年代的大部分时间内保持在这一水平。（20世纪的前十年中，石油价格又一次上涨了，但主要推动力不是OPEC供给的限制，而是世界需求的增加，这种需求部分来自巨大且迅速增长的中国经济。）

那么石油的价格到底由谁决定？石油价格的不断波动受到了哪些因素的影响呢？供求理论将告诉你具体的分析方法。

第一节 需求曲线

在市场经济中，价格是经济参与者相互之间联系和传递经济信息的机制，价格机制使经济资源得到有效率的配置。而价格是由供求关系决定的，所以，供给与需求是分析产品市场及其均衡的起点。本章首先分析产品市场的需求和供给，并在此基础上分析产品市场上均衡的形成和均衡价格的决定。

一、需求函数

一种商品的需求（demand）是指消费者在一定时期内在各种可能的价格水平上愿意并且能够购买的该商品的数量。根据定义，有效需求必须同时具备两个要件：一是购买欲望；二是购买能力。

一种商品的需求数量由很多因素共同决定，其中主要的因素有：商品自身的价格、消费者的收入水平、相关商品的价格、消费者的偏好和消费者对该商品的价格预期等。

关于商品自身的价格。一般来说，商品的价格越高，则对该商品的需求就越少；相反，价格低，则需求多。

关于消费者的收入水平。就一般商品而言，当消费者的收入水平提高时，就会增加对商品的需求，反之，则减少对商品的需求。

关于相关商品的价格。在其他条件不变时，对某种商品的需求还受其相关商品价格的影响。如苹果和梨。在其他条件不变的情况下，当苹果价格不变而梨的价格上涨时，人们往往会增加对苹果的购买，使得苹果的需求量上升。

关于消费者偏好。当消费者对某种商品的偏好增强时，该商品的需求量就会增加，反之需求量就减少。

关于消费者对商品的价格预期。当消费者预期某种商品的价格在下一期会上升时，就会增加对该商品的现期需求量；反之就会减少对该商品的现期需求量。

> **知识链接**
>
> ### 何谓替代品和互补品？
>
> 相关商品一般分为替代商品和互补商品。
>
> 替代品是指那些功能相似可以相互替代以满足人们同种需要的商品，如馒头和花卷。当馒头的价格不变而花卷的价格上涨时，人们会增加馒头的购买量，对馒头的需求增加。换句话说，当某商品的替代品价格变动时，会引起该商品需求量的同向变动。
>
> 互补品是指那些功能相互补充才能满足人们某种需要的商品，如汽车和汽油。当汽油的价格上涨时，人们会减少对汽车的购买，使得汽车的需求下降。也就是说，当某商品的互补品的价格变动时，会引起该商品需求量的反向变动。
>
> 资料来源：高鸿业：《西方经济学》（微观部分·第六版），中国人民大学出版社2014年版，第42～43页。

 **即问即答**

当网球拍的价格上升时，消费者对网球的需求将如何变化？

需求函数（demand function）是表示一种商品的需求量和影响该需求量的各种因素之间的相互关系。但是影响商品需求量的因素有很多，如果我们对所有因素同时进行分析，就会使问题变得复杂起来。因此，通常集中分析其中的一个因素，同时假定其他因素都不变。在这里，由于商品自身的价格是决定需求量的最基本因素，因此，我们仅分析商品价格对该商品需求量的影响，于是，需求函数就可以用下式表示：

$$Q^d = f(P) \qquad (2.1)$$

式中 Q^d 表示商品的需求量，P 表示商品的价格。

二、需求表和需求曲线

需求函数 $Q^d = f(P)$ 表示一种商品的需求量和该商品的价格之间存在着一一对应的关系。这种函数关系可以分别用商品的需求表和需求曲线来表示。

商品的需求表（demand schedule）是表示某种商品的各种价格水平和与之对应的需求量之间关系的数字序列表。表 2 – 1 是某商品的需求。

表 2 – 1　　　　　　　　某商品的需求

价格—数量组合	A	B	C	D	E	F	G
价格（元）	1	2	3	4	5	6	7
需求量（单位数）	70	60	50	40	30	20	10

从表 2 – 1 可以清楚地看到商品价格和需求量之间的函数关系。当商品价格为 2 元时，商品的需求量为 60；当商品价格为 3 元时，商品的需求量下降为 50，如此等等。

把需求表中需求量与商品价格之间的关系在平面坐标图上表示出来，就可以得到一条曲线。这种表示需求量与商品价格关系的曲线，称为需求曲线（demand curve）。图 2 – 1 是根据表 2 – 1 绘制的一条需求曲线。

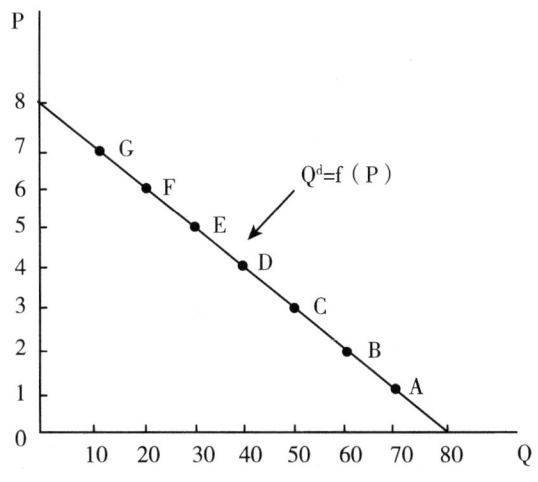

图 2 – 1　某商品的需求曲线

在图2-1中，横轴表示商品的数量，纵轴表示商品的价格。图中的需求曲线是这样得到的：根据表2-1中每一个商品的价格—需求量组合，在平面坐标图中描绘出相应的各点A、B、C、D、E、F、G，然后顺次连接这些点，便得到需求曲线$Q^d = f(P)$。

微观经济学在论述需求函数时，一般都假定商品的价格和相应的需求量的变化具有无限分割性，即具有连续性，正是由于这一假定，在图2-2中才可以将商品的各个价格—需求量的组合点A、B、C、D、E、F、G连接起来，形成一条平滑、连续的需求曲线。

图2-1中的需求曲线是一条直线，实际上，需求曲线可以是直线型的，也可以是曲线型的。当需求函数是线性函数时，相应的需求曲线是一条直线，直线上各点的斜率是相等的。当需求函数是非线性函数时，相应的需求曲线是一条曲线，曲线上各点的斜率是不相等的。在微观经济分析中，为了简化分析过程，在不影响结论的情况下，多数使用线性需求函数。线性需求函数的通常形式为：

$$Q^d = \alpha - \beta P \tag{2.2}$$

式（2.2）中，α、β为常数，且α、$\beta > 0$。该函数对应的需求曲线即为一条直线。

建立在需求函数基础上的需求表和需求曲线都反映了商品的价格和需求量之间的关系。从表2-1可见，商品的需求量随着商品价格的上升而减少。相应的，图2-2中的需求曲线具有一个明显的特征，它是向右下方倾斜的，即其斜率为负。需求表和需求曲线都反映了需求量和价格之间的反方向变动关系。

 即问即答

是不是所有商品的需求曲线都是向右下方倾斜的？

三、需求量的变动与需求的变动

要强调是，需求量的变动和需求的变动是两个不同的概念。

需求量的变动是指在其他条件不变时，由商品本身价格变动引起的该商品需求量的变动。在几何图形上，需求量变动反映为需求曲线上的一点沿着既定的需求曲线移动。如在图2-1中，当商品的价格发生变化由2元逐步上升为5元，它所引起的商品需求数量由60单位逐步地减少为30单位时，商品的价格—需求数量组合由B点沿着既定的需求曲线$Q^d = f(P)$，经过C、D点，运动到E点。需要强调的是，这种变动虽然表示需求数量的变化，但是并不表示整个需求状态的改变。

需求的变动则是指在商品本身价格不变时，由其他影响因素变动引起的该商品需求量的变动。如消费者的货币收入水平、消费者的偏好或其他相关商品的价格等变动引起的该商品需求量的变动。在几何图形上，需求变动反映为需求曲线的位置发生移动。

用图2-2来加以说明。图中原有的需求曲线为D_1。在商品价格不变的前提下，如果其他因素的变化使得需求增加，则需求曲线向右平移，如由图中的D_1曲线向右平移

到 D_2 曲线的位置。如果其他因素的变化使得需求减少，则需求曲线向左平移，如由图 2-2 中的 D_1 曲线向左平移到 D_3 曲线的位置。由需求的变动所引起的这种需求曲线位置的移动，表示在每一个既定的价格水平需求数量都增加或者都减少了。例如，在既定的价格水平 P_0，原来的需求数量为 D_1 曲线上的 Q_1，需求增加后的需求数量为 D_2 曲线上的 Q_2，需求减少后的需求数量为 D_3 曲线上的 Q_3。而且，这种在原有价格水平上所发生的需求增加量 Q_1Q_2 和需求减少量 Q_3Q_1 都是由其他因素的变动所引起的。显然，需求的变动所引起的需求曲线的位置的移动，表示整个需求状态的变化。

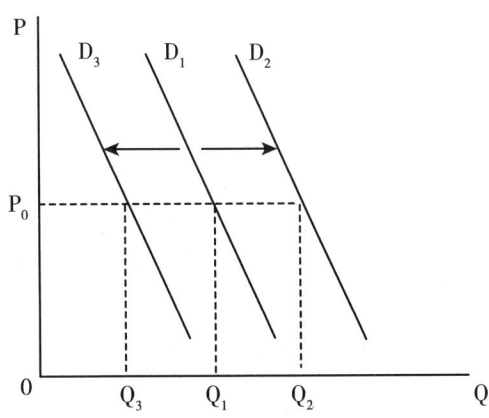

图 2-2 需求的变动和需求曲线的移动

 **即问即答**

1. 如果某种商品需求曲线的斜率为负，在保持其他因素不变的条件下，该商品价格的上升会导致（　　）。
   A. 需求增加　　B. 需求量增加　　C. 需求减少　　D. 需求量减少
2. 当出租车租金上涨后，对公共汽车服务的（　　）。
   A. 需求下降　　B. 需求增加　　C. 需求量下降　　D. 需求量增加

四、从单个消费者的需求曲线到市场的需求曲线

以上讨论的有关需求都是就单个消费者（或家庭）而言的，但是市场价格并非由单个消费者的需求决定，而是由整个市场对一种商品的总需求（和市场供给一起）所决定。因此，需要对所有单个消费者的需求进行加总以得到市场的需求。某种商品的市场需求就是指某一特定时期内在各种可能的价格水平下，所有消费者对该商品需求的总和。

假定在某一种商品市场上有 n 个消费者，他们具有不同的个人需求函数 $Q_i^d = f_i(P)$，$i = 1,2,\cdots,n$，则该商品的市场需求函数为：

$$Q^d = \sum_{i=1}^{n} f_i(P) \tag{2.3}$$

下面借助于表2-2和图2-3具体说明。假设某商品市场上只有A、B两个消费者，在各种价格水平上，需求量如表2-2中的第（2）、第（3）栏所示，通过把每个价格上A、B两个消费者的需求量加总，就得到了第（4）栏中市场总需求。

表2-2　　　　　　　　从单个消费者的需求到市场需求

商品价格（1）	消费者A的需求量（2）	消费者B的需求量（3）	市场需求量（4）
0	20	30	50
1	16	24	40
2	12	18	30
3	8	12	20
4	4	6	10
5	0	0	0

图2-3是根据表2-2绘制的需求曲线，图中的市场需求曲线是A、B两个消费者的需求曲线水平加总得到的。

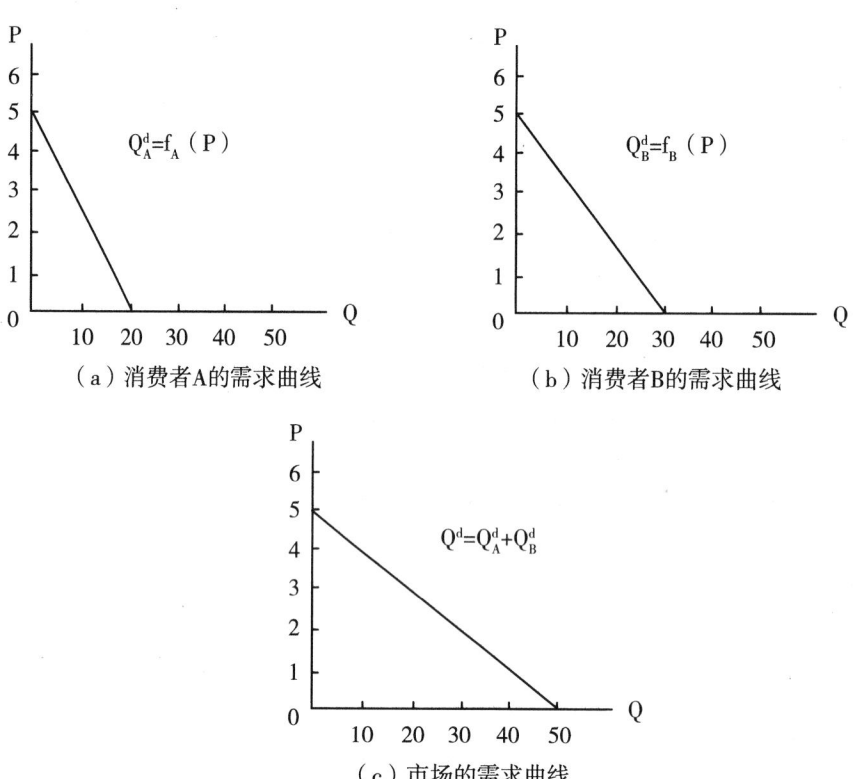

（a）消费者A的需求曲线　　（b）消费者B的需求曲线

（c）市场的需求曲线

图2-3　从单个消费者的需求曲线到市场需求曲线

由于市场需求曲线是由单个消费者的需求曲线的水平加总,所以如同单个消费者的需求曲线一样,市场需求曲线也是向右下方倾斜的。

第二节　供给曲线

一、供给函数

一种商品的供给(supply)是指生产者在一定时期内,在各种可能的价格水平上愿意并且能够提供出售的该商品的数量。根据定义,有效地供给必须同时具备两个要件:一是提供出售的愿望;二是有生产能力。

一种商品的供给数量由很多因素共同决定,其中主要的因素有:该商品的价格、生产成本、生产的技术水平、相关商品的价格和生产者对未来的预期等。

关于商品本身的价格。一般来说,一种商品的价格越高,生产者提供的产量就越大;反之,生产者提供的产量就越小。

关于生产成本。在商品自身价格不变的条件下,生产成本上升会减少利润,从而使得商品的供给量减少;反之,商品的供给量增加。

关于生产的技术水平。一般情况下,生产技术水平的提高可以降低生产成本,增加生产者的利润,从而会提供更多的产量。

关于相关商品的价格。在一种商品的价格不变,而其他相关商品的价格发生变化时,该商品的供给量会发生变化。如某个生产小麦和玉米的农户,在玉米价格不变和小麦价格上升时,该农户可能会增加小麦的种植面积而减少玉米的种植面积。

关于生产者对未来的预期。如果生产者对未来的预期看好,如预期商品的价格会上升,往往会扩大生产,增加商品供给。反之则会减少商品供给。

一种商品的供给量是所有影响这种商品供给量的因素的函数。假定其他影响因素不变,仅考虑商品自身价格对供给量的影响,则供给函数(supply function)就可以表示为:

$$Q^s = f(P) \tag{2.4}$$

式(2.4)中 Q^s 表示商品的供给量,P 表示商品的价格。

二、供给表和供给曲线

供给函数 $Q^s = f(P)$ 表示一种商品的供给量和该商品的价格之间存在着一一对应的关系。这种函数关系可以分别用商品的供给表和供给曲线来表示。

商品的供给表(supply schedule)是表示某种商品的各种价格水平和与之对应的供给量之间关系的数字序列表。表2-3是某商品的供给表。

表 2-3　　　　　　　　　　某商品的供给

价格—数量组合	A	B	C	D	E
价格（元）	2	3	4	5	6
供给量（单位数）	0	20	40	60	80

表 2-3 清楚地显示了商品价格和供给量之间的函数关系。当商品价格为 2 元时，商品的供给量为 0；当商品价格为 3 元时，商品的供给量上升为 20，如此等等。

把供给表中供给量与商品价格之间的关系在平面坐标图上表示出来，就可以得到一条曲线。这种表示供给量与商品价格的关系的曲线，称为供给曲线（supply curve）。图 2-4 是根据表 2-3 绘制的一条供给曲线。在图 2-4 中，横轴表示商品的数量，纵轴表示商品的价格。图中的供给曲线是这样得到的：根据表 2-3 中每一个商品的价格—供给量组合，在平面坐标图中描绘出相应的各点 A、B、C、D、E，然后顺次连接这些点，便得到供给曲线 $Q^s = f(P)$。

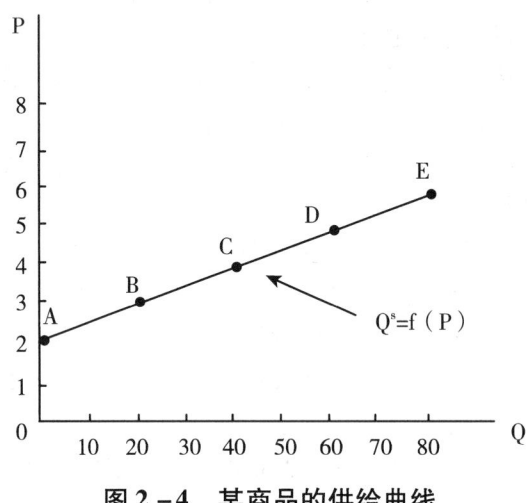

图 2-4　某商品的供给曲线

如同需求曲线一样，供给曲线可以是直线型的，也可以是曲线型的。当供给函数是线性函数时，相应的供给曲线是一条直线，直线上各点的斜率是相等的。当供给函数是非线性函数时，相应的供给曲线是一条曲线，曲线上各点的斜率是不相等的。在微观经济分析中，多数使用线性供给函数。线性供给函数的通常形式为：

$$Q^s = -\delta + \gamma P \tag{2.5}$$

式（2.5）中，δ、γ 为常数，且 δ、$\gamma > 0$。该函数对应的供给曲线即为一条直线。

以供给函数为基础建立的供给表和供给曲线都反映了商品的价格和供给量之间的关系。从表 2-3 可见，商品的供给量随着商品价格的上升而增加。相应的，图 2-4 中的供给曲线具有一个明显的特征，它是向右上方倾斜的，即其斜率为正。它们都反映了供给量和价格之间同方向变动的规律。

 **即问即答**

土地、古董的供给曲线是什么形状的?

三、供给量的变动和供给的变动

和需求一样,为了区别商品本身价格和其他因素对商品供给量的影响,微观经济学同样提出了供给量的变动和供给的变动两个不同的概念。

供给量的变动是指在其他条件不变时,由商品本身价格变动引起的该商品供给量的变动。在几何图形上,供给量变动反映为供给曲线上的一点沿着既定的供给曲线移动。如在图 2-4 中,当商品的价格从 3 元增加到 5 元时,商品的供给量从 20 增加到 60,从图 2-4 上来看,价格—供给量的组合点从 B 沿着既定的供给曲线移动到 D 点。与需求量的变动一样,供给量的变动并没有改变整个供给状态,供给函数保持不变。

供给的变动是指在商品本身价格不变时,由其他影响因素变动引起的该商品供给量的变动。其他影响因素变动可以指生产成本的变动、技术水平的变动、相关商品价格的变动、生产者对未来预期的变动等。在几何图形上,供给变动反映为供给曲线的位置发生移动,如图 2-5 所示。

在图 2-5 中,原有的供给曲线为 S_1。在除商品价格以外的其他因素变动的影响下,供给增加,则使供给曲线由 S_1 曲线向右平移到 S_2 曲线的位置;供给减少,则使供给曲线由 S_1 曲线向左平移到 S_3 曲线的位置。由供给的变化所引起的供给曲线位置的移动,表示在每一个既定的价格水平供给数量都增加或者减少了。例如,在既定的价格水平 P_0,供给增加,使供给数量由 S_1 曲线上的 Q_1 上升到 S_2 曲线上的 Q_2。相反,供给减少,使供给数量由 S_1 曲线上的 Q_1 下降到 S_3 曲线上的 Q_3。这种在原有价格水平所发生的供给增加量 Q_1Q_2 和减少量 Q_3Q_1,都是由其他因素的变化所带来的。很显然,供给的变动所引起的供给曲线位置的移动,表示整个供给状态的变化。

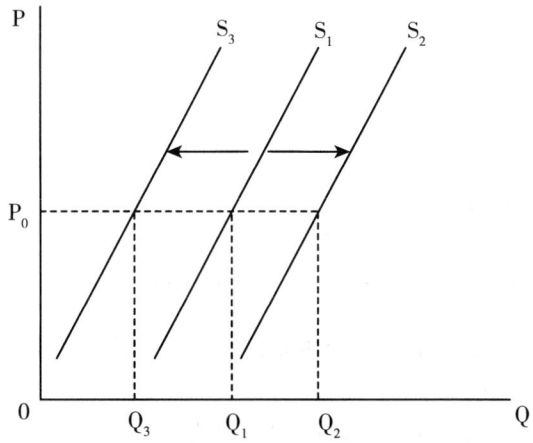

图 2-5 供给的变动和供给曲线的移动

 **即问即答**

1. 如果某种商品供给曲线的斜率为正,在保持其他要素不变的条件下,该商品价格的上升将导致(　　)。
   A. 供给增加　　B. 供给量增加　　C. 供给减少　　D. 供给量减少
2. 对大白菜供给的减少,不可能是由于(　　)。
   A. 气候异常严寒　　　　　　　B. 政策限制大白菜的种植
   C. 大白菜的价格下降　　　　　D. 化肥价格上涨

四、从单个生产者的供给曲线到市场供给曲线

以上讨论的供给都是以单个生产者为基础,而决定市场价格中涉及的供给则是市场供给。和需求一样,市场供给是由所有生产同种商品的单个生产者的供给加总得到的。某种商品的市场供给就是指某一特定时期内在各种可能的价格水平下,所有生产者对该商品供给的总和。

假定在某一种商品市场上有 n 个生产者,他们具有不同的个人供给函数 $Q_i^s = f_i(P)$,$i = 1, 2, \cdots, n$,则该商品的市场供给函数为:

$$Q^s = \sum_{i=1}^{n} f_i(P) \tag{2.6}$$

下面借助表 2-4 和图 2-6 具体说明。假设某商品市场上只有 C、D 两个生产者,在各种价格水平上,供给量如表 2-4 中的第(2)、第(3)栏所示,通过每个价格上 C、D 两个生产者的供给量加总,就得到了第(4)栏中市场总供给。

表 2-4　　　　　　　　从单个生产者的供给表到市场供给

商品价格 (1)	生产者 C 的供给量 (2)	生产者 D 的供给量 (3)	市场供给量 (4)
1	0	0	0
2	5	10	15
3	10	20	30
4	15	30	45
5	20	40	60

图 2-6 是根据表 2-4 绘制的供给曲线,图中的市场供给曲线是 C、D 两个生产者的供给曲线水平加总得到的。

由于市场供给曲线是由单个生产者的供给曲线水平加总,所以市场供给曲线也是向右上方倾斜的。

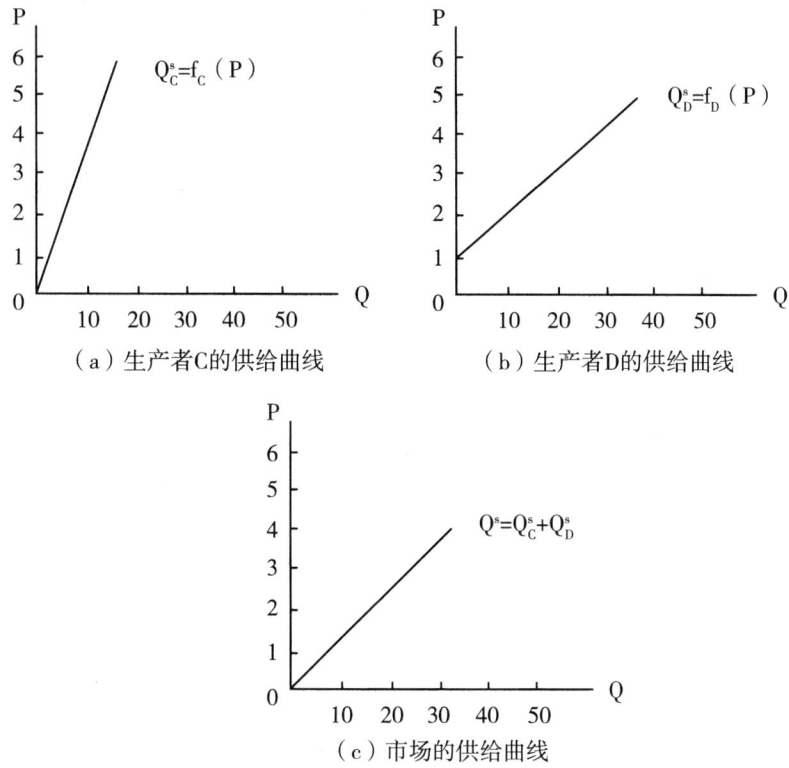

图 2-6 从单个生产者的供给曲线到市场供给曲线

第三节 供求均衡

我们已经知道，需求曲线说明了消费者对某种商品在每一价格水平的需求量是多少，供给曲线说明了生产者对某种商品在每一价格水平的供给量是多少。但是，它们都没说明这种商品本身的市场价格究竟是如何决定的。那么，商品的价格是如何决定的呢？微观经济学中的商品价格是指商品的均衡价格。商品的均衡价格是在商品的市场需求和市场供给这两种相反力量的相互作用下形成的。下面，将需求曲线和供给曲线结合在一起分析均衡价格的形成及其变动。

一、均衡价格的决定

在西方经济学中，均衡（equilibrium）是一个被广泛运用的重要概念。均衡的最一般的意义是指经济事物中有关的变量在一定条件的相互作用下所达到的一种相对静止的状态。经济事物之所以能够处于这样一种静止状态，是由于在这样的状态中有关该经济事物的各参与者的力量能够相互制约和相互抵消，也由于在这样的状态中有关该经济事物的各方面的经济行为者的愿望都能得到满足。正因为如此，西方经济学家认为，经济学的研究往往在于寻找在一定条件下经济事物的变化最终趋于相对静止之点的均衡状态。

在微观经济分析中,市场均衡可以分为局部均衡和一般均衡。局部均衡(partial equilibrium)是就单个市场或部分市场的供求与价格之间的关系和均衡状态进行分析。一般均衡(general equilibrium)是就一个经济社会中的所有市场的供求与价格之间的关系和均衡状态进行分析。一般均衡假定各种商品的供求和价格都是相互影响的,一个市场的均衡只有在其他所有市场都达到均衡的条件下才能实现。

在西方经济学中,一种商品的均衡价格(equilibrium price)是指该种商品的市场需求量和市场供给量相等时的价格。在均衡价格水平下相等的供求数量被称为均衡数量(equilibrium quantity)。从几何意义上说,一种商品市场的均衡出现在该商品的市场需求曲线和市场供给曲线相交的点上,该交点被称为均衡点。这种需求量和供给量相等的状态,也被称为市场出清的状态。

用图2-7说明一种商品的市场均衡价格的决定。

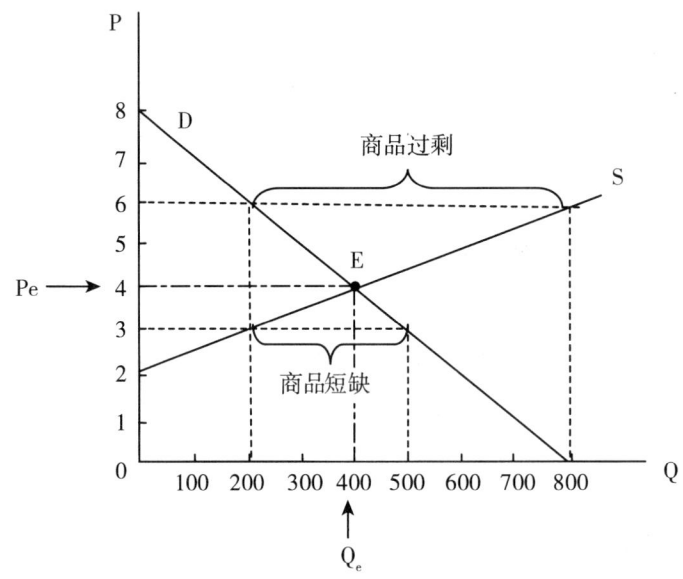

图2-7 均衡价格的决定

在图2-7中,假定D曲线为市场的需求曲线,S曲线为市场的供给曲线。需求曲线D和供给曲线S相交于E点,E点为均衡点。在均衡点E,均衡价格P_e=4元,均衡数量Q_e=400。这是一种买卖双方都感到满意并愿意持续下去的均衡状态。

为什么说这是一种均衡状态呢?当市场的实际价格高于均衡价格为6元时,商品的需求量为200单位,供给量为800单位。此时供给量大于需求量,一方面会使需求者压低价格来购买商品;另一方面,又会使供给者减少商品的供给量。这样,该商品的市场价格必然下降,一直下降到均衡价格4元的水平。与此同时,随着价格由6元下降为4元,商品的需求量逐步地由200单位增加为400单位,商品的供给量逐步地由800单位减少为400单位,从而实现供求量相等的均衡数量400单位。相反地,当市场的实际价格低于均衡价格为3元时,商品的需求量为500单位,供给量为200单位。面对这种需求量大于供给量的商品短缺或超额需求的市场状况,一方面,迫使需求者提高价格来得到他所要购买的商品量;另一方面,又使供给者增加商品的供给量。这样,该商品的市场价格必然上升,一直上升到均衡价格4元的水平。在价格由3元上升为4元的过程中,商品的需求量逐步地由500单位减少为400单位,商品的供给量逐步地由200单位增加为400单位,最后达到供求量相等的均衡数量400单位。由此可见,当市场上的实际价格偏离均衡价格时,市场上总存在着变化的力量,最终达到市场的均衡或市场出清。

二、均衡价格的变动

前面指出,竞争性市场的均衡价格取决于市场需求和供给的相互作用,这意味着当市场的需求或供给发生变化时,市场的均衡价格水平也会随之发生变化。从几何图形上来看,需求曲线或供给曲线的位置移动都会使均衡价格水平发生变动。

先分析需求变动的影响。在供给不变的情况下,需求增加会使需求曲线向右平移,从而使得均衡价格和均衡数量都增加;需求减少会使需求曲线向左平移,从而使得均衡价格和均衡数量都减少,如图2-8所示。

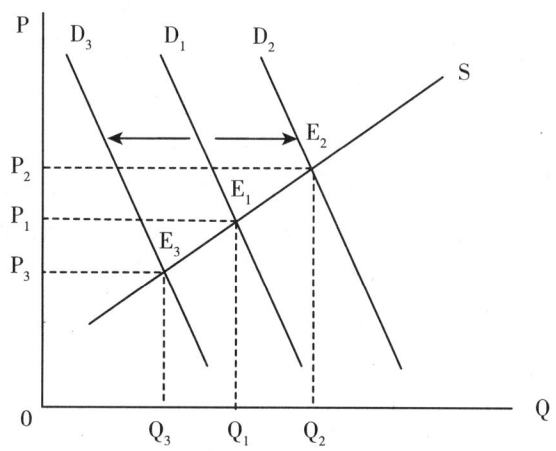

图2-8 需求的变动对均衡的影响

在图2-8中,既定的供给曲线S和最初的需求曲线D_1相交于E_1点。在均衡点E_1,均衡价格为P_1,均衡数量为Q_1。需求增加使需求曲线向右平移至D_2曲线的位置,D_2曲线与S曲线相交于E_2点。在均衡点E_2,均衡价格上升为P_2,均衡数量增加为Q_2。相反,需求减少使需求曲线向左平移至D_3曲线的位置,D_3曲线与S曲线相交于E_3点。在均衡点E_3,均衡价格下降为P_3,均衡数量减少为Q_3。

再分析供给变动的影响。在需求不变的情况下,供给增加会使供给曲线向右平移,从而使得均衡价格下降,均衡数量增加;供给减少会使供给曲线向左平移,从而使得均衡价格上升,均衡数量减少。如图2-9所示。具体分析过程读者可自行思考。

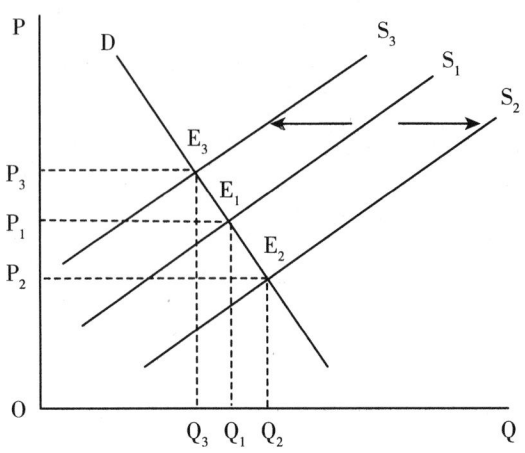

图 2-9　供给的变动对均衡的影响

综上所述,可以得到供求定理:在其他条件不变的情况下,需求变动分别引起均衡价格和均衡数量的同方向的变动;供给变动引起均衡价格的反方向的变动,引起均衡数量的同方向的变动。

最后,需要指出的是,如果需求和供给同时发生变动,则商品的均衡价格和均衡数量的变化是难以确定的,这要结合需求和供给变化的具体情况来确定。以图 2-10 为例进行分析。假定消费者收入水平上升引起的需求增加,使得需求曲线由 D_1 向右平移至 D_2;同时,厂商的技术进步引起供给增加,使得供给曲线向右平移,假设有三种可能:一是从由 S_1 向右移至 S_2;二是由 S_1 向右移至 S_3;三是由 S_1 向右移至 S_4。若是第一种情况,从图 2-10 中可以看出,均衡点从 E_1 移动到 E_2,结果是均衡价格上升,均衡数量增加;若是第二种情况,则均衡点从 E_1 移动到 E_3,结果是均衡价格不变,均衡数量增加;若是第三种情况,则均衡点从 E_1 移动到 E_4,结果是均衡价格下降,均衡数量增加。总之,若需求曲线和供给曲线同向移动,则均衡价格的变动不确定,而均衡数量的变动确定。

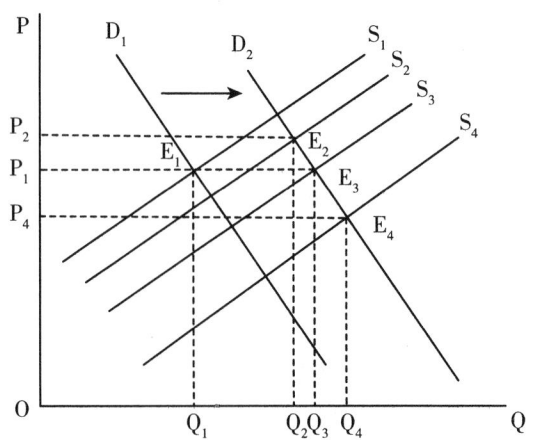

图 2-10　需求和供给的同时变动对均衡的影响

 **即问即答**

若需求曲线和供给曲线反向变动,则均衡价格和均衡数量如何变动?

三、供求均衡的应用

在实现生活中,政府会根据不同的经济形势采取不同的价格策略,如最高限价和最低限价,这时市场就不能自动的实现供求均衡。

最高限价也称为限制价格。它是政府所规定的某种产品的最高价格。最高限价总是低于市场的均衡价格。图2-11表示政府对某种产品实行最高限价的情形。开始时,该产品市场的均衡价格为P_e,均衡数量为Q_e。若政府实行最高限价政策,规定该产品的市场最高限价为P_1。由图2-11可见,最高限价P_1小于均衡价格P_e,且在最高限价P_1的水平,市场需求量Q_1大于市场供给量Q_2,市场上出现供不应求的情况。

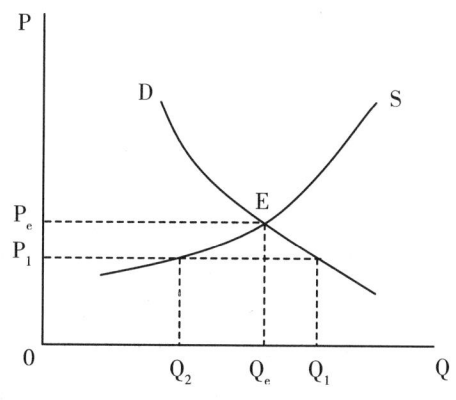

图2-11 最高限价

政府实行最高限价的目的往往是为了抑制某些产品的价格上涨,尤其是为了应对通货膨胀。有时,为了限制某些行业,特别是限制一些垄断性很强的公用事业的价格,政府也会采取最高限价的做法。但政府实行最高限价的做法也会带来一些不良的影响。最高限价下的供不应求会导致市场上消费者排队抢购和黑市交易盛行。在这种情况下,政府往往又不得不采取配给的方法来分配产品。此外,生产者也可能粗制滥造,降低产品质量,形成变相涨价。

最低限价也称为支持价格。它是政府所规定的某种产品的最低价格。最低限价总是高于市场的均衡价格。

图2-12表示政府对某种产品实行最低限价的情形。开始时的市场均衡价格为P_e,均衡数量为Q_e。之后,政府实行最低限价,规定的市场价格为P_1。由图2-12可见,最低限价P_1大于均衡价格P_e,且在最低限价P_1水平,市场供给量Q_1大于市场需求量Q_2,市场上出现产品过剩的情况。

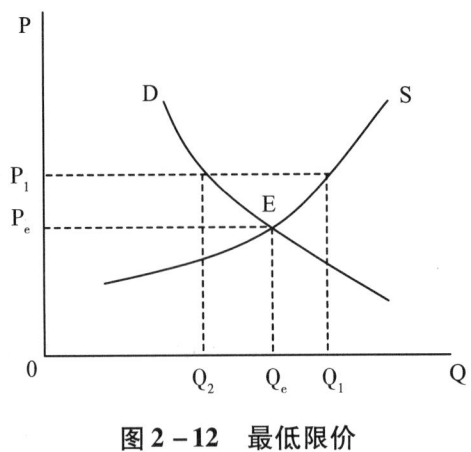

图 2-12 最低限价

政府实行最低限价的目的通常是为了扶持某些行业的发展。农产品的支持价格就是一些西方国家所普遍采取的政策,在实行这一政策时,政府通常收购市场上过剩的农产品。

第四节 弹性理论

一、弹 性

我们已经知道,当一种商品的价格、消费者的收入水平或者相关商品的价格等因素发生变化时,该商品的需求会发生变化。同样地,当一种商品的价格、生产成本等因素发生变化时,该商品的供给量也会发生变化。由此,我们会很自然地想知道,例如,当一种商品的价格下降1%时,这种商品的需求量或供给量究竟分别会上升和下降多少呢?当消费者的收入水平上升1%时,商品的需求量究竟增加了多少?弹性(elasticity)概念就是专门为解决这一类问题而设立的。

弹性概念在经济学中得到广泛的应用。一般来说,只要两个经济变量之间存在着函数关系,我们就可用弹性来表示因变量对自变量变化的反应的敏感程度。具体地说,弹性就是告诉我们当一个经济变量发生1%的变动时,会引起另一个经济变量百分之几的变动。

在经济学中,弹性的一般公式为:

$$\text{弹性系数} = \frac{\text{因变量的变动率}}{\text{自变量的变动率}} \tag{2.7}$$

设两个经济变量之间的函数关系为 Y = f(X),则弹性的一般公式还可以表示为:

$$e = \frac{\frac{\Delta Y}{Y}}{\frac{\Delta X}{X}} = \frac{\Delta Y}{\Delta X} \times \frac{X}{Y} \tag{2.8}$$

式(2.8)中,e 为弹性系数;ΔX、ΔY 分别为变量 X、Y 的变动量。该式表示:

当自变量 X 变化百分之一时，因变量 Y 变化百分之几。

二、需求的价格弹性

需求的价格弹性（price elasticity of demand）是指在一定时期内一种商品的需求量变动对该商品的价格变动的反应程度。或者说，表示在一定时期内当一种商品的价格变化百分之一时所引起的该商品需求量变化的百分比。其公式为：

$$\text{需求价格弹性} = -\frac{\text{需求量的变动率}}{\text{价格的变动率}} \qquad (2.9)$$

需求的价格弹性可以分为弧弹性和点弹性。

需求的价格弧弹性表示某商品需求曲线上两点之间的需求量的变动对于价格的变动的反应程度。它表示的是需求曲线上两点之间的弹性。假定需求函数为 $Q = f(P)$，ΔQ 和 ΔP 分别表示需求量的变动量和价格的变动量，以 e_d 表示需求的价格弹性系数，则需求的价格弧弹性的公式为：

$$e_d = -\frac{\frac{\Delta Q}{Q}}{\frac{\Delta P}{P}} = -\frac{\Delta Q}{\Delta P} \times \frac{P}{Q} \qquad (2.10)$$

这里需要指出的是，在通常情况下，由于商品的需求量和价格是成反方向变动的，即 $\frac{\Delta Q}{\Delta P}$ 为负值，所以，为了便于比较，就在公式（2.10）中加了一个负号，以使需求的价格弹性系数 e_d 取正值。

当需求曲线上两点之间的变化量趋于无穷小时，需求的价格弹性要用点弹性来表示。也就是说，它表示需求曲线上某一点上的需求量变动对于价格变动的反应程度。在公式（2.10）的基础上，需求的价格点弹性的公式为：

$$e_d = \lim_{\Delta P \to 0} -\frac{\Delta Q}{\Delta P} \times \frac{P}{Q} = -\frac{dQ}{dP} \times \frac{P}{Q} \qquad (2.11)$$

比较公式（2.10）和公式（2.11）可见，需求的价格弧弹性和点弹性的本质是相同的。它们的区别仅在于：前者表示价格变动量较大时的需求曲线上两点之间的弹性，而后者表示价格变动量无穷小时的需求曲线上某一点的弹性。

（一）需求的价格弧弹性

1. 需求的价格弧弹性的计算

图 2-13 是需求函数 $Q^d = 800 - 100P$ 的几何图形。

图 2-13 中需求曲线上 A、B 两点的价格分别为 6 和 5，相应的需求量分别为 200 和 300。当商品的价格由 6 下降为 5 时，或者当商品的价格由 5 上升为 6 时，应该如何计算相应的弧弹性值呢？

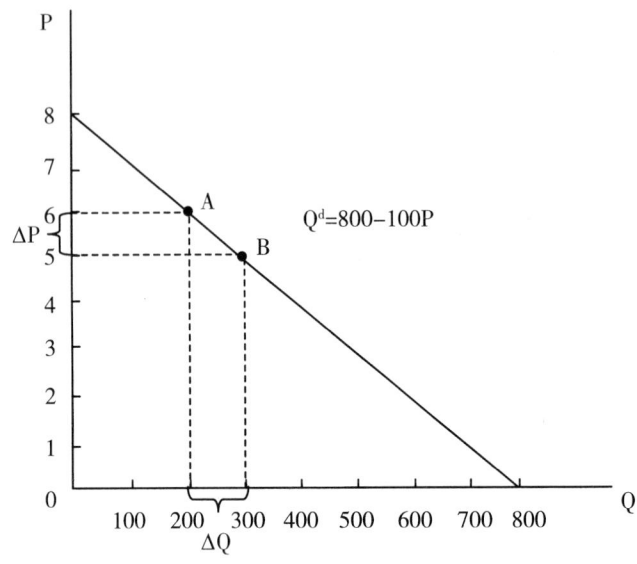

图 2-13　需求的价格弧弹性

由 A 点到 B 点（即降价时）：

$$e_d = -\frac{\Delta Q}{\Delta P} \times \frac{P}{Q} = -\frac{Q_B - Q_A}{P_B - P_A} \times \frac{P_A}{Q_A} = -\frac{300-200}{5-6} \times \frac{6}{200} = 3$$

由 B 点到 A 点（即涨价时）：

$$e_d = -\frac{\Delta Q}{\Delta P} \times \frac{P}{Q} = -\frac{Q_A - Q_B}{P_A - P_B} \times \frac{P_B}{Q_B} = -\frac{200-300}{6-5} \times \frac{5}{300} = \frac{5}{3}$$

显然，由 A 点到 B 点和由 B 点到 A 点的弧弹性系数值是不相同的。其原因在于：尽管在上面两个计算中，ΔQ 和 ΔP 的绝对值都相等，但由于 P 和 Q 所取的基数值不相同，所以，两种计算结果便不相同。这样一来，在需求曲线的同一条弧上，涨价和降价产生的需求的价格弹性系数值便不相等。所以，要根据涨价和降价的具体情况，来求得不同的 e_d 值。

但是，如果仅仅是一般地计算需求曲线上某一段的需求的价格弧弹性，而不是具体地强调这种需求的价格弧弹性是作为涨价还是降价的结果，则为了避免不同的计算结果带来的不便，一般通常取两点价格的平均值 $\left(\frac{P_A + P_B}{2}\right)$ 和两点需求量的平均值 $\left(\frac{Q_A + Q_B}{2}\right)$ 来分别代替弧弹性公式中的 P 值和 Q 值，因此，需求的价格弧弹性计算公式又可以写为：

$$e_d = -\frac{\Delta Q}{\Delta P} \times \frac{\frac{P_A + P_B}{2}}{\frac{Q_A + Q_B}{2}} = -\frac{\Delta Q}{\Delta P} \times \frac{P_A + P_B}{Q_A + Q_B} \quad (2.12)$$

该公式也被称为需求的价格弧弹性的中点公式。

根据中点公式，上例中 A、B 两点间的需求的价格弧弹性为：

$$e_d = \frac{100}{1} \times \frac{\frac{5+6}{2}}{\frac{200+300}{2}} = 2.2$$

由此可见，需求的价格弧弹性的计算可以有三种情况，它们分别是涨价时计算的 e_d、降价时计算的 e_d，以及按中点公式计算的 e_d。至于到底应该采用哪一种计算方法，这需要视具体情况和需要而定。

2. 需求的价格弧弹性的五种类型

我们已经知道，需求的价格弹性是告诉我们，当商品的价格变动 1% 时，需求量的变动究竟有多大的百分比。在商品的价格变化 1% 的前提下，需求量的变化率可能大于 1%，这时有 $e_d > 1$，称为富有弹性（elasticity）；需求量的变化率也可能小于 1%，这时有 $e_d < 1$，称为缺乏弹性（inelasticity）；需求量的变化率也可能恰好等于 1%，这时有 $e_d = 1$，称为单一弹性或单位弹性（unitary elasticity）。以上这三种类型的需求的价格弧弹性分别如图 2-14 中的（a）、（b）和（c）所示。

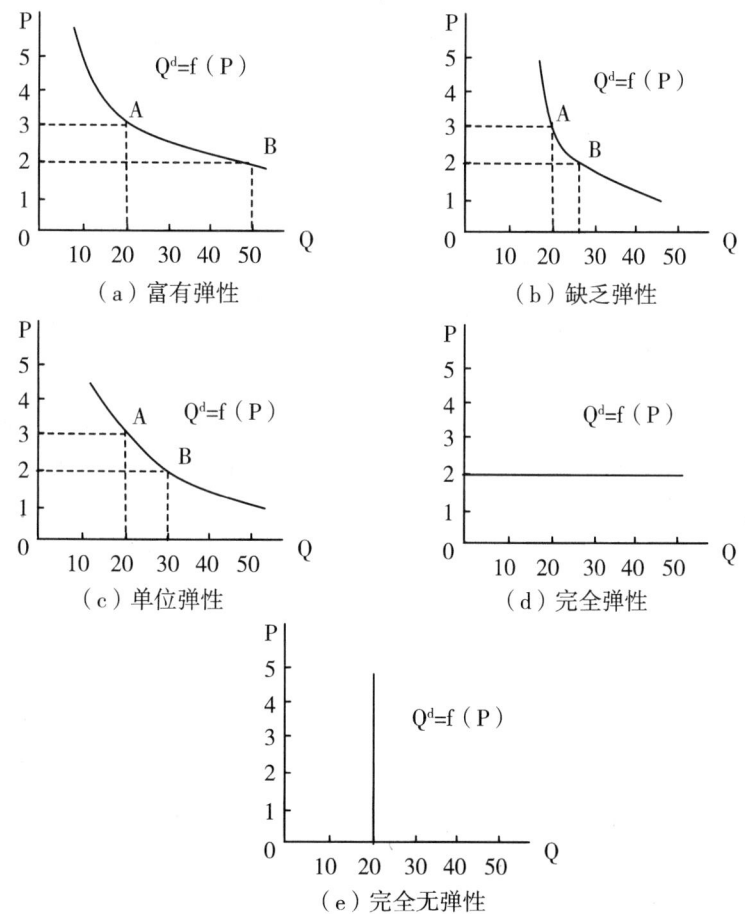

图 2-14 需求价格弹性的五种类型

 **即问即答**

根据需求的价格弧弹性的中点公式（2.12），计算出图 2-14（a）、（b）、（c）中每条需求曲线 A、B 两点之间的需求的价格弧弹性。

比较图 2-14（a）和图 2-14（b）可以看出，就需求的价格弧弹性而言，富有弹性的需求曲线相对比较平坦，缺乏弹性的需求曲线相对比较陡峭。但是，特别需要引起注意的是，尽管在经济学中，往往把富有弹性的需求绘制成一条相对平坦的曲线和把缺乏弹性的需求描绘成一条相对陡峭的曲线已成为一种习惯，这种绘制方法通常也是可行的，但是，在有些场合，这种绘制方法便会成为一种不好的甚至是错误的方法。例如，当图 2-14（a）中横轴上的刻度由 10、20、30、40、50 改为 11、12、13、14、15 以后，那么，平坦的需求曲线就是缺乏弹性的了。所以在使用这种绘制方法时必须十分小心。关于这一点，在以后分析需求曲线的斜率和需求的价格点弹性的关系时，会得到进一步的说明。

再看图 2-14（d）和图 2-14（e）。图 2-14（d）中需求曲线为一条水平线。水平的需求曲线表示在既定的价格水平（如图中的 P=2）需求量是无限的。从需求的价格弹性的角度看，对于水平的需求曲线来说，只要价格有一个微小的上升，就会使无穷大的需求量一下子减少为零。也就是说，相对于无穷小的价格变化率，需求量的变化率是无穷大的，即有 $e_d = \infty$，这种情况被称为完全弹性（perfect elasticity）。图 2-14（e）中的需求曲线是一条垂直线。垂直的需求曲线表示相对于任何价格水平需求量都是固定不变的（如图中总是有 Q=20）。从需求的价格弹性的角度看，对于垂直的需求曲线来说，无论价格如何变化，需求量的变化量总是为零，即有 $e_d = 0$，这种情况被称为完全无弹性（perfect inelasticity）。

利用图 2-14 以弧弹性为例分析的需求弹性的五种情况，是区分需求弹性大小的五种基本类型。在需求的价格点弹性的事例中，这五种基本类型也同样存在。下面的分析会说明这一点。

最后，需要指出的是这五种基本类型也适用于其他任何一个具体的弹性概念。

（二）需求的价格点弹性

1. 需求的价格点弹性的计算

可以利用需求的价格点弹性的定义公式，来计算给定的需求曲线上某一点的弹性。仍用需求函数 $Q^d = 800 - 100P$ 来说明这一计算方法。

在 A 点，当 P=6 时，由需求函数可得：$Q^d = 800 - 100 \times 6 = 200$，即相应的价格—需求量组合为（6，200）。于是有：

$$e_d = -\frac{dQ}{dP} \times \frac{P}{Q} = -(-100) \times \frac{6}{200} = 3$$

同样地，在 B 点，当 P = 5 时，由需求函数可得 $Q^d = 800 - 100 \times 5 = 300$，即相应的价格—需求量组合为（5，300），于是有：

$$e_d = -\frac{dQ}{dP} \times \frac{P}{Q} = -(-100) \times \frac{5}{300} = \frac{5}{3}$$

除此之外，还可以根据需求的价格点弹性的几何意义来计算相应的点弹性值。

2. 需求的价格点弹性的几何意义

下面分别从线性需求曲线和非线性需求曲线的不同角度，来分析需求的价格点弹性的几何意义。

先考虑线性需求曲线的点弹性。用图 2 - 15 来说明。

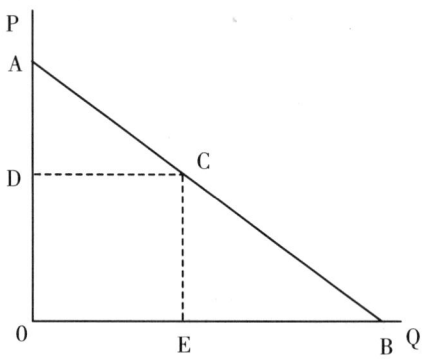

图 2 - 15　线性需求曲线的点弹性

在图 2 - 15 中，线性需求曲线分别与纵坐标和横坐标相交于 A、B 两点，令 C 点为该需求曲线上的任意一点。从几何意义看，根据点弹性的定义，C 点的需求的价格弹性可以表示为：

$$e_d = -\frac{dQ}{dP} \times \frac{P}{Q} = \frac{OB}{OA} \times \frac{OD}{OE} = \frac{CD}{AD} \times \frac{OD}{OE} = \frac{OD}{AD} \quad (2.13)$$

或

$$e_d = -\frac{dQ}{dP} \times \frac{P}{Q} = \frac{OB}{OA} \times \frac{OD}{OE} = \frac{BE}{CE} \times \frac{OD}{OE} = \frac{BE}{OE} \quad (2.14)$$

由此可得出这样一个结论：线性需求曲线上的任何一点的弹性，都可以通过由该点出发向价格轴或数量轴引垂线的方法来求得。以图 2 - 15 中 A 点为例，

由 A 点向数量轴作垂线，可得 $e_d = \frac{BE}{OE} = \frac{600}{200} = 3$。

由 A 点向价格轴作垂线，可得 $e_d = \frac{OD}{AD} = \frac{6}{2} = 3$。

 **即问即答**

用上述方法计算图 2 - 13 中 B 点的点弹性。

通过对比就会发现，在此用几何方法计算出的 A、B 两点的弹性值与前面直接用点弹性定义公式计算出的弹性值是相同的。

显然，线性需求曲线上的点弹性有一个明显的特征：在线性需求曲线上的点的位置越高，相应的点弹性系数值就越大；相反，位置越低，相应的点弹性系数值就越小。这一特征在图 2-16 (a) 中得到了充分的体现。在图 2-16 (a) 中，随着需求曲线上的点的位置由最低的 A 点逐步上升到最高的 E 点的过程，相应的点弹性由 $e_d = 0$ 逐步增加到 $e_d = \infty$。具体地分析，在该线性需求曲线的中点 C，有 $e_d = 1$，因为 CA = EC。在中点以下部分的任意一点如 B 点，有 $e_d < 1$，因为 BA < EB。在中点以上部分的任意一点如 D 点，有 $e_d > 1$，因为 DA > ED。在线性需求曲线的两个端点，即需求曲线与数量轴和价格轴的交点 A 点和 E 点，则分别有 $e_d = 0$ 和 $e_d = \infty$。可见，向右下方倾斜的线性需求曲线上每一点的弹性都是不相等的。这一结论对于除了即将要说明的两种特殊形状的线性需求曲线以外的所有线性需求曲线都是适用的。

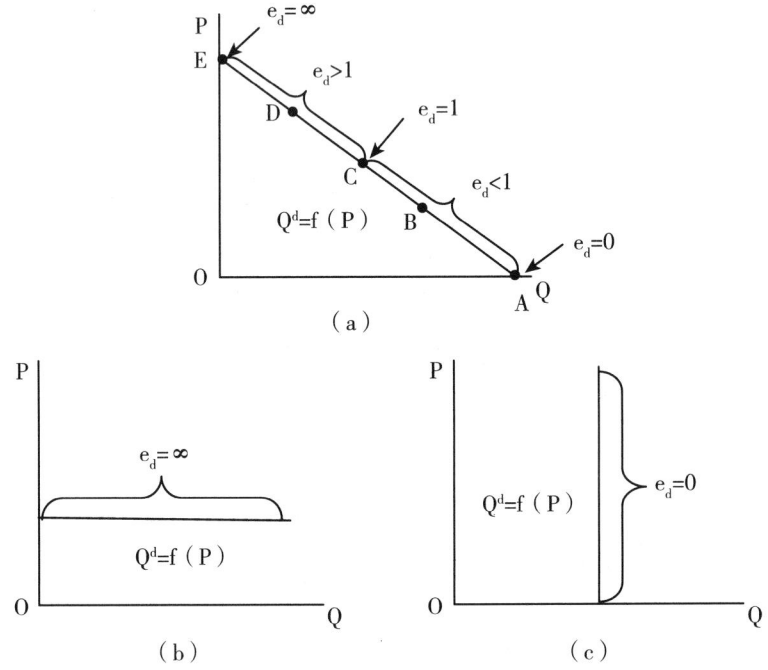

图 2-16 线性需求曲线点弹性的五种类型

在图 2-16 (b) 和图 2-16 (c) 中各有一条特殊形状的线性需求曲线。图 2-16 (b) 中一条水平的需求曲线上每一点的点弹性均为无穷大。图 2-16 (c) 中一条垂直的需求曲线上每一点的点弹性均为 0。

 **即问即答**

线性需求曲线上每一点的点弹性都不相等，这种说法正确吗？为什么？

再考虑非线性需求曲线的点弹性。用图 2-17 来说明。

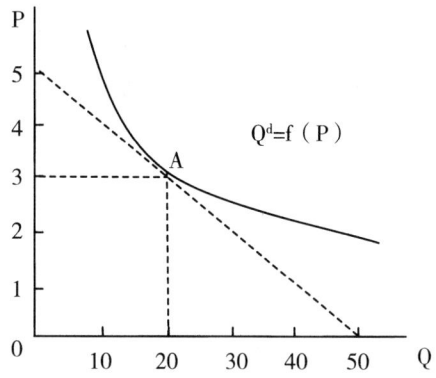

图 2-17 非线性需求曲线的点弹性

关于非线性需求曲线上的任何一点的弹性的几何意义，可以先过该点作需求曲线的切线，然后用与推导线性需求曲线的点弹性的几何意义相类似的方法来得到。读者可以依据与图 2-15 中相类似的推导方法，自己证明。

在 A 点，$e_d = \frac{3}{2}$ 或者 $e_d = \frac{30}{20} = \frac{3}{2}$

就非线性需求曲线而言，曲线的不同形状和曲线上的点的位置不同，都会影响需求点弹性系数值的大小。

 **即问即答**

如果一条线性需求曲线和一条曲线型需求曲线相切，则在切点处两条需求曲线的价格弹性系数是相等？不相等？还是视切点位置而定？

要注意的是，在考察需求的价格弹性问题时，需求曲线的斜率和需求的价格弹性是两个紧密联系却又不相同的概念，必须严格加以区分。

首先，经济学使用弹性而不是曲线的斜率来衡量因变量对自变量反应的敏感程度，由于弹性没有度量单位，所以，弹性之间大小的比较很方便。不同的是，斜率是可以有度量单位的，例如，草莓的价格变化（以人民币元计）所引起的草莓需求量的变化（以斤计），等等。此外，不同的物品往往又会使用不同的计量单位。所以，为了比较弹性数值的大小，度量单位的消除是很必要的。其次，由前面对需求的价格点弹性的分析可以清楚地看到，需求曲线在某一点的斜率为 $\frac{dP}{dQ}$。而根据需求的价格点弹性的计算公式，点弹性不仅取决于需求曲线在该点的斜率的倒数值 $\frac{dQ}{dP}$，还取决于该点的价格—需求量的比值 $\frac{P}{Q}$。所以，这两个概念虽有联系，但区别也是很明显的。这种区别在图 2-16（a）中得到了充分体现：图中线性需求曲线上每点的斜率都是相等的，但每点的点弹性都是不相等的。

由此可见，直接把需求曲线的斜率和需求的价格弹性等同起来是错误的。严格区分这两个概念，不仅对于线性需求曲线的点弹性，而且对于任何形状的需求曲线的弧弹性和点弹性来说，都是有必要的。

（三）影响需求的价格弹性的因素

影响需求的价格弹性的因素很多，其中主要有以下几个。

第一，商品的可替代性。一般来说，一种商品的可替代品越多，相近程度越高，则该商品的需求的价格弹性往往就越大；相反，该商品的需求的价格弹性往往就越小。例如，在苹果市场，当国光苹果的价格上升时，消费者就会减少对国光苹果的需求量，增加对相近的替代品，如香蕉苹果的购买。这样，国光苹果的需求弹性就比较大。又如，对于食盐来说，没有很好的可替代品，所以，食盐价格的变化所引起的需求量的变化几乎等于零，它的需求的价格弹性是极其微小的。

对一种商品所下的定义越明确、越狭窄，这种商品的相近的替代品往往就越多，需求的价格弹性也就越大。例如，某种特定商标的豆沙馅面包的需求要比一般的甜馅面包的需求更有弹性，甜馅面包的需求又比一般的面包的需求更有弹性，而面包的需求的价格弹性比一般的面粉制品的需求的价格弹性又要大得多。

第二，商品用途的广泛性。一般来说，一种商品的用途越是广泛，它的需求的价格弹性就可能越大；相反，用途越是狭窄，它的需求的价格弹性就可能越小。这是因为，如果一种商品具有多种用途，当它的价格较高时，消费者只购买较少的数量用于最重要的用途上。当它的价格逐步下降时，消费者的购买量就会逐渐增加，将商品越来越多地用于其他的各种用途上。

第三，商品对消费者生活的重要程度。一般来说，生活必需品的需求的价格弹性较小，非必需品的需求的价格弹性较大。例如，馒头的需求的价格弹性是较小的，电影票的需求的价格弹性是较大的。

第四，商品的消费支出在消费者预算总支出中所占的比重。消费者在某商品上的消费支出在预算总支出中所占的比重越大，该商品的需求的价格弹性可能越大；反之，则越小。例如，火柴、盐、铅笔、肥皂等商品的需求的价格弹性就是比较小的。因为，消费者每月在这些商品上的支出是很小的，消费者往往不太重视这类商品价格的变化。

第五，所考察的消费者调节需求量的时间。一般来说，所考察的调节时间越长，则需求的价格弹性就可能越大。因为，在消费者决定减少或停止对价格上升的某种商品的购买之前，他一般需要花费时间去寻找和了解该商品的替代品。例如，当石油价格上升时，消费者在短期内通常不会较大幅度地减少需求量。但设想在长期内，消费者可能找到替代品，于是，石油价格上升会导致石油的需求量较大幅度地下降。

需要指出，一种商品需求的价格弹性的大小是各种影响因素综合作用的结果。所以，在分析一种商品的需求的价格弹性的大小时，要根据具体情况进行全面的综合分析。

三、需求的收入弹性

需求的收入弹性（income elasticity of demand）是建立在消费者的收入量和商品的需求量之间关系上的一个弹性概念，它也是一个在西方经济学中被广泛运用的弹性概念。需求的收入弹性表示在一定时期内消费者对某种商品的需求量的变动对于消费者收入量变动的反应程度。或者说，表示在一定时期内当消费者的收入变化百分之一时所引起的商品需求量变化的百分比。它是商品的需求量的变动率和消费者的收入量的变动率的比值。

假定某商品的需求量 Q 是消费者收入水平 M 的函数，即 Q = f(M)，则该商品的需求的收入弹性公式为：

$$e_M = \frac{\frac{\Delta Q}{Q}}{\frac{\Delta M}{M}} = \frac{\Delta Q}{\Delta M} \times \frac{M}{Q} \tag{2.15}$$

或

$$e_M = \lim_{\Delta M \to 0} \frac{\Delta Q}{\Delta M} \times \frac{M}{Q} = \frac{dQ}{dM} \times \frac{M}{Q} \tag{2.16}$$

根据商品的需求的收入弹性系数值，可以给商品分类。首先，商品可以分为两类，分别是正常品和劣等品（亦称低档品）。其中，正常品（normal goods）是指消费者对该商品的需求量与收入成同方向变化的商品；劣等品（inferior goods）是指消费者对该商品的需求量与收入成反方向变化的商品。其次，还可以将正常品再进一步区分为必需品和奢侈品两类。以上的商品分类方法，可以用需求的收入弹性来表示。具体地说，$e_M > 0$ 的商品为正常品，因为，$e_M > 0$ 意味着消费者对该商品的需求量与收入水平成同方向变化。$e_M < 0$ 的商品为劣等品，因为，$e_M < 0$ 意味着消费者对该商品的需求量与收入水平成反方向变化。在正常品中，$e_M < 1$ 的商品为必需品，$e_M > 1$ 的商品为奢侈品。这是因为，当消费者的收入水平下降时，尽管消费者对必需品和奢侈品的需求量都会有所减少，但对必需品的需求量的减少是有限的，或者说，是缺乏弹性的；而对奢侈品的需求量的减少是较多的，或者说，是富有弹性的。

知识链接

恩格尔定律和恩格尔系数

19世纪德国统计学家恩格尔根据统计资料，对消费结构的变化得出一个规律：一个家庭的收入越少，家庭收入中（或总支出中）用来购买食物的支出所占的比例就越大，随着家庭收入的增加，家庭收入中（或总支出中）用来购买食物的支出份额则会下降。推而广之，一个国家越穷，每个国民的平均收入中（或平均支出中）用于购买食物的支出所占比例就越大，随着国家的富裕，这个比例呈下降趋势。即随着家庭收入的增加，购买食物的支出比例则会下降。这就是恩格尔定律。若用弹性概念来表述恩格尔定律可以是：对于一个家庭或一个国家来说，富裕程度越高，则食物支出的收入弹性就越小；反之，则越大。许多国家经济发展过程的统计资料表明恩格尔定律是成立的。

反映恩格尔定律的系数被称为恩格尔系数。其公式如下：

$$恩格尔系数 = \frac{食物支出金额}{总支出金额}$$

国际上常常用恩格尔系数来衡量一个国家和地区人民生活水平的状况。根据联合国粮农组织提出的标准，恩格尔系数在59%以上为贫困，50%~59%为温饱，40%~50%为小康，30%~40%为富裕，低于30%为最富裕。

随着时间的推移，以后的经济学家又对恩格尔定律做了若干补充，恩格尔定律的内容有所增加。目前西方经济学对恩格尔定律的表述如下：

随着家庭收入的增加，用于购买食品的支出占家庭收入的比重（即恩格尔系数）会下降；用于家庭住宅建设和家务经营的支出占家庭收入的比重大体不变；用于服装、交通、娱乐、卫生保健、教育方面的支出和储蓄占家庭收入的比重会上升。

资料来源：根据互联网资料整理得到。

 **即问即答**

1. 已知某商品的收入弹性等于 -0.8，则这种商品（　　）。
A. 低档商品　　　　　　　　B. 一般的正常商品
C. 奢侈品　　　　　　　　　D. 必需品
2. 已知某商品的收入弹性等于1.2，则这种商品（　　）。
A. 低档商品　　　　　　　　B. 一般的正常商品
C. 奢侈品　　　　　　　　　D. 吉芬商品

四、需求的交叉价格弹性

一种商品的需求量受多种因素的影响，相关商品的价格就是其中的一个因素。假定其他的因素都不发生变化，仅仅研究一种商品的价格变化和它的相关商品的需求量变化之间的关系，则需要运用需求的交叉价格弹性的概念。需求的交叉价格弹性也简称为需求的交叉弹性。

需求的交叉价格弹性（cross price elasticity of demand）表示在一定时期内一种商品的需求量的变动对于它的相关商品的价格变动的反应程度。或者说，表示在一定时期内当一种商品的价格变化1%时所引起的另一种商品的需求量变化的百分比。它是该商品的需求量的变动率和它的相关商品的价格的变动率的比值。

假定商品 X 的需求量 Q_X 是它的相关商品 Y 的价格 P_Y 的函数，即 $Q_X = f(P_Y)$，则商品 X 的需求的交叉价格弧弹性公式为：

$$e_{XY} = \frac{\frac{\Delta Q_X}{Q_X}}{\frac{\Delta P_Y}{P_Y}} = \frac{\Delta Q_X}{\Delta P_Y} \times \frac{P_Y}{Q_X} \tag{2.17}$$

式（2.17）中，ΔQ_X 为商品 X 的需求量的变化量；ΔP_Y 为相关商品 Y 的价格的变化量；e_{XY} 为当 Y 商品的价格发生变化时，X 商品的需求的交叉价格弹性系数。

当 X 商品的需求量的变化量 ΔQ_X 和相关商品价格的变化量 ΔP_Y 均为无穷小时，则商品 X 的需求的交叉价格点弹性公式为：

$$e_{XY} = \lim_{\Delta P_Y \to 0} \frac{\Delta Q_X}{\Delta P_Y} \times \frac{P_Y}{Q_X} = \frac{dQ_X}{dP_Y} \times \frac{P_Y}{Q_X} \tag{2.18}$$

需求的交叉价格弹性系数的符号取决于所考察的两种商品的相关关系。若两种商品之间存在着替代关系，则一种商品的价格与它的替代品的需求量之间成同方向的变动，相应的需求的交叉价格弹性系数为正值。以苹果和梨为例，两者是替代关系，当苹果的价格上升时，人们自然会在减少苹果的购买量的同时，增加对苹果的替代品如梨的购买量。若两种商品之间存在着互补关系，则一种商品的价格与它的互补品的需求量之间成反方向的变动，相应的需求的交叉价格弹性系数为负值。以网球拍和网球为例，两者是互补关系，当网球拍的价格上升时，人们会减少对网球拍的需求量，这样，作为网球拍的互补品的网球的需求量也会因此而下降。若两种商品之间不存在相关关系，则意味着其中任何一种商品的需求量都不会对另一种商品的价格变动做出反应，相应的需求的交叉价格弹性系数为零。

同样的道理，反过来，可以根据两种商品之间的需求的交叉价格弹性系数的符号，来判断两种商品之间的相关关系。若两种商品的需求的交叉价格弹性系数为正值，则这两种商品之间为替代关系。若为负值，则这两种商品之间为互补关系。若为零，则这两种商品之间无相关关系。

 **即问即答**

1. 当两种商品中的一种商品的价格变动时，这两种商品的需求量都同时增加或减少，则交叉价格弹性系数为（　　）。
   A. 正　　　　　　B. 负　　　　　　C. 1　　　　　　D. 0
2. 已知某两种商品的交叉弹性等于 -0.4，则这两种商品的关系是（　　）。
   A. 无关系　　　　B. 替代关系　　　C. 互补关系　　　D. 不确定

五、供给弹性

在西方经济学中，供给方面的弹性包括供给的价格弹性、供给的交叉价格弹性和供给的预期价格弹性等。在此考察的是供给的价格弹性，它通常被简称为供给弹性。

供给的价格弹性（price elasticity of supply）表示在一定时期内一种商品的供给量变动对于该商品价格变动的反应程度。或者说，表示在一定时期内当一种商品的价格变化1%时所引起的该商品供给量变化的百分比。它是商品的供给量变动率与价格变动率之比。

与需求的价格弹性一样，供给的价格弹性也分为弧弹性和点弹性。

供给的价格弧弹性表示某商品供给曲线上两点之间的弹性。供给的价格点弹性表示某商品供给曲线上某一点的弹性。假定供给函数为 $Q = f(P)$，以 e_s 表示供给的价格弹性系数，则供给的价格弧弹性的公式为：

$$e_s = \frac{\frac{\Delta Q}{Q}}{\frac{\Delta P}{P}} = \frac{\Delta Q}{\Delta P} \times \frac{P}{Q} \qquad (2.19)$$

供给的价格点弹性的公式为：

$$e_s = \frac{\frac{dQ}{Q}}{\frac{dP}{P}} = \frac{dQ}{dP} \times \frac{P}{Q} \qquad (2.20)$$

在通常情况下，商品的供给量和商品的价格是成同方向变动的，供给量的变化量和价格的变化量的符号是相同的。所以，在公式（2.19）和公式（2.20）中，$\frac{\Delta Q}{\Delta P}$ 和 $\frac{dQ}{dP}$ 两项均大于零，作为计算结果的 e_s 为正值。

若考虑价格上升或价格下降时的供给的价格弧弹性，也可以由中点公式求出供给的价格弧弹性。

供给的价格弧弹性的中点公式为：

$$e_s = \frac{\Delta Q}{\Delta P} \times \frac{\frac{P_1 + P_2}{2}}{\frac{Q_1 + Q_2}{2}} \qquad (2.21)$$

供给的价格弹性根据 e_s 值的大小也分为五种类型。$e_s > 1$ 表示富有弹性；$e_s < 1$ 表示缺乏弹性；$e_s = 1$ 表示单一弹性或单位弹性；$e_s = \infty$ 表示完全弹性；$e_s = 0$ 表示完全无弹性。

供给的价格点弹性也可以用几何方法来求得。在此用图 2-18 以线性供给函数为例加以说明。图 2-18 是线性供给函数 $Q = -400 + 200P$ 的几何图形。

在 A 点处，P=3，Q=200，根据式（2.20），其点弹性

$$e_s = \frac{dQ}{dP} \times \frac{P}{Q} = \frac{CB}{AB} \times \frac{AB}{OB} = \frac{CB}{OB} = \frac{600}{200} = 3$$

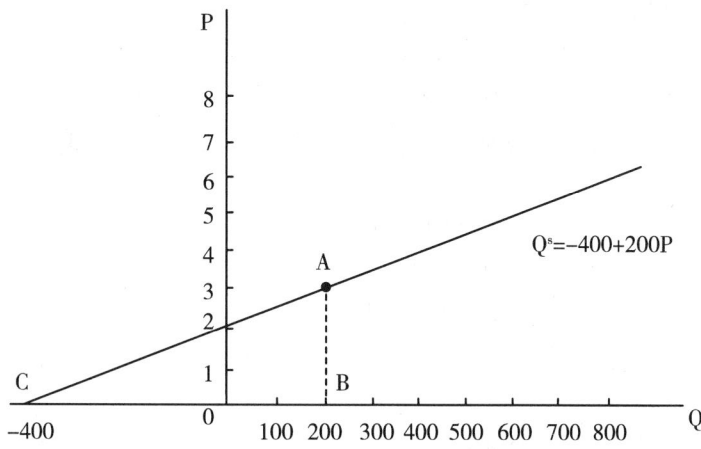

图 2-18　线性供给曲线的点弹性

从线性供给曲线的点弹性的几何意义出发，可以进一步找出线性供给曲线点弹性的有关规律，如图 2-19 所示。

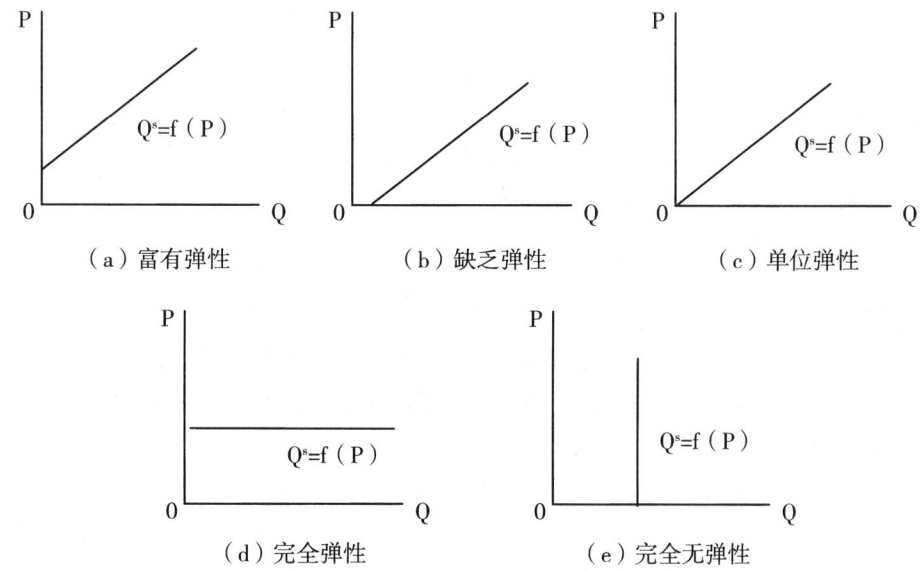

图 2-19　线性供给曲线的点弹性的五种类型

即问即答

为什么说图 2-19（a）、图 2-19（b）、图 2-19（c）中供给曲线上的点弹性分别大于 1、小于 1 和等于 1？

通过分析可以得出这样的规律：若线性供给曲线的延长线与坐标横轴相交的交点位于坐标原点的左边，则该供给曲线上任何一点的弹性都是大于 1 的。若交点位于坐标原点的右边，则该供给曲线上任何一点的弹性都是小于 1 的。若交点恰好就是坐标原点，则该供给曲线上任何一点的弹性均为 1。

除此之外，图 2-19（d）有一条水平的供给曲线，曲线上所有的点弹性均为无穷大，即 $e_s = \infty$。图 2-19（e）有一条垂直的供给曲线，曲线上所有的点弹性均为零，即 $e_s = 0$。这两种特殊的情况和前面分析的三种情况一起，构成了线性供给曲线点弹性的五种类型。

关于曲线型供给曲线的点弹性的几何意义，可以先过所求点作供给曲线的切线，其后的过程推导与线性供给曲线是相同的。读者可以自行推导。同样地，可以根据曲线型供给曲线上所求点的切线与坐标横轴的交点是位于坐标原点的左边，还是位于坐标原点的右边，或者恰好就是坐标原点，来分别判断该点的供给是富有弹性的，还是缺乏弹性的，或者是单位弹性的。

在影响供给的价格弹性的众因素中，时间因素是一个很重要的因素。当商品的价格发生变化时，厂商对产量的调整需要一定的时间。在很短的时间内，厂商若要根据商品的涨价及时地增加产量，或者根据商品的降价及时地缩减产量，都存在不同程度的困难，相应地，供给弹性是比较小的。但是，在长期内，生产规模的扩大与缩小，甚至转产，都是可以实现的，供给量可以对价格变动做出较充分的反应，供给的价格弹性也就比较大了。

六、弹性的应用

（一）需求价格弹性和销售收入

在实际的经济生活中会发生这样一些现象：有的厂商提高自己的产品价格，能使自己的销售收入得到提高，而有的厂商提高自己的产品价格，却反而使自己的销售收入降低了。这意味着，以降价促销来增加销售收入的做法，对有的产品适用，对有的产品却不适用。如何解释这些现象呢？这便涉及商品的需求的价格弹性的大小和厂商的销售收入两者之间的相互关系。

我们知道，厂商的销售收入等于商品的价格乘以商品的销售量。在此假定厂商的商品销售量等于市场上对其商品的需求量。这样，厂商的销售收入就又可以表示为商品的价格乘以商品的需求量，即厂商销售收入 = P×Q，其中，P 表示商品的价格，Q 表示商品的销售量即需求量。

前面已经讲过，商品的需求的价格弹性表示商品需求量的变化率对于商品价格的变化率的反应程度。这意味着，当一种商品的价格 P 发生变化时，这种商品需求量 Q 的变化情况，进而提供这种商品的厂商的销售收入 P×Q 的变化情况，将必然取决于该商品的需求的价格弹性大小。所以，在商品的需求价格弹性和提供该商品的厂商的销售收入之间存在着密切的关系。这种关系可归纳为以下三种情况。

第一种情况：对于 $e_d > 1$ 的富有弹性的商品，降低价格会增加厂商的销售收入；相反，提高价格会减少厂商的销售收入，即厂商的销售收入与商品的价格成反方向变动。这是因为，当 $e_d > 1$ 时，厂商降价所引起的需求量的增加率大于价格的下降率。这意味着价格下降所造成的销售收入的减少量必定小于需求量增加所带来的销售收入的增加量。所以，降价最终带来的销售收入 P×Q 值是增加的。相反，在厂商提价时，最终带来的销售收入 P×Q 值是减少的。借用之前的图 2-14（a）来分析。图（a）中需求曲线上 A、B 两点之间是富有弹性的，两点之间的价格变动率引起一个较大的需求量的变动率。具体地看，当价格为 3 时，需求量为 20 时，销售收入 = 3×20 = 60；当价格降为 2 时，需求量增加为 50，销售收入 = 2×50 = 100，可见对于富有弹性的商品，降价会使销售收入增加。

第二种情况：对于 $e_d < 1$ 的缺乏弹性的商品，降低价格会使厂商的销售收入减少；相反，提高价格会使厂商的销售收入增加，即销售收入与商品的价格成同方向变动。其原因在于：$e_d < 1$ 时，厂商降价所引起的需求量的增加率小于价格的下降率。这意味着需求量增加所带来的销售收入的增加量并不能全部抵消价格下降所造成的销售收入的减少量。所以，降价最终使销售收入 P×Q 值减少。相反，在厂商提价时，最终带来的销售收入 P×Q 值是增加的。借用图 2-14（b）说明这种情况。图中需求曲线上 A、B 两点之间的需求是缺乏弹性的，两点之间的价格变动率引起一个较小的需求量的变动率。具体地看，当价格为 3 时，需求量为 20 时，销售收入 = 3×20 = 60；当价格降为 2 时，需求量增加为 25，销售收入 = 2×25 = 50，可见对于缺乏弹性的商品，降价会使销售收入减少。

第三种情况：对于 $e_d = 1$ 的单位弹性的商品，降低价格或提高价格对厂商的销售收入都没有影响。这是因为，当 $e_d = 1$ 时，厂商变动价格所引起的需求量的变动率和价格的变动率是相等的。这样一来，由价格变动所造成的销售收入的增加量或减少量刚好等于由需求量变动所带来的销售收入的减少量或增加量，所以，无论厂商是降价还是提价，销售收入 P×Q 值是固定不变的。用之前的图 2-14（c）所示。图中需求曲线上 A、B 两点之间为单位弹性。具体地看，当价格为 3 时，需求量为 20 时，销售收入 = 3×20 = 60；当价格降为 2 时，需求量增加为 30，销售收入 = 2×30 = 60，可见对于单位弹性的商品，降价对销售收入无影响。

以上三种情况都是以需求的弧弹性为例进行分析的。事实上，经数学证明，对这三种情况分析所得到的结论，对需求的点弹性也是适用的。

（二）关于"谷贱伤农"

在农业生产活动中，存在着这么一种经济现象：在丰收的年份，农民的收入却反而减少了。这种现象在我国民间被形象地称为"谷贱伤农"。其实，这种表面看起来难以理解的现象，是可以用需求的价格弹性原理来加以解释的。

造成这种"谷贱伤农"经济现象的根本原因在于：农产品的需求的价格弹性往往是小于 1 的，即当农产品的价格发生变化时，农产品的需求往往是缺乏弹性的。下面，我们具体地利用下图 2-20 来解释这种经济现象。

在图 2-20 中，农产品的需求曲线 D 是缺乏弹性的。农产品的丰收使供给曲线由

S_1 的位置向右平移至 S_2 的位置，在缺乏弹性的需求曲线的作用下，农产品的均衡价格大幅度地由原先的 P_1 下降到 P_2。由于农产品均衡价格的下降幅度大于农产品的均衡数量的增加幅度，最后致使农民总收入量减少。总收入的减少量相当于图中矩形 $OP_1E_1Q_1$ 和 $OP_2E_2Q_2$ 的面积之差。

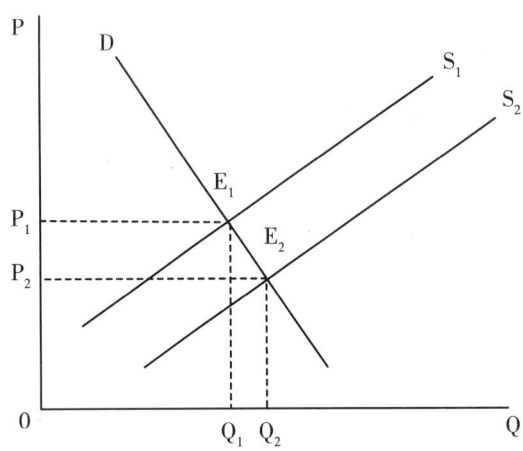

图 2－20　缺乏弹性的需求曲线和谷贱伤农

类似地，在歉收年份，同样由于缺乏弹性的需求曲线的作用，农产品均衡数量减少的幅度将小于由它所引起均衡价格的上升幅度，最后致使农民的总收入量增加。

基于以上的经济事实及其经验，在一些国家，为了保护农场主和农民的利益，为了保护和支持农业的发展，纷纷采取了支持农产品价格的一些做法，其中包括：在一定的条件下，通过适当减少某些农产品的种植面积，来减少这些农产品的供给，从而将这些农产品价格维持在一定的水平，以保证农场主和农民的收入。

（三）价格放开

在我国经济体制改革中，为了增加那些在市场上供给数量相对缺乏的政府限价商品的生产，有一种看法认为：只要把政府的限价取消，这类商品的供给量就会增加。事实是否如此，这要根据商品的供给的价格弹性做具体的分析。

在多数情况下，商品的供给曲线向右上方倾斜，相应的供给的价格弹性系数是大于零的。对于供给的价格弹性大于零的原限价商品来说，随着政府限价的取消，商品的供给量会得到提高。尤其是，如果商品的供给的价格弹性很大，限价的取消可以带来供给量的大幅度增加。例如，在图 2－21（a）中，政府原先对某商品的限价为 P_1，在这个价格上供给量 Q_1 小于需求量 Q_2，市场上该商品是短缺的。政府的限价取消以后，随着市场实际价格的上升，供给量会逐步地提高，需求量会逐步地减少，最后在价格 P_e 和数量 Q_e 的水平上实现供求相等的均衡状态。

但是，在考虑这一问题时，还应该考虑到其他特殊的情况。某些商品的生产由于受到资源条件和技术水平等因素的限制，供给数量在较长的时期内是固定不变的。这就是说，这些商品的供给曲线是一条垂直线，相应的供给的价格弹性为零。在这样的特殊情况下，限价的取消不会带来供给量的改变，而只能使商品的市场价格上涨。例如，在图 2-21（b）中，供给曲线为一条垂直线，政府原先的限价为 P_1，政府取消限价的结果是使实际的市场价格上涨到 P_e 的均衡水平，而供给数量却没有得到任何的增加。所以，在这种情况下，要增加那些原先由政府限价生产的商品的产量，除了取消政府限价之外，还应该根据具体情况做出综合分析，从根本上消除制约产量增长的因素。

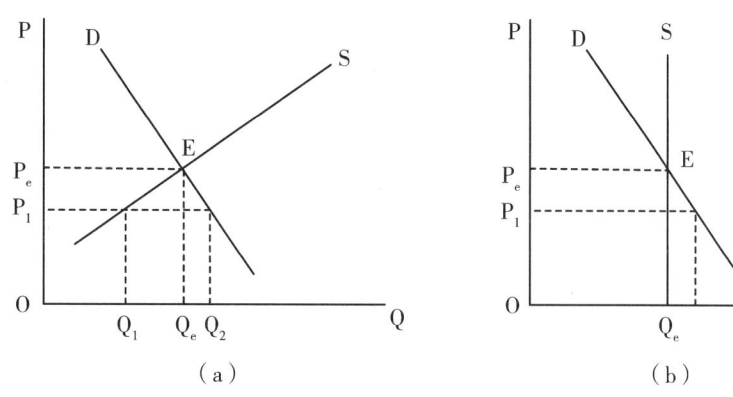

图 2-21 取消限价和供给的价格弹性

 延伸阅读

税负转嫁的经济学解释

在经济学中，存在税负转嫁的问题，那么税负到底是如何转嫁的，以及税负归宿如何，我们以定量税为例具体说明。

先考虑对商品供给方课征定量税，如图 2-22 所示。在无税收的情况下，供给曲线为 S，需求曲线为 D。均衡数量为 Q_1，均衡价格为 P_1。由于供给方要为销售的

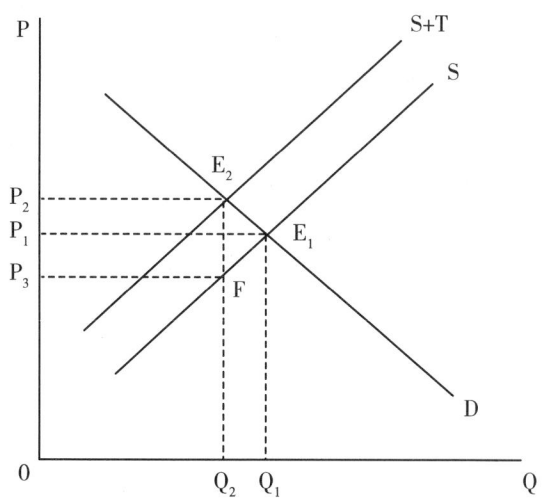

图 2-22 对供给方课税时的税负归宿

每单位商品缴纳从量税 T，则商品的供给曲线向上移动到 S+T，新的均衡数量为 Q_2，均衡价格为 P_2。对供给方课税使商品价格上升。但是通过观察我们发现，商品价格的上升小于课税额 T。纳税后，供给方销售一单位商品获得的收入为 P_2-T，即为 P_3。一部分税负通过更高的价格转嫁给需求方承担，剩余的则有供给方承担。从图2-22中也可以看出，需求方承担的税负为 P_2-P_1，供给方承担的税负为 P_1-P_3。

再考虑对需求方征税的情况，如图2-23所示。在无税收的情况下，供给曲线为 S，需求曲线为 D。均衡数量为 Q_1，均衡价格为 P_1。由于需求方要为销售的每单位商品缴纳从量税 T，则商品的需求曲线向下移动到 D-T。由于需求方在购买商品时只关心支付的总价格，因此，课税后需求曲线向下移动的距离等于课税额。此时新的均衡数量为 Q_2，均衡价格为 P_2。对需求方课税使商品价格下降。但是通过观察我们发现，商品价格的下降小于课税额 T。从图中也可以看出，需求方承担的税负为 P_3-P_1，供给方承担的税负为 P_1-P_2。同样的，双方共同承担了税负。

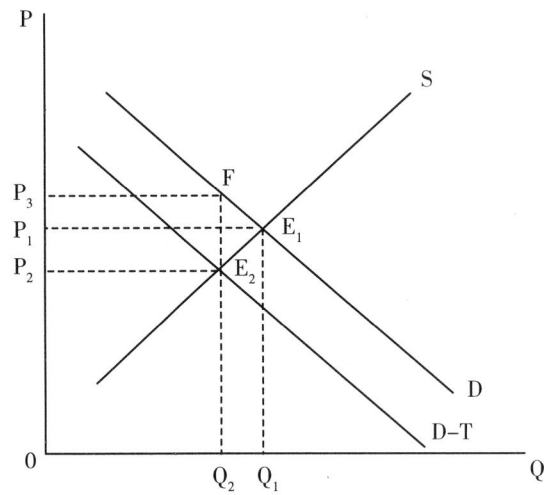

图2-23 对需求方课税时的税负归宿

总之，无论是对供给方课税还是对需求方课税，税负总是由双方共同承担，双方承担的税负比例，将由供求曲线的相对弹性决定。

资料来源：孙凤翔、薛桂芝：《财政与金融》，北京邮电大学出版社2011年版，第71~72页。

·经济学名家·

新古典学派创始人——马歇尔

阿尔弗雷德·马歇尔（Alfred Marshall，1842~1924），近代英国最著名的经济学家，新古典学派的创始人。在其努力下，经济学从仅仅是人文科学和历史学科的一门必修课发展成为一门独立的学科。

其最重要的著作是1890年出版的《经济学原理》一书，该书被看做是与斯密《国富论》、李嘉图《赋税原理》齐名的划时代的著作，该书所阐述的经济学说被看做是英国古典政治经济学的继续和发展。马歇尔经济学说的核心是均衡价格论，而《经济学原理》正是对均衡价格论的论证和引申。他把传统的生产费用论、供求论同边际效用论结合在一起，提出需求价格、需求规律、需求曲线、供给价格、供给规律、供给曲线、边际效用、边际生产成本消费者剩余等概念，分析了均衡价格的短期均衡和长期均衡。在该书中，马歇尔认为，政治经济学和经济学是通用的。因此，不能把"政治经济学"理解为既研究政治又研究经济的学科，"政治经济学"也可简称为"经济学"。马歇尔的经济学说是集19世纪上半叶至19世纪末经济学之大成，并形成自己独特的理论体系和方法，对现代西方经济学的发展有着深远的影响。

【本章小结】

1. 一种商品的需求指消费者在一定的时期内在各种可能的价格水平愿意而且能够购买的商品数量。市场的需求可以用一条需求曲线来表示。需求曲线一般向右下方倾斜，它表示商品的需求量与价格成反方向的变化。

2. 一种商品的供给指生产者在一定的时期内在各种可能的价格水平愿意而且能够提供出售的商品数量。市场的供给可以用一条供给曲线来表示。供给曲线一般向右上方倾斜，它表示商品的供给量与价格成同方向的变化。

3. 均衡价格指能够使商品市场上需求量与供给量相等的价格。均衡价格是在市场机制的作用下自发形成的。需求的变化会引起均衡价格同方向的变化，供给变化会引起均衡价格反方向的变化。

4. 需求的价格弹性表示商品需求量对于价格变化的反应程度。需求的交叉价格弹性表示一种商品的需求量对于另一种商品的价格变化的反应程度。需求的收入弹性表示商品的需求量对于收入变化的反应程度。供给的价格弹性表示商品的供给量对于价格变化的反应程度。

5. 一般地，弹性系数按大小可以归纳为五类，它们是：富有弹性、缺乏弹性、单位弹性，以及完全弹性与完全无弹性。

6. 如果两种商品之间为替代关系，则需求的交叉价格弹性系数大于零；如果两种商品之间为互补关系，则需求的交叉价格弹性系数小于零；如果两种商品之间无相关关系，则需求的交叉价格弹性系数等于零。

7. 对于正常品来说，需求的收入弹性大于零；对于劣等品来说，需求的收入弹性小于零。在正常品中，必需品的需求的收入弹性小于1；而奢侈品的需求的收入弹性大于1。

【关键术语】

需求，供给，均衡价格，均衡数量，需求价格弹性，需求交叉价格弹性，需求收入

弹性，供给价格弹性

【技能训练】

1. 已知某一时期内某商品的需求函数为 $Q^d = 50 - 5P$，供给函数为 $Q^s = -10 + 5P$。

（1）求均衡价格 P_e 和均衡数量 Q_e，并做出几何图形。

（2）假定供给函数不变，由于消费者收入水平提高，使需求函数变为 $Q^d = 60 - 5P$。求出相应的均衡价格 P_e 和均衡数量 Q_e，并做出几何图形。

（3）假定需求函数不变，由于生产技术水平提高，使供给函数变为 $Q^s = -5 + 5P$。求出相应的均衡价格 P_e 和均衡数量 Q_e，并做出几何图形。

（4）利用（1）、（2）和（3），说明需求变动和供给变动对均衡价格和均衡数量的影响。

2. 假定表 2-5 是需求函数 $Q^d = 500 - 100P$ 在一定价格范围内的需求表。

表 2-5　　　　　　　　　　　某商品的需求表

价格（元）	1	2	3	4	5
需求量	400	300	200	100	0

（1）求出价格 2～4 元的需求的价格弧弹性。

（2）根据给出的需求函数，求 P=2 元时的需求的价格点弹性。

（3）根据该需求函数或需求表作出几何图形，利用几何方法求出 P=2 元时的需求的价格点弹性。它与（2）的结果相同吗？

3. 假定表 2-6 是供给函数 $Q^s = -2 + 2P$ 在一定价格范围内的供给表。

表 2-6　　　　　　　　　　　某商品的供给表

价格（元）	2	3	4	5	6
供给量	2	4	6	8	10

（1）求出价格 3 元和 5 元之间的供给的价格弧弹性。

（2）根据给出的供给函数，求 P=3 元时的供给的价格点弹性。

（3）根据该供给函数或供给表作出几何图形，利用几何方法求出 P=3 元时的供给的价格点弹性。它与（2）的结果相同吗？

4. 图 2-24 中有三条线性的需求曲线 AB、AC、AD。

（1）比较 a、b、c 三点的需求的价格点弹性的大小。

（2）比较 a、d、e 三点的需求的价格点弹性的大小。

5. 假定某消费者关于某种商品的消费数量 Q 与收入 M 之间的函数关系为 $M = 100Q^2$。求：当收入 M=6 400 时的需求的收入点弹性。

6. 假定需求函数为 $Q = MP^{-N}$，其中 M 表示收入，P 表示商品价格，N（N>0）为常数。求：需求的价格点弹性和需求的收入点弹性。

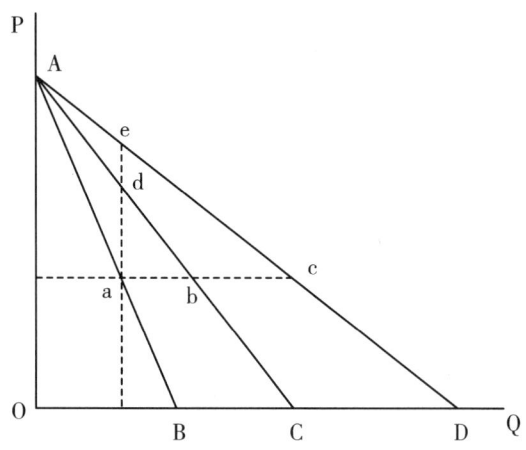

图 2-24 不同需求曲线的需求价格弹性

7. 假定某消费者的需求的价格弹性 $e_d = 1.3$，需求的收入弹性 $e_M = 2.2$。求：

(1) 在其他条件不变的情况下，商品价格下降 2% 对需求数量的影响。

(2) 在其他条件不变的情况下，消费者收入提高 5% 对需求数量的影响。

8. 假定在某市场上 A、B 两厂商是生产同种有差异的产品的竞争者；该市场对 A 厂商的需求曲线为 $P_A = 200 - Q_A$，对 B 厂商的需求曲线为 $P_B = 300 - 0.5Q_B$；两厂商目前的销售量分别为 $Q_A = 50$，$Q_B = 100$。求：

(1) 目前 A、B 两厂商的需求的价格点弹性 e_{dA} 和 e_{dB} 各是多少？

(2) 如果 B 厂商降价后，使得 B 厂商的需求量增加为 $Q'_B = 160$，同时使竞争对手 A 厂商的需求量减少为 $Q'_A = 40$。那么，A 厂商的需求的交叉价格弹性 e_{AB} 是多少？

(3) 如果 B 厂商追求销售收入最大化，那么，你认为 B 厂商的降价是一个正确的行为选择吗？

【案例分析】

与毒品的斗争：供给和需求问题

关于如何限制毒品的争论一直都有，争论的一方主张减少非法麻醉品供给的策略；另一方则主张采取减少非法麻醉品需求的策略。前者观点认为减少非法麻醉品的供给，街头毒品的价格就会上涨，较高的价格意味着愿意购买毒品的人减少了，需求量就下降了。后者则认为毒品价格的上涨使得毒品生产的利润增加了，因此，虽然从某一国流入的毒品减少了，来自其他渠道的供给增加了。

还有什么其他方法吗？一些人指出应该努力减少非法麻醉品的需求而非供给。如果成功减少了需求，价格就会降低，较低的价格使得毒品的生产利润下降，从而减少了供给量。

另一些方法可能更加过激些，一些批评家认为合法化是最好的解决方法。合法化可以大大地降低生产成本，再也不用花费大量费用穿越边境走私毒品了，购买者也不用面临被告发的危险了。合法化可以让供给曲线向右移动，并大大降低街边毒品的价格。合法化的支持者指出，目前高昂的毒品价格使得很多人为了毒品不得不从事犯罪活动。反对者则指出较低的价格会导致更高的需求量，从而使更多人沉溺其中。

资料来源：凯斯·菲尔：《经济学原理》，清华大学出版社2011年版，第22~23页。

问题：请利用所学的供求理论，借助图形分析上述不同观点，并回答你支持哪种观点，为什么？

【团队实训】

分析某市场的供求情况

1. 实训目的

培养学生运用供求理论分析经济现象的能力。

2. 实训内容及要求

（1）教师设置情景，提出以下问题，学生两两相互进行分析讨论，自由发言。

a. 分析石油市场价格下降、钢材价格上升、技术水平提高、客货两用车价格上升、通货紧缩等事件发生时对私家车市场均衡价格和均衡数量的影响。

b. 分析2006年陕西西瓜滞销、芹菜滞销及2007年海南5分钱香蕉等现象产生的原因。

（2）以小组为单位，搜集报纸、杂志及网络中的相关报道和文章，摘录一段相关内容运用供求均衡理论进行讨论分析，并选代表上台发言。其他同学可以进行提问。

3. 成果和考核

教师根据学生讨论、发言情况及提问答辩情况评估打分。

第三章　消费者理论

知识要求 >>> >>>

掌握效用的概念，边际效用和总效用之间的关系；理解边际效用递减规律的含义及产生的原因；掌握无差异曲线的含义与特征；掌握消费者均衡的条件；能够运用边际效用递减规律解释现实生活中的经济现象和经济问题。

案例导入 >>> >>>

春晚的怪圈

大约从 20 世纪 80 年代初期开始，我国老百姓在过春节的年夜饭中增添了一道丰盛的文化大餐，那就是春节联欢晚会。记得 1982 年第一届春节联欢晚会的出台，在当时娱乐事业尚不发达的我国引起了极大地轰动。晚会的节目成为全国老百姓在街头巷尾和茶余饭后津津乐道的题材。

晚会年复一年地办下来了，投入的人力和物力越来越大，技术效果越来越先进，场面设计越来越宏大，节目种类也越来越丰富。但不知从哪一年开始，人们对春晚的评价却越来越差了。原来街头巷尾和茶余饭后的赞美之词变成了一片骂声，春节联欢晚会成了一道众口难调的大菜，晚会陷入了"年年办，年年骂；年年骂，年年办"的怪圈。那么，春节联欢晚会的怪圈反映了什么经济学原理？下面章节所讲述的内容会对该现象做出解释和说明。

资料来源：谭淑霞：《微观经济学》，清华大学出版社 2015 年版。

通过前面的学习了解到需求来自于消费者的欲望，供给来自于厂商的提供。消费者的收入是有限的，而欲望是无限的。消费者如何将有限的收入在不同的商品之间进行最合理的分配，从而最大限度地满足自身的欲望，即实现消费者均衡（效用最大化问题）是消费者行为理论的主要内容。本章将通过学习基数效用论和序数效用论，来了解消费者在商品市场上如何达到均衡。

第一节　效用论概述

由于消费者选择行为的目标是在一定的约束条件下追求自身的最大效用，所以，消费者选择理论也称作效用论。本节将从效用这一概念出发介绍相关的基础知识。

一、欲望与效用

欲望是一种缺乏的感觉与求得满足的愿望。不足之感，求足之愿。它是一种心理感觉，特点是具有无限性和层次性。

效用（utility）是指商品满足人的欲望的能力，或者说效用是指消费者在消费商品时所感受到的满足程度。

一种商品对消费者是否具有效用，可以从消费的主体与消费的客体两个方面来理解效用。从消费的主体来讲，效用是某人从自己所从事的行为中得到的满足；从消费的客体来讲，效用是商品满足人的欲望或需要的能力。效用这一概念与人的欲望是联系在一起的，是消费者对商品满足自己欲望的能力的一种主观心理评价。在理解效用概念时，必须注意以下几点：

（1）效用是一个相对概念，只有在同一物品前后满足程序之后两种物品的满足之间相互比较时才有意义。

（2）效用有无或效用大小取决于个人主观心理评价。效用实际上是个人的主观判断，同一物品有无效用或效用大小对不同的人来说是不同的。

（3）效用本身不具有伦理学的意义。一种商品是否具有效用要看它是否能满足人的欲望或需要，而不涉及这一欲望或需要的好坏。例如，吸毒从伦理上讲是坏欲望，但毒品能满足这种欲望，因此它具有这种效用。

（4）与效用概念意义相反的一个概念是负效用，是指某种东西所具有的引起人的不舒适感，或痛苦的能力。例如，垃圾一类的物品，失恋一类的打击等。

（5）同一物品对于不同的人的效用是不同的。因此，除非给出特殊的假定，否则，效用是不能在不同的人之间进行比较的。例如，辣椒对于南方人来说其效用是很大的，而对于北方人来说就未必。

知识链接

最好吃的东西

兔子和猫争论，世界上什么东西最好吃。兔子说，"世界上萝卜最好吃。萝卜又甜又脆又解渴，我一想起萝卜就要流口水。"猫不同意，说："世界上最好吃的东西是老鼠。老鼠的肉非常嫩，嚼起来又酥又松，味道美极了！"兔子和猫争论不休、相持不下，跑去请猴子评理。猴子听了，不由得大笑起来："瞧你们这两个傻瓜蛋，连这点儿常识都不懂！世界上最好吃的东西是什么？是桃子！桃子不但美味可口，而且长得漂亮。我每天做梦都梦见吃桃子。"兔子和猫听了，全都直摇头。那么，世界上到底什么东西最好吃？

启示：这个小故事说明消费者的需要各不相同，效用完全是个人的心理感觉。消费者对商品满足自己欲望的能力的主观心理评价也是不相同的。

资料来源：李东：《经济学基础》，南开大学出版社2013年版。

二、基数效用论与序数效用论

既然效用是用来表示消费者在消费商品时所感受到的满足程度的，于是，就产生了对于效用大小的度量问题。在这一问题上，西方经济学家先后提出了基数效用论（cardinal utility theory）和序数效用论（ordinal utility theory）的概念，并在此基础上，形成了分析消费者行为的两种方法，它们分别是基数效用论的边际效用分析法和序数效用论的无差异曲线分析法。

（一）基数效用论

在19世纪末和20世纪初期，西方经济学家普遍使用基数效用的概念。基数效用论者认为，效用如同长度、重量等概念一样，可以具体衡量（如1，2，3，…这样的基数）并加总求和，具体的效用量之间的比较是有意义的。表示效用大小的计量单位被称作"效用单位（utility unit）"。例如，对某个消费者而言，看一场精彩的电影的效用为10效用单位，吃一顿麦当劳的效用为8效用单位，则这两种消费的效用之和为18效用单位。

基数效用论是早期研究消费者行为的一种理论，采用的是边际效用分析方法分析消费者均衡问题。

（二）序数效用论

序数效用论是为了弥补基数效用论的缺点而提出来的另一种研究消费者行为的理论。自20世纪30年代至今，西方经济学中多使用序数效用概念。序数效用论者认为，效用是一个有点类似于香、臭、美、丑那样的概念，效用的大小是无法具体衡量的，也不能加总求和，效用之间的比较只能通过顺序或等级即用序数（如第一、第二、第三、…）来表示。仍用上面的例子来说明，该消费者要回答的是偏好哪一种消费，即哪一种消费的效用是第一，哪一种消费的效用是第二。或者是说，要回答的是宁愿看一场精彩的电影，还是宁愿吃一顿麦当劳。进一步地，序数效用论者还认为，就分析消费者行为来说，以序数来度量效用的假定比以基数来度量效用的假定所受到的限制要少，而且它还可以减少一些被认为是值得怀疑的心理假设。

序数效用论采用的是无差异曲线分析法分析消费者均衡问题。

在现代微观经济学里，通常使用的是序数效用的概念。本章的重点是介绍序数效用论是如何运用无差异曲线的分析方法来研究消费者的选择行为。至于基数效用论，虽然该理论有一定的局限性，但是，从该理论仍可以了解消费过程中的基本特征和消费者理性选择的基本原则。基于此，在本节的余下部分，将对基数效用论的边际效用分析法做简单的介绍。

知识链接

效用理论的历史

效用的概念已经有200多年的历史，早期将效用概念引入社会科学的是英国的哲学家边沁（Jeremy Bentham）。新古典经济学家杰文斯发展了边沁的效用概念，他认为，效用理论是"快乐与痛苦的计算"，理性的人们应该以每一种物品所能带来的边际效用为基础来做出他们的消费决策。效用是可以用基数来计量的，就像温度和长度一样。用今天的术语来说就是"基数效用论"。代表人物是经济学家马歇尔，给出苛刻的假设条件，用边际效用为分析工具来实际地计算效用。

用基数来衡量效用显然过于理想化，过来的经济学家提出了序数效用理论（ordinal utility），根据这种理论，我们只考察消费者对商品组合的偏好顺序，而不是它的数值，即商品A是否比商品B更具有偏好？序数效用论是希克斯在1934年《价值理论的再思考》这篇论文和1939年在《价值与资本》一书中提出的。该理论认为，效用的大小是无法具体衡量的，不可能找到效用的计量单位，效用之间的比较只能通过顺序或等级来表示。

应当说明的是序数效用是基数效用的抽象和提高，如果能用基数表示的效用，同样可以排出顺序，同样可以用序数效用来描绘。希克斯作为一位宏观经济学家将凯恩斯的理论浓缩为IS-LM两条曲线而举世闻名，然而他的第一项荣誉却是作为一位微观经济学家获得的。尽管埃奇沃斯首先绘制了无差异曲线，但是却是希克斯将无差异曲线融进标准的微观经济学理论中。他阐明了无差异曲线是如何被用来构造向下倾斜的需求曲线，接着，他又用无差异曲线去区分价格变化中的收入效应和替代效应。

资料来源：谭淑霞：《微观经济学》，清华大学出版社2015年版。

 **即问即答**

1. 关于基数效用论，不正确的是（　　）。
A. 基数效用论认为效用可以用具体的数字表达出来
B. 基数效用论认为效用可以加总
C. 基数效用论和序数效用论使用的分析工具完全相同
D. 基数效用论认为消费一定量的某物的总效用可以由每增加一单位的消费所增加的效用加总得出

2. 序数效用论中认为，商品的效用（　　）。
A. 取决于价格　　　　　　　　B. 取决于使用价值
C. 可以通过具体的数字表示　　D. 可以排序比较

三、边际效用递减规律

基数效用论除了提出效用可以用基数衡量的假定外,还提出了边际效用递减规律的假定。

(一) 总效用和边际效用的概念

总效用 (total utility, TU):是指消费者在一定时间内从一定数量的商品消费中所得到的效用量的总和。或者说,是指消费者从事某一消费行为或消费某一定量的某种物品中所获得的总满足程度。总效用函数为:

$$TU = f(Q) \tag{3.1}$$

边际效用 (marginal utility, MU):是指消费者在一定时间内增加一单位商品的消费所得到的效用量的增量。边际效用函数为:

$$MU = \frac{\Delta TU}{\Delta Q} \tag{3.2}$$

当商品的增加量趋于无穷小时,有:

$$MU = \lim_{\Delta Q \to 0} \frac{\Delta TU}{\Delta Q} = \frac{dTU}{dQ} \tag{3.3}$$

在西方经济学中,边际分析方法是最基本的分析方法之一。边际量的一般含义是表示一单位的自变量的变化量所引起的因变量的变化量。抽象的边际量的定义公式为:

$$边际量 = \frac{因变量的变化量}{自变量的变化量} \tag{3.4}$$

 **即问即答**

如果消费者消费 15 个面包获得的总效用是 100 个单位,消费 16 个面包的总效用是 106 个单位,则第 16 个面包的边际效用是 (　　) 个效用单位。

A. 108　　　　B. 100　　　　C. 106　　　　D. 6

(二) 总效用和边际效用的关系

接下来,进一步说明边际效用递减规律及理解总效用和边际效用的关系 (见表 3-1)。由表 3-1 可见,当商品的消费量由 0 增加为 1 时,总效用由 0 增加为 30 效用单位,总效用的增量即边际效用为 30 效用单位。当商品的消费量由 1 增加为 2 时,总效用由 30 效用单位增加为 50 效用单位,总效用的增量即边际效用为 20 效用单位。依此类推,当商品的消费量增加为 4 单位时,总效用达到最大值 60 单位,而边际效用已递减为 0。此时,消费者对该商品的消费已达到饱和点。当商品的消费量再增加为 5 时,边际效用进一步递减为负值即 -10 效用单位,总效用便下降为 50 单位了。

表 3-1　　　　　　　　　　　某商品的效用

消费量 Q	总效用 TU	边际效用 MU
0	0	0
1	30	30
2	50	20
3	60	10
4	60	0
5	50	-10

根据表 3-1 绘制出相对应的总效用和边际效用曲线如图 3-1 所示,图中的横轴表示商品的数量,纵轴表示效用量,TU 曲线表示总效用曲线,MU 表示边际效用曲线。在图 3-1 中,MU 曲线是向右下方倾斜的,它反映了边际效用递减规律,相应地,TU 曲线是以递减的速率先上升后下降的。如图 3-1 所示,MU 曲线向右下方倾斜,反映了边际效用递减规律;TU 曲线是以递减的速率先上升后下降。从图 3-1 可以看出,总效用和边际效用之间的关系如下:

(1) 当 MU > 0,TU 上升

(2) 当 MU < 0,TU 下降

(3) 当 MU = 0,TU 达到最大值

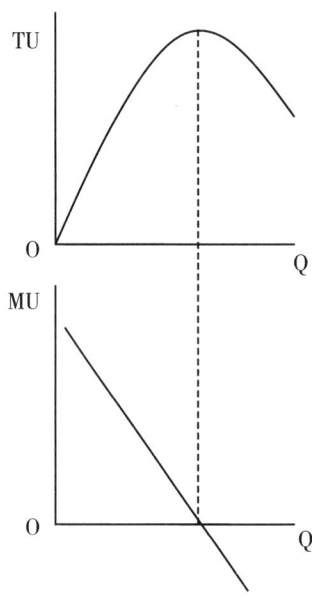

图 3-1　TU 和 MU 曲线

 **即问即答**

1. 边际效用就是效用的改变量。（   ）
2. 边际效用随着消费量的增加而增加。（   ）
3. 边际效用增加时，总效用必然增加。（   ）
4. 当消费者对商品 X 的消费达到饱和点时，其边际效用为（   ）。
   A. 正值   B. 负值   C. 零   D. 不确定
5. 边际效用随着消费量的增加而（   ）。
   A. 递减
   B. 递增
   C. 按相同方向变动
   D. 保持不变
6. 当总效用增加时，（   ）。
   A. 边际效用小于零而增加
   B. 边际效用小于零而减少
   C. 边际效用为零
   D. 边际效用大于零但递减

（三）边际效用递减规律

边际效用递减规律（law of diminishing marginal utility）的内容是指，在一定时间内，在其他商品的消费数量保持不变的条件下，随着消费者对某种商品消费量的增加，消费者从该商品连续增加的每一消费单位中所得到的效用增量即边际效用是递减的。

为什么在消费过程中会呈现出边际效用递减规律呢？边际效用递减规律成立的原因在于以下两点：第一，从人的生理和心理角度看，随着相同商品的连续增加，人们从每一单位商品消费中得到的满足程度是递减的。第二，一种商品往往有几种用途，消费者总是将前一单位商品用在较重要的用途上，将后一单位的商品用在次重要的用途上，如此等等。这样消费品的边际效用便随着消费品的用途重要性的下降而递减。

（四）关于货币的边际效用

经济学家认为，货币如同商品一样，也具有效用。消费者用货币购买商品，就是用货币的效用去交换商品的效用。商品的边际效用递减规律对于货币也同样适用。对于一个消费者来说，随着货币收入量的不断增加，货币的边际效用是递减的。这就是说，随着某消费者货币收入的逐步增加，每增加单位货币给该消费者所带来的边际效用是越来越小的。

但是，在分析消费者行为时，基数效用论者又通常假定货币的边际效用是不变的。据基数效用论者的解释，在一般情况下，单位商品的价格只占消费者总货币收入量中的很小部分。所以，当消费者对某种商品的购买量发生很小的变化时，所支出的货币的边际效用的变化是非常小的。对于这种微小的货币的边际效用的变化，可以略去不计。这样，货币的边际效用便是一个不变的常数。

> **知识链接**

边际效用价值论

　　边际效用价值论是在19世纪70年代初，由英国的杰文斯、奥地利的万格尔和法国的瓦尔拉斯提出的，后由奥地利的庞巴维克和维塞尔加以发展的资产阶级经济学的价值理论之一。边际效用价值论的主要代表人物是庞巴维克。边际效用价值论是边际效用学派理论的核心和基础。

　　边际效用价值论者认为，商品价值由该商品的边际效用决定。效用是指物品能满足人们欲望的能力。边际效用则指每增加购买一单位的某种商品给消费者带来的总效用的变化量。边际效用论者认为商品的价值并非实体，也不是商品的内在客观属性。价值无非是表示人的欲望同物品满足这种欲望的能力之间的关系，即人对物品效用的"感觉与评价"。他们认为效用是价值的源泉，是形成价值的一个必要而非充分条件，价值的形成还要以物品的稀缺性为前提。稀缺性与效用相结合才是价值形式的充分必要条件。这里稀缺性是指物品供给的有限性。效用论者是这样阐述他们的观点的：物品只有在对满足人的欲望来说是稀少的时候，才可能成为人们福利所不可缺少的条件，从而引起人的评价，表现为价值，而衡量价值量的尺度就是"边际效用"。效用论者认为人对物品的欲望会随其不断被满足而递减。如果供给无限则欲望可能减至零甚至产生负效用，即达到饱和甚至厌恶的状态。于是，物品的边际效用，从而它的价值会随供给增加而随之减少甚至消失。边际效用论者还提出了以主观价值论为基础的市场价格论，并称之为"客观价值论"，并将主观价值论与供求均衡论结合起来。认为市场价格是在竞争条件下买卖双方对物品的主观评价彼此均衡的结果。

　　资料来源：边际效用价值论，http://baike.baidu.com。

四、消费者均衡

　　消费者均衡（consumer equilibrium）是研究某个消费者如何把有限的货币收入分配在各种商品的购买中以获得最大的效用，它是研究单个消费者在既定收入下实现效用最大化的均衡条件。因为作为消费者，总是希望花费一定量货币能获得最大效用，总效用最大化原则是支配消费者购买行为的基本法则。这里的均衡是指消费者实现最大效用时既不想再增加、也不想再减少任何商品购买数量的一种相对静止的状态。

　　基数效用论者认为，消费者实现效用最大化的均衡条件是：如果消费者的货币收入水平是固定的，市场上各种商品的价格是已知的，那么，消费者应使自己花费在各种商品购买上的最后一元钱所带来的边际效用相等。或者说，消费者应该使自己所购买的各种商品的边际效用与价格之比相等。

　　假定：消费者用既定的收入 I 购买 n 种商品，$P_1, P_2, \cdots, P_n$ 分别为 n 种商品的既定的价格，λ 为不变的货币的边际效用。以 $X_1, X_2, \cdots, X_n$ 分别为 n 种商品的既定的数量，

$MU_1, MU_2, \cdots, MU_n$ 分别为 n 种商品的既定的边际效用，则上述的消费者效用最大化的均衡条件可以用公式表示为：

$$P_1X_1 + P_2X_2 + \cdots + P_nX_n = I \tag{3.5}$$

$$\frac{MU_1}{P_1} = \frac{MU_2}{P_2} = \cdots = \frac{MU_n}{P_n} = \lambda \tag{3.6}$$

式（3.5）是限制条件；式（3.6）是在限制条件下消费者实现效用最大化的均衡条件。式（3.6）表示消费者应选择最优的商品组合，使得自己花费在各种商品上的最后一元钱所带来的边际效用相等，且等于货币的边际效用。

为便于叙述，下面以消费者购买两种商品为例，具体说明消费者效用最大化的均衡条件。

与式（3.5）和式（3.6）相对应，在购买两种商品情况下的消费者效用最大化的均衡条件为：

$$P_1X_1 + P_2X_2 = I \tag{3.7}$$

$$\frac{MU_1}{P_1} = \frac{MU_2}{P_2} = \lambda \tag{3.8}$$

为什么说只有消费者实现了 $\frac{MU_1}{P_1} = \frac{MU_2}{P_2} = \lambda$ 的关系均衡条件时，才能获得最大的效用呢？或者说该均衡条件的经济含义是什么呢？

先从 $\frac{MU_1}{P_1} = \frac{MU_2}{P_2}$ 的关系分析：

当 $\frac{MU_1}{P_1} < \frac{MU_2}{P_2}$ 时，这说明对于消费者来说，同样的一元钱购买商品 1 所得到的边际效用小于购买商品 2 所得到的边际效用。这样，理性的消费者就会调整这两种商品的购买数量：减少对商品 1 的购买量，增加对商品 2 的购买量。在这样的调整过程中，一方面，在消费者用减少 1 元钱的商品 1 的购买来相应地增加 1 元钱的商品 2 的购买时，由此带来的商品 1 的边际效用的减少量是小于商品 2 的边际效用的增加量的，这意味着消费者的总效用是增加的。另一方面，在边际效用递减规律的作用下，商品 1 的边际效用会随其购买量的不断减少而递增，商品 2 的边际效用会随其购买量的不断增加而递减。当消费者一旦将其购买组合调整到同样一元钱购买这两种商品所得到的边际效用相等时，即达到 $\frac{MU_1}{P_1} = \frac{MU_2}{P_2}$ 时，他便得到了由减少商品 1 购买和增加商品 2 购买所带来的总效用增加的全部好处，即消费者此时获得了最大的效用。

相反，当 $\frac{MU_1}{P_1} > \frac{MU_2}{P_2}$ 时，这说明对于消费者来说，同样的一元钱购买商品 1 所得到的边际效用大于购买商品 2 所得到的边际效用。根据同样的道理，理性的消费者会进行与前面相反的调整过程，即增加对商品 1 的购买量，减少对商品 2 的购买量，直至 $\frac{MU_1}{P_1} = \frac{MU_2}{P_2}$，从而获得最大的效用。

从 $\frac{MU_i}{P_i} = \lambda, i = 1,2$ 的关系分析：

当 $\frac{MU_i}{P_i} < \lambda, i = 1,2$ 时，这说明消费者用一元钱购买第 i 种商品所得到的边际效用小于所付出的这一元钱的边际效用。也可以理解为，消费者这时购买的第 i 种商品的数量太多了，事实上，消费者总可以把这一元钱用在至少能产生相等的边际效用的其他商品的购买上去。这样，理性的消费者就会减少对第 i 种商品的购买，在边际效用递减规律的作用下，直至 $\frac{MU_i}{P_i} = \lambda, i = 1,2$ 的条件实现为止。

相反，当 $\frac{MU_i}{P_i} > \lambda, i = 1,2$ 时，这说明消费者用一元钱购买第 i 种商品所得到的边际效用大于所付出的这一元钱的边际效用。也可以理解为，消费者这时购买的第 i 种商品的消费量是不足的，消费者应该继续购买第 i 种商品，以获得更多的效用。这样，理性的消费者就会增加对第 i 种商品的购买。同样，在边际效用递减规律的作用下，直至 $\frac{MU_i}{P_i} = \lambda, i = 1,2$ 的条件实现为止。

五、需求曲线的推导

基数效用论以边际效用递减规律以及在此基础上的消费者效用最大化均衡条件为基础，推导消费者的需求曲线。

基数效用论指出，消费者对一定量的某种商品所愿意支付的最高价格取决于商品的边际效用。具体地说，边际效用越大，愿意支付的价格越高；反之，边际效用越小，愿意支付的价格越低。而由于商品的边际效用具有递减规律，所以，随着商品消费量的增加，在货币的边际效用不变的条件下，商品的需求价格是下降的，即 Q_d 与 P 反方向变动。

可从 $\frac{MU}{P} = \lambda$ 进一步说明，对于任一商品来说，随着需求量不断增加，MU 是递减的，为了保证 $\frac{MU}{P}$ 恒等于 λ（λ 是个不变的值），消费者愿意支付的最高价格 P 同比例于 MU 的递减而递减。至此，根据以上基数效用论的推导分析，可以绘制出单个消费者的需求曲线如图 3-2 所示，需求曲线是向右下方倾斜的，它表示商品的价格与商品的需求量成反方向变动。

就这样，基数效用论者在对消费者行为的分析中，运用边际效用递减规律的假定和消费者效用最大化的均衡条件，推导了单个消费者的需求曲线，需求曲线上的每一点都是满足消费者效用最大化的均衡点。

六、消费者剩余

在消费者购买商品时，一方面，消费者对每一单位商品所愿意支付的价格取决于这

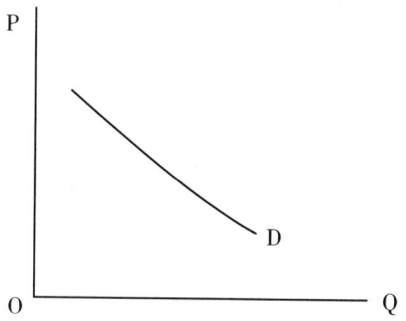

图 3-2　单个消费者的需求曲线

一单位商品的边际效用。由于商品的边际效用是递减的,所以,消费者对某种商品所愿意支付价格是逐步下降的。另一方面,需要区分的是,消费者对每一单位商品所愿意支付的价格并不等于该商品在市场上的实际价格。事实上,消费者在购买商品时是按照实际的市场价格支付的。于是,在消费者愿意支付的价格和实际的市场价格之间就产生了一个差额,这个差额便构成了消费者剩余的基础。例如,某种包子的市场价格为每个 3 元,某消费者在购买第一个包子时,根据这个包子的边际效用,他认为值得付 5 元去购买,即他愿意支付的最高价格为 5 元。于是当这个消费者以市场价格 3 元购买这个包子时,就产生了额外的 2 元的消费者剩余。在以后的购买中,随着消费量的增加包子的边际效用递减,他为购买第 2 个、第 3 个、第 4 个包子所愿意支付的最高价格分别递减为 4.5 元、4 元、3.5 元。这样,他为购买 4 个包子所愿意支付的最高总价格 = 5 + 4.5 + 4 + 3.5 = 17 元,但他实际按市场支付的总价格 = 3 × 4 = 12 元,因此,两者的差额 = 17 - 12 = 5 元,这个 5 元就是消费者剩余。也正是从这种感觉上,他认为购买 4 个包子是值得的,能使自己的境况得到改善。由此可见,消费者剩余(consumer surplus,CS)是指消费者购买一定数量的某种商品时愿意支付的最高总价格与实际支付的总价格之间的差额。或者说,是消费者消费某种一定量商品所获得的总效用与为此花费的货币的总效用的差额。

消费者剩余可以用几何图形来表示。简单地说,消费者剩余可以用消费者需求曲线以下,市场价格线之上的面积来表示,如图 3-3 中的阴影部分面积所示。具体地看,

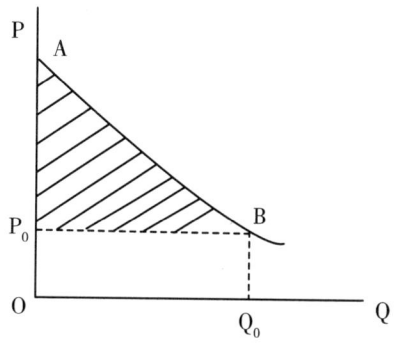

图 3-3　消费者剩余

在图 3-3 中，需求曲线以反需求函数的形式 $P^d = f(Q)$ 给出，它表示消费者对每一单位商品所愿意支付的价格。假定该商品的市场价格为 P_0，消费者的购买量为 Q_0。那么，根据消费者剩余的定义，我们可以推断，在产量 O 到 Q_0 区间需求曲线以下的面积表示消费者为购买 Q_0 数量的商品所愿意支付的总数量，即相当于图中的面积 $OABQ_0$；而实际支付的总数量等于市场价格 P_0 乘以购买量 Q_0，即相当于图中的矩形面积 OP_0BQ_0。这两块面积的差额即图中的阴影部分面积，就是消费者剩余。

消费者剩余也可以用数学公式来表示。令反需求函数 $P^d = f(Q)$，价格为 P_0 时的消费者的需求量为 Q_0，则消费者剩余为：

$$CS = \int_0^{Q_0} f(Q) dQ - P_0 Q_0 \qquad (3.9)$$

式（3.9）中，CS 为消费者剩余的英文简写，右边的第一项即积分项，表示消费者愿意支付的总数量，第二项表示消费者实际支付的总数量。

利用单个消费者的需求曲线可以推导出单个消费者剩余，这一分析可以扩展到整个市场。类似地，可以由市场的需求曲线得到整个市场的消费者剩余，市场的消费者剩余可以用市场需求曲线以下，市场价格线以上的面积来表示。

综上所述，消费者剩余是消费者的主观心理评价，它反映消费者通过购买和消费商品所感受到的状态的改善。因此，消费者剩余通常被用来度量和分析社会福利问题。

 **即问即答**

张三愿意用 20 美元买第一件衬衫，愿意用 35 美元买头两件衬衫，45 美元买头三件衬衫，如果衬衫的价格是 10 美元，他如果购买了三件衬衫，则他获得的消费者剩余为（　　）。

A. 0　　　　　B. 5　　　　　C. 10　　　　　D. 15

第二节　无差异曲线

和基数效用论不同，序数效用论用无差异曲线分析方法来说明消费者实现均衡的条件，并在此基础上推导出了消费者的需求曲线，深入地阐述需求曲线的经济含义。

一、消费者偏好

（一）偏好概念

所谓偏好，就是爱好或喜欢的意思。序数效用论者认为，对于各种不同的商品组合，消费者的偏好程度是有差别的，正是这种偏好程度的差别，反映了消费者对这些不同的商品组合的效用水平的评价。准确地说，偏好是指消费者对任意两个商品组合所做的一个排序。

（二）关于偏好的假定

1. 偏好的完全性

偏好的完全性指消费者总是可以比较和排列所给出的不同商品组合。换言之，对于任何两个商品组合 A 和 B，消费者总是可以做出，而且也只能作出以下三种判断中的一种：对 A 的偏好大于对 B 的偏好；对 B 的偏好大于对 A 的偏好；对 A 和 B 的偏好相同。

2. 偏好的可传递性

偏好的可传递性指对于任何三个商品组合 A、B 和 C，如果消费者对 A 的偏好大于 B，对 B 的偏好大于对 C 的偏好，那么，在 A、C 这两个组合中，必有对 A 的偏好大于 C。

3. 偏好的非饱和性

该假定指如果两个商品组合的区别仅在于其中一种商品的数量不相同，那么，消费者总是偏好含有这种商品数量较多的那个商品组合，即消费者对每一种商品的消费都没有达到饱和点。或者说，对于任何一种商品，消费者总是认为数量多比数量少好。如（5 支钢笔，6 支铅笔）＞（4 支钢笔，6 支铅笔）。

序数效用论者对消费者偏好的这三个基本假设条件（又被称为消费者理论的"公理"）。需注意的是，偏好不取决于商品的价格，也不取决于收入，只取决于消费者对商品的喜爱与不喜爱的程度。

二、无差异曲线及其特点

无差异曲线是序数效用论分析消费者行为，并用以解释需求曲线成因的主要工具。为了简化分析，假定消费者只消费两种商品。

（一）无差异曲线的含义

无差异曲线（indifference curve）是用来表示两种商品的不同数量组合给消费者所带来的效用完全相同的一条曲线。或者说，它是表示对于消费者来说能产生同等满足程度的各种不同组合点的轨迹。无差异由线也叫等效用线。下面用表 3-2 和图 3-4 具体说明无差异曲线的构建。

表 3-2 是某个消费者关于商品 1 和商品 2 的无差异表列，表中列出了关于这两种商品各种不同的组合。该表由三个子表即无差异表 a、无差异表 b 和无差异表 c 组成，每一个子表中都包含六个商品组合，且假定每一个子表中六个商品组合的效用水平是相等的。

表 3-2　　　　　　　　　　　某消费者的无差异表

商品组合	无差异表 a X_1	无差异表 a X_2	无差异表 b X_1	无差异表 b X_2	无差异表 c X_1	无差异表 c X_2
A	20	130	30	120	50	120
B	30	60	40	80	55	90
C	40	45	50	63	60	83
D	50	35	60	50	70	70
E	60	30	70	44	80	60
F	70	27	80	40	90	54

需要注意的是，无差异表 a、无差异表 b 和无差异表 c 各自所代表的效用水平的大小是不一样的。只要对表中的商品组合进行仔细观察和分析，就可以发现，根据偏好的非饱和性假设，或者说，根据商品数量"多比少好"的原则，可以得出结论：无差异表 a 所代表的效用水平低于无差异表 b，无差异表 b 又低于无差异表 c。

根据表 3-2 绘制的无差异曲线如图 3-4 所示，图中的横轴和纵轴分别表示商品 X_1 和商品 X_2 的数量，曲线 U_1、U_2、U_3 顺次代表与表 a、表 b 和表 c 相对应的三条无差异曲线。需要指出的是，在表 3-2 中我们只列出了三个无差异子表，相应地，在图 3-4 中，我们得到了三条无差异曲线。实际上，我们可以假定消费者的偏好程度可以无限多，也就是说，我们可以有无穷个无差异子表，从而得到无数条的无差异曲线。

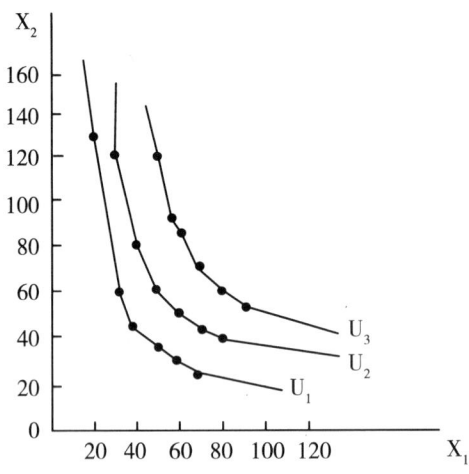

图 3-4　某消费者的无差异曲线

接下来进一步引入效用函数的概念。效用函数表示某一商品组合给消费者带来的效用水平。假定消费者只消费两种商品，与无差异曲线相对应的效用函数为：

$$U = f(x_1, x_2) = U_0 \qquad (3.10)$$

式 (3.10) 中，X_1 和 X_2 分别为商品 1 和商品 2 的数量；U 是常数，表示某个效用水平。这里的 U 只表示某一个效用水平,而不在乎其具体数值的大小。其含义是消费不同的 X_1、X_2 给消费者带来相同的效用,即对消费者效用无差异。这些使消费者效用无差异点的轨迹就是无差异曲线。由于无差异曲线表示的是序数效用,所以,这里的 U_0 只表示某个效用水平,而不表示一个具体数值的大小。

(二) 无差异曲线的特征

第一,在同一坐标平面上存在着无数条无差异曲线,离原点越远的无差异曲线代表的效用水平越高;反之,离远点越近的无差异曲线代表的效用水平越低。

第二,在同一坐标平面上的任何两条无差异曲线不会相交。这一点可以用图 3-5 来说明。图中,两条无差异曲线相交于 a 点,这种画法是错误的。其理由在于:不同的无差异曲线代表的是不同的效用水平,而且根据无差异曲线的定义,由无差异曲线 U_1 可得 a、b 两点的效用水平是相等的,由无差异曲线 U_2 可得 a、c 两点的效用水平是相等的。于是,根据偏好可传递性的假定,必定有 b 和 c 这两点的效用水平是相等的。但是,观察和比较图 3-5 中 b 和 c 这两点的商品组合,可以发现 c 组合中的每一种商品的数量都多于 b 组合,于是,根据偏好的非饱和性假定,必定有 c 点的效用水平大于 b 点的效用水平。这样一来,这就违背了偏好的假定。由此证明,对于任何一个消费者来说,两条无差异曲线是不能相交的。

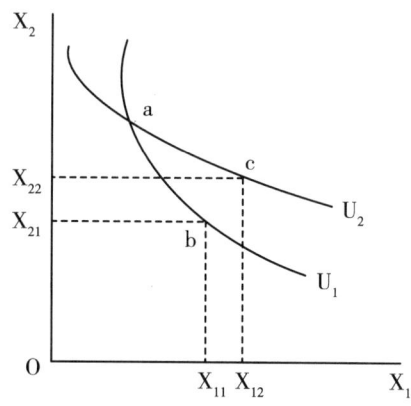

图 3-5 违反偏好假定的无差异曲线

第三,无差异曲线上任一点的斜率为负,因此无差异曲线是从左上方向右下方倾斜的。因为两种商品都可带给消费者效用,任何一种商品的增加,都会使消费者的效用增加。既然无差异曲线上的商品组合必须使消费者的效用维持不变,因此当消费者对一种商品的消费增加时,对另一种商品的消费必须减少,唯有负斜率的无差异曲线才符合这种反向关系。

第四,无差异曲线是凸向原点的。这就是说,无差异曲线不仅向右下方倾斜,而且以凸向原点的形状向右下方倾斜,即无差异曲线的斜率绝对值是递减的。这一特征在图 3-4 中表现得很明显。为什么无差异曲线具有凸向原点的特征呢?这取决于商品的边际替代率递减规律。

三、商品的边际替代率递减规律

(一) 商品的边际替代率

在维持效用水平或满足程度不变的前提下,消费者增加一单位的某种商品的消费时所需放弃的另一种商品的消费数量,被称作商品的边际替代率(marginal rate of substitution, MRS)。以 MRS 代表商品的边际替代率,则商品 1 对商品 2 的边际替代率的公式为:

$$MRS_{12} = -\frac{\Delta X_2}{\Delta X_1} \tag{3.11}$$

式 (3.11) 中, ΔX_1 和 ΔX_2 分别是商品 1 和商品 2 的变化量,由于两者的符号相反,所以为了使 MRS_{12} 的计算结果是正值,以便于比较,就在公式中加了一个负号。

当商品数量的变化趋于无穷小时,则商品的边际替代率公式为:

$$MRS_{12} = \lim_{\Delta X_1 \to \infty} -\frac{\Delta X_2}{\Delta X_1} = -\frac{dX_2}{dX_1} \tag{3.12}$$

式 (3.12) 说明,无差异曲线上任意一点的商品的边际替代率等于无差异曲线上该点的斜率的绝对值。

 **即问即答**

1. 离原点越远的无差异曲线代表的效用越大。(　　)
2. 无差异曲线能够相交。(　　)
3. 无差异曲线的形状取决于(　　)。
   A. 消费者收入　　　　　　　B. 所购商品的价格
   C. 消费者偏好　　　　　　　D. 商品效用水平的大小
4. 无差异曲线上某一点斜率的绝对值表示(　　)。
   A. 商品价格的比率　　　　　B. 要素价格的比率
   C. 商品的边际替代率　　　　D. 收入水平

(二) 商品的边际替代率递减规律

序数效用论在分析消费者行为时提出了商品的边际替代率递减规律的假定。

商品的边际替代率递减规律(law of diminishing marginal rate of substitution)是指:在维持效用水平不变的前提下,随着一种商品消费量的连续增加,消费者为得到每一单位的这种商品所需放弃的另一种商品的消费量是递减的。商品的边际替代率递减的原因可以解释为:当消费者处于商品 1 的数量较少和商品 2 的数量较多时,会由于拥有较少商品 1 而对每一单位的商品 1 更偏好,由于拥有较多商品 2 而对每一单位的商品 2 偏好程度较低，即商品1对商品2的边际替代率较大。随着消费者拥有的商品1的数量越来越多，相应对每一单位商品1的偏爱程度会越来越低；同时，消费者拥有的商品2的数量会越来越少，相应对每一单位商品2的偏爱程度会越来越高。则每一单位的商品1所能替代的商品2的数量越来越少，即商品的边际替代率是递减的。

从几何意义上讲，由于商品的边际替代率递减表示无差异曲线的斜率的绝对值是递减的，所以商品的边际替代率递减规律决定了无差异曲线的形状凸向原点。

四、无差异曲线的特殊形状

在一般情况下，商品的边际替代率递减，无差异曲线是凸向原点的。但也存在着以下特殊情况：

（一）完全互补品

完全互补品指两种商品必须按固定不变的比例同时被使用的情况。因此，在完全互补的情况下，相应的无差异曲线为直角形状。例如，一副眼镜架必须和两片眼镜片同时配合，才能构成一副可供使用的眼镜，则相应的无差异曲线如图3-6所示。图中水平部分的无差异曲线部分表示，对于一副眼镜架而言，只需要两片眼镜片即可，任何超量的眼镜片都是多余的。换言之，消费者不会放弃任何一副眼镜架去换取额外的眼镜片，所以，相应的 $MRS_{12} = 0$。图3-6中垂直部分的无差异曲线表示，对于两片眼镜片而言，只需要一副眼镜架即可，任何超量的眼镜架都是多余的。换言之，消费者会放弃所有超量的眼镜架，只保留一副眼镜架与两片眼镜片相匹配，所以，相应的 $MRS_{12} = \infty$。

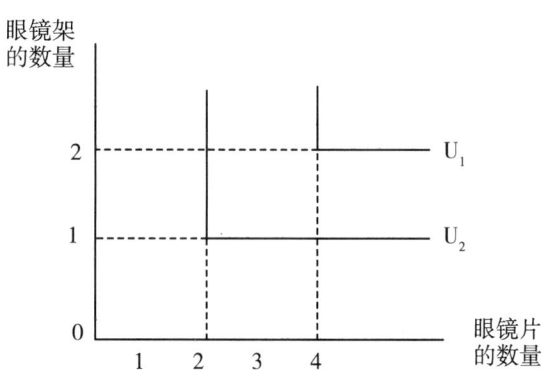

图3-6　完全互补品的无差异曲线

（二）完全替代品

完全替代品是指两种商品之间的替代比例是固定不变的情况。在完全替代的情况下，两商品之间的边际替代率 MRS_{12} 就是一个常数，相应的无差异曲线是一条斜率不变的直线。例如，在某消费者看来，一杯牛奶和一杯咖啡之间是无差异的，两者总是可以以1:1的比例相互替代，相应的无差异曲线如图3-7所示。

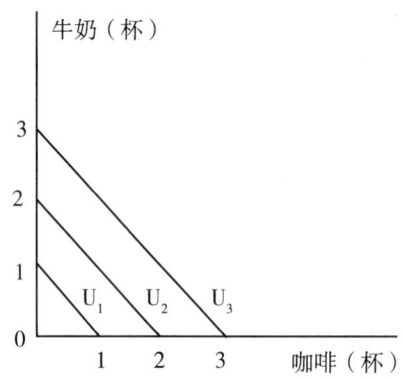

图 3-7 完全替代品的无差异曲线

 **即问即答**

1. 一般来说，沿着一条无差异曲线从左向右移动，边际替代率递减。（　　）
2. 任何情况下商品的边际替代率都是递减的，因此无差异曲线总是凸向原点。（　　）
3. 关于无差异曲线不正确的是（　　）。
A. 无差异曲线表现出对可能性之间进行选择的问题
B. 无差异曲线不可能为直线
C. 无差异曲线是序数效用论的重要分析工具
D. 无差异曲线上的每一点所代表的商品数量的不同组合但是带来的效用是相同的

第三节　预算线及消费者均衡

无差异曲线描述了消费者对不同商品组合的偏好，它仅仅表示了消费者的消费意愿，这种意愿构成分析消费者行为的一个方面。另一方面，消费者在购买商品时，必然会受到自己的收入水平和市场上商品价格的限制，这就是预算约束。预算约束可以用预算线来说明。

一、预算线

（一）含义

预算线（budget line）又称为预算约束线、消费可能线或价格线，表示在消费者收入和商品价格既定的条件下，消费者的全部收入所能购买的两种商品的不同数量的各种组合。

以 I 表示消费者的收入，P_1、P_2 分别为商品的 1 和商品 2 的价格，X_1、X_2 分别为两种商品的数量，则预算线方程为：

$$I = P_1X_1 + P_2X_2 \tag{3.13}$$

或

$$X_2 = -\frac{P_1}{P_2}X_1 + \frac{I}{P_2} \tag{3.14}$$

由此做出的预算线为图 3-8 中的线段 AB。它表示消费者的全部收入 I 等于消费者购买商品 1 和购买商品 2 的支出之和。消费者的全部收入购买商品 1 的数量为 $\frac{I}{P_1}$，是预算线在横轴的截距；消费者的全部收入购买商品 2 的数量为 $\frac{I}{P_2}$，是预算线在纵轴的截距；$-\frac{P_1}{P_2}$ 为预算线的斜率，即两种商品价格之比的负值。

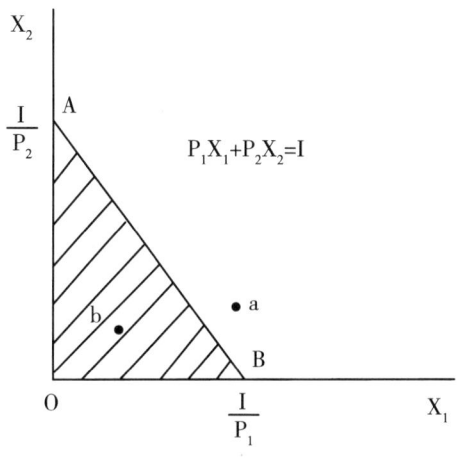

图 3-8　预算线

从图 3-8 中还可以看出，预算线 AB 把平面坐标图划分为三个区域：预算线 AB 以外的区域中的任何一点，如 a 点，是消费者利用全部收入都不可能实现的商品购买的组合点。预算线 AB 以内的区域中的任何一点，如 b 点，表示消费者的全部收入在购买该点的商品组合以后还有剩余。唯有预算线 AB 上的任何一点，才是消费者的全部收入刚好花完所能购买到的商品组大数量的组合点。图中的阴影部分的区域（包括直角三角形的三条边），被称为消费者的预算可行集或预算空间。

在既定价格和既定收入下，预算线代表了消费者的各种可能的消费机会，但这条线上可以有无数组合，究竟哪一组合为最优，即能提供最大效用，该线本身是无法说明的。

（二）预算线的变动

消费者的收入 I 或商品价格 P_1 和 P_2 变化时，会引起预算线的变动。预算线的变动有以下情况：

1. 预算线与消费者的收入的关系

两种商品价格 P 不变，消费者的收入 I 变化时，会引起预算线的截距变化，使预算线发生平移。收入增加，预算线向右上方平行移动。收入减少，预算线向左下方平行移动；如图 3-9 所示，消费者的收入增加，则使预算线 AB 向右平移至 A′B′；消费者的收入减少，则使预算线 AB 向左平移至 A″B″。

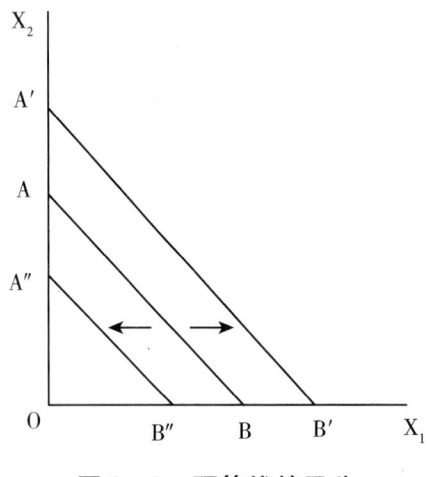

图 3-9 预算线的平移

两种商品价格和消费者的收入同比例同方向变化时，预算线不变。

2. 预算线与商品价格的关系

消费者的收入 I 不变，两种商品价格 P 同比例同方向变化时，会引起预算线的截距变化，使预算线发生平移。P 上升，预算线向左下方平行移动。P 下降，预算线向右上方平行移动。

如图 3-10 所示，消费者的收入 I 不变，一种商品价格不变而另一种商品价格变化时，会引起预算线的斜率及相应截距变化。

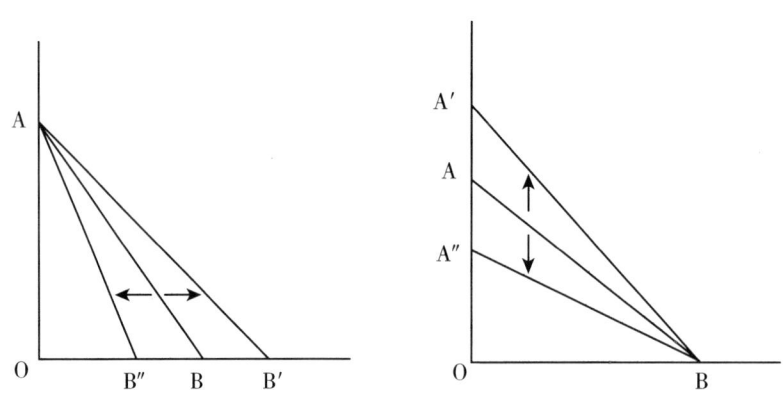

图 3-10 预算线的旋转

如图 3-10 所示，商品 1 的价格 P_1 下降，则使预算线 AB 移至 AB′；商品 1 的价格 P_1 提高，则使预算线 AB 移至 AB″。在图 3-10 右图中，商品 2 的价格 P_2 下降和提高，分别使预算线 AB 移至 A′B 和 A″B。

 **即问即答**

1. 预算线的斜率是正的。（　　）
2. 收入减少时，预算线向右上平移。（　　）
3. 预算线的位置和斜率取决于（　　）。
   A. 消费者收入　　　　　　　B. 消费者收入和消费品价格
   C. 消费者偏好　　　　　　　D. 消费者偏好、收入和消费品价格
4. 消费者收入以及商品 X 和 Y 的价格按同比例、同方向变动，则预算线（　　）。
   A. 向左下方平移　　　　　　B. 向左下方倾斜
   C. 不变　　　　　　　　　　D. 向右下方平移

二、消费者均衡的决定

序数效用论将无差异曲线和预算线相结合来说明消费者均衡。消费者的偏好决定了消费者的无差异曲线，一个消费者关于任何两种商品的无差异曲线有无数条；消费者的收入和商品价格决定了消费者的预算线，在收入和商品价格既定的条件下，一个消费者关于两种商品的预算线只有一条。只有既定的预算线与其中一条无差异曲线的相切点，才是消费者均衡点。在切点，无差异曲线和预算线的斜率相等。无差异曲线的斜率的绝对值即商品的边际替代率，预算线的斜率的绝对值即两种商品价格之比，则消费者效用最大化的均衡条件是：

$$\text{MRS}_{12} = \frac{P_1}{P_2} \qquad (3.15)$$

为什么唯有 E 点才是消费者效用最大化的均衡点呢？这是因为，就无差异曲线 U_3 来说，虽然它代表的效用水平高于无差异曲线 U_2，但它与既定的预算线 AB 既无交点又无切点。这说明消费者在既定的收入水平下无法实现无差异曲线 U_3 上的任何一点的商品组合的购买。就无差异曲线 U_1 来说，虽然它与既定的预算线 AB 相交于 a、b 两点，这表明消费者利用现有收入可以购买 a、b 两点的商品组合。但是，这两点的效用水平低于无差异曲线 U_2，因此，理性的消费者不会用全部收入去购买无差异曲线 U_1 上 a、b 两点的商品组合。事实上，就 a 点和 b 点来说，若消费者能改变购买组合，选择 AB 线段上位于 a 点右边或 b 点左边的任何一点的商品组合，则都可以达到 U_1 更高的无差异曲线，以获得比 a 点和 b 点更大的效用水平。这种沿着 AB 线段由 a 点往右和由 b 点往左的运动，最后必定在 E 点达到均衡。显然，只有当既定的预算线 AB 和无差异曲线 U_2 相切于 E 点时，消费者才在既定的预算约束条件下获得最大的满足。故 E 点就是消费者实现效用最大化的均衡点。

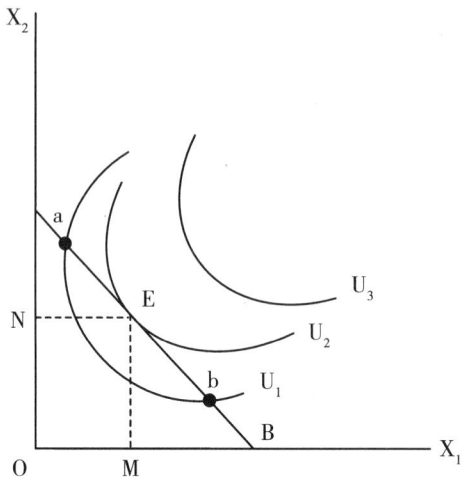

图 3－11 消费者的均衡

 **即问即答**

1. 消费者均衡时，边际效用最大化。（   ）
2. 当无差异曲线与预算线相交而非相切时，消费有改善的机会。（   ）
3. 消费者的边际替代率等于市场价格比率，它就实现了最优。（   ）
4. 消费者效用最大化的点必定在（   ）。

   A. 预算线右侧区域　　　　　　　B. 预算线左侧区域
   C. 预算线上　　　　　　　　　　D. 预算线上和左侧区域

5. 已知商品 X 的价格为 5 元，商品 Y 的价格为 2 元，如果消费者从这两种商品的消费中得到最大效用时，商品 Y 的边际效用为 30，那时商品 X 的边际效用为（   ）。

   A. 60　　　　　B. 45　　　　　C. 150　　　　　D. 75

6. 若商品 1 和商品 2 的边际替代率 $MRS_{12} > P_1/P_2$，消费者为达到最大满足，将（   ）。

   A. 增加 1，减少 2　　　　　　　B. 减少 1，增加 2
   C. 同时增加 1 和 2　　　　　　　D. 1 和 2 的量不变

三、消费者均衡的变动

（一）价格—消费曲线

在其他条件均保持不变时，一种商品价格的变化会使消费者效用最大化的均衡点的位置发生变动，并由此可以得到价格—消费曲线。价格—消费曲线（price-consumption curve）是在消费者的偏好、收入以及其他商品价格不变的条件下，与某一种商品的不同价格水平相联系的消费者效用最大化的均衡点的轨迹。具体以图 3－12 来说明价格—消费曲线的形成。

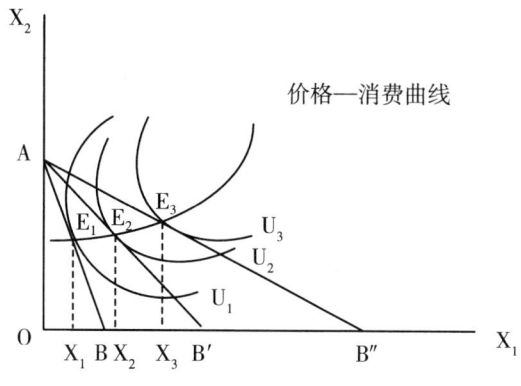

图 3-12　价格—消费曲线

在图中，假定商品 1 的初始价格为 P_1，相应的预算线为 AB，它与无差异曲线 U_1 相切于效用最大化的均衡点 E_1。如果商品 1 的价格下降为 P_2，相应的预算线由 AB 移至 AB′，于是 AB′ 与另一条较高的无差异曲线 U_2 相切于效用最大化的均衡点 E_2。如果商品 1 的价格继续下降为 P_3，相应的预算线由 AB 移至 AB″，于是 AB″ 与另一条较高的无差异曲线 U_3 相切于效用最大化的均衡点 E_3……不难发现，随着商品 1 的价格不断变化，可以找出无数个诸如 E_1、E_2、E_3 那样的均衡点，它们的轨迹就是价格—消费曲线。

（二）消费者的需求曲线

由消费者的价格—消费曲线可以推导出消费者的需求曲线，它表示消费者在每一个价格水平下对某商品的需求量。

分析图 3-12 中价格—消费曲线上的三个均衡点 E_1、E_2、E_3，可以看出，在每一个均衡点上，都存在着商品 1 的价格与商品 1 的需求量之间一一对应的关系。这就是：在均衡点 E_1 处，商品 1 的价格为 P_1，则商品 1 的需求量为 X_1。在均衡点 E_2 处，商品 1 的价格为 P_2，则商品 1 的需求量为 X_2。在均衡点 E_3 处，商品 1 的价格为 P_3，则商品 1 的需求量为 X_3。根据商品 1 的价格和需求量之间的这种对应关系，把每一个 P 数值和相应的均衡点上的 X 数值绘制在商品的价格—数量坐标图上，就可以得到单个消费者的需求曲线，如图 3-13 所示。

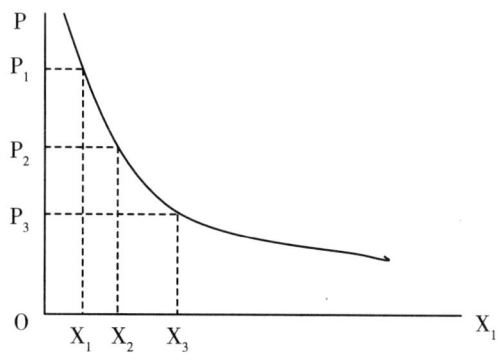

图 3-13　消费者的需求曲线

前面的内容介绍了序数效用论者如何从消费者选择行为的分析中推导出了消费者的需求曲线。由图3-13可见，序数效用论者所推导的需求曲线一般是向右下方倾斜的，它表示商品的价格和需求量成反向变化。尤其是，需求曲线上的每一价格水平相对应的需求量都是可以给消费者带来最大效用的均衡数量。

（三）收入—消费曲线

在其他条件不变而只有消费者的收入水平发生变化时，也会改变消费者效用最大化的均衡量的位置，由此可以得到收入—消费曲线。收入—消费曲线（income-consumption curve）是在消费者的偏好和商品的价格不变的条件下，与消费者的不同收入水平相联系的消费者效用最大化的均衡点的轨迹。具体以图3-14来说明价格—消费曲线的形成。

在图3-14中，随着收入水平的不断增加，预算线由AB移至A′B′，再移至A″B″，于是形成了三个不同收入水平下的消费者效用最大化的均衡点E_1、E_2和E_3。随着收入水平的不断变化，可以找出无数个诸如E_1、E_2、E_3那样的均衡点，它们的轨迹就是收入—消费曲线。图3-14中的收入—消费曲线是向右上方倾斜的，它表示：随着收入水平的增加，消费者对商品1和商品2的需求量都是上升的。

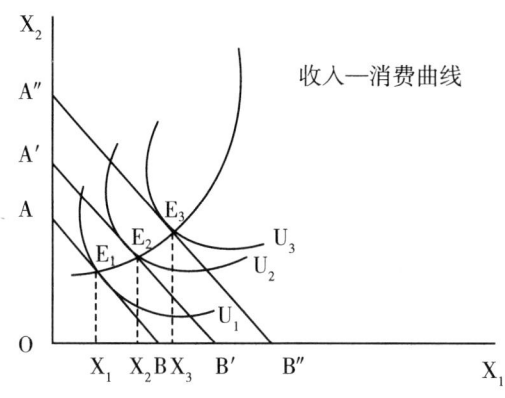

图3-14　收入—消费曲线

（四）消费者的恩格尔曲线

由消费者的收入—消费曲线可以推导出消费者的恩格尔曲线。恩格尔曲线表示消费者在每一个收入水平下对某商品的需求量。

由图3-14中收入—消费曲线上的三个均衡点E_1、E_2、E_3，可以看出，在每一个均衡点上，都存在着消费者的收入与商品1的需求量之间一一对应的关系。这就是：在均衡点E_1处，消费者的收入为I_1，则商品1的需求量为X_1。在均衡点E_2处，消费者的收入为I_2，则商品1的需求量为X_2。在均衡点E_3处，消费者的收入为I_3，则商品1的需求量为X_3。根据消费者的收入和需求量之间的这种对应关系，把每一个I数值和相应的均衡点上的X数值绘制在商品的收入—数量坐标图上，就可以得到单个消费者的恩格尔曲线，如图3-15所示。

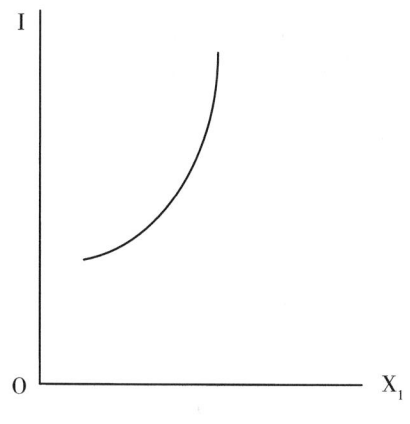

图 3-15 消费者的恩格尔曲线

恩格尔在研究人们的消费结构时发现了一条规律，即一个家庭收入越少，这个家庭用来购买食物的支出所占的比例就越大，反过来也是一样。这个家庭用以购买食物的支出与这个家庭的总收入之比，就是恩格尔系数。由此可以得出结论，对一个国家或家庭而言，这个国家或家庭越贫穷，其恩格尔系数就越高；反之，一个国家或家庭越富有，其恩格尔系数就越低，这就是著名的恩格尔定律。

 **即问即答**

1. 当收入变动时将消费者均衡点连接起来可得到（　　）。
   A. 价格—消费曲线　　　　　　B. 收入—消费曲线
   C. 均衡曲线　　　　　　　　　D. 预算—均衡曲线
2. 当只有价格变动时，连接消费者各均衡点的轨迹是（　　）。
   A. 需求曲线　　　　　　　　　B. 价格—消费曲线
   C. 恩格尔曲线　　　　　　　　D. 收入—消费曲线

第四节　替代效应和收入效应

一种商品的价格变化会引起消费者的收入变化，进而引起该商品的需求量的变化。而深入研究后会发现，面对价格变化，消费者的需求变化会呈现出两个层面：首先考虑的是维持效用水平，其次考虑的是维持消费水平。这两种变化就是本节要讲的替代效应和收入效应。

一、替代效应和收入效应的含义

从一种商品的价格变化谈起。当一种商品的价格下降，会导致这种商品相对便宜，进而引导消费者更多地购买这种商品而减少购买别的商品；会引起消费者的收入相对增加。前者称之为替代效应，后者称之为收入效应。

（一）替代效应

替代效应（substitution effect）是指在实际收入不变条件下，某种商品价格的变动引起其他商品相对价格呈相反方向变动，从而引起比较便宜商品的购买对比较昂贵商品的购买的替代。当一种商品价格上升时，其他商品价格相对便宜了，消费者会多购买其他商品而少购买这种商品；当一种商品价格下降时，其他商品价格相对昂贵了。消费者会增加这种商品的购买而减少其他商品的购买。替代效应强调一种商品价格变动对其他商品相对价格水平的影响。例如，在茶叶价格上升以后，其他商品变得比以前便宜，而茶叶变得较为昂贵。消费者将用其他商品的购买来替代茶叶的购买。又如，鸡蛋价格每千克由4元降至2元，猪肉价格不变，这样猪肉价格就相对昂贵了。你家原来每月购买10千克，花费40元，现在只用花费20元，那你家就会实际增加收入20元。现在必须将这20元剔除。当20元被剔除后，你家里会继续保持原有的购买比例吗？你家里还会不会增加对于鸡蛋的购买？我想是肯定的。在价格下降引起的增收部分被剔除后，你还增加对于鸡蛋购买的部分就是替代效应。

这里所说的实际收入不变是指消费者维持在原来的效用水平上，但又要用新的价格比率来度量的这一不变的效用水平。因此，降价后要使消费者的效用水平不变，必须作预算补偿线。

（二）收入效应

收入效应（income effect）是指在货币收入不变条件下，某种商品价格的变动引起消费者实际收入呈相反方向变动，从而也引起商品购买量的相反方向的变动。当一种商品价格上升时，消费者实际收入减少，商品购买量随之而减少；当一种商品价格下降时，消费者实际收入增加，商品购买量随之而增加。收入效应强调价格变动对实际收入水平的影响。例如，一个家庭，它的收入用来购买X_1、X_2两种商品，在价格未变动以前，全部收入购买的两种商品是以使它获得最大满足的方式组合的。现在假定X_1商品的价格下降，在购买原来数量的X_1商品之后，家庭的收入将有所剩余。X_1商品价格的下降等于增加了这个家庭的实际收入，这剩余的收入可以用来购买X_1商品，也可以用来购买X_2商品。

收入效应改变消费者的效用水平，替代效应不改变消费者的效用水平。

（三）总效应

某种商品价格变化的总效应是指一种商品价格变动所引起的该商品需求量的变动。在坐标图上应是当消费者从一个均衡点移到另一个均衡点时需求的总变动。这个总效应可以被分解为替代效应与收入效应两个部分。

二、正常物品的替代效应和收入效应

以图3－16为例分析正常物品价格下降时的替代效应和收入效应。

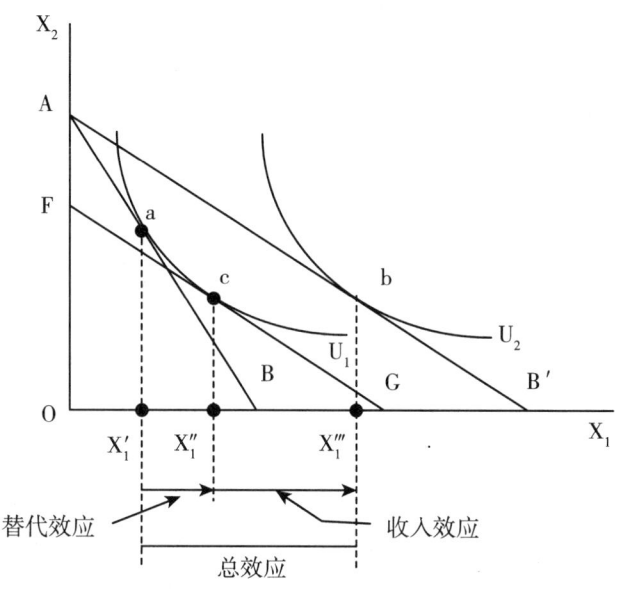

图3－16 正常物品的替代效应和收入效应

图3－16中的横轴和纵轴分别表示商品1和商品2的数量，其中，商品1是正常品。在商品价格变化之前，消费者的预算线为AB，该预算线与无差异曲线U_1相切于a点，a点是消费者的均衡点。现假定商品1的价格P_1下降使预算线由AB移动至AB′。新的预算线AB′与另一条代表更高效用水平的无差异曲线U_2相切于b点，b点是商品1价格下降后的消费者均衡点。比较a、b两个均衡点，商品1的数量有所增加，这便是商品1的价格下降所引起的总效应，这个总效应可以被分解为替代效应和收入效应两个部分。

如何确定替代效应和收入效应的作用程度呢？要做到这一点，需要利用补偿预算线这一工具。补偿预算线的意义：当价格变动引起消费者实际收入发生变动时，补偿预算线是用来表示以假设的货币收入的增减来维持消费者实际收入水平不变的一种分析工具。具体地说：在商品价格下降引起实际收入提高时，假设可取走一部分货币收入，以使消费者的实际收入维持原有的效用水平。其具体的做法是：做一条平行于新的预算线AB′并切于原有的无差异曲线U_1的补偿预算线FG。图中FG曲线即为补偿预算线。

当商品X_1的价格下降时，替代效应作用使需求量的增加量为$X_1'X_1''$，收入效用作用使需求量的增加量$X_1''X_1'''$。商品1的需求量的增加量为$X_1'X_1'''$，这便是商品1的价格下降所引起的总效应。

在这里，P_1下降时，替代效应所引起的需求量的增加量$X_1'X_1''$是一个正值，即符号为正，也就是说，正常物品的替代效应引起的需求量变化与价格变化成反方向。收入效应所引起的需求量的增加量$X_1''X_1'''$也是一个正值，表明当P_1下降使得消费者的实际收入水平提高时，消费者必定会增加对正常物品商品1的购买。也就是说，正常物品的收入效应引起的需求量变化与价格成反方向的变动。

可见，对于正常物品来说，替代效应与价格成反方向的变动，收入效应也与价格成反方向的变动，在它们的共同作用下，总效应必定与价格成反方向的变动。正因为如此，正常物品的需求曲线是向右下方倾斜的。

三、正常物品和低档物品的区别与收入效应

在分析低档物品的替代效应和收入效应之前，有必要先看一下正常物品和低档物品的区别，以及由此带来的这两类商品的各自收入效应的特点。

正常物品的需求量与消费者的收入水平成同方向变动，即正常物品的需求量随着消费者收入水平的提高而增加，随着消费者收入水平的下降而减少。低档物品的需求量与消费者的收入水平成反方向变动，即低档物品的需求量随着消费者收入水平的提高而减少，随着消费者收入水平的下降而增加。

相应地，可以推知：当某正常物品的价格下降（或上升）导致消费者实际收入水平提高（或下降）时，消费者会增加（或减少）对该正常物品的需求量。也就是说，正常物品的收入效应与价格成反方向的变动。当某低档物品的价格下降（或上升）导致消费者实际收入水平提高（或下降）时，消费者会减少（或增加）对该低档物品的需求量。也就是说，低档物品的收入效应与价格呈同方向的变动。

由于正常物品和低档物品的区别不对它们各自的替代效应产生影响，所以，对于所有的商品来说，替代效应与价格都是成反方向变动的。

四、低档物品的替代效应和收入效应

以图3-17为例分析低档物品价格下降时的替代效应和收入效应。

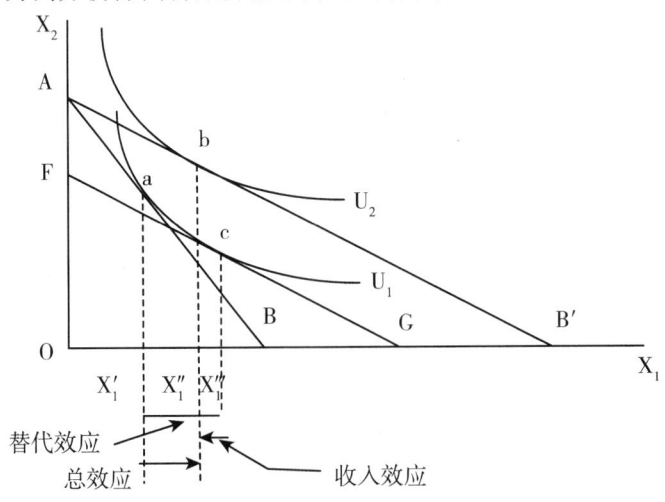

图3-17 低档物品的替代效应和收入效应

对于一般低档品,当价格下降,替代效应的作用是增加需求量,收入效应的作用是减少需求量(价格下降使实际收入增加,需求量反而减少)。图 3-17 中商品 1 的价格 P_1 变化前的消费者的效用最大化的均衡点为 a 点,P_1 下降以后的消费者的均衡点为 b 点,因此,价格下降所引起的商品 1 的需求量的增加量为 $X_1'X_1''$,这便是总效应。运用与上一节相同的方法,即通过作与预算线 AB′ 平行且与无差异曲线 U_1 相切的补偿预算线 FG,便可将总效应分解成替代效应和收入效应。具体地看,P_1 下降引起的商品相对价格的变化,使消费者由均衡点 a 运动到均衡点 c,相应的需求量增加为 $X_1'X_1'''$,这就是替代效应,它是一个正值。而 P_1 下降引起的消费者的实际收入水平的变动,使消费者由均衡点 c 运动到均衡点 b,需求量由 X_1''' 减少到 X_1'',这就是收入效应。收入效应 $X_1'''X_1''$ 是一个负值,其原因在于:价格 P_1 下降所引起的消费者的实际收入水平的提高,会使消费者减少对低档物品的商品 1 的需求量。由于收入效应是一个负值,所以,图中的 b 点必定落在 a、c 两点之间。

图 3-17 中的商品 1 的价格 P_1 下降所引起的商品 1 的需求量的变化的总效应为 $X_1'X_1''$,它是正的替代效应 $X_1'X_1'''$ 和负的收入效应 $X_1'''X_1''$ 之和。由于替代效应 $X_1'X_1'''$ 的绝对值大于收入效应 $X_1'''X_1''$ 的绝对值,或者说,由于替代效应的作用大于收入效应,所以,总效应 $X_1'X_1''$ 是一个正值。

综上所述,对于低档物品来说,替代效应与价格成反方向的变动,收入效应与价格呈同方向的变动,而且,在大多数的场合,收入效应的作用小于替代效应的作用(如图 3-17 所示),所以,总效应与价格成反方向的变动,相应的需求曲线是向右下方倾斜的。

但是,在少数的场合,某些低档物品的收入效应的作用会大于替代效应的作用,于是,就会出现违反需求曲线向右下方倾斜的现象。这类物品就是吉芬物品。

五、吉芬物品的替代效应和收入效应

英国人吉芬于 19 世纪发现,1845 年爱尔兰发生灾荒,土豆价格上升,但是土豆需求量却反而增加了。这一现象在当时被称为"吉芬难题"。这类需求量与价格成同方向变动的特殊商品以后也因此被称做吉芬物品(giffen goods)。

为什么吉芬物品的需求曲线向右上方倾斜呢?下面用图 3-18 分析这个问题。

图 3-18 中商品 1 是吉芬物品。商品 1 的价格 P_1 下降前后的消费者的效用最大化的均衡点分别为 a 点和 b 点,相应的商品 1 的需求量的减少量为 $X_1''X_1'$,这就是总效应。通过补偿预算线 FG 可得:$X_1''X_1'''$ 为替代效应,它是一个正值。$X_1'''X_1'$ 是收入效应,它是一个负值,而且,负的收入效应 $X_1'''X_1'$ 的绝对值大于正的替代效应 $X_1''X_1'''$ 的绝对值,所以,最后形成的总效应 $X_1''X_1'$ 为负值。在图 3-18 中,a 点必定落在 b、c 两点之间。

很清楚,吉芬物品是一种特殊的低档物品。作为低档物品,吉芬物品的替代效应与价格成反方向的变动,收入效应则与价格成同方向的变动。吉芬物品的特殊性就在于:收入效应的作用很大,以至超过了替代效应的作用,从而使得总效应与价格

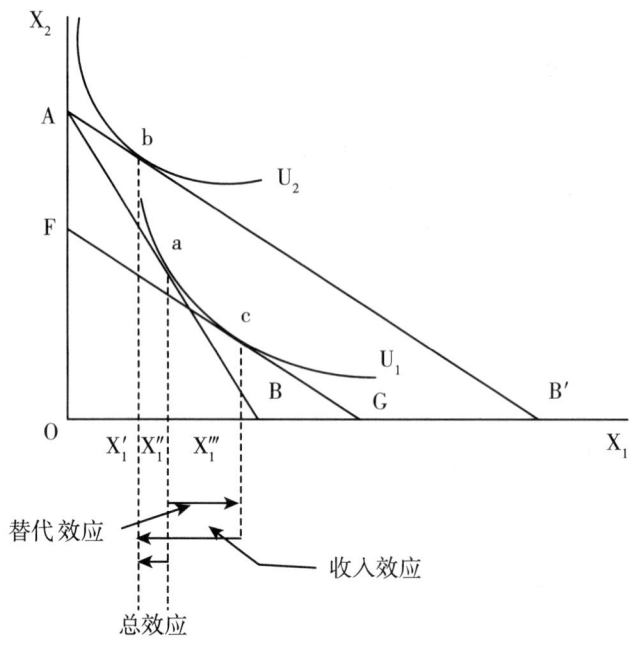

图 3-18 吉芬物品的替代效应和收入效应

成同方向的变动。这也就是吉芬物品的需求曲线呈现出向右上方倾斜的特殊形状的原因。

运用以上分析的结论就可以解释"吉芬难题"了。在 19 世纪中叶的爱尔兰，购买土豆的消费支出在大多数的贫困家庭的收入中占一个较大的比例，于是，土豆价格的上升导致贫困家庭实际收入水平大幅度下降。在这种情况下，变得更穷的人们不得不大量地增加对劣等物品土豆的购买，这样形成的收入效应是很大的，它超过了替代效应，造成了土豆的需求量随着土豆价格的上升而增加的特殊现象。

现将正常物品、低档物品和吉芬物品的替代效应和收入效应所得到的结论综合于表 3-3。

表 3-3　　　　　　商品价格变化所引起的替代效应和收入效应

商品类别	替代效应与价格的关系	收入效应与价格的关系	总效应与价格的关系	需求曲线的形状
正常物品	反方向变化	反方向变化	反方向变化	向右下方倾斜
低档物品	反方向变化	同方向变化	反方向变化	向右下方倾斜
吉芬物品	反方向变化	同方向变化	同方向变化	向右上方倾斜

 **即问即答**

1. 正常物品价格上升导致需求量减少的原因是（　　）。

A. 替代效应使需求量增加，收入效应使需求量减少
B. 替代效应使需求量增加，收入效应使需求量增加
C. 替代效应使需求量减少，收入效应使需求量减少
D. 替代效应使需求量减少，收入效应使需求量增加
2. 当其他情况都不变而低档物品价格下降时，（　　）。
A. 替代效应和收入效应都导致其需求量增加
B. 替代效应和收入效应都导致其需求量减少
C. 替代效应增加其需求量，收入效应减少其需求量
D. 替代效应减少其需求量，收入效应增加其需求量

 延伸阅读

"幸福方程式"与"阿Q精神"

人们消费的目的是为了获得幸福。对于什么是幸福，美国的经济学家萨谬尔森用的"幸福方程式"来概括。这个"幸福方程式"就是：幸福=效用/欲望，从这个方程式中我们看到欲望与幸福成反比，也就是说人的欲望越大越不幸福。但我们知道人的欲望是无限的，那么多大的效用不也等于零吗？因此我们在分析消费者行为理论的时候我们假定人的欲望是一定的。那么我们在离开分析效用理论时，再来思考萨谬尔森提出的"幸福方程式"真是觉得他对幸福与欲望关系的阐述太精辟了，难怪他是诺贝尔奖的获得者。

在社会生活中对于幸福不同的人有不同的理解，政治家把实现自己的理想和报复作为最大的幸福；企业家把赚到更多的钱当做最大的幸福；教书匠把学生喜欢听自己的课作为最大的幸福；老百姓往往觉得平平淡淡衣食无忧作为在大的幸福。幸福是一种感觉，自己认为幸福就是幸福。但无论是什么人一般把拥有的财富多少看做是衡量幸福的标准，一个人的欲望水平与实际水平之间的差距越大，他就越痛苦。反之，就越幸福。从"幸福方程式"使人们想起了"阿Q精神"。

鲁迅笔下的阿Q形象，是用来唤醒中国老百姓的那种逆来顺受的劣根性。而我要说的是人生如果一点阿Q精神都没有，会感到不幸福，因此"阿Q精神"在一定条件下是人生获取幸福的手段。在市场经济发展到今天，贫富差距越来越大，如果穷人欲望过高，那只会给自己增加痛苦。倒不如用"知足常乐"，用"阿Q精神"来降低自己的欲望，使自己虽穷却也获得幸福自在。富人比穷人更看重财富，他会追求更富如果得不到他也会感到不幸福。穷人幸福还是富人幸福完全是主观感觉。"知足常乐""适可而止""随遇而安""退一步海阔天空""该阿Q时得阿Q"，这些说法有着深刻的经济含义，我们要为自己最大化的幸福做出理性的选择。

资料来源：西南交通大学经济管理学院：《微观经济学教学案例集》，2010年3月. http://www.doc.88.com/p-3713757829006.html.

· 经济学名家 ·

功利主义哲学家——杰里米·边沁

西方经济学效用理论的思想渊源，也许可以追溯到以边沁和密尔为代表的英国功利主义哲学，但其直接奠基却是产生于19世纪50~70年代的"边际革命"。

杰里米·边沁（Jeremy Bentham，1748年2月15日~1832年6月6日）是英国的法理学家、功利主义哲学家、经济学家和社会改革者。他是一个政治上的激进分子，亦是英国法律改革运动的先驱和领袖，并以功利主义哲学的创立者、一位动物权利的宣扬者及自然权利的反对者而闻名于世。他还对社会福利制度的发展有重大的贡献。在边沁的一生之中，他曾先后提出或支持过以下的观点：(1) 个人以及经济的自由；(2) 国教分离；(3) 言论自由；(4) 女性的平等权利；(5) 废除奴隶制读和体罚（包括儿童）；(6) 离婚权；(7) 自由贸易；(8) 爱高利贷；(9) 同性恋的合法化。

边沁认为货币扩张有助于充足就业。他也认识到强迫储蓄、消费倾向和节俭投资及收入和职业分析之间的关联。他的货币观接近于他的功利主义原理。功利主义从18世纪末产生至今，对西方经济学的影响十分重大。提出之初，就对斯密的自助的经济学提出挑战，后来影响到边际理论、厂商和消费理论、政府干预主义、货币政策的发展及福利经济学。

【本章小结】

1. 追求效用最大化是消费者的行为目标。分析消费者选择的理论分为基数效用论与序数效用论，其中，基数效用论运用边际效用分析法研究消费者行为；序数效用论运用无差异曲线分析法研究消费者行为。在当代西方经济学中，占主导地位的是序数效用论的分析法。本章主要介绍序数效用论的无差异曲线分析法。

2. 效用是指商品满足人的欲望的能力评价，或者说，效用是消费者在消费商品时所感受到的满足程度。基数效用论认为，效用如同长度、重量等概念一样，可以具体衡量并可以加总求和，其大小可以用1，2，3，…衡量。序数效用论认为，效用是一个有点类似于香、臭、美、丑那样的概念，效用的大小是无法具体衡量的，效用之间的比较只能通过顺序或等级来表示。

3. 基数效用论将效用区分为总效用和边际效用，并提出了边际效用递减规律。边际效用递减规律的内容是指在一定时间内，在其他商品的消费数量保持不变的条件下，随着消费者对某种商品消费量的增加，消费者从该商品连续增加的每一消费单位中所得到的效用增量即边际效用是递减的。

4. 序数效用论用无差异曲线分析法来研究消费者均衡的实现。无差异曲线是用来表示消费者偏好相同的两种商品的所有组合的曲线。或者说，它表示能够给消费者带来相同效用水平或满足程度的两种商品的所有组合的曲线。预算线表示在消费者收入和商品价格既定的条件下，消费者的全部收入所能购买到的两种商品的各种组合的曲线。消费者均衡是无差异曲线和预算线相切的那一点的商品消费组合，均衡条件是两种商品的边际替代率等于两种商品的价格之比。

【关键术语】

效用，总效用和边际效用，边际效用递减规律，消费者剩余，无差异曲线，边际替代率，消费者均衡，替代效应，收入效应

【技能训练】

1. 已知某消费者每年用于商品 1 和商品 2 的收入为 540 元，两种商品的价格分别为 Px = 20 元，Py = 30 元，该消费者效用函数 $U = 3XY^2$，求两种商品购买量各是多少？最大效用是多少？
2. 根据基数效用理论，边际效用与总效用的关系是怎样的？
3. 边际效用理论如何解决钻石与水的价值之谜？
4. 为什么无差异曲线向右下方倾斜？
5. 用无差异曲线分析法说明消费者均衡的条件。

【案例分析】

新汽车的设计方案

一辆汽车的两大特性是其款式（如外部设计和内部特点）和其性能（如汽车里程数和驾驶性能），款式越好，性能越佳，其需求量就越大。然而，重新设计款式、提高性能，是要花钱的。在设计一辆汽车时，应该怎样增加其特性呢？这既取决于生产成本，也取决于消费者对于汽车特性的偏好，汽车消费者组别的不同偏好可以影响其购买决定。有关美国汽车需求的一项新近的研究表明，在以往的二十多年里，绝大多数消费者偏好的是款式而不是性能。

考虑两个消费者组别，每个组别花 10 000 美元用于汽车的款式和性能，但对于款式和性能，每个组别有不同的偏好。图 3－19 显示了每个组别中的个人所面临的购车预算。第一组别在款式和性能中偏好性能。通过在一条典型的个人无差异曲线和预算线之

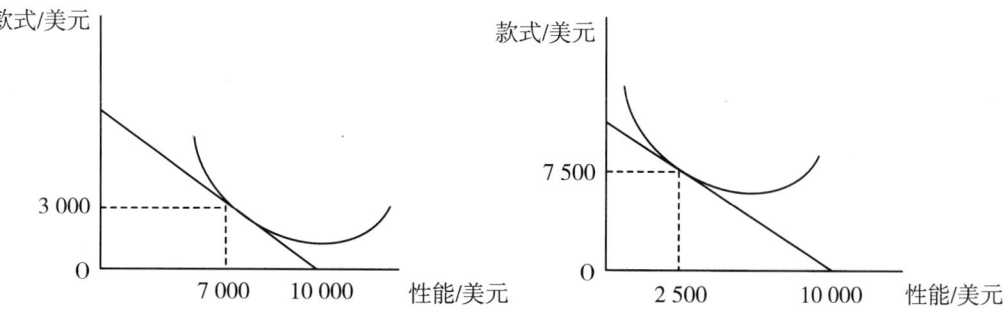

图 3－19　每个组别中个人所面临的需求曲线

间寻找切点,可以发现,这一组别的消费者偏好这样一种汽车:其性能值为 7 000 美元,其款式值为 3 000 美元。而第二组别的消费者偏好性能值为 2 500 美元,款式值为 7 500 美元的汽车。统计研究已表明,大多数消费者属于第二组别。

资料来源:刘有源:《西方经济学》,北京邮电大学出版社 2012 年版。

问题:厂商在获悉消费者组别偏好的情况下,应该怎样计划两种汽车的生产呢?有哪几种具有潜在利润的选择。

【团队实训】

分析居民消费结构及其变化

1. 实训目的

通过调查分析,培养学生应用调查资料分析居民消费结构的能力,加深对恩格尔定律的理解和应用。

2. 实训内容及要求

将全班同学进行分组,通过入户调查,用恩格尔系数来分析近几年我国居民家庭消费结构的变化,进而说明我国城乡居民生活水平的变化。

(1) 根据调研的内容和要求,设计一份调查表,调查不同家庭的恩格尔系数及其变化。

(2) 将搜集的数据和资料进行整理,在组内进行交流,发表自己的看法。在讨论的基础上形成每组的调研报告。

(3) 全班组织开展一次交流研讨,每组派一名代表发言,其他小组成员可以进行评价、质询,或针对发言内容发表自己的观点并阐述理由。发言人及本组成员可针对提问进行答辩。各组根据交流研讨情况,进一步修改调研报告。

3. 成果与考核

(1) 每组提交一份修改后的调研报告。

(2) 由全班同学和教师根据各组成员的调研报告和讨论中的表现分别评估打分,最后评定每组成员的成绩。

第四章 生产者理论

知识要求 >>> >>>

掌握总产量、平均产量、边际产量和边际技术替代率等基本的经济学概念,各种产量变化的规律及其相互关系,理解边际报酬递减规律的含义及产生的原因,掌握等产量曲线的含义与特征,掌握生产者实现要素最优组合的均衡条件,能够运用边际报酬递减规律这一基本理论解释现实生活中的一些经济现象和经济问题,能结合所学理论分析如何确定适度生产规模等现实问题。

案例导入 >>> >>>

分工与专业化

亚当·斯密在其名著《国民财富的性质和原因的研究》中根据他对一个扣针厂的参观描述了一个例子。斯密所看到的工人之间的专业化和引起的规模经济给他留下了深刻的印象。他写道:"一个人抽铁丝,另一个人拉直,第三个人截断,第四个人削尖,第五个人磨光顶端以便安装圆头;做圆头要求有两三道不同的操作;装圆头是一项专门的业务,把针涂白是另一项;甚至将扣针装进纸盒中也是一门职业。"

斯密说,由于这种专业化,扣针厂每个工人每天生产几千枚针。他得出的结论是,如果工人选择分开工作,而不是作为一个专业工作者团队"那他们肯定不能每人每天制造出20枚扣针,或许连一枚也造不出来"。换句话说,由于专业化,大扣针厂可以比小扣针厂实现更高人均产量和每枚扣针更低的平均成本。

斯密在扣针厂观察到的专业化在现在经济中普遍存在。例如,如果你想盖一个房子,你可以自己努力去做每一件事。但大多数人找建筑商,建筑商又雇用木匠、瓦匠、电工、油漆工和许多其他类型工人。这些工人专门从事某种工作,而且,这使他们比作为通用型工人时做得更好。实际上,运用专业化实现规模经济是现代社会像现在一样繁荣的一个原因。那么什么是规模经济呢?本章内容将对这一问题进行解释。

资料来源:亚当·斯密:《国富论》,商务印书馆出版社2009年版。

在上一章,从对消费者选择行为的分析中推导出了消费者的需求曲线。本章和下两章,将从对生产者行为的分析中推导供给曲线,然后将需求曲线和供给曲线结合在一起,深入探讨和理解商品市场的均衡。

第一节 企业基本理论

在西方经济学中，企业亦称为厂商或生产者，它是指能够作出统一生产决策的单个经济单位。在集中讨论生产者行为之前，有必要介绍一下企业的相关理论。

一、企业的类型

企业是指能够做出统一生产决策的单个经济单位。企业有三种组织形式，市场经济在其数百年的孕育和发展过程中，逐步形成了三种基本的企业制度。

（一）个人业主制企业

个人业主制企业是指由个人出资兴办、完全归个人所有和个人控制的企业组织。这种企业在法律上称为自然人企业，是最早产生的也是最简单的企业形态。

个人业主制企业的开设、转让与关闭等行为仅需向政府登记即可，手续非常简单；利润全归个人所得，不需与别人分摊；经营制约因素较少，经营方式灵活；易于保护技术、工艺和财务秘密；企业主可以获得个人满足。但个人业主责任无限；规模有限，受到个人资金和个人管理能力的限制；寿命有限。

（二）合伙制企业

合伙制企业是由两个以上的企业主共同出资，为了利润共同经营，并归若干企业主共同所有的企业组织。合伙人出资可以是资金、实物或是知识产权。相对个人业主制企业而言，合伙制企业的资金来源较广，信用能力较大；才智与经验更多；发展余地更大。但由于多人所有和参与管理，产权转让需经所有合伙人同意方可进行；产权转让较为困难；投资者责任无限且连带；寿命有限；意见难以统一；规模仍受局限。

（三）公司制企业

公司制企业是由许多人集资创办并且组成一个法人的企业。公司是法人，在法律上具有独立的人格，是能够独立承担民事责任、具有民事行为能力的组织。

公司制企业的几种形式：（1）无限责任公司。这是由两个以上负无限责任的股东出资组成，股东对公司债务负连带无限清偿责任的公司。英美法系不承认这种公司为公司法人，而大陆法系则承认这种公司为公司法人。（2）两合公司。这是由少数有限责任股东和少数无限责任股东共同组成的公司。（3）股份两合公司。这是由一人以上的无限责任股东和一定人数或一定人数以上的有限责任股东出资组成的法人企业。（4）有限责任公司。这是指由两个以上股东共同出资，每个股东以其所认缴的出资额对公司承担有限责任，公司以其全部资产对其债务承担责任的企业法人。所以，公司制企业的资金雄厚，有利于实现规模生产，也有利于进一步强化分工和专业化。而且公司的组织形式相对稳定，有利于生产的长期发展。但公司组织往往可能由于规模庞大，给内部的管理协调带来一定的困难。公司所有权和管理权的分离，也带来一系列问题，特别是管理者在经营上能否符合所有者意愿的问题。

二、企业的本质

企业是商品经济发展到一定阶段的产物。企业是作为替代市场的一种更低交易费用的资源配置方式。交易费用这一概念是美国经济学家科斯（Ronald H. Couse）在分析企业的起源和规模时，首次引入经济学分析的。根据科斯的解释，交易费用（也称交易成本）是围绕交易契约所产生的成本，或者说是运用市场价格机制的成本。它包括两个主要内容：（1）发现贴现价格，获得精确的市场信息的成本；（2）在市场交易中，交易人之间谈判，讨价还价和履行合同的成本。在商品经济发展的初期，无论是原始的物物交换，还是以货币为媒介的商品交换，由于市场狭小，利用市场价格机制的费用几乎不存在，这时的商品生产一般以家庭为单位。但随着商品经济的发展，市场规模的扩大，生产者在了解有关价格信息、市场谈判、签订合同等方面利用价格机制的费用显著增大，这时，生产者采用把生产要素集合在一个经济单位中的生产方式，以降低交易费用，这种经济单位即是企业。企业这种组织形式之所以可以降低市场交易的费用，是由于用内部管理的方式组织各种生产要素结合的缘故。因此，从交易费用的角度来看，市场和企业是两种不同的组织生产分工的方法：一种是内部管理方式；另一种是协议买卖方式。两种方式都存在一定的费用，即前者是组织费用；后者是交易费用。企业之所以出现正是由于企业的组织费用低于市场的交易费用。因此，交易费用的降低是企业出现的重要原因之一。

三、厂商的目标

在微观经济学中，一般总是假定厂商的目标是追求利润的最大化。这一基本假定是理性经济人的假定在生产理论中的具体化。但是，在现实经济生活中，厂商有时并不一定选择实现最大利润的决策。

在信息不完全的条件下，厂商所面临的市场需求是不确定的，而且厂商也有可能对产量变化所引起的生产成本的变化情况缺乏准确的了解，于是，厂商长期生存的经验做法也许就是实现销售收入最大化或市场销售份额最大化，以此取代利润最大化的决策。

还有的情况是，在现代公司制企业组织中，企业的所有者往往并不是企业的真正经营者，企业的日常决策是由企业所有者的代理人经理做出的。企业所有者和企业经理之间是委托人和代理人之间的契约关系。由于信息的不完全性，尤其是信息的不对称性，所有者并不能完全监督和控制公司经理的行为，经理会在一定的程度上偏离企业的利润最大化的目标，而追求其他一些有利于自身利益的目标。但是，经理对利润最大化目标的偏离会受到制约。

更重要的是，西方经济学家指出，不管在信息不完全条件下制定恰当的实现利润最大化的策略有多么困难,也不管经理的偏离利润最大化目标的动机有多么强烈,有一点是清楚的:在长期,一个不以利润最大化为目标的企业终将被市场竞争所淘汰。所以,实现利润最大化是一个企业竞争生存的基本准则。据此,在以下对生产者行为的分析中,继续使用厂商生产的目标是追求利润最大化这一基本假设。

第二节 生产要素与生产函数

企业进行生产首先需要考虑生产的技术问题,因为,生产技术决定成本,进而影响厂商所追求的利润大小。所谓的生产技术是指生产过程中投入量与产出量之间的关系,即投入量变化所导致的产量变化的基本特征和规律。在经济学中,对生产技术的分析是利用生产函数来进行的,所以,在此首先引入生产要素的划分和生产函数的概念。

一、生产要素

厂商进行生产的过程就是从生产要素的投入产品的产出的过程。生产要素的类型一般被划分为以下四种:劳动、土地、资本和企业家才能这四种类型。

劳动(L)是指人类在生产过程中提供的体力和智力的总和;土地(N)包括土地本身和地上、地下的一切自然资源,如森林、江河湖泊、海洋和矿藏等;资本(K)包括资本品(实物形态,如厂房、设备、原材料等)和货币资本(货币形态);企业家才能(E)指企业家组织建立和经营管理企业的才能。通过对生产要素的运用,厂商可以提供各种实物产品,如房屋、食品、日用品等,也可以提供各种无形产品即劳务,如理发、医疗、金融、旅游服务等。

知识链接

生产要素配合中的"短板理论"

在研究生产要素配合的问题时,人们经常把四种生产要素比喻成木桶的四块木板,我们都知道木桶装水的多少并不取决于木桶中最长的木板,而是取决于最短的木板。

劳动、资本、土地和企业家才能这四种生产要素,都是企业资源的转化形式,究竟每一种生产要素形式应该分配多少是我们要研究的问题,显然不能把绝大多数的资源用来构建一个长板,而使其他的木板很短,这样用来构建长板的资源也不能得到充分利用,那么怎样才能达到最优的资源配置呢?各个生产要素中是否存在着替代关系?如果存在替代关系,那么替代的比率是多少?针对不同的行业和技术水平,这种替代比率有没有差别?经济学家们希望通过函数关系来解释上面的问题,经过研究取得了很多成果。下面就来学习关于生产要素和产量之间的关系,即生产函数。

资料来源:刘有源:《西方经济学》,北京邮电大学出版社2012年版。

二、生产函数

(一) 生产函数的含义

生产过程中生产要素的投入量和产品的产出量之间的关系,可以用生产函数来表示。生产函数(production function)表示在一定时间内,在技术水平不变的情况下,生产中所使用的各种生产要素与所能生产的最大产量之间的关系。或者说,一组既定的投入与之所能生产的最大产量之间的依存关系。任何生产函数都是以一定时期内的生产技术水平作为前提条件,一旦技术水平发生变化,原有的生产函数就会发生变化,从而形成新的生产函数。

(二) 生产函数的表达式

假定用 Q 表示所能生产的最大可能产量,用 $X_1, X_2, \cdots, X_n$ 表示某产品生产过程中各种生产要素的投入量,则生产函数可用如下一般表达式表示:

$$Q = f(X_1, X_2, X_3, \cdots, X_n) \tag{4.1}$$

该生产函数表示在既定的生产技术条件下,生产要素组合$(X_1, X_2, \cdots, X_n)$在某一时期所能生产的最大可能产量为 Q。

在经济学中,为了分析方便,常假定只使用劳动和资本两种生产要素,如果用 L 表示劳动投入量,用 K 表示资本投入量,则生产函数可用式(4.2)表示:

$$Q = f(L, K) \tag{4.2}$$

生产函数的前提条件是一定时期内既定的生产技术水平,一旦生产技术水平变化,原有生产函数就会变化,从而形成新的生产函数。

(三) 常见的生产函数

1. 固定投入比例生产函数

固定投入比例生产函数(又称里昂惕夫生产函数)是指在每一个产量水平上任何一对要素投入量之间的比例都是固定的生产函数。假定生产中只使用劳动(L)和资本(K)两种生产要素,则固定投入比例生产函数通常写为:

$$Q = \min\left(\frac{L}{U}, \frac{K}{V}\right) \tag{4.3}$$

其中,Q 表示一种产品的产量,U 和 V 分别为固定的劳动和资本的生产技术系数,各表示生产一单位产品所需的固定的劳动的投入量和资本的投入量。该生产函数表示:产量 Q 取决于 $\frac{L}{U}$ 和 $\frac{K}{V}$ 这两个比值中较小的一个。这是因为 Q 的生产被假定为必须按照 L 和 K 之间的固定比例,当一种生产要素数量固定时,另一种生产要素数量再多,也不能增加产量。

该生产函数一般又假定劳动（L）和资本（K）两种生产要素都满足最小的要素投入组合的要求，则有：

$$Q = \frac{L}{U} = \frac{K}{V}, 即 \frac{K}{L} = \frac{V}{U} \qquad (4.4)$$

式（4.4）表示两种生产要素的固定投入比例等于两种生产要素的固定生产技术系数之比。就固定投入比例生产函数而言，当产量发生变化时，各要素的投入量以相同的比例发生变化，故各要素的投入量之间的比例维持不变。

2. 柯布—道格拉斯生产函数

柯布—道格拉斯生产函数是由数学家柯布和经济学家道格拉斯于20世纪30年代初共同提出的。该生产函数的一般形式为：

$$Q = AL^{\alpha}K^{\beta} \qquad (4.5)$$

其中，A、α、β均为参数，$0 < \alpha < 1$，$0 < \beta < 1$。

柯布—道格拉斯生产函数中的参数 a 和 β 的经济含义是：当 $a + \beta = 1$ 时，α、β 各表示劳动和资本在生产过程中的相对重要性，α 为劳动所得在总产量中所占份额，β 为资本所得在总产量中所占份额。

根据 α、β 之和，可以判断规模报酬的情况。当 $\alpha + \beta > 1$，则为规模报酬递增；当 $\alpha + \beta = 1$，则为规模报酬不变；当 $\alpha + \beta < 1$，则为规模报酬递减。

三、生产理论中的长期和短期

微观经济学中的生产理论可以分为短期生产理论和长期生产理论。如何区分短期生产和长期生产呢？短期（short run）指生产者来不及调整全部生产要素投入数量，至少有一种生产要素投入数量是固定不变的时间周期。长期（long run）指生产者可以调整全部生产要素投入数量的时间周期。在短期内，生产要素投入分为不变要素投入（如厂房、机器设备等）和可变要素投入（如劳动、原材料等）。在长期内，所有生产要素投入都是可变的，因而也就不存在可变要素投入和不变要素投入的区分。

在这里，短期和长期的划分是以生产者能否变动全部要素投入数量作为标准。需要注意的是，西方经济学所说的短期和长期并不是一段规定的时期（如1年、10年），而是以能否变动全部生产要素投入的数量作为划分标准的，其时间长短视具体情况而定。例如，要想改变钢铁厂的炼钢设备数量可能需要2年的时间；而增加一家饮食店，并对其进行全新装修则只需几个月。

微观经济学常以一种可变生产要素的生产函数考察短期生产理论，以两种可变生产要素的生产函数考察长期生产理论。

 **即问即答**

1. 生产函数描述的是产量与要素投入量之间的技术关系。（　　）
2. 短期是指时期不超过 1 年。（　　）
3. 生产理论中所说的短期和长期的划分依据是（　　）。
   A. 以 1 年为界　　　　　　　　　　B. 以 3 年为界
   C. 以实际产量能否达到计划产量为界　　D. 以能否调整所有生产要素的数量

第三节　短期内一种可变生产要素的最适投入

在生产函数 $Q = f(L, K)$ 中，假定资本投入量不变，用 $\bar{K}$ 表示，劳动投入量可变，用 L 表示，则得到短期生产函数，可以写为：$Q = f(L, \bar{K})$

一、总产量、平均产量和边际产量的含义及计算

根据短期生产函数 $Q = f(L, \bar{K})$，可以得到劳动的总产量、劳动的平均产量和劳动的边际产量的概念。

劳动的总产量（total product，TP_L）指与一定的可变要素劳动的投入量相对应的最大产量，写为：

$$TP_L = f(L, \bar{K}) \qquad (4.6)$$

劳动的平均产量（average product，AP_L）指总产量与所使用的可变要素劳动的投入量之比，写为：

$$AP_L = \frac{TP_L(L, \bar{K})}{L} \qquad (4.7)$$

劳动的边际产量（marginal product，MP_L）指增加一单位可变要素劳动的投入量所增加的产量，写为：

$$MP_L = \frac{\Delta TP_L(L, \bar{K})}{\Delta L} \qquad (4.8)$$

或

$$MP_L = \lim_{\Delta L \to 0} \frac{\Delta TP_L(L, \bar{K})}{\Delta L} = \frac{dTP_L(L, \bar{K})}{dL} \qquad (4.9)$$

根据以上的定义公式，可以编制出一张关于一种可变生产要素的短期生产函数的总

产量、平均产量和边际产量的表列，如表4-1所示。

表4-1　　　　　　　　　总产量、平均产量和边际产量

劳动投入量 L	劳动的总产量 TP$_L$	劳动的平均产量 AP$_L$	劳动的边际产量 MP$_L$
0	0	0	—
1	3	3	3
2	8	4	5
3	12	4	4
4	15	$3\frac{3}{4}$	3
5	17	$3\frac{2}{5}$	2
6	17	$2\frac{5}{6}$	0
7	16	$2\frac{2}{7}$	-1
8	13	$1\frac{5}{8}$	-3

二、边际报酬递减规律

依据短期生产函数，做出总产量、平均产量和边际产量随劳动的变化而变化的表4-1，依据图标做出三条曲线综合图如图4-1所示，并发现它们的变动趋势。这三条产量曲线都是先呈上升趋势，而后达到各自的最高点以后，再呈下降趋势。

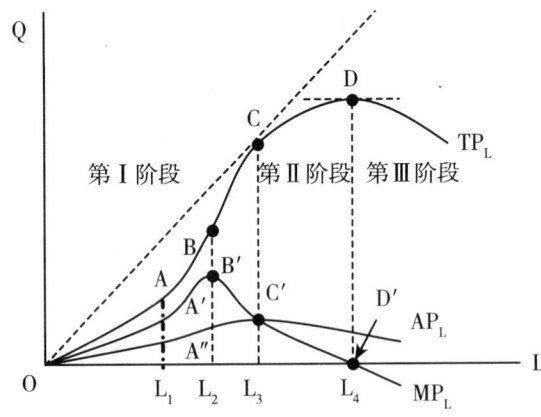

图4-1　一种可变生产要素的生产函数的产量曲线

由表4-1和图4-1可以清楚地看到，对一种可变生产要素的短期生产函数来说，边际产量表现出先上升后下降的特征，这一特征被称作边际报酬递减规律，有时也被称作边际产量递减规律或边际收益递减规律。

边际报酬递减规律是指在技术水平不变的条件下，在连续等量地把一种可变生产要素增加到一种或几种数量不变的生产要素上去的过程中，当这种可变生产要素的投入量小于某一特定值时，增加该要素投入所带来的边际产量是递增的；当这种可变要素的投入量连续增加并超过这个特定值时，增加该要素投入所带来的边际产量是递减的。边际报酬递减规律是短期生产的一条基本规律。

从理论上来讲，边际报酬递减规律成立的原因在于：对于任何产品的短期生产来说，不变要素投入和可变要素投入之间存在着一个最佳数量组合比例。在开始时，由于不变要素投入量总是存在的，随着可变要素投入量逐渐增加，生产要素的组合逐渐接近最佳组合比例，可变要素的边际产量递增。生产要素的组合达到最佳组合比例时，可变要素的边际产量达到最大值。此后，随着可变要素投入量继续增加，生产要素的组合逐渐偏离最佳组合比例，可变要素的边际产量递减。

边际报酬递减规律强调的是，在任何一种产品的短期生产中，随着一种可变要素投入量的增加，边际产量最终必然会出现递减的特征。边际报酬递减规律决定了边际产量曲线呈先升后降的特征。

理解边际报酬递减规律，要注意以下几点：（1）该规律成立的前提条件是生产技术保持不变；（2）其他要素投入量是固定的；（3）随着某投入要素的增加，边际产量要经过递增、递减，最后变为负数的变化过程；（4）该规律是从生产实践和科学实验中得出来的，在农业部门表现得尤为突出。

三、总产量、平均产量、边际产量相互之间的关系

依据三条产量曲线综合图 4-1，它反映了短期生产的有关产量曲线之间存在着相互的关系，在图 4-1 可以清楚地看到，由边际报酬递减规律决定的劳动的边际产量 MP_L 曲线先是上升的，达到最高点后开始下降。具体之间的关系是：

（1）关于总产量曲线与边际产量曲线之间的关系。依据边际产量的公式 $MP_L = \lim_{\Delta L \to 0} \frac{\Delta TP_L(L, \bar{K})}{\Delta L} = \frac{dTP_L(L, \bar{K})}{dL}$ 可知，过 TP_L 曲线上任一点的切线的斜率，可以表示为该点上的 MP_L 值。所以在图中 TP_L 曲线和 MP_L 曲线之间存在着这样的对应关系：在劳动投入量小于 L_4 的区域，MP_L 均为正值，则相应的 TP_L 曲线的斜率为正，即 TP_L 曲线是上升的；在劳动投入量大于 L_4 的区域，MP_L 均为负值，则相应的 TP_L 曲线的斜率为负，即 TP_L 曲线是下降的；在劳动投入量等于 L_4 的区域，MP_L 为零值，则相应的 TP_L 曲线的斜率为零，即 TP_L 曲线达到极大值点；以上具体关系可表述为：只要边际产量为正值，总产量总是增加的；只要边际产量为负值时，总产量总是减少的；当边际产量为零时，总产量达到最大值。

（2）总产量曲线与平均产量曲线关系。依据平均产量的公式 $AP_L = \frac{TP_L(L, \bar{K})}{L}$ 可知，连接总产量曲线上任何一点与坐标原点的线段的斜率，就是相应的平均产量值。正

是由于这种关系,所在图 4-1 中当 AP_L 曲线达到最大值时,TP_L 曲线必然有一条从原点出发的切线,该切线是连接 TP_L 曲线上每一个点和坐标原点的所有线段中最陡峭的一条,它意味着 AP_L 曲线达到最大值。

(3) 平均产量曲线与边际产量曲线的关系。在图中,我们可以看出两条曲线相交于 AP_L 曲线的最高点 C';具体关系为:当边际产量 MP_L 大于平均产量 AP_L 时,平均产量 AP_L 是上升的;当边际产量 MP_L 小于平均产量 AP_L 时,平均产量 AP_L 是下降的;当边际产量 MP_L 等于平均产量 AP_L 时,平均产量 AP_L 达到极大值;原因在于边际量与平均量之间存在着如下关系:对于任何两个相应的边际量和平均量而言,只要边际量小于平均量,边际量就把平均量拉下;只要边际量大于平均量,边际量就把平均量拉上。当边际量等于平均量时,平均量必然达到其自身的极值点。

四、一种可变要素的合理投入区域

根据短期生产总产量曲线、平均产量曲线、边际产量曲线之间的关系,可将短期生产划分为三个阶段,如图 4-1 所示。

在第Ⅰ阶段(O—L_3 阶段)产量曲线的特征为:可变要素投入的增加至平均产量达到最大。在此阶段总产量和平均产量都是递增的,所以理性的生产者不会选择减少这一阶段的劳动投入量,而会继续增加劳动投入量。

在第Ⅱ阶段(L_3—L_4 阶段)产量曲线的特征为:平均产量开始递减至边际产量为零。在此阶段,平均产量和边际产量都处于递减阶段,但总产量是增加的,且达到最大。

在第Ⅲ阶段(L_4 之后)产量曲线的特征为:总产量开始递减,边际产量为负。在此阶段,总产量开始下降,所以理性的生产者不会选择增加这一阶段的劳动投入量,而是会减少劳动投入量。

综上所述,任何理性的生产者不会选择第Ⅰ阶段和第Ⅲ阶段进行生产,所以第Ⅱ阶段是生产者进行短期生产的决策区间。理性的厂商将选择在这一阶段进行生产,至于选择在第Ⅱ阶段的哪一点生产,要看生产要素的价格和厂商的收益。如果相对于资本的价格而言,劳动的价格相对较高,则劳动的投入量靠近 L_3 点对于生产者有利。如果相对于资本的价格而言,劳动的价格相对较低,则劳动的投入量靠近 L_4 点对于生产者有利。

 即问即答

1. 一般来说,厂商在生产的( )阶段进行生产?
A. Ⅰ B. Ⅱ C. Ⅲ D. 不确定

2. 边际产量小于零时,要素的投入阶段是( )。
A. 阶段Ⅰ B. 阶段Ⅱ C. 阶段Ⅲ D. 以上都不对

第四节　长期内两种生产要素的最佳组合

本节介绍长期生产理论。在长期内,所有的生产要素的投入量都是可变的。

一、两种可变生产要素的生产函数

假定生产者使用劳动和资本两种可变生产要素生产一种产品,则两种可变生产要素的长期生产函数可以写为:

$$Q = f(L, K) \tag{4.10}$$

式(4.10)中 L 表示可变要素劳动的投入量,K 表示可变要素资本的投入量,Q 表示产量。长期生产函数表示:在长期内,在技术水平不变的条件下,两种可变要素投入量的组合与能生产的最大产量之间的依存关系。

在两种可变投入生产函数下,如何使要素投入量达到最优组合,以使生产一定产量下的成本最小,或使用一定成本时的产量最大?西方经济学运用了等产量曲线与等成本线进行分析。

二、等产量曲线

(一)等产量曲线含义

等产量曲线(isoquant curve)是在技术水平不变的条件下,生产同一产量的两种生产要素投入的所有不同组合点的轨迹。与等产量曲线相对应的生产函数是:

$$Q = f(L, K) = Q^\circ \tag{4.11}$$

式(4.11)中 Q° 为常数,表示既定的产量水平,这一函数是一个两种可变要素的生产函数。

图 4-2 是等产量曲线图形。图中,L 与 K 都是自变量,Q 是因变量。图中三条等产量曲线,它们分别表示产量为 100、200、300 单位。这是连续性生产函数的等产量线,它表示两种投入要素的比例可以任意变动,产量是一个连续函数,这是等产量曲线的基本类型。

(二)等产量曲线的特征

第一,在同一坐标平面内有无数条等产量曲线,距原点越远的等产量曲线表示的产量水平越高;反之,则越低。

第二,同一平面坐标上的任何两条等产量曲线不会相交。因为每一条产量线代表不同的产量水平。

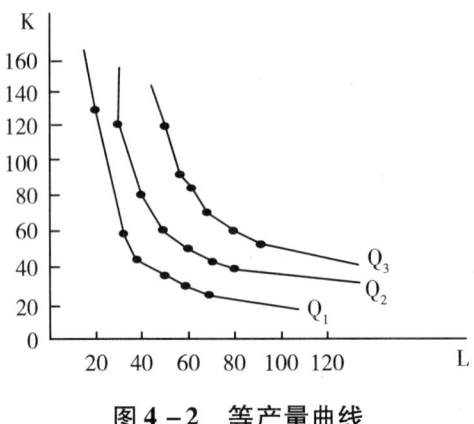

图 4 – 2 等产量曲线

第三，等产量曲线斜率为负，向右下方倾斜。因为要保持产量不变，在合理投入范围内，增加一种要素的投入量，就要减少另一种要素的投入量，两种要素是互相代替的。

第四，等产量线凸向原点。表明在产量不变的条件下，连续等量地增加一种要素投入量，需要减少的另一种要素的数量越来越少，这是由要素的边际技术替代率递减规律决定的。

三、边际技术替代率

（一）边际技术替代率的含义

长期生产的主要特征是不同比例的要素组合可以生产同一产量水平，即在维持同一产量水平时，要素之间可以相互代替。边际技术替代率（marginal rate of technical substitution, MRTS）是研究要素之间替代关系的一个重要概念，它是指在维持产量水平不变的条件下，增加一单位某种生产要素投入量时所减少的另一种要素的投入数量。以 $MRTS_{LK}$ 表示劳动对资本的边际技术替代率，则：

$$MRTS_{LK} = -\frac{\Delta K}{\Delta L} \qquad (4.12)$$

式（4.12）中，ΔK 和 ΔL 分别表示资本投入量的变化量和劳动投入量的变化量，在代表一给定产量的等产量曲线上，作为代表一种技术上有效率的组合，意味着为生产同一产量，增加 L 的使用量，必须减少 K 的使用量，二者反方向变化。式中加负号是为了使 $MRTS_{LK}$ 为正值，以便于比较。

如果要素投入量的变化量为无穷小，上式变为：

$$MRTS_{LK} = \lim_{\Delta \to 0} -\frac{\Delta K}{\Delta L} = -\frac{dK}{dL} \qquad (4.13)$$

式（4.13）说明等产量曲线上某一点的边际技术替代率就是等产量曲线在该点斜

率的绝对值。

（二）边际技术替代率与边际产量的关系

边际技术替代率等于两种要素的边际产量之比。

证明：设生产函数 Q = f (L, K) 则：

$$dQ = \frac{dQ}{dL} \cdot dL + \frac{dQ}{dk} \cdot dK = MP_L \cdot dL + MP_K \cdot dK$$

由于同一条等产量线上产量相等，即 dQ = 0 则上式变为：

$$MP_L \cdot dL + MP_K \cdot dK = 0$$

即：$-\frac{dK}{dL} = \frac{MP_L}{MP_K}$

由边际技术替代率公式可知：

$$MRTS_{LK} = \frac{MP_L}{MP_K} \tag{4.14}$$

上述关系是因为边际技术替代率是建立在等产量曲线的基础上，所以对于任意一条给定的等产量曲线来说，当用劳动投入代替资本投入时，在维持产量水平不变的前提下，由增加劳动投入量所带来的总产量的增加量和由减少资本量所带来的总产量的减少量必然相等。

（三）边际技术替代率递减规律

边际技术替代率递减规律指：在维持产量不变的前提下，当一种要素的投入量不断增加时，每一单位的这种要素所能代替的另一种生产要素的数量是递减的。以图4-3为例，当要素组合沿着等产量曲线由 a 点按顺序移动到 b、c 和 d 点的过程中，劳动投入等量的由 L_1 增加到 L_2、L_3 和 L_4。即：$L_2 - L_1 = L_3 - L_2 = L_4 - L_3$，相应的资本投入的减少量为 $K_1K_2 > K_2K_3 > K_3K_4$，这恰好说明了边际技术替代率是递减的。

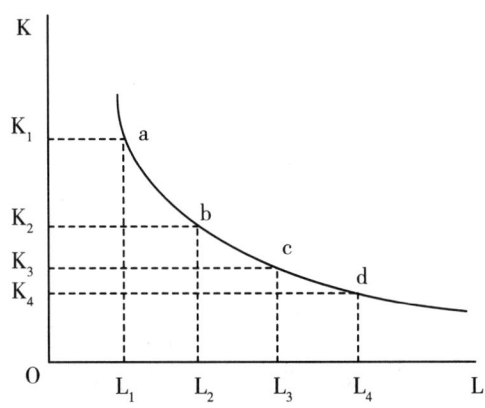

图 4-3 边际技术替代率递减

边际技术替代率递减的原因：是因为边际产量是逐渐下降的。其一，当资本量不变时，随着劳动投入量的增加，则劳动的边际产量有递减趋势；其二，当资本量也下降时，劳动的边际产量会下降得更多。

等产量曲线上的切线斜率绝对值递减，使等产量曲线从左上方向右下方倾斜，并凸向原点。

 **即问即答**

1. 等产量曲线斜率的绝对值衡量的是（　　）。
   A. 商品的边际替代率　　　B. 规模报酬
   C. 边际收益递减　　　　　D. 边际技术替代率
2. 如果增加一单位劳动可减少三单位资本且能使产量不变，则 $MRTS_{LK}$ 为（　　）。
   A. 1/3　　B. 3　　C. 1　　D. 6
3. 两种要素形成的等产量曲线凸向原点意味着边际技术替代率是（　　）。
   A. 可变　　B. 不变　　C. 递增　　D. 递减

四、等成本线

生产理论中的等成本线与效用论中的预算线十分相似。

等成本线（isocost curve）是在既定的成本和生产要素价格条件下，生产者可以购买到的两种生产要素的各种不同数量组合的轨迹。

成本方程为：

$$C = wL + rK \tag{4.15}$$

或

$$K = -\frac{w}{r}L + \frac{C}{r} \tag{4.16}$$

其中 C 表示既定成本，w 和 r 分别为已知的劳动的价格（工资率）和资本的价格（利息率）。

图 4-4 中等成本线的纵截距 C/r 表示全部成本支出用于购买资本时所能购买的资本数量，等成本线在横轴上的截距 $\frac{C}{w}$ 表示全部成本支出用于购买劳动时所能购买的劳动数量，等成本线的斜率为 $-\frac{w}{r}$，其大小取决于劳动和资本两要素相对价格的高低。

图 4-4 中，在等成本线以内的区域，其中的任意一点表示既定的总成本没有用完；等成本线以外的区域，其中的任意一点表示既定的成本不够购买该点的劳动和资本的组合；等成本线其上的任意一点表示既定的全部成本刚好能购买的劳动和资本的组合。

等成本线的移动有以下几种情况：

当某投入的要素价格发生变化时，如当资本价格不变，而劳动价格发生变化时，会

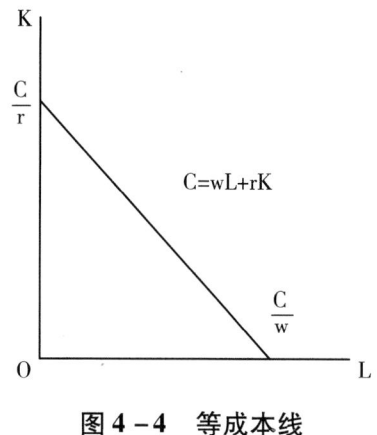

图 4-4 等成本线

使等成本线左右旋转。具体分为四种情况：(1) L 变化而 K 不变化；(2) K 变化而 L 不变化；(3) L、K 等比例变化；(4) L、K 不等比例变化。

如果两种生产要素的价格不变，等成本线可因总成本的增加或减少而平行移动。等成本线的斜率就不会发生变化，在同一平面上，距离原点越远的等成本线代表成本水平越高。如果厂商的成本或要素的价格发生变动，都会使等成本线发生变化。其变化情况依两种要素价格变化情况的不同而具体分析。

五、最优的生产要素组合（生产者均衡）

生产者均衡是研究生产者如何选择最优的生产要素组合，从而实现既定成本条件下的最大产量，或者实现既定产量条件下的最小成本。

假定企业用两种可变生产要素劳动和资本生产一种产品，劳动和资本的价格 w 和 r 已知。

（一）既定成本条件下的产量最大化

在图 4-5 中，有一条等成本线 AB 和三条等产量曲线 Q_1、Q_2 和 Q_3。唯一的等成本线 AB 与其中一条等产量曲线 Q_2 相切于 E 点，该点即生产的均衡点，劳动投入量和资本投入量分别为 OL_1 和 OK_1。任何更高的产量，如 Q_3，在既定成本条件下都是无法实现的。任何更低的产量，如 Q_1，在既定成本条件下都是低效率的。

均衡条件是代表既定成本的等成本线与它可能达到的最高等产量曲线相切，在切点有：

$$MRTS_{LK} = \frac{w}{r} \tag{4.17}$$

由 $MRTS_{LK} = MP_L/MP_K$ 可得，$\dfrac{MP_L}{w} = \dfrac{MP_K}{k}$ (4.18)

式（4.18）表示厂商应该通过对两要素投入量的不断调整，使得花费在两要素上的最后一单位的货币成本所带来的边际产量相等，从而实现既定成本条件下的产量最大化。

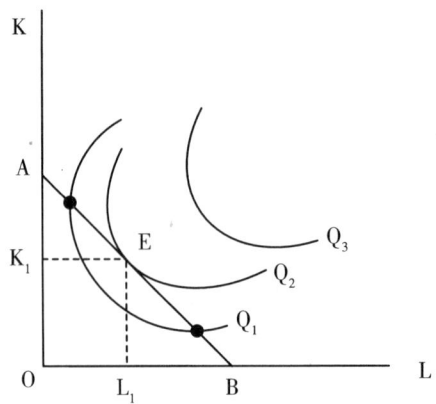

图 4-5 产量最大化均衡分析

(二) 既定产量条件下的成本最小化

在图 4-6 中,有一条等产量曲线 Q 和三条等成本线 AB、A'B'和 A″B″。唯一的等产量曲线 Q 与其中一条等成本线 A'B'相切于 E 点,该点即生产的均衡点,劳动投入量和资本投入量分别为 OL_1 和 OK_1。等成本线 A″B″虽然与既定的等产量曲线 Q 相交于 R、S 两点,但其代表的成本过高。等成本线 A'B'虽然代表的成本较低,但其无法实现等产量曲线 Q 所代表的产量。

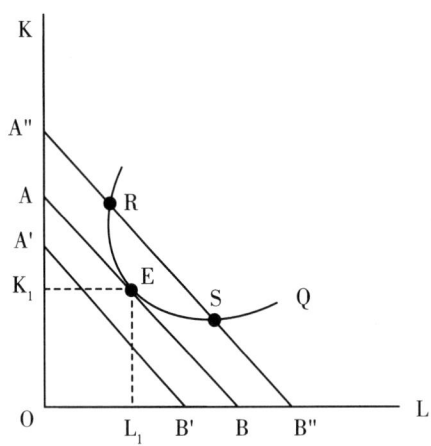

图 4-6 成本最小化均衡分析

均衡条件是代表既定产量的等产量曲线与它可能达到的最低等成本线相切,在切点有

$$\text{MRTS}_{LK} = \frac{w}{r} \tag{4.19}$$

由 $\text{MRTS}_{LK} = MP_L/MP_K$,可得 $\dfrac{MP_L}{w} = \dfrac{MP_K}{r}$ \hfill (4.20)

可见,厂商在既定产量条件下实现最小成本与在既定成本条件下实现最大产量的两

要素的最优组合原则是相同的。

六、生产扩展线

在其他条件不变时，当生产的产量或成本发生变化时，厂商会重新选择最优的生产要素组合，在变化了的产量条件下实现最小成本，或在变化了的成本条件下实现最大产量。

扩展线是在生产要素的价格、生产函数和其他条件不变时，当生产成本或产量发生变化，形成的生产均衡点的轨迹。由于在扩展线上的所有的生产均衡点上边际技术替代率都相等，扩展线一定是一条等斜线。厂商必然会沿着扩展线来选择最优的生产要素组合，从而实现生产的均衡。图4-7中的曲线ON是一条扩展线。

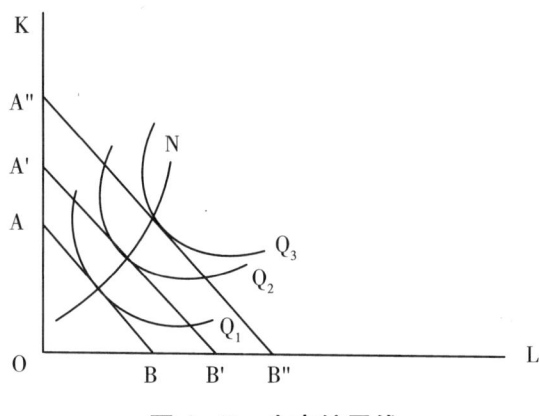

图4-7 生产扩展线

七、规模报酬

生产规模变动与所引起的产量变化之间的关系即为规模报酬问题。企业生产规模的改变，一般说来是通过各种要素投入量的改变实现的，在长期中才能得到调整。

各种要素在调整过程中，可以以不同组合比例同时变动，也可以按固定比例变动。在生产理论中，常以全部生产要素以相同的比例变化来定义企业的生产规模变化，因此，所谓规模报酬是指在其他条件不变的情况下，各种生产要素按相同比例变动所引起的产量的变动。根据产量变动与投入变动之间的关系可以将规模报酬分为三种：规模报酬不变、规模报酬递增和规模报酬递减。

关于规模报酬递增。规模报酬递增是指产量增加的比例大于各种生产要素增加的比例。例如，当全部的生产要素劳动和资本都增加100%时，产量的增加大于100%。产生规模报酬递增的主要原因是由于企业生产规模扩大所带来的生产效率的提高。它可以表现为：生产规模扩大以后，企业能够利用更先进的技术和机器设备等生产要素，而较小规模的企业可能无法利用这样的技术和生产要素；随着对较多的人力和机器的使用，企业内部的生产分工能够更合理化和专业化。此外，人数较多的技术培训和具有一定规模的生产经营管理，也都可以节省成本。

关于规模报酬不变。规模报酬不变是指产量增加的比例等于各种生产要素增加的比例。例如，当全部的生产要素劳动和资本都增加100%时，产量的增加也是100%。一般可以预计两个相同的工人使用两台相同的机器所生产的产量，是一个这样的工人使用一台这样的机器所生产产量的两倍。这就是规模报酬不变的情况。

关于规模报酬递减。规模报酬递减是指产量增加的比例小于各种生产要素增加的比例。例如，当全部的生产要素劳动和资本都增加100%时，产量的增加小于100%。产生规模报酬递减的主要原因是由于企业生产规模过大，使生产的各方面难以协调，从而降低了生产效率。它可以表现为企业内部合理分工的破坏，生产有效运行的障碍，获取生产决策所需的各种信息的不易等等。

以上所分析的规模报酬的三种情况可以用等产量曲线图来表示，如图4-8所示，每张分图都有三条等产量曲线 Q_1、Q_2、Q_3 和一条由原点出发的射线 OR。

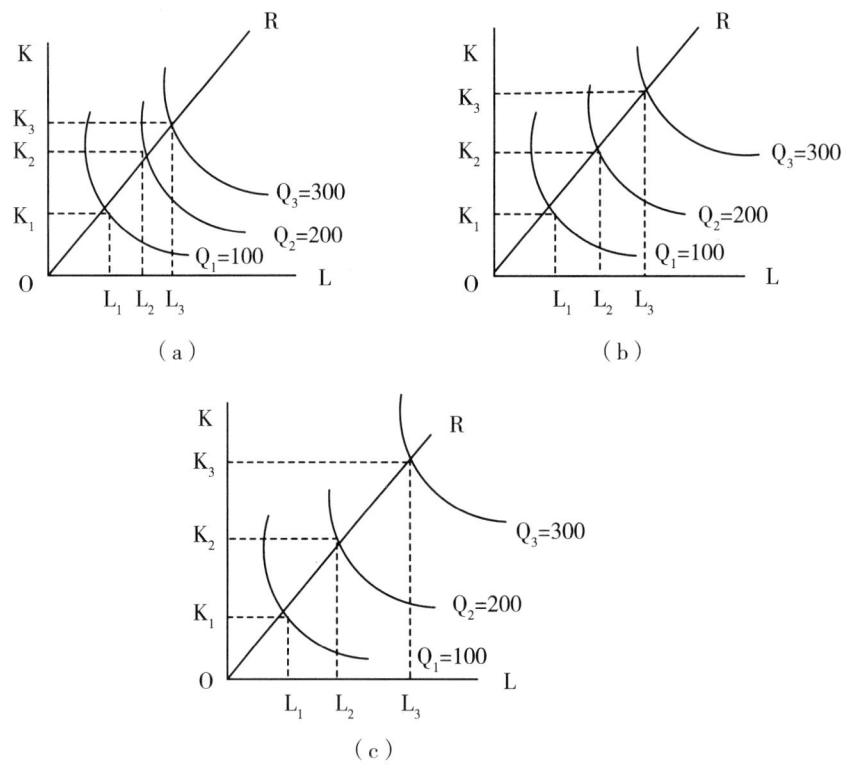

图4-8 规模报酬

图4-8（a）中表示规模报酬递增：例如，两要素的增加比例 $\frac{L_1L_2}{OL_1} = \frac{K_1K_2}{OK_1} < 1$，而产量的增加比例为100%，产量增加比例大于两要素的增加比例。

图4-8（b）中表示规模报酬不变：例如，两要素的增加比例 $\frac{L_1L_2}{OL_1} = \frac{K_1K_2}{OK_1} = 1$，而产量的增加比例为100%，产量增加比例等于两要素的增加比例。

图4-8（c）中表示规模报酬递减：例如，两要素的增加比例 $\frac{L_1L_2}{OL_1} = \frac{K_1K_2}{OK_1} > 1$，而产量的增加比例为100%，产量增加比例小于两要素的增加比例。

一般来说，在长期生产过程中，规模报酬变化一般呈现出如下规律：当企业从最初很小的生产规模开始逐步扩大时，面临的是规模报酬递增阶段。在企业得到了由生产规模扩大所带来的产量递增的全部好处后，一般会继续扩大生产规模，将生产保持在规模报酬不变阶段。规模报酬不变阶段可能会比较长。此后，企业若继续扩大生产规模，将进入规模报酬递减阶段。

 **即问即答**

1. 等成本曲线向外平移表明（　　）。
   A. 总产量减少　　　　　　　　B. 总成本增加
   C. 要素价格提高　　　　　　　D. 总产量增加
2. 最优生产要素组合点应该有（　　）。
   A. 等产量曲线和等成本线相切　　B. $MRTS_{LK} = w/r$
   C. $MP_L/MP_K = w/r$　　　　　D. 以上都正确
3. 如果边际技术替代率 $MRTS_{LK} < w/r$，为使成本最小，该厂商应该（　　）。
   A. 同时增加劳动和资本　　　　B. 同时减少资本和劳动
   C. 减少资本，增加劳动　　　　D. 增加资本，减少劳动
4. 若生产函数为 $Q = 2.5L^{0.7}K^{0.6}$，其规模报酬应该是（　　）。
   A. 递增　　　B. 递减　　　C. 不变　　　D. 无法确定

知识链接

铁路运输业规模经济问题

20世纪以后，尽管遇到不少资金问题，但铁路运输仍不断发展。规模对铁路运输业有无影响？要研究铁路运输业是否存在规模经济效应，需要一系列指标。首先可以用运输密度来度量投入。运输密度指的是在特定线路上每单位时间内铁路可以承运的货物吨数。产出以沿着该线路在特定时间内运输的货物总重量计。产出与投入之间的规模收益关系如何？大量研究表明，起初在运输密度值较小时，存在着规模收益递增效应，因为运输密度增加以后，铁路管理部门可以统筹规划，制定出适宜的、富有效率的运输方案。但是，当运输密度的增加超过某一值时候，会出现规模收益递减，因为超负荷的运输量已经多的难以规划，运输速度也将有所下降。这种现象只有在运输密度值很大时才会出现。

资料来源：李东：《经济学基础》，南开大学出版社2013年版。

 延伸阅读

马尔萨斯预言及其破灭

经济学家马尔萨斯（1766~1834）曾经预言：随着人口的膨胀，越来越多的劳动力种植土地，地球上有限的土地最终将无法提供足够的食物。这是因为，一方面，劳动的边际产出与平均产出下降；另一方面，更多的人口需要更多的食物，因此，最终人口增长比例会超过食物供给增加比例，必然会产生大的饥荒。

幸运的是，人类的历史并没有按马氏的预言发展。因为马氏的预言暗含了两个假设条件：农业技术不变和人均占有耕地面积下降。在马氏生活的年代，工业化进步尚未提供成熟的可以替代耕地的农业技术来大幅度提高单位耕地面积的产量，克服人多地少和边际收益递减带来的困难。如果没有现代耕地的农业技术的出现和推广，没有从外部输入食物或向外部输出人口，英国和欧洲一些工业化国家确实会面临马尔萨斯所预言的问题。时至今日，一些没有任何农业技术改进的非洲国家仍然是高出生率和收入停滞并存，陷入马氏预言而无法自拔。在我国几千年传统农业历史时期，农业技术不断改进，但没有突破性进展。在没有战乱和大范围饥荒的正常时期，人口增长率远高于耕地面积增加速度。由于越来越多的人口不得不在越来越少的人均耕地面积上劳作，劳动生产率和人均粮食产量难免下降。这被认为是我国几千年传统农业社会周期震荡的可能的重要原因。

然而，马尔萨斯没有想到的是，技术的飞速进步，改变了许多国家的食物生产方式，极大地提高了劳动生产率，使农业和食品的增长率显著超过人口增长。

因此，从历史事实来看，马氏理论建立在边际收益递减规律基础之上，对于观察工业化特定阶段的经济运行矛盾具有历史认识价值，但限于边际收益递减规律作用的条件及马氏预言成立的假设条件，必然使得马氏预言最终破灭。

资料来源：浙江大学精品课程《微观经济学》，http://www.card.zju.edu.cn/course/microeconomics.

·经济学名家·

人口经济学家——马尔萨斯

马尔萨斯（Thomas Robert Malthus，1766年2月13日~1834年12月23日）是英国的经济学家，《人口论》一书的作者。

18世纪末，随着英国工业革命的进行，大批工人失业，人民贫困化的问题已越来越突出。如何来解决这个问题，他在《人口原理、对于社会将来进步的影响，反对葛德文、康多塞及其他作家思索的评论》文中，用匿名的形式发表了。他提出了一个问题，那就是在社会的发展中必须考虑物质生产的发展如何和人口增加保持平衡的问题，这显然是个值得重视的问题。可惜的是，为了解决这个矛盾，他却提出了一个荒谬的理

论。人口数量和消费资料的脱节是一个自然规律，只有用使劳动人民饿死和过独身生活的办法，才能削弱这种规律的作用，并认为战争和瘟疫也是减少人口的积极手段。在这本书第二版出版时，虽然他又加上了道德抑制的办法，但是他的理论终究也还是荒谬的，给了剥削阶级和帝国主义者以理论上的武器，给人类带来了灾难。

马尔萨斯在经济上的第二个成就，那就是他的地租论。他主张实行保护制，主张用抬高粮价的办法来振兴农业。他在政治经济学上是有成就的，因此，1824年他被选为英国皇家文学协会的10名会员之一，在欧洲具有相当高的声誉。1834年12月23日与世长辞。

【本章小结】

1. 生产就是从投入生产要素到生产出产品的过程。生产要素一般被划分为劳动、土地、资本和企业家才能四种类型。

2. 生产函数表示在既定的技术条件下，生产中所使用的各种生产要素的数量与所能生产的最大产量之间的关系。生产理论分为短期生产理论和长期生产理论。所谓短期是指生产者来不及调整全部生产要素的数量，至少有一种生产要素的数量是固定不变的时间周期。长期是指生产者能够调整全部生产要素数量的时间周期。

3. 总产量、平均产量和边际产量三条曲线都是先上升后下降。边际产量曲线与平均产量曲线相交于平均产量的最高点。当边际产量为零时，总产量达到最大值。为确定一种生产要素的合理投入量，可将产量的变化划分为三个区域，而第二阶段是厂商短期生产要素的最佳合理投入区间。

4. 等产量曲线是在技术水平不变的条件下，生产同一产量的两种生产要素投入量的各种不同组合的轨迹。等成本线是在既定的成本和既定的生产要素价格条件下生产者可以购买到的两种生产要素的各种不同数量组合的轨迹。当等成本线与等产量线相切的时候，既是生产要素的最佳组合点。

5. 规模报酬是指在其他条件不变的情况下，企业内部各种生产要素按相同比例变化时所带来的产量变化，分为规模报酬递增、规模报酬不变和规模报酬递减三种。

【关键术语】

生产函数，短期，长期，总产量，平均产量，边际产量，边际报酬递减规律，等产量曲线，等成本线，边际技术替代率，生产者均衡，规模报酬

【技能训练】

1. 某厂商的生产函数为 $Q = L^{3/8}K^{5/8}$，又假定市场上的要素价格为 $P_L = 3$ 元，$P_K = 5$ 元。

（1）如果厂商的总成本为160元，试求厂商的均衡产量以及所使用的劳动量L和资本量K。

（2）如果厂商的总产量为200，试求使用的劳动量L和资本量K及最小的成本。

2. 已知某企业的生产函数为 $Q = 2L^{1/2}K^{1/2}$，资本存量 K 固定在 9 个单位上，产品价格 P 为每单位 6 元，工资率 w 为每单位 3 元。问：
(1) 在长期生产中，该生产函数属于哪种规模报酬类型？
(2) 企业雇佣的最优（能使利润最大）的劳动数量 L 是多少？

【案例分析】

从"大跃进"到"杂交水稻"

1958 年"大跃进"是一个不讲理性的年代，经历过那个年代的人都还记得这种运动的破坏性。而袁隆平是我国著名的农业科学家，也是享誉世界的"杂交水稻之父"，杂交水稻这项技术因大幅度提高了水稻的亩产量，而对全球的水稻供应产生了革命性的影响。这两件事能联系在一起，主要是与经济学上的边际报酬递减规律有关。

1958 年"大跃进"年代流行的口号是"人有多大胆，地有多高产"。于是一些地方把传统的两季稻改为三季稻。结果总产量反而减少了。从经济学的角度看，这是因为违背了一个最基本的经济规律：边际报酬递减规律，边际报酬递减规律又称边际收益（产量）递减规律。1958 年这样风调雨顺的年份农业产量减少，以及以后引起的 20 世纪最严重的大饥荒，正是边际产量递减规律的惩罚。经过共和国这一段历史的人，肯定会对这个规律有更深刻的认识。改革开始之后对西方经济学的重新认识正是从给边际产量递减规律的"翻案"开始的。

当然，如同一切规律一样，边际产量递减规律的作用也是有条件的。只有在生产技术没有发生重大变化和固定生产要素不变的情况下才正确。在长期中，如果生产技术进步或固定生产要素增加（或者说一切生产要素都是可变的），边际产量递减规律也就不起作用了，代之而起的是其他经济规律。所以，我们也不能把边际产量递减规律绝对化。

边际产量递减规律不仅对农业重要，对其他部门也同样重要。企业富余人员存在，机关人浮于事，都是边际产量递减规律的表现形式。"减人增效"是这一规律的运用。从这种意义上说，认识边际产量递减规律不仅有助于我们总结 1958 年的教训，也有助于当前的改革。

资料来源：李仁君：《从大跃进到杂交水稻：谈边际收益递减规律》，载于《海南日报》，2003 年 6 月 11 日。

问题：结合"大跃进"运动和袁隆平的成就，试分析，在短期内边际报酬递减规律是如何发生作用的，我们该如何确定合理的投入限度？在长期，技术创新战略又是如何打破边际报酬递减规律限制的？

【团队实训】

研讨生活中的边际报酬递减规律

1. 实训目的

培养学生的经济学思维和对生产、经营问题的初步分析能力。

2. 实训内容及要求

学生自愿组成学习小组，每组 5~6 人，以组为单位确定一个大家感兴趣生产或经营中的边际报酬递减规律的问题（现象）进行分组研讨。问题的选择和分析可以通过报纸、网络来搜集参考资料。在小组讨论会上，完成以下活动：

（1）由一名同学介绍所要讨论的问题（现象）。

（2）组织研讨，自由发言。研讨内容围绕以下方面："理解边际报酬递减规律，需要注意哪些问题？""边际报酬递减规律对研究一种生产要素的合理投入由什么作用？"

（3）根据研讨情况，总结归纳，形成一个"关于对×××经济问题（现象）的分析报告"。

（4）班级组织一次交流，每组推荐一名代表集中作演讲发言，其他小组成员可以对其提问，同一小组成员可以作补充回答。

3. 成果与考核

（1）每组提交一份修改完善后的"关于对×××经济问题（现象）的分析报告"。

（2）由全班同学和教师根据各组报告、班级交流发言以及提问答辩情况对每组进行评估打分，最后综合评定本次活动的成绩。

第五章　成本理论

知识要求 >>> >>>

掌握各种成本的概念，短期成本曲线和长期成本曲线之间的关系，理解成本函数和产量函数之间的对应关系；能够运用成本之间的关系和厂商实现利润最大化的条件基本理论解释现实生活中的一些经济现象和经济问题。

案例导入 >>> >>>

生意冷清的餐馆和淡季的小型高尔夫球场

当你走进一家餐馆吃午饭，发现里面几乎没人时，你可能会问，为什么这家餐馆还要开门营业呢？靠这么几个顾客所带来的收入不可能弥补餐馆的经营成本。

在做出是否经营的决策时，餐馆老板必须记住固定成本和可变成本的区分。餐馆的许多成本——租金、厨房设备、桌子、盘子、餐具等这些都是固定的，在午餐时停止营业并不能减少成本。当老板决定是否提供午餐时，只有可变成本——增加的食物价格和额外的侍者工资是相关的。只有在午餐时从顾客那里得到的收入少到不能弥补餐馆的可变成本时，老板才能在午餐时间关门。

在淡季时，度假区里的小型高尔夫球场的经营者也面临着类似的决策。由于不同季节的收入变动很大，企业必须决定什么时候开门和什么时候关门。这与固定成本——购买土地和建球场的成本也是无关的。只有收入大于可变成本，小型高尔夫球场就要开业经营。那么，什么是固定成本和可变成本呢？这就是本章要讲述的问题。

资料来源：刘有源：《西方经济学》，北京邮电大学出版社2012年版。

前面介绍了厂商的生产技术问题，包括短期生产和长期生产的技术特征。

从本章开始，将对厂商生产的经济问题进行探讨。本章涉及的是成本分析，而成本是后面章节分析厂商追求利润最大化经济行为的基础。

第一节　成本的概念

企业的生产成本通常被看成是企业对所购买的生产要素的货币支出。然而，在经济学的分析中，仅从这样的角度来理解成本概念是不够的。下面将介绍机会成本的概念以及显成本和隐成本的概念。

一、机会成本

(一) 机会成本的含义

使用一种资源的机会成本（opportunity cost）是指把该种资源投入某一特定的用途以后所放弃的在其他用途中所能获得的最大收益。西方经济学从稀缺资源配置的角度来研究生产一定数量某种产品所必须支付的代价。这意味着必须用机会成本概念来研究厂商的生产成本。西方经济学中生产成本概念与会计成本概念的区别在于后者不是从机会成本而是从各项直接费用的支出来统计成本的。例如，当一个厂商决定将一吨原油用做燃料时，就不能再用这一吨原油生产化纤等其他产品。假定原油价格为1 000元，可发电1 000度，可生产化纤500吨。假定化纤收入是各种产品中最高的，则用一吨原油发电的机会成本就是一吨原油所能生产的化纤。假定化纤价格为10元每吨，则用货币表示的每一度电的机会成本是5元，而会计成本仅为1元。利用机会成本概念进行经济分析的前提条件是：资源是稀缺的；资源具有多种用途；资源已经得到充分利用；资源可以自由流动。

(二) 理解机会成本时要注意的几个问题

机会成本不等于实际成本。它不是做出某项选择时实际支付的费用或损失，而是一种观念上的成本或损失；机会成本是做出一种选择时所放弃的其他若干种可能的选择中最好的一种；机会成本并不全是由个人选择所引起的。

在我们做出任何决策时都要使收益大于或至少等于机会成本。如果机会成本大于收益，则这项决策从经济学的观点看就是不合理的。

知识链接

上大学值不值？这是一个"机会成本"问题

曾几何时，网上流传着这么一段话："如果把大学比做一列火车，清华北大是软卧，其他名校是硬卧，一本二本是硬座，三本专科是站票，成教是挤厕所的。到了目的地，没人在乎你是怎么来的，只在乎你能干什么。"如今，对于那些刚"下车"的大学毕业生而言，更郁闷的是发现搭不上大学这列火车的农民工兄弟似乎在就业市场更吃香。大学生就业难，不仅让高考失色，也让"读书无用"论卷土重来。

2013年9月有媒体报道，在大学新生们忙着开始迎接大学生活时，家住四川成都槐树店路的玲玲（化名），却在为上大学的事和父亲进行着一轮又一轮的谈判。虽然拿到了成都某高校的本科录取通知书，但玲玲的父亲固执地认为"读书无用"，他宁愿出钱资助玲玲做点小生意，也不愿"扔几万学费进去打水漂"。

> 玲玲和父亲的谈判，引发了媒体和网友们对"上大学到底值不值"这个问题的重新思考。对此，有网友分析称，这是一个"机会成本"的问题，同样的时间，你可以选择出去工作赚钱，也可以选择读大学。如果在大学里只是混日子，无所事事，那你的大学读得就太不值了；如果能利用在大学的有限时间，不断地学习、充实自己，想必四年后走出校门的你要比那些没上过大学的人更有竞争力，赚钱更多更快。总之，值还是不值就看你要怎么度过大学这四年了。
>
> 资料来源：高小英："上大学值不值？这是一个机会成本的问题"，http://www.qianzhan.com/indynews/detail/285/130903-qe4b994c.html。

二、显性成本和隐性成本

企业的生产成本包括显成本与隐成本两个部分。

（一）显成本

显成本（explicit cost）就是一般会计学上的成本概念，是指厂商在生产要素市场上购买或租用所需要的生产要素的实际支出，这些支出是在会计账目上作为成本项目记入账上的各项费用支出。它包括厂商支付所雇佣的管理人员和工人的工资、所借贷资金的利息、租借土地、厂房的租金以及用于购买原材料或机器设备、工具和支付交通能源费用等支出的总额，即厂商对投入要素的全部货币支付。从机会成本角度讲，这笔支出的总价格必须等于相同的生产要素用做其他用途时所能得到的最大收入，否则企业就不能购买或租用这些生产要素并保持对它们的使用权。

（二）隐成本

隐成本（implicit cost）是对厂商自己拥有的，且被用于该企业生产过程的那些生产要素所应支付的费用。这些费用并没有在企业的会计账目上反映出来，所以称为隐成本。例如，厂商将自有的房屋建筑作为厂房，在会计账目上并无租金支出，不属于显成本。但西方经济认为既然租用他人的房屋需要支付租金，那么当使用厂商自有房屋时，也应支付这笔租金，所不同的是这时厂商是向自己支付租金。从机会成本的角度看，隐成本必须按照企业自有生产要素在其他最佳用途中所能得到的收入来支付，否则，厂商就会把自有生产要素转移到其他用途上，以获得更多的报酬。

经济学中的成本概念与会计学成本概念之间的关系，可以用下列公式表示：

$$会计成本 = 显成本$$
$$经济成本 = 机会成本$$
$$经济成本 = 隐成本 + 显成本$$

需要注意的是，厂商从事一项经济活动不仅要能够弥补显成本，而且还要能够弥补隐成本；并不是厂商所耗费的所有成本都要列入机会成本之中。例如，沉没成本就不列入机会成本中去。

三、沉没成本

沉没成本是指由于过去的决策已经发生了的，而不能由现在或将来的任何决策改变的成本。人们在决定是否去做一件事情的时候，不仅是看这件事对自己有没有好处，而且也看过去是不是已经在这件事情上有过投入。我们把这些已经发生不可收回的支出，如时间、金钱、精力等称为"沉没成本"。例如，一个企业需要订购某种设备，先为此设备支付了 5 000 元押金（此押金不退），如果要购买，还需要支付 60 000 元。不久，该企业在市场上发现有个企业该设备仅售 62 000 元。那么，企业该购买哪一家企业的设备？事实上，5 000 元是一项沉没成本，除了购买第一家设备外别无他用，决策时可以不考虑。因此，购买第一家设备的成本是 60 000 元，而购买第二家设备的成本是 62 000 元，显然答案是购买第一家的设备。

四、会计利润、经济利润和正常利润

根据前面对成本的分析可知，企业的成本应该包括显成本和隐成本这两部分。但是在企业的现实经营活动中，显成本总是被计入会计成本，隐成本却往往被忽视而未计入成本。如此按照会计成本所计算出来的利润便被不恰当地扩大了，这显然是有悖于有效生产的理念。所以，在经济学中所使用的利润是经济利润，而不是会计利润。

会计利润（accounting profit）是指厂商的总收益减去所有的显成本或者会计成本以后的差额。经济利润，等于企业的总收入减去总成本的差额。而总成本既包括显成本也包括隐成本。企业所追求的最大利润，指的是最大的经济利润。经济利润也被称为超额利润。

在西方经济学中，还需区别经济利润和正常利润。正常利润（normal profit）通常指厂商对自己所提供的企业家才能的报酬支付。需要强调的是，正常利润是厂商生产成本的一部分，它是以隐成本计入成本的。从前面的介绍已经知道，隐成本是指稀缺资源投入任一种用途中所能得到的正常的收入，如果在某种用途上使用经济资源所得的收入还抵不上这种资源正常的收入，该厂商就会将这部分资源转向其他用途以获得更高的报酬。因此，从机会成本的角度看，正常利润属于成本，并且属于隐成本。

经济利润可以为正、负或零。在西方经济学中经济利润对资源配置和重新配置具有重要意义。如果某一行业存在着正的经济利润，这意味着该行业内企业的总收益超过了机会成本，生产资源的所有者将要把资源从其他行业转入这个行业中。因为他们在该行业中可能获得的收益，超过该资源的其他用途。反之，如果一个行业的经济利润为负，生产资源将要从该行业退出。经济利润是资源配置和重新配置的信号。正的经济利润是资源进入某一行业的信号；负的经济利润是资源从某一行业撤出的信号；只有经济利润为零时，企业才没有进入某一行业或从中退出的动机。

由于正常利润属于成本，因此，经济利润中不包含正常利润。当厂商的经济利润为零时，厂商仍然获得了全部的正常利润。

上述利润与成本之间的关系可用下列公式表示：

$$会计利润 = 总收益 - 显成本$$
$$经济利润 = 总收益 - 经济成本 = 总收益 - (显成本 + 隐成本)$$

 **即问即答**

1. 生产某产品的机会成本表示（　　）。
A. 厂商在市场上购买生产要素所花费的成本
B. 实现利润最大化时的生产成本
C. 增加单位产量所引起的总成本的增加量
D. 将生产该产品的生产要素花费在其他用途所可能获得的最高收入

2. 厂商从企业的总收入中取出一部分作为自己所提供的店铺的租金，这部分资金应被视为（　　）。
   A. 显成本　　　B. 经济利润　　　C. 会计利润　　　D. 隐成本

3. 厂商的销售收入与经济成本之间的差额是（　　）。
   A. 会计利润　　　B. 经济利润　　　C. 正常利润　　　D. 销售利润

4. 以下有关正常利润的说法不正确的是（　　）。
A. 正常利润是企业家对自己所提供的企业家才能的报酬
B. 正常利润是隐成本的一个组成部分
C. 正常利润是显成本的一个组成部分
D. 经济利润中不包含正常利润

5. 若某厂商的总收益为 65 000 元，其中工资为 23 000 元，原材料成本为 16 500 元，厂商为他人工作可赚取 14 300 元。则经济利润等于（　　）；会计利润等于（　　）。
   A. 23 000 元，16 500 元　　　　　B. 42 000 元，25 500 元
   C. 25 500 元，14 300 元　　　　　D. 11 200 元，25 500 元

第二节　短期成本曲线

厂商的生产技术及其特征决定厂商的成本曲线的特征，本节主要考察的问题是：随着产量的变化，各类短期成本曲线所呈现的特征及其相互之间的关系。本节内容将会发现短期生产的边际报酬递减规律对于理解短期成本曲线特征是至关重要的。

一、短期成本的分类

在短期内，厂商的成本可以分为七种：总不变成本、总可变成本、总成本、平均不

变成本、平均可变成本、平均成本、边际成本。

(一) 总成本概念

1. 总不变成本 (total fixed cost, TFC): 是指那些短期内无法改变的固定投入所带来的成本, 这部分成本不随产量的变化而变化。一般包括厂房和资本设备的折旧费、地租、利息、财产税、广告费、保险费等项目支出。即使在企业停产的情况下, 也必须支付这些费用。

当产量为 0 时, 也需付出相同数量, 产量增加这部分支出仍不变, 因此总不变成本曲线为一条水平线。

2. 总可变成本 (total variable cost, TVC): 是指短期内可以改变的可变投入的成本, 它随产量的变化而变化。例如, 原材料、燃料、动力支出、雇佣工人的工资等。当产量为零时, 变动成本也为零, 产量越多, 变动成本也越多。总可变成本是从原点开始的不断向右上方上升的曲线。

变动规律: 初期随着产量增加先递减上升, 到一定阶段后转入递增上升。

$$TVC = f(Q) \tag{5.1}$$

3. 总成本 (total cost, TC): 指短期内生产一定产量所付出的全部成本, 为厂商总固定成本与总变动成本之和。由于 TVC 是产量的函数, 因此 TC 也是产量的函数。用公式表示为:

$$TC(Q) = TFC + TVC(Q) \tag{5.2}$$

由于 TFC 值不变, 所以 TC 与 TVC 任一点的垂直距离始终等于 TFC, 且变动规律与 TVC 的变动规律一致, 只是不是从原点出发。

总成本、总固定成本、总变动成本的曲线形状及相互关系可以用图 5-1 说明。图中: TFC 是一条水平线, 表明 TFC 与产量无关。TVC 与 TC 曲线形状完全相同, 都是先以递减的速度上升, 再以递增的速度上升。不同的是 TVC 的起点是原点, 而 TC 的起点是 TFC 与纵坐标的交点。这是因为总成本是由总固定成本和总变动成本加总而成的, 而总固定成本是一常数, 所以任一产量水平的 TC 与 TVC 之间的距离均为 TFC。

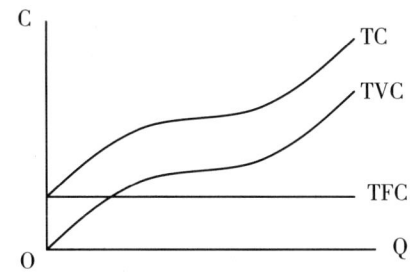

图 5-1 总成本、总固定成本和总变动成本曲线

(二) 平均成本概念

1. 平均不变成本

平均不变成本 (average fixed cost, AFC) 是指厂商短期内平均生产每一单位产品所

消耗的固定成本。公式为：

$$AFC = \frac{TFC}{Q} \tag{5.3}$$

从图 5-2（a）中可以看到 AFC 曲线随产量的增加一直呈下降趋势。这是因为短期中总固定成本保持不变。由 $AFC = \frac{TFC}{Q}$，可知随 Q 增加，平均固定成本递减，但 AFC 曲线不会与横坐标相交，这是因为短期中总固定成本不会为零。

2. 平均可变成本

平均可变成本（average variable cost，AVC）是指厂商短期内生产平均每一单位产品所消耗的总变动成本。公式为：

$$AVC = \frac{TVC}{Q} \tag{5.4}$$

从图 5-2（b）中可以看出 AVC 的变动规律是初期随着产量增加而不断下降，产量增加到一定量时，AVC 达到最低点，而后随着产量继续增加，开始上升。（先下降，后上升）。最低点的确定：从原点引一条射线与 TVC 相切，切点的左边，总可变成本增长慢于产量增长，因此 TVC/Q 的值是下降的。在切点的右边，总可变成本快于产量增长，因此 TVC/Q 的值是上升的。在切点对应的产量上，平均可变成本达到最低点。

3. 平均总成本

平均总成本（average cost，AC）是指厂商短期内平均生产每一单位产品所消耗的全部成本。公式为：

$$AC = \frac{TC}{Q} \tag{5.5}$$

由 TC = TFC + TVC 得：

$$AC = \frac{TC}{Q} = \frac{TFC + TVC}{Q} = \frac{TFC}{Q} + \frac{TVC}{Q}$$

即：

$$AC = AFC + AVC \tag{5.6}$$

式（5.6）说明平均成本由平均固定成本和平均变动成本构成。

从图 5-2（c）中可以看出 AC 的变动规律是初中期随着产量的增加，不断下降，产量增加到一定量时，AC 达到最低点，而后随着产量的继续增加，AC 开始上升。

AC 最低点的确定：从原点引一条射线与 TC 相切，切点的左边，总可变成本增长慢于产量增长，因此 TC/Q 的值是下降的。在切点的右边，总可变成本快于产量增长，因此 TC/Q 的值是上升的。在切点对应的产量上，平均总成本达到最低点。

这里 AC 与 AVC 的变动规律相同，但有两点不同需特别注意：

AC 一定在 AVC 的上方，两者差别在于垂直距离永远 AFC。当 Q 无穷大是，AC 与 AVC 无限接近，但永不重合，不相交。

AC 与 AVC 最低点不在同一个产量上，而是 AC 最低点对应的产量较大。即 AVC 已经达到最低点并开始上升时，AC 仍在继续下降，原因在于 AFC 是不但下降的。只要 AVC 上升的数量小于 AFC 下降的数量，AC 就仍在下降。

(三) 边际成本

边际成本（marginal cost，MC）是指厂商在短期内增加一单位产量所引起的总成本的增加。公式为：

$$MC = \frac{\Delta TC}{\Delta Q} \tag{5.7}$$

当 $\Delta Q \to 0$ 时，

$$MC = \lim_{\Delta Q \to 0} \frac{\Delta TC}{\Delta Q} = \frac{dTC}{dQ} \tag{5.8}$$

从式（5.8）可知：MC 的值是 TC 曲线上相应点的切线的斜率。

从图 5-2（d）中可以看出 MC 的变动规律是 MC 随着产量的增加，初期迅速下降，很快降至最低点，而后迅速上升，上升的速度快于 AVC、AC。MC 的最低点在 AC 由递减上升转入递增上升的拐点的产量上。

由于 TC = TFC + TVC，而 TFC 始终不变，因此 MC 的变动与 TFC 无关，MC 实际上等于增加单位产量所增加的可变成本。即：

$$MC = \frac{dTC}{dQ} = \frac{dTVC}{dQ}（因为 dTC = dTVC + dTFC，而 dTFC = 0）$$

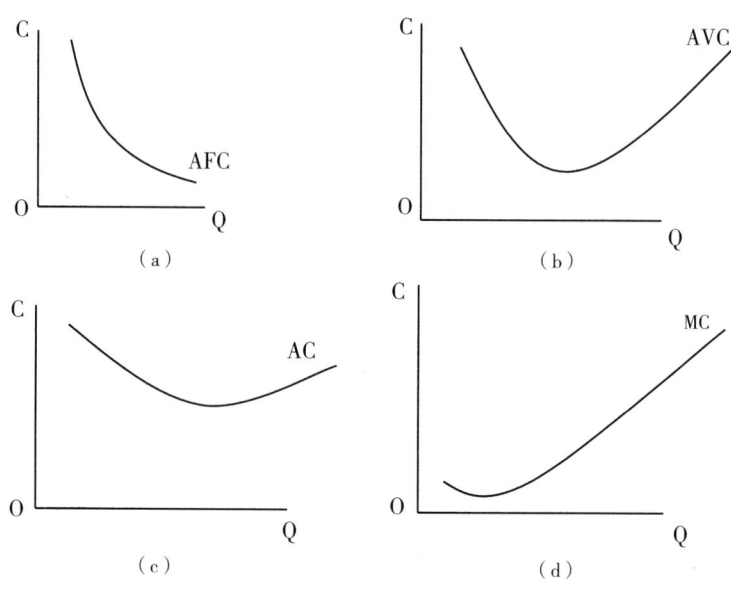

图 5-2 短期平均成本曲线和边际成本曲线

？即问即答

1. 不随产量变动而变动的成本是（　　）。
   A. 总可变成本　　　B. 总不变成本　　　C. 平均成本　　　D. 总成本

2. 下列说法正确的是（　　）。
A. 短期内支出只有可变成本
B. 贷款利息的支出是可变成本
C. 总成本在长期内可以分为固定成本和可变成本
D. 补偿固定资本无形损耗的折旧费是固定成本

3. 已知产量为 99 单位时总成本为 995，产量增加到 100 单位时平均成本为 10，则边际成本为（　　）。
A. 10　　　　B. 8　　　　C. 5　　　　D. 1

4. 已知某产品总产量为 100 单位，其中平均不变成本为 0.2 元，平均可变成本为 0.5 元，则总成本为（　　）。
A. 7　　　　B. 70　　　　C. 30　　　　D. 50

5. 假定某企业全部成本函数为 $TC = 30\,000 + 5Q - Q^2$，Q 为产出数量。那 AVC 为（　　）。
A. 30 000　　B. $5 - 2Q$　　C. $5 - Q$　　D. 30 000

二、各种短期成本曲线之间的关系

各短期成本曲线之间的关系如图 5-1 和图 5-3 所示。

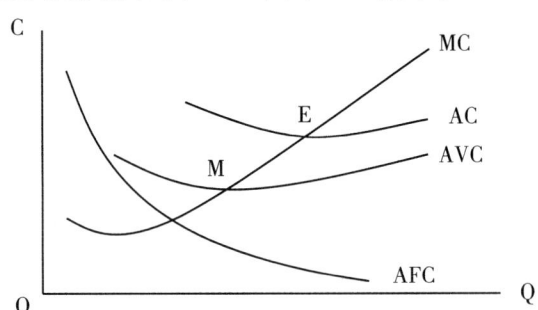

图 5-3　短期平均成本曲线和边际成本曲线

STC，TVC 与 SMC 曲线之间的关系：
SMC 是 STC 曲线上所有点的切线的斜率，同时也是 TVC 曲线的切线的斜率。
STC 与 SAC 曲线之间的关系：
SAC 是 STC 曲线上所有点与原点连线的斜率值的轨迹。（TVC 与 AVC 之间，TFC 与 AFC 之间均同理）
SMC 曲线与 AVC 曲线、SAC 曲线之间的关系：
AC、AVC、MC 曲线都是"U"形。
(1) 当 SMC 小于 AVC、SAC 时，AVC 曲线、SAC 曲线就下降；
(2) 当 SMC 大于 AVC、SAC 时，AVC 曲线、SAC 曲线就上升；
(3) 当 SMC 等于 AVC、SAC 时，AVC 曲线、SAC 曲线达到最低点；且 SMC 曲线先后分别经过 AVC 曲线、SAC 曲线的最低点。

三、短期成本变动的决定因素：边际报酬递减规律

(一) MC 曲线的形状

短期生产开始时，由于边际报酬递增的作用，增加一单位可变投入所生产的边际产量是递增的，反过来，这一阶段增加一单位产量所需的边际成本是递减的。随着变动投入的增加，当超过一定界限后，边际报酬递减规律发生作用，增加一单位可变投入所生产的边际产量是递减的，反过来，这一阶段每增加一单位产量所需要的边际成本是递增的。因此，在边际报酬递减规律作用下，MC 曲线随可变投入的增加先递减，然后增加，最终形成一条 U 形的曲线。

(二) TC 曲线和 TVC 曲线的形状

考虑到 TC 曲线和 TVC 曲线的形状完全相同，在此仅就 TC 曲线的形状进行分析。MC 曲线在边际报酬递减规律作用下先降后升，而 MC 又是 TC 曲线上相应点的斜率，因此，TC 曲线的斜率也是先递减后递增的，即 TC 曲线先以递减的速度增加，再以递增的速度增加。MC 曲线的最低点则对应 TC 曲线上由递减向递增变化的拐点。

(三) AC 曲线和 AVC 曲线的形状

在边际报酬递减规律作用下，MC 曲线呈 U 形，随可变投入数量的增加，MC 先减小，后增加。根据边际量和平均量之间的关系，随可变投入数量的增加，MC 先减小，则相应的 AC 也减小；随着可变投入数量的进一步增加，MC 开始增加，但小于 AC 的数值，则 AC 继续减少；当 MC 继续增加，且 MC > AC 时，AC 也开始增加。因此，在边际报酬递减规律作用下，AC 曲线也呈 U 型，但 AC 曲线的最低点晚于 MC 曲线的最低点出现。这是因为 MC 曲线经过最低点开始上升时，由于 MC < AC，AC 曲线仍在下降。同样的道理也适用于 AVC 曲线。随着可变投入数量的增加，MC 曲线、AC 曲线、AVC 曲线最低点出现的先后顺序是 MC、AVC、AC。

四、短期产量曲线与短期成本曲线之间的关系

(一) 边际产量与边际成本之间的关系

由 MC 的定义得：

$$MC = \frac{dTC}{dQ} = \frac{d(w \cdot L(Q) + r \cdot \bar{k})}{dQ} = w \cdot \frac{dL(Q)}{dQ} + 0$$

又因为：

$$MP_L = \frac{dQ}{dL(Q)}$$

所以：

$$MC = w \cdot \frac{1}{MP_L} \qquad (5.9)$$

由此可以得出以下结论：

第一，MC 与 MP_L 成反比关系，二者的变动方向相反。具体来讲，由于边际报酬递减规律的作用，MP_L 曲线先上升，达到最大值后再下降，所以，MC 曲线先下降，达到最低点后再上升；且 MC 曲线的最低点对应 MP_L 曲线的顶点。这种对应关系如图 5-4 所示：MP_L 曲线的上升段对应 MC 曲线的下降段；MP_L 曲线的下降段对应 MC 曲线的上升段；MP_L 曲线的最高点对应 MC 曲线的最低点。

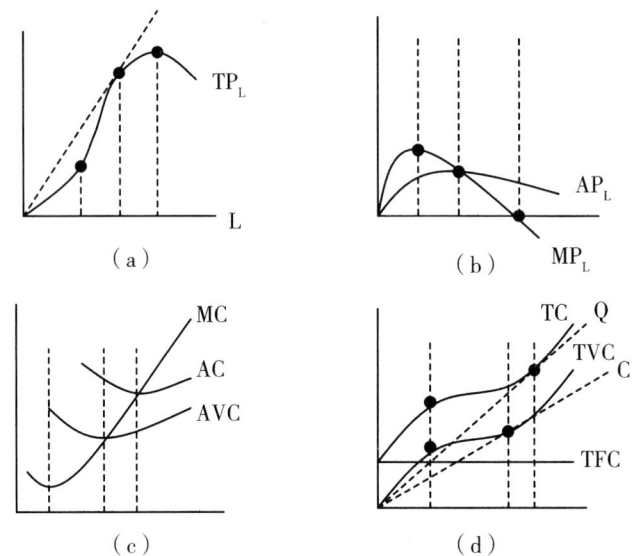

图 5-4 短期生产成本和短期成本函数之间的对应关系

第二，从式（5.9）中可看出，总产量与总成本之间也存在着对应关系。结合 MP_L 与 MC 的关系可知：当 TP_L 曲线以递增的速度上升时，TC 曲线和 TVC 曲线以递减的速度上升；当 TP_L 曲线以递减的速度上升时，TC 曲线和 TVC 曲线以递增的速度上升；TP_L 曲线上的拐点对应 TC 曲线和 TVC 曲线上的拐点。

（二）平均产量与平均可变成本之间的关系

$$AVC = \frac{TVC}{Q} = \frac{w \cdot L(Q)}{Q} = w \cdot \frac{1}{\frac{Q}{L(Q)}}$$

即：

$$AVC = w \cdot \frac{1}{AP_L} \qquad (5.10)$$

由式（5.10）可以得出以下两点结论：

第一，AP_L 与 AVC 成反比，二者的变化方向相反。具体来讲，当 AP_L 递减时，AVC 递增；当 AP_L 递增时，AVC 递减；当 AP_L 达到最大值时，AVC 最小。因此 AP_L 曲线的顶点对应 AVC 曲线的最低点。如图 5-4 所示。

第二，MC 曲线与 AVC 曲线相交于 AVC 的最低点。由于产量曲线中 MP_L 曲线与 AP_L 曲线在 AP_L 曲线的顶点相交，所以 MC 曲线在 AVC 曲线的最低点与其相交。如图 5-4 所示。

 **即问即答**

1. SAC 曲线呈 U 型特征的原因是（　　）。
   A. 边际效用递减规律　　　　　B. 规模经济与规模不经济
   C. 边际报酬递减规律　　　　　D. 无法确定
2. 边际成本 MC 与平均成本 AC 之间的关系（　　）。
   A. 边际成本大于平均成本，边际成本下降
   B. 边际成本小于平均成本，边际成本下降
   C. 边际成本大于平均成本，平均成本上升
   D. 边际成本小于平均成本，平均成本上升
3. 平均产量的最大值点对应着平均可变成本的（　　）。
   A. 最高点　　　B. 最低点　　　C. 0 点　　　D. 都有可能

第三节　长期成本曲线

本节将对厂商的长期成本曲线进行分析。在长期内，厂商可以根据产量的要求调整全部的生产要素投入量，甚至进入或退出一个行业，因此，厂商所有的成本都是可变的。长期成本可以分为长期总成本（LTC）、长期平均成本（LAC）和长期边际成本（LMC）。

一、长期总成本曲线

（一）长期总成本函数

长期总成本（long-run total cost，LTC）是厂商在长期中在各种产量水平上通过改变生产要素的投入量所能达到的最低总成本。它反映的是理智的生产者在追求利润最大化的驱动下通过改变生产要素的投入在不同产量点上成本的最低发生额。

$$LTC(Q) = f(Q) \tag{5.11}$$

（二）长期总成本曲线的推导

长期总成本是无数条短期总成本曲线的包络线。在短期内，对于既定的产量（例

如，不同数量的订单），由于生产规模不能调整，厂商只能按较高的总成本来生产既定的产量。但在长期内，厂商可以变动全部的生产要素投入量来调整生产，将总成本降至最低。长期总成本是无数条短期总成本曲线的包络线。

如图5-5所示，假设长期中只有三种可供选择的生产规模，分别由图中的三条STC曲线表示。这三条STC曲线都不是从原点出发，每条STC曲线在纵坐标上的截距也不同。从图5-5中看，生产规模由小到大依次为STC_1、STC_2、STC_3。现在假定生产Q_2的产量。厂商面临三种选择：第一种是在STC_1曲线所代表的较小生产规模下进行生产，相应的总成本在d点；第二种是在STC_2曲线代表的中等生产规模下生产，相应的总成本在b点；第三种是在STC_3所代表的较大生产规模下，相应的总成本在e点。长期中所有的要素都可以调整，因此厂商可以通过对要素的调整选择最优生产规模，以最低的总成本生产每一产量水平。在d、e、b三点中b点代表的成本水平最低，所以长期中厂商在STC_2曲线所代表的生产规模生产Q_2产量，所以b点在LTC曲线上。这里b点是LTC曲线与STC曲线的切点，代表着生产Q_2产量的最优规模和最低成本。通过对每一产量水平进行相同的分析，可以找出长期中厂商在每一产量水平上的最优生产规模和最低长期总成本，也就是可以找出无数个类似的b（如a、c）点，连接这些点即可得到长期总成本曲线。

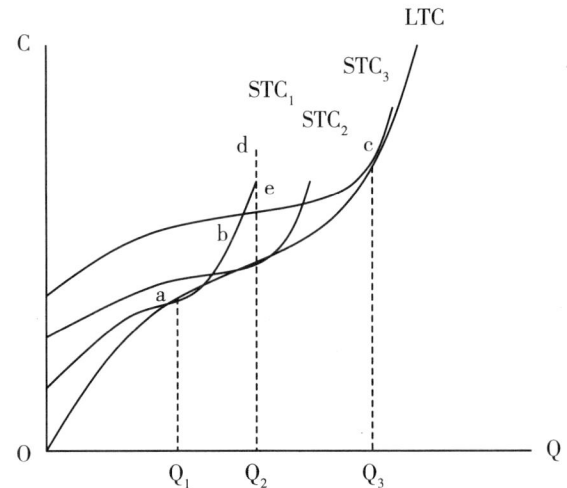

图5-5 最优生产规模的选择和长期总成本曲线

二、长期平均成本曲线

（一）长期平均成本函数

长期平均成本LAC（long-run average cost，LAC）表示厂商在长期内按产量平均计算的最低总成本。长期平均成本函数可以写为：

$$LAC(Q) = LTC(Q)/Q \tag{5.12}$$

(二) 长期平均成本曲线推导

1. 根据长期总成本曲线的推导

把长期总成本曲线上每一点的长期总成本值除以相应的产量，便得到每一产量点上的长期平均成本值。再把每一产量和相应的长期平均成本值描绘在平面坐标图中，即可得长期平均成本曲线。

2. 由无数条短期平均成本曲线的包络线划出

长期平均成本是指厂商在长期内按产量平均计算的最低成本，LAC 曲线是 SAC 曲线的包络线。

从式（5.12）可以看出 LAC 是 LTC 曲线连接相应点与原点连线的斜率。因此，可以从 LTC 曲线推导出 LAC 曲线。此外根据长期和短期的关系，也可由 SAC 曲线推导出 LAC 曲线。本书主要介绍后一种方法。

假设可供厂商选择的生产规模只有三种：SAC_1、SAC_2、SAC_3，如图 5-6 所示，规模大小依次为 SAC_3、SAC_2、SAC_1。现在来分析长期中厂商如何根据产量选择最优生产规模。假定厂商生产 Q_1 的产量水平，厂商选择 SAC_1 进行生产。因此此时的成本 OC_1 是生产 Q_1 产量的最低成本。如果生产 Q_2 产量，可供厂商选择的生产规模是 SAC_1 和 SAC_2，因为 SAC_2 的成本较低，所以厂商会选择 SAC_2 曲线进行生产，其成本为 OC_2。如果生产 Q_3，则厂商会选择 SAC_3 曲线所代表的生产规模进行生产。有时某一种产出水平可以用两种生产规模中的任一种进行生产，而产生相同的平均成本。例如生产 Q_1' 的产量水平，即可选 SAC_1 曲线所代表的较小生产规模进行生产，也可选用 SAC_2 曲线所代表的中等生产规模进行生产，两种生产规模产生相同的生产成本。厂商究竟选哪一种生产规模进行生产，要看长期中产品的销售量是扩张还是收缩。如果产品销售量可能扩张，则应选用 SAC_2 所代表的生产规模；如果产品销售量收缩，则应选用 SAC_1 所代表的生产规模。由此可以得出只有三种可供选择的生产规模时的 LAC 曲线，即图 5-6 中 SAC 曲线的实线部分。

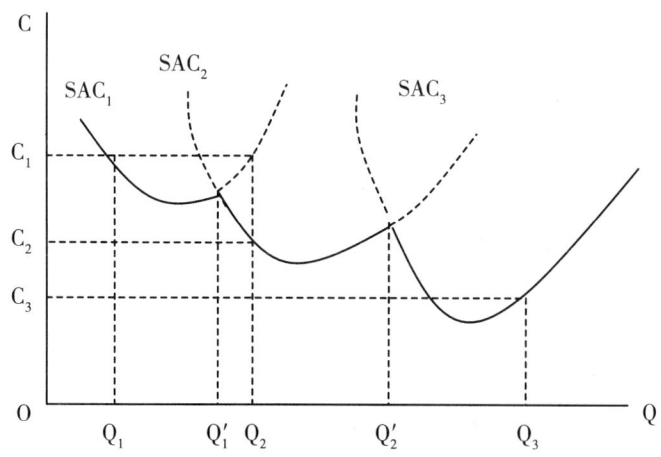

图 5-6 最优生产规模

在理论分析中，常假定存在无数个可供厂商选择的生产规模，从而有无数条 SAC 曲线，于是便得到如图 5-7 所示的长期平均成本曲线，LAC 曲线是无数条 SAC 曲线的包络线。在每一个产量水平上，都有一个 LAC 与 SAC 的切点，切点对应的平均成本就是生产相应产量水平的最低平均成本，SAC 曲线所代表的生产规模则是生产该产量的最优生产规模。

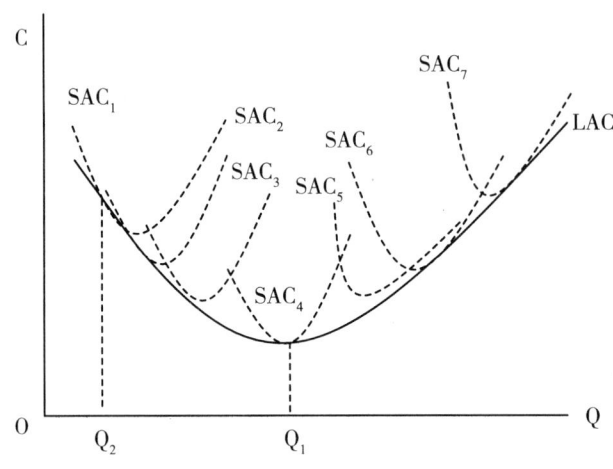

图 5-7 长期平均成本曲线

（三）LAC 曲线 U 形特征的原因

长期平均成本 U 形特征是由长期生产中内在的规模经济与规模不经济所决定的。规模经济（economies of sccale）是指厂商由于扩大生产规模而使经济效益得到提高，此时产量增加倍数大于成本增加倍数。规模不经济（diseconomies of sccale）是指厂商由于生产规模扩大而使经济效益下降。此时，产量增加倍数小于成本增加倍数。规模经济与规模不经济与生产理论中提到的规模报酬不同，二者区别在于前者表示在扩大生产规模时，成本变化情况，而且各种要素投入数量增加的比例可能相同也可能不同；而后者表示在扩大生产规模时，产量变化情况，并假定多种要素投入数量增加的比例是相同的。但一般说来，规模报酬递增时，对应的是规模经济阶段，规模报酬递减时，对应的是规模不经济的阶段。往往在企业生产规模由小到大扩张过程中，先出现规模经济，产量增加倍数大于成本增加倍数，因而 LAC 下降；然后再出现规模不经济，产量增加倍数小于成本增加倍数，LAC 上升。因此，正是由于规模经济与规模不经济的作用，LAC 曲线呈先下降后上升的 U 形特征。

三、长期边际成本曲线

（一）长期边际成本函数

长期边际成本（long-run marginal cost，LMC）是指长期中增加一单位产量所增加的最低总成本。

公式为：

$$\text{LMC} = \frac{\Delta \text{LTC}}{\Delta Q} \tag{5.13}$$

当 $\Delta Q \to 0$ 时，

$$\text{LMC} = \lim_{\Delta Q \to 0} \frac{\Delta \text{LTC}}{\Delta Q} = \frac{d\text{LTC}}{dQ} \tag{5.14}$$

（二）长期边际成本曲线的推导

1. 由长期总成本曲线求导、描点得出

从式（5.14）中可以看出 LMC 是 LTC 曲线上相应点的斜率，因此可以从 LTC 曲线推导出 LMC 曲线。

2. 由短期边际成本曲线求出

（1）由长期总成本曲线是短期总成本曲线的包络线推出：对应于某一产量点，短期总成本曲线的包络线的长期总成本曲线每一点上两条曲线相切，该点的斜率相等。即 LMC = SMC。

（2）将每一产量点上对应的 SMC 计算来，再用一条平滑的曲线连起来，便得到一条光滑的曲线，即为长期边际成本 LMC 曲线。

（三）长期边际成本曲线的形状

如图 5-8 所示，长期边际成本曲线呈 U 形，它与长期平均成本曲线相交于长期平均成本曲线的最低点。其原因在于：根据边际量和平均量之间的关系，LMC 先减小，则相应的 LAC 也减小；LMC 开始增加，但小于 LAC 的数值，则 LAC 继续减少；当 LMC 继续增加，且 LMC > LAC 时，LAC 也开始增加。因此，在规模经济和规模不经济的作用下，LAC 曲线呈 U 形，这就使得 LMC 曲线也必然呈现先降后升的 U 形。

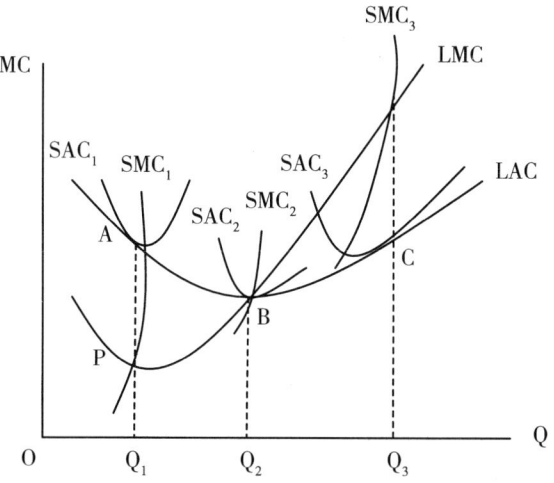

图 5-8　长期边际成本曲线与短期成本曲线

 **即问即答**

1. 在长期中，下列哪一项成本不存在（　　）。
   A. 不变成本　　B. 平均成本　　　C. 机会成本　　　D. 隐成本
2. 长期总成本曲线是（　　）。
   A. 从原点开始，以递增的速度上升
   B. 从不变成本高度开始，以递减的速度上升
   C. 从原点开始先以递减的速度上升后以递增的速度上升
   D. 从原点开始先以递增的速度上升后以递减的速度上升
3. 长期平均成本（LAC）曲线呈现 U 型，是因为（　　）。
   A. 外部经济　　　　　　　　B. 边际效用递减规律
   C. 规模经济和规模不经济　　D. 边际收益递减规律
4. 在从原点出发的射线与 LTC 曲线相切的产量上有（　　）。
   A. LAC 值最小　　　　　　　B. LAC = LMC
   C. LMC 曲线处于上升段　　　D. 上述各项都正确

第四节　收益与利润最大化原则

一、总收益、平均收益与边际收益

（一）总收益（total revenue，TR）

总收益是指出售一定数量产品得到的全部收入，等于产品的产量乘以单位产品的价格。公式为：

$$TR(Q) = PQ \tag{5.15}$$

（二）平均收益（average revenue，AR）

平均收益是指销售每一单位产品所获得的平均收入。公式为：

$$AR(Q) = TR(Q)/Q \tag{5.16}$$

（三）边际收益（marginal revenue，MR）

边际收益是指厂商每增加或减少一单位产品销售所引起总收入的变动量。公式为：

$$MR(Q) = \Delta TR(Q)/\Delta Q \tag{5.17}$$

当 $\Delta Q \to 0$ 时，　　　　　$MR(Q) = dTR(Q)/dQ \tag{5.18}$

二、收益最大化原则

当总收益达到最大值时,此时边际收益等于0。
这一点很容易得到说明,事实上,总收益最大化的必要条件是:

$$\frac{dTR(Q)}{dQ} = 0, \text{即 } MR = 0 \tag{5.19}$$

充分条件是:

$$\frac{d^2TR(Q)}{dQ^2} < 0 \text{ 即 } \frac{dMR}{dQ} < 0 \tag{5.20}$$

由于边际收益递减规律,充分条件一定满足。

这一关系的经济意义也是清楚的:只要边际收益不递减为0,则每增加一个产品都会对总收益做出贡献,总收益就是增加的,直到边际收益为0时,再增加产出就会使总收益下降。

三、利润最大化原则

(一) 利润函数

根据利润的定义,利润等于总收益和总成本之差,即

$$\pi(Q) = TR(Q) - TC(Q)$$

(二) 数学分析

对 $\pi = TR - TC = TR(Q) - TC(Q)$ 求极值。
两边对 Q 分别求一阶导数:

$$\frac{d\pi}{dQ} = \frac{dTR(Q)}{dQ} - \frac{dTC(Q)}{dQ} = 0 \quad \text{即 } MR(Q) - MC(Q) = 0 \tag{5.21}$$

从此等式中可以求出使利润最大化的最优产量 Q^*。

同时,从 $MR(Q) - MC(Q) = 0$ 直接可以求出边际成本等于边际收益法则,即 $MR(Q) = MC(Q)$,利润最大化企业满足边际收益等于边际成本。

(三) 经济含义

假定在 MR > MC 的时候生产,厂商应该继续扩大生产,因为每生产一件产品,收益总是大于成本的,如果在此时停止生产则说明还有该赚的利润没赚到;假定在 MC > MR 的时候生产,厂商应该马上停止生产,因为每生产一件产品,成本总是大于收益,如果在此时还继续生产则说明不该损失的损失了。只有 MR = MC 的时候才是利润最大的。

MR 代表总收益曲线的斜率，MC 代表总成本曲线的斜率，当 MR = MC 的时候，两条曲线的切线平行，二者之间的垂直距离最大。在此之后，增加产量的话，MR 是递减的，MC 是递增的，两者之间的缺口逐渐减少，即利润在逐渐减少，因此应该马上减少产量；在此之前，增加产量，MR 是递增的，MC 是递减的，即利润在逐渐增加，因此应该继续扩大产量。只有达到 MR = MC 的时候，利润是最大的或亏损最小的。

 **即问即答**

1. 在 MR = MC 的均衡产量上，企业（　　）。
   A. 必然得到最大利润　　　B. 不可能亏损
   C. 必然获得最小的亏损　　D. 如有利润，则利润最大，若有亏损，则亏损最小
2. 如果某厂商的边际收益大于边际成本，那么为了获得最大利润，（　　）。
   A. 在任何条件下都应减少产量
   B. 在任何条件下都应增加产量
   C. 在完全竞争条件下应该增加产量，在不完全竞争下则不一定
   D. 在不完全竞争条件下应该增加产量，在完全竞争下则不一定
3. 亏损最小化的条件是（　　）。
   A. TR = TC　　　　　　　　　　　　B. TR 曲线和 TC 曲线平行
   C. TR 曲线和 TC 曲线平行且 TC 超过 TR　　D. TR 和 TC 平行且 TR 超过 TC

 延伸阅读

覆水难收与沉没成本

在你的生活中或许有时有人会对你说过"覆水难收"一类的话，或者"过去的事就让它过去吧！"这些谚语含有理性决策的深刻真理。经济学家说，当成本已经发生且无法收回时，这种成本就是沉没成本。一旦成本沉没了，它就不再是机会成本了。因为对沉没成本无所作为，当你做出包括经营战略在内的各种社会经济决策时可以不考虑沉没成本。

我们对企业停止营业决策的分析，是沉没成本无关性的一个例子。我们假设，企业不能通过暂时停产来收回它的固定成本。因此，在短期中，企业的固定成本是沉没成本，而且，企业在决定生产多少时可以放心地不考虑这些成本。企业的短期供给曲线是在平均可变成本曲线以上的边际成本曲线的一部分，而且，固定成本的大小对供给决策无关紧要。

沉没成本的无关性解释了现实企业是如何决策的。例如，在20世纪80年代初，许多最大的航空公司有大量亏损。但是，尽管有亏损，这些航空公司继续出售机票并运送乘客。这些决策似乎让人惊讶：如果航空公司飞机飞行要亏损，为什么航空公司老板不干脆停止他们的经营呢？为了理解这种行为，我们必须认识到，航

空公司的许多成本在短期中是沉没成本。如果一个航空公司买了一架飞机而且不能转卖，那么飞机的成本就是沉没成本了。飞机的机会成本只包括燃料的成本和机务人员的工资。只要飞行的收益大于这些可变成本，航空公司就应该继续经营。而且事实上他们也是这么做的。

沉没成本的无关性对个人决策也是重要的。例如，设想你对看一场电影的评价是10美元，你用7美元买了一张票，但在进电影院之前，你丢了票，你应该再买一张吗？或者你应该马上回家并拒绝花14美元看电影？回答是你应该再买一张票。看电影的收益（10美元）仍然大于机会成本（第二张票的7美元），你为丢了的那张票付的7美元是沉没成本。覆水难收，不要为此而懊恼。

资料来源：李东：《经济学基础》，南开大学出版社2013年版。

·经济学名家·

古典经济学家——大卫·李嘉图

大卫·李嘉图（David Ricardo，1772.04.18～1823.09.11）古典经济学理论的完成者，古典学派的最后一名代表，最有影响力的古典经济学家。英国资产阶级古典政治经济学的主要代表之一，也是英国资产阶级古典政治经济学的完成者。

李嘉图早期是交易所的证券经纪人，后受亚当·斯密《国民财富的性质和原因的研究》一书的影响，激发了他对经济学研究的兴趣，其研究的领域主要包括货币和价格，对税收问题也有一定的研究。李嘉图的主要经济学代表作是1817年完成的《政治经济学及赋税原理》，书中阐述了他的税收理论。1819年他曾被选为下院议员，极力主张议会改革，鼓吹自由贸易。李嘉图继承并发展了斯密的自由主义经济理论，他认为限制国家的活动范围、减轻税收负担是增长经济的最好办法。李嘉图以边沁的功利主义为出发点，建立起了以劳动价值论为基础，以分配论为中心的理论体系。他提出决定价值的劳动是社会必要劳动，决定商品价值的不仅有活劳动，还有投在生产资料中的劳动。他还论述了货币流通量的规律、对外贸易中的比较成本学说等。但他把资本主义制度看做永恒的，只注意经济范畴的数量关系，在方法论上又有形而上学的缺陷，因而不能在价值规律基础上说明资本和劳动的交换、等量资本获等量利润等，这两大难题最终导致李嘉图理论体系的解体。他的理论达到资产阶级界限内的高峰，对后来的经济思想有重大影响。

李嘉图形成了一个庞大的经济学理论体系，在亚当·斯密奠基的基础上正式建立起了古典经济学的大厦。他的劳动价值论在新古典兴起之后已经没有多大价值了，但他的比较优势理论对于自由贸易的贡献却是不朽的。

【本章小结】

1. 机会成本是指厂商将一定资源用做某种用途时所放弃的其他各种用途中的最大

收入，或者是将一定资源保持在这种用途上必须支付的成本。显成本就是一般会计学上的成本概念，是指厂商在生产要素市场上购买或租用所需要的生产要素的实际支出，这些支出是在会计账目上作为成本项目记入账上的各项费用支出。隐成本是对厂商自己拥有的，且被用于该企业生产过程的那些生产要素所应支付的费用。这些费用并没有在企业的会计账目上反映出来，所以称为隐成本。

2. 短期中的成本相应地区分为总成本、固定成本、变动成本、平均成本、平均固定成本、平均变动成本、边际成本七个成本概念。

3. 长期总成本是指厂商长期中在各种产量水平上的最低总成本。LTC 曲线是 STC 曲线的包络线。长期平均成本是指厂商在长期内按产量平均计算的最低成本，LAC 曲线是无数条 SAC 曲线的包络线。长期边际成本是指长期中增加一单位产量所增加的最低总成本。

4. MR = MC，企业实现利润最大化必须满足边际收益等于边际成本。

【关键术语】

机会成本，显成本，隐成本，经济利润，正常利润，短期成本曲线，长期成本曲线，边际收益，利润最大化原则

【技能训练】

1. 假设某产品生产的边际成本函数为 $SMC = 6Q^2 - 12Q + 350$，若生产 3 单位产品时总成本是 1 200，求：

（1）总成本函数，平均成本函数、可变成本函数和平均可变成本函数。

（2）当企业的边际产量最大时，企业的平均成本为多少？

2. 假定某厂商的需求如下：Q = 5 000 - 50P。其中，Q 为产量，P 为价格。厂商的平均成本函数为：AC =（6 000/Q）+ 20。求使厂商利润最大化的价格与产量各是多少？最大的利润是多少？

3. 设某厂商的生产函数为 $Q = L^{0.5}K^{0.5}$，且 L 的价格 w = 1，K 的价格 r = 3。

（1）试求长期总成本（LTC）函数，长期平均成本（LAC）函数和长期边际成本（LMC）函数。

（2）设在短期内 K = 10，求短期总成本（STC）、平均成本（SAC）和边际成本（SMC）函数。

【案例分析】

狡猾的农场主

一个生产小麦的农场主向他的工人发布了这样一则坏消息："今年的小麦价格很低，而且我从今年的粮食中最多只能获得 3.5 万元毛收入。如果我付给你们与去年相同的工资（3 万元），我就会亏本，因为我不得不考虑 3 个月以前已经为种子和化肥花了 2 万元。如果为了那些价值 3.5 万元的粮食而让我花上 5 万元，那么我一定是疯了。如

果你们愿意只拿去年一半的工资（1.5万元），我的总成本将为3.5万元（2万元+1.5万元），至少可以收支相抵。如果你们不同意降低工资，那么我也就不打算收割这些小麦了。"

于是，工人们围坐在一起以投票来决定是否同意降低工资。这时，有一位略懂一点经济学知识的工人很快进行了一番计算，然后，他肯定地说："农场主在吓唬我们，即使我们不同意降低工资，他也会让我们为他收割小麦的。"

资料来源：曲宏飞：《经济学基础》，清华大学出版社2015年版。

问题：这个工人说得对吗？为什么？请用经济学原理加以说明。

【团队实训】

调研、分析企业成本与利润

1. 实训目的

培养学生的对生产过程的初步了解和简单分析生产理论中的各种成本的能力。

2. 实训内容及要求

组织学生到当地生产型企业进行调研。要求学生收集该企业生产产品的名称、种类以及一定时期（一季度、半年、一年）各种产品的成本（如进货成本、实际成本）、各种产品的销量，并收集汇总。

（1）学生自愿组成研究小组，每组5~6人，分析成本变化与一定时期内利润变化之间的关系。

（2）班级组织一次交流，每组推荐一名代表集中作演讲发言，其他小组成员可以对其提问，同一小组成员可以作补充回答。

3. 成果与考核

（1）每组提交一份正式的分析报告。

（2）由全班同学和教师共同根据各组报告、班级交流发言以及提问答辩情况对每组进行评估打分，最后综合评定本次活动的成绩。

第六章　市场结构理论

知识要求 >>>>>>

掌握市场的类型和特征；掌握厂商实现利润最大化的条件；掌握完全竞争厂商的短期均衡和长期均衡；掌握垄断厂商的短期均衡和长期均衡；掌握古诺模型；理解垄断竞争厂商的短期均衡和长期均衡；理解不同类型市场的效率。

案例导入 >>>>>>

中国电信业改革大事记

中国的电信业从成立之初到现在，经历了多次重组，其主要过程如下：

联通成立：1994年，为了效仿英国双寡头竞争的局面，当时的电子部联合铁道部、电力部以及广电部成立了中国联通，但主要还是经营寻呼业务。

中国移动成立：1999年2月14日，国务院批准中国电信改革方案。根据该方案的要求，信息产业部决定组建中国移动通信集团公司。1999年6月，中国移动通信集团公司筹备组成立。

中国电信南北拆分：2001年11月，国务院批准《电信体制改革方案》，对固定电信企业进行重组整合，决定组建新的中国电信集团公司和中国网络通信集团公司，并要求进一步加强电信监管工作。2002年5月16日，原信息产业部部长吴基传正式宣布中国电信集团公司和中国网络通信集团公司挂牌成立。

拆分中国联通：2008年5月23日，中国电信收购中国联通CDMA网（包括资产和用户），中国联通与中国网通合并成立新联通，中国卫通的基础电信业务并入中国电信成立新电信，中国铁通并入中国移动成立新移动。自此，中国电信业进入三国鼎立时代。

为什么中国的电信业经历了一次次的重组和调整？调整的背后隐藏着哪些深层次的原因呢？需要运用市场结构理论加以分析。

第一节　厂商和市场的类型

一、市场与行业

什么是市场？一个市场可以是一个有形的买卖商品的交易场所，也可以是利用现代化通信工具进行商品交易的接洽点。从本质上讲，市场是物品买卖双方相互作用并得以决定其交易价格和交易数量的一种组织形式或制度安排。

任何一种交易商品都有一个市场。经济中有多少种交易商品，相应地就有多少个市场。例如，可以有石油市场、土地市场、大米市场、自行车市场、铅笔市场等。经济中所有的市场可以分为生产要素市场和产品市场这两类。

与市场这一概念相对应的另一个概念是行业。行业指为同一个商品市场生产和提供商品的所有的厂商的总体。市场和行业的类型是一致的。例如，石油市场对应的是石油行业，农产品市场对应的是农产品行业等。

二、市场类型

在经济分析中，根据不同的市场结构的特征，将市场划分为完全竞争市场、垄断竞争市场、寡头市场和垄断市场四种类型。决定市场类型划分的主要因素有以下四个：（1）市场上厂商的数目；（2）厂商所生产的产品的差别程度；（3）单个厂商对市场价格的控制程度；（4）厂商进入或退出一个行业的难易程度。其中，第一个因素和第二个因素是最基本的决定因素。在以后的分析中，我们可以体会到，第三个因素是第一个因素和第二个因素的必然结果，第四个因素是第一个因素的延伸。关于完全竞争市场、垄断竞争市场、寡头市场和垄断市场的划分及其相应的特征可以用表 6-1 来概括。

表 6-1　　　　　　　　　　市场类型的划分和特征

市场类型	厂商数目	产品差别程度	对价格控制的程度	进出一个行业的难易程度	接近哪种商品市场
完全竞争	很多	完全无差别	没有	很容易	一些农业品
垄断竞争	很多	有差别	有一些	比较容易	一些轻工业产品、零售业
寡头	几个	有差别或无差别	相当程度	比较困难	钢、汽车、石油
垄断	唯一	唯一的产品，且无相近的替代品	很大程度，但经常受到管制	很困难，几乎不可能	公用事业，如水，电

表 6-1 只是一个简单的说明，读者能从表中获得一个初步的印象就可以了。在以后对每一类市场进行考察时，我们会对每一类市场的特征作出详细的分析。

为什么在研究厂商追求利润最大化的行为时要区分不同的市场结构呢？我们知道，厂商的利润取决于收益和成本。其中，厂商成本主要取决于厂商的生产技术方面的因素（已在第四章生产函数和第五章成本中涉及），而厂商的收益则取决于市场对其产品的需求状况。在不同类型的市场条件下，厂商所面临的对其产品的需求状况是不相同的，所以，在分析厂商的利润最大化的决策时，必须要区分不同的市场类型。

第二节 完全竞争市场

一、完全竞争市场的特征

符合以下四个假定条件的市场被称为完全竞争市场：

第一，市场上有大量的买者和卖者。由于市场上有无数的买者和卖者，所以，相对于整个市场的总需求量和总供给量而言，每一个买者的需求量和每一个卖者的供给量都是微不足道的。任何一个买者买与不买，或买多与买少，以及任何一个卖者卖与不卖，或卖多与卖少，都不会对市场的价格水平产生任何的影响。于是，在这样的市场中，每一个消费者和每一个厂商对市场价格没有任何的控制力量，他们每一个人都只能被动地接受既定的市场价格，被称为价格接受者（price-taker）。

第二，市场上每一个厂商提供的商品都是完全同质的。这里的商品同质指厂商之间提供的商品是完全无差别的，它不仅指商品的质量、规格、商标等完全相同，还包括购物环境、售后服务等方面也完全相同。这样一来，对于消费者来说，无法区分产品是由哪一家厂商生产的这种情况下，如果有一个厂商单独提价，那么，他的产品就会完全卖不出去。当然，单个厂商也没有必要单独降价。因为，在一般情况下，单个厂商总是可以按照既定的市场价格实现属于自己的那一份相对来说很小的销售份额。所以，厂商既不会单独提价，也不会单独降价。可见，完全竞争市场的第二个条件，进一步强化了在完全竞争市场上每一个买者和卖者都是既定市场价格的被动接受者的说法。

第三，所有的资源具有完全的流动性。这意味着厂商进入或退出一个行业是完全自由和毫无困难的。所有资源可以在各厂商之间和各行业之间完全自由地流动，不存在任何障碍。这样，任何一种资源都可以及时地投向能获得更大利润的生产，并及时地从亏损的生产中退出。在这样的过程中，缺乏效率的企业将被市场淘汰，取而代之的是具有效率的企业。

第四，信息是完全的。即市场上的每一个买者和卖者都掌握与自己的经济决策有关的一切信息。这样，每一个消费者和每一个厂商都可以根据自己所掌握的完全信息，作出自己的最优经济决策，从而获得最大的经济利益。而且，由于每一个买者和卖者都知道既定的市场价格，都按照这一既定的市场价格进行交易，这也就排除了由于信息不通畅而可能导致的一个市场同时按照不同的价格进行交易的情况。

完全竞争市场是一个非个性化的市场。因为，市场中的每一个买者和卖者都是市场价格的被动接受者，而且，他们中的任何一个成员都既不会也没有必要去改变市场价格；每个厂商生产的产品都是完全相同的，毫无自身的特点；所有的资源都可以完全自由地流动，不存在同种资源之间的报酬差距；市场上的信息是完全的，任何一个交易者都不具备信息优势。因此，完全竞争市场中不存在交易者的个性。所有的消费者都是相同的，都是无足轻重的，相互之间意识不到竞争；所有的生产者也都是相同的，也都是无足轻重的，相互之间也意识不到竞争。因此，我们说，完全竞争市场中不存在现实经济生活中的那种真正意义上的竞争。

由以上分析可见：理论分析中所假设的完全竞争市场的条件是非常苛刻的。在现实经济生活中，真正符合以上四个条件的市场是不存在的。通常只是将一些农产品市场，如大米市场、小麦市场等，看成是比较接近完全竞争市场的。既然在现实经济生活中并不存在完全竞争市场，为什么还要建立和研究完全竞争市场模型呢？西方经济学家认为，从对完全竞争市场模型的分析中，可以得到关于市场机制及其配置资源的一些基本原理，而且，该模型也可以为其他类型市场的经济效率分析和评价提供一个参照。

二、完全竞争厂商的需求曲线和收益曲线

（一）完全竞争厂商的需求曲线

市场上对某一个厂商的产品的需求状况，可以用该厂商所面临的需求曲线来表示，该曲线也被简称为厂商的需求曲线。在完全竞争市场条件下，厂商的需求曲线是什么形状的呢？在完全竞争市场上，由于厂商是既定市场价格的接受者，所以，完全竞争厂商的需求曲线是一条由既定市场价格水平出发的水平线，如图6-1所示。在图6-1（a）中，市场的需求曲线D和供给曲线S相交的均衡点E所决定的市场的均衡价格为P_e，相应地，在图6-1（b）中，由给定的价格水平P_e出发的水平线d就是厂商的需求曲线。水平的需求曲线意味着：厂商只能被动地接受给定的市场价格，且厂商既不会也没有必要去改变这一价格水平。

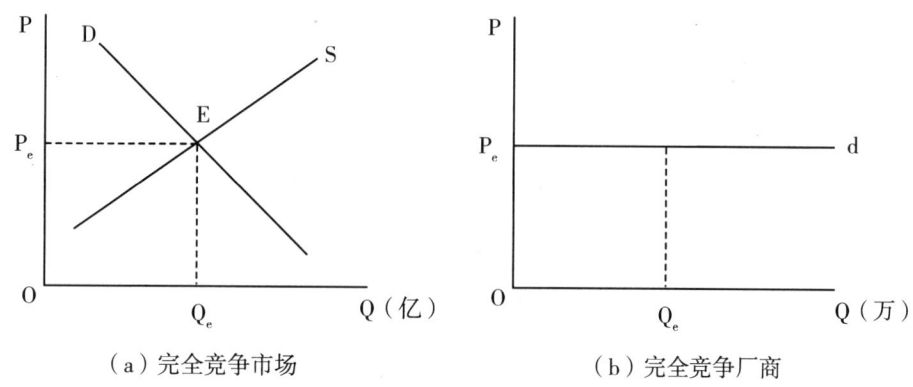

图6-1 完全竞争厂商的需求曲线

需要注意的是，在完全竞争市场中，单个消费者和单个厂商无力影响市场价格，他们中的每一个人都是被动地接受既定的市场价格，但这些并不意味着完全竞争市场的价格是固定不变的。在其他一些因素的影响下，如消费者收入水平的普遍提高、先进技术的推广，或者政府有关政策的作用等，使得众多消费者的需求量和众多生产者的供给量发生变化时，供求曲线的位置就有可能发生移动，从而形成市场的新的均衡价格。在这种情况下，我们就会得到由新的均衡价格水平出发的一条水平线，如图6-2所示。在图6-2中，开始时市场的需求曲线为D_1，供给曲线为S_1，市场的均衡价格为P_1，相应

的厂商的需求曲线是由价格水平 P_1 出发的一条水平线 d_1。以后,当市场的需求曲线的位置由 D_1 移至 D_2,同时供给曲线的位置由 S_1 移至 S_2 时,市场均衡价格上升为 P_2,于是相应的厂商的需求曲线是由新的价格水平 P_2 出发的另一条水平线 d_2。不难看出,厂商的需求曲线可以出自各个不同的市场的均衡价格水平,但它们总是呈水平线的形状。

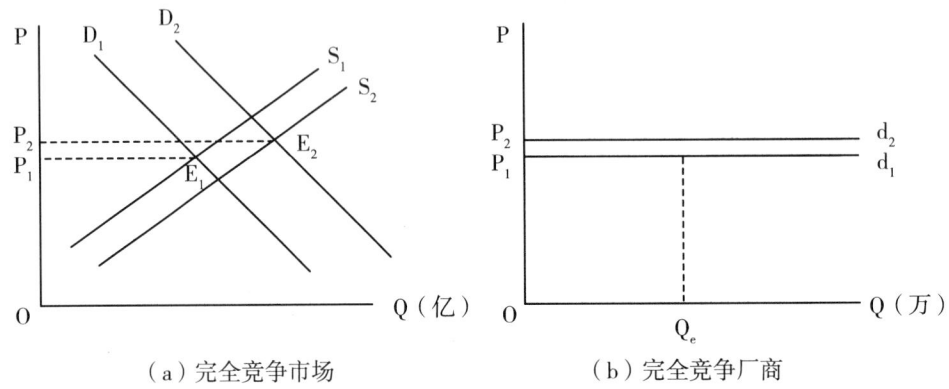

(a) 完全竞争市场　　　　　(b) 完全竞争厂商

图 6 - 2　完全竞争市场价格的变动和厂商的需求曲线

(二) 完全竞争厂商的收益曲线

在此,我们先一般性地介绍厂商的收益这一概念,然后,将具体分析完全竞争厂商收益曲线的一些特征及其相互之间的关系。

1. 厂商的收益

厂商的收益就是厂商的销售收入。厂商的收益可以分为总收益、平均收益和边际收益,它们的英文简写分别为 TR、AR 和 MR。

总收益 (total revenue) 指厂商按一定价格出售一定量产品时所获得的全部收入。在完全竞争市场上,以 P 表示既定的市场价格,以 Q 表示销售总量,总收益的定义公式为:

$$TR(Q) = P \times Q \tag{6.1}$$

平均收益 (average revenue) 指厂商在平均每一单位产品销售上所获得的收入。平均收益的定义公式为:

$$AR = \frac{TR(Q)}{Q} = P \tag{6.2}$$

边际收益 (marginal revenue) 指厂商每增加一单位产品销售所获得的总收入的增量。边际收益的定义公式为:

$$MR(Q) = \frac{\Delta TR(Q)}{\Delta Q} \tag{6.3}$$

或者

$$MR(Q) = \lim_{\Delta Q \to 0} \frac{\Delta TR(Q)}{\Delta Q} = \frac{dTR(Q)}{dQ} \tag{6.4}$$

由式 (6.4) 可知,每一销售量水平上的边际收益 MR 值就是相应的总收益 TR 曲线的斜率。

2. 完全竞争厂商的收益曲线

厂商的收益取决于市场上对其产品的需求状况，或者说，厂商的收益取决于厂商的需求曲线的特征。在不同的市场类型中，厂商的需求曲线具有不同的特征。下面将说明完全竞争厂商的需求曲线是如何决定相应的收益曲线的。

表 6-2   某完全竞争厂商的收益表

销售量 Q	价格 P	总收益 TR	平均收益 AR	边际收益 MR
100	1	100	1	1
200	1	200	1	1
300	1	300	1	1
400	1	400	1	1
500	1	500	1	1

在以后的分析中，我们均假定厂商的销售量等于厂商所面临的需求量。这样，完全竞争厂商的水平的需求曲线又可以表示：在每一个销售量上，厂商的销售价格是固定不变的，于是，我们必然会有厂商的平均收益等于边际收益，且等于既定的市场价格的结论，即必有 AR = MR = P。这一点可以利用表 6-2 予以具体说明。表 6-2 是一张某厂商的收益表。由表 6-2 可见，在所有的销售量水平，产品的市场价格是固定的，均为 P = 1（因为，单个完全竞争厂商的销售量的变化不可能对产品的市场价格产生影响）。这样一来，厂商每销售一单位产品的平均收益是不变的，它等于价格 P = 1，而且，每增加一单位产品销售所增加的收益即边际收益也是不变的，也等于价格 P = 1。也就是说，有 AR = MR = P = 1。此外，在表中，随着销售量的增加，由于产品价格保持不变，所以，总收益是以不变的速率上升的。

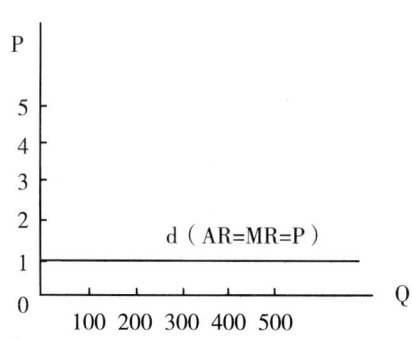
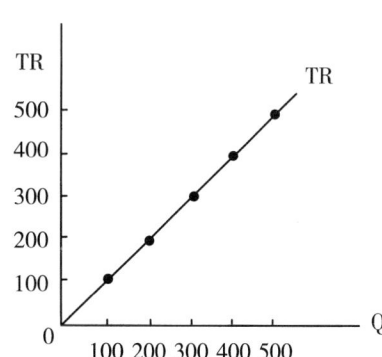

图 6-3   某完全竞争厂商的收益曲线

图 6-3 是根据表 6-2 绘制的收益曲线图，该图体现了完全竞争厂商的收益曲线的特征。由图 6-3 可见，完全竞争厂商的平均收益 AR 曲线、边际收益 MR 曲线和需求曲线 d 三条线重叠，它们都用同一条由既定价格水平出发的水平线来表示。其理由是显然的：在厂商的每一个销售量水平都有 AR = MR = P，且厂商的需求曲线本身就是一条

由既定价格水平出发的水平线。此外，完全竞争厂商的总收益 TR 曲线是一条由原点出发的斜率不变的上升直线。其理由在于，在每一个销售量水平，MR 值是 TR 曲线的斜率，且 MR 值等于固定不变的价格水平。关于这一点，也可以用公式说明如下：

$$MR(Q) = \frac{dTR(Q)}{dQ} = \frac{d(P \times Q)}{dQ} = P$$

 **即问即答**

为什么说完全竞争厂商的需求曲线、平均收益曲线和边际收益曲线三线是重合的？

三、利润最大化的均衡条件

厂商进行生产的目的是为了追求最大化的利润，那么，厂商实现利润最大化的原则是什么呢？或者说，什么是厂商实现利润最大化的均衡条件呢？下面，我们将以完全竞争厂商的短期生产为例推导利润最大化的均衡条件。

先利用图 6-4 来寻找厂商实现最大利润的生产均衡点。图 6-4 中，有某完全竞争厂商的一条短期生产的边际成本 SMC 曲线和一条由既定价格水平 P_e 出发的水平的需求曲线 d，这两条线相交于 E 点。我们说，E 点就是厂商实现最大利润的生产均衡点，相应的产量 Q^* 就是厂商实现最大利润时的均衡产量。这是因为，具体地看，当产量小于均衡产量 Q^*，例如，为 Q_1 时，厂商的边际收益大于边际成本，即有 MR > SMC。这表明厂商增加一单位产量所带来的总收益的增加量大于所付出的总成本的增加量，也就是说，厂商增加产量是有利的，可以使利润得到增加。所以，如图 6-4 中指向右方的箭头所示，只要 MR > SMC，厂商就会增加产量。同时，随着产量的增加，厂商的边际收益 MR 保持不变而厂商的边际成本 SMC 是逐步增加的，最后，MR > SMC 的状况会逐步变化成 MR = SMC 的状况。在这一过程中，厂商得到了扩大产量所带来的全部好处，获得了他所能得到的最大利润。相反，当产量大于均衡产量 Q^*，例如为 Q_2 时，厂商的边际收益小于边际成本，即有 MR < SMC。这表明厂商增加一单位产量所带来的总收益

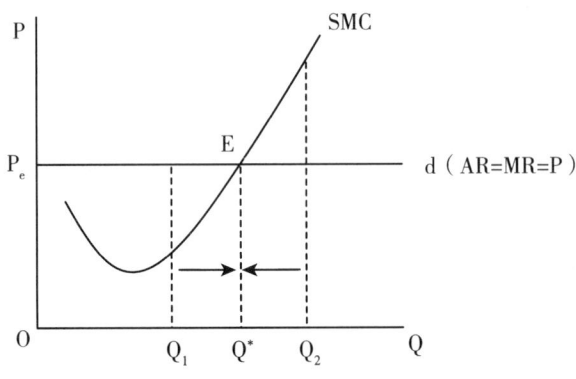

图 6-4 利润最大化（一）

的增加量小于所付出的总成本的增加量,也就是说,厂商增加产量是不利的,会使利润减少。所以,如图6-4中指向左方的箭头所示,只要 MR < SMC,厂商就会减少产量。同时,随着产量的减少,厂商的边际收益仍保持不变,而厂商的边际成本 SMC 是逐步下降的,最后 MR < SMC 的状况会逐步变成为 MR = SMC 的状况。在这一过程中,厂商所获得的利润逐步达到最高水平。

由此可见,不管是增加产量,还是减少产量,厂商都是在寻找能够带来最大利润的均衡产量,而这个均衡产量就是使得 MR = SMC 的产量。所以,我们说,边际收益 MR 等于边际成本 MC 是厂商实现利润最大化的均衡条件。

下面,利用图6-5来进一步说明边际收益等于边际成本的利润最大化的均衡条件。

在图6-5(a)中,MR曲线和SMC曲线的相交点E就是利润最大化的均衡点,相应的利润最大化产量是 Q^*。与图6-5(a)相对应,在图6-5(b)中,在均衡产量

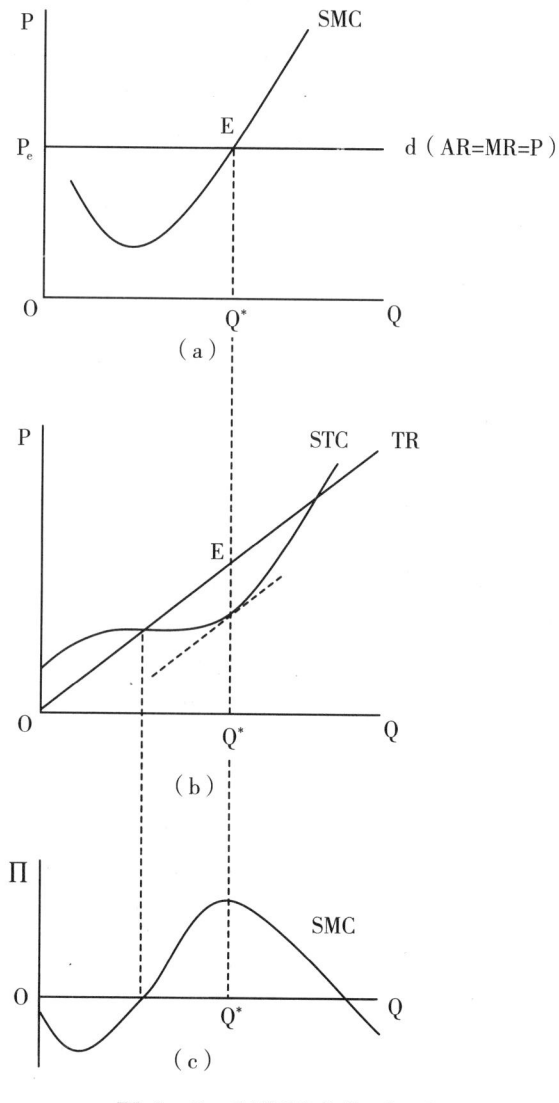

图6-5 利润最大化(二)

水平 Q^*，总收益 TR 曲线和总成本 STC 曲线的斜率相等（取决于在 Q^* 时有 MR = SMC），这两条曲线之间的竖直距离表示厂商所实现的最大利润。在图 6-5（c）中，利润 π 曲线在均衡产量水平 Q^* 达到最高点。

在此需指出一点，虽然以上是以完全竞争厂商的短期生产为例推导利润最大化均衡条件，但是，这一均衡条件不仅对于非完全竞争市场的厂商，而且对于长期生产，也都是适用的。总之，一般地说，边际收益等于边际成本是厂商实现最大利润的均衡条件，通常写为 MR = MC。这个条件也可以用数学方法加以证明，具体见附录一。

所以，厂商应该根据 MR = MC 的原则来确定最优的产量，以实现最大的利润。最后，需要说明的是 MR = SMC 的均衡条件，有时也被称为利润最大或亏损最小的均衡条件。这是因为，当厂商实现 MR = MC 的均衡条件时，并不意味着厂商一定能获得利润。从更广泛的意义上讲，实现 MR = MC 的均衡条件，能保证厂商处于由既定的成本状况（由给定的成本曲线表示）和既定的收益状况（由给定的收益曲线表示）所决定的最好的境况之中。这就是说，如果在 MR = MC 时，厂商是获得利润的，则厂商所获得的一定是最大的利润；相反，如果在 MR = MC 时，厂商是亏损的，则厂商所遭受的一定是最小的亏损。

即问即答

当 MR = MC 时，一定是利润最大吗？

四、完全竞争厂商的短期均衡

（一）完全竞争厂商的短期均衡

在完全竞争厂商的短期生产中，市场的价格是给定的，而且，不变要素的投入量是无法变动的，即生产规模也是给定的。因此，在短期，厂商是在给定的生产规模下，通过对产量的调整来实现 MR = SMC 的利润最大化的均衡条件。

当厂商实现 MR = SMC 时，有可能获得利润，也可能亏损，把各种可能的情况都考虑在内，完全竞争厂商的短期均衡可以具体表现为图 6-6 中的五种情况。

在图 6-6（a）中，根据 MR = SMC 的利润最大化的均衡条件，厂商利润最大化的均衡点为 MR 曲线和 SMC 曲线的交点 E_1，相应的均衡产量为 Q_1。在 Q_1 的产量上，平均收益为 E_1Q_1，平均成本为 AQ_1。由于平均收益大于平均成本，厂商获得利润。在图中，厂商获得的利润为 $E_1A \times OQ_1$，相当于图中的阴影部分的面积。

在图 6-6（b）中，厂商的需求曲线 d 相切于 SAC 曲线的最低点，这一点是 SAC 曲线和 SMC 曲线的交点。这一点恰好也是 MR = SMC 的利润最大化的均衡点 E_2。在均衡产量 Q_2 上，平均收益等于平均成本，都为 E_2Q_2，厂商的利润为零，但厂商的正常利润实现了。由于在这一均衡点 E_2 上，厂商既无利润，也无亏损，所以，该均衡点也被称为厂商的收支相抵点。

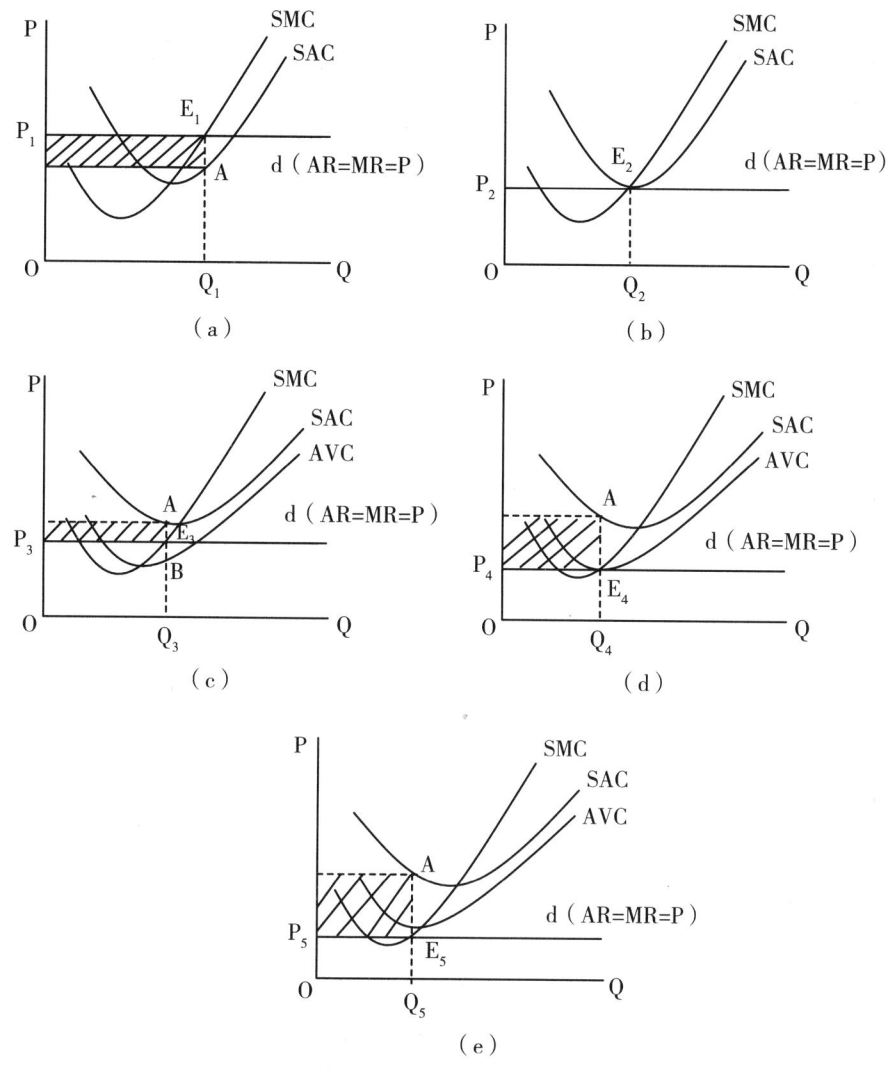

图 6-6 完全竞争厂商短期均衡的各种情况

在图 6-6（c）中，由均衡点 E_3 和均衡产量 Q_3 可知，厂商的平均收益小于平均成本，厂商是亏损的，其亏损量相当于图中的阴影部分的面积。但由于在 Q_3 的产量上，厂商的平均收益 AR 大于平均可变成本 AVC，所以，厂商虽然亏损，但仍继续生产。这是因为，只有这样，厂商才能在用全部收益弥补全部可变成本以后还有剩余，以弥补在短期内总是存在的不变成本的一部分。所以，在这种亏损情况下，生产好于不生产。

在图 6-6（d）中，厂商的需求曲线 d 相切于 AVC 曲线的最低点，这一点是 AVC 曲线和 SMC 曲线的交点。这一点恰好也是 MR = SMC 的利润最大化的均衡点。在均衡产量 Q_4 上，厂商是亏损的，其亏损相当于图中的阴影部分的面积。此时，厂商的平均收益 AR 等于平均可变成本 AVC，厂商可以继续生产，也可以不生产，也就是说，厂商生产或不生产的结果都是一样的。这是因为，如果厂商生产的话，则全部收益只能弥补全部的可变成本，不变成本得不到任何弥补。如果厂商不生产的话，厂商虽然不必支付可变成本，但是全部不变成本仍然存在。由于在这一均衡点上，厂商处于关闭企业的临界点，所以，该均衡点也被称作停止营业点或关闭点。

在图6-6（e）中，在均衡产量 Q_5 上，厂商的亏损量相当于阴影部分的面积。此时，厂商的平均收益 AR 小于平均可变成本 AVC，厂商将停止生产。因为，在这种亏损情况下，如果厂商还继续生产，则全部收益连可变成本都无法全部弥补，就更谈不上对不变成本的弥补了。而事实上只要厂商停止生产，可变成本就可以降为零。显然，此时不生产好于生产。

综上所述，完全竞争厂商短期均衡的条件是：

$$MR = SMC \qquad (6.5)$$

式（6.5）中，MR = AR = P。在短期均衡时，厂商的利润可以大于零，也可以等于零，或者小于零。

 即问即答

1. 在完全竞争厂商的短期均衡产量上 AVC < AR < SAC，则厂商（　　）。
   A. 亏损，立即停产　　　　　　　B. 亏损，但应继续生产
   C. 亏损，生产或不生产都可以　　D. 获得正常利润，继续生产
2. 某完全竞争厂商的产量为500单位，相应的总收益和总成本分别是600元和800元，不变成本为300元，边际成本为1元，根据利润最大化原则，则厂商（　　）。
   A. 增加产量　　B. 停产　　C. 减少产量　　D. 可采取以上任何措施

（二）厂商的短期供给曲线

在之前的学习中，我们知道，供给曲线是用来表示在每一个价格水平厂商愿意而且能够提供的产品的数量。在完全竞争市场上，厂商的短期供给曲线可以利用短期边际成本 SMC 曲线来表示，关于这一点的具体说明如下。

对完全竞争厂商来说，有 P = MR，所以，完全竞争厂商的短期均衡条件 MR = SMC 又可以写成 P = MC(Q)。此式可以这样理解：在每一个给定的价格水平 P，完全竞争厂商应该选择最优的产量 Q，使得 P = MC(Q) 成立，从而实现最大的利润。这意味着在价格 P 和厂商的最优产量 Q（即厂商愿意而且能够提供的产量）之间存在着一一对应的关系，而厂商的 SMC 曲线恰好准确地表明了这种商品的价格和厂商的短期供给量之间的关系。我们将图6-6关于厂商短期均衡的五种可能的情况置于一张图中进行分析，见图6-7（a）。

仔细地分析一下可以看到，当市场价格分别为 P_1、P_2、P_3 和 P_4 时，厂商根据 MR = SMC（即 P = SMC）的原则，选择的最优产量顺次为 Q_1、Q_2、Q_3 和 Q_4。很清楚，SMC 曲线上的 E_1、E_2、E_3 和 E_4 点明确地表示了这些不同的价格水平与相应的不同的最优产量之间的对应关系。但必须注意到，厂商只有在 P≥AVC 时，才会进行生产，而

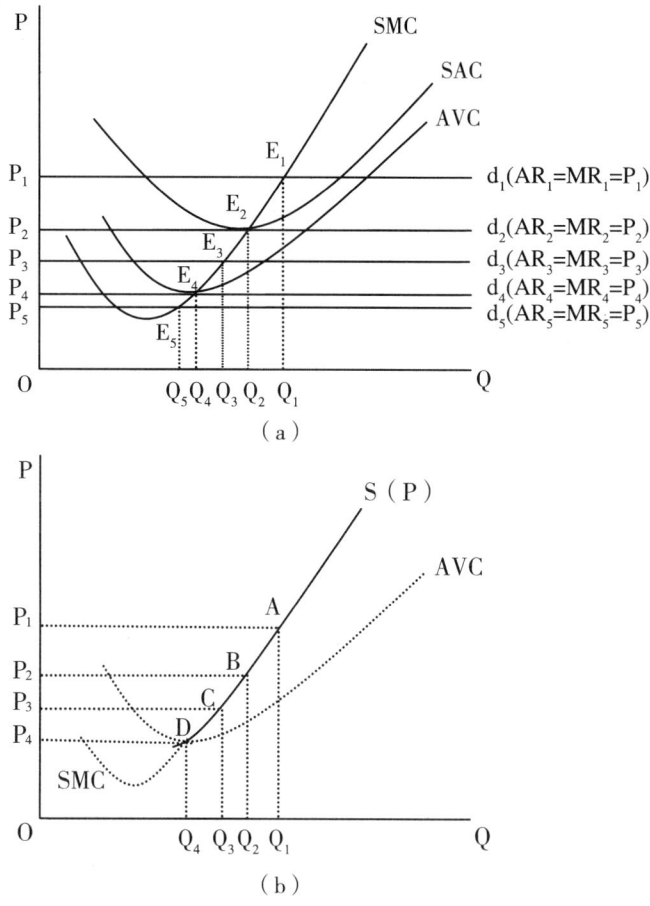

图6-7 由完全竞争厂商的短期边际成本曲线到短期供给曲线

在 P < AVC 时,厂商会停止生产。所以,厂商的短期供给曲线应该用 SMC 曲线上大于和等于 AVC 曲线最低点的部分来表示,即用 SMC 曲线大于和等于停止营业点的部分来表示。如图6-7(b)所示,图中 SMC 曲线上的实线部分就是完全竞争厂商的短期供给曲线 $S = S(P)$,该线上的 A、B、C 和 D 点分别与图6-7(a)中 SMC 曲线上的 E_1、E_2、E_3 和 E_4 点相对应。

由图6-7(b)可见,完全竞争厂商的短期供给曲线是向右上方倾斜的,它表示了商品的价格和供给量之间同方向变化的关系。更重要的是,完全竞争厂商的短期供给曲线表示厂商在每一个价格水平的供给量都是能够给他带来最大利润或最小亏损的最优产量。

(三)生产者剩余

生产者剩余是与消费者剩余相对应的概念,这两个概念通常结合在一起使用,并被广泛地运用于有关经济效率和社会福利问题的分析之中。在此,我们介绍生产者剩余。

生产者剩余（producer surplus）指厂商在提供一定数量的某种产品时实际接受的总支付和愿意接受的最小总支付之间的差额。在几何图形中，厂商的短期生产者剩余用市场价格线以下、厂商的短期供给曲线（即短期边际成本 SMC 曲线）以上的面积来表示，如图 6-8 的阴影部分面积所示。原因在于：只要每一单位产品的价格大于边际成本，厂商进行生产总是有利的。这时，厂商就可以得到生产者剩余。在图中，矩形面积 OP_0EQ_0 表示总收益即厂商实际接受的总支付，供给曲线以下的面积 $OCEQ_0$ 表示厂商愿意接受的最小总支付，两者的面积之差就是生产者剩余。

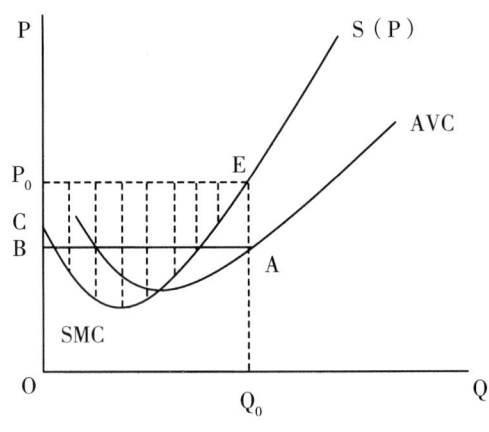

图 6-8 生产者剩余

此外，厂商的短期生产者剩余也可以用数学公式定义。令厂商的短期反供给函数为 $P^S = f(Q)$，且市场价格为 P_0 时厂商的供给量为 Q_0，则厂商的短期生产者剩余为：

$$PS = P_0 Q_0 - \int_0^{Q_0} f(Q) dQ \tag{6.6}$$

其中 PS 为生产者剩余的英文简写，式子右边的第一项表示厂商实际接受的总支付，第二项表示厂商愿意接受的最小总支付。

在短期内，由于所有产量的边际成本之和就等于总可变成本，因此，厂商的短期生产者剩余也可以用厂商的总收益和总可变成本之间的差额来表示，即 $PS = TR - TVC$。其实，从本质上讲，在短期中，由于固定成本不变，所以，只要总收益大于总可变成本，厂商进行生产就是有利的，就能得到生产者剩余。

以上我们分析了单个生产者剩余，类似的分析对市场的生产者剩余也是适用的。

 即问即答

关于生产者剩余和利润之间的关系，下列说法不正确的有（　　）。
A. 生产者剩余一定不小于利润　　　　B. 在长期内，生产者剩余等于利润
C. 生产者剩余的变化量等于利润的变化量　　D. 利润一定小于生产者剩余

五、完全竞争厂商的长期均衡

在长期中,所有的生产要素投入量都是可变的,完全竞争厂商通过对全部生产要素投入量的调整来实现利润最大化的均衡条件 MR = LMC。而完全竞争厂商在长期内对全部生产要素的调整可以表现为两个方面:一方面,表现为厂商进入或退出一个行业,这也就是行业内企业数量的调整;另一方面,表现为厂商对生产规模的调整。

(一)厂商对最优生产规模的选择

首先,我们分析厂商在长期生产中对最优生产规模的选择。下面利用图 6 - 9 加以说明。

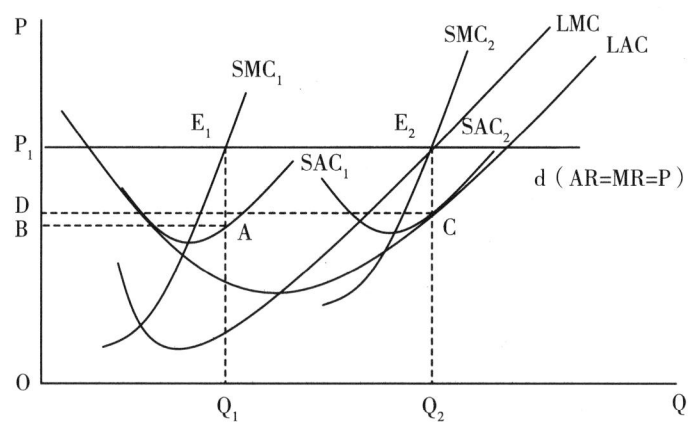

图 6 - 9 长期生产中厂商对最优生产规模的选择

在图 6 - 9 中,假定完全竞争市场的价格为 P_1。在 P_1 的价格水平,厂商应该选择哪一个生产规模,才能获得最大的利润呢?在短期内,假定厂商已拥有的生产规模以 SAC_1 曲线和 SMC_1 曲线表示。由于在短期内生产规模是给定的,所以,厂商只能在既定的生产规模下进行生产。根据短期利润最大化的均衡条件 MR = SMC,厂商选择的最优产量为 Q_1,所获得的利润为图中 P_1E_1AB 围成的面积。而在长期内,情况就不相同了。在长期内,根据长期利润最大化的均衡条件 MR = LMC,厂商会达到长期均衡点 E_2,并且选择 SAC_2 曲线和 SMC_2 曲线所代表的最优生产规模进行生产,相应的最优产量为 Q_2,所获得的利润为图中 P_1E_2CD 围成的面积。明显的,P_1E_2CD 围成的面积要比 P_1E_1AB 围成的面积大,换句话说,在长期,厂商通过对最优生产规模的选择,使自己的状况得到改善,从而获得了比在短期内所能获得的更大的利润。

(二)厂商进出一个行业

接下来,我们分析厂商在长期生产中进入或退出一个行业的决策及其对单个厂商利润的影响。以图 6 - 10 来说明。

厂商在长期生产中进入或退出一个行业,实际上是生产要素在各个行业之间的调

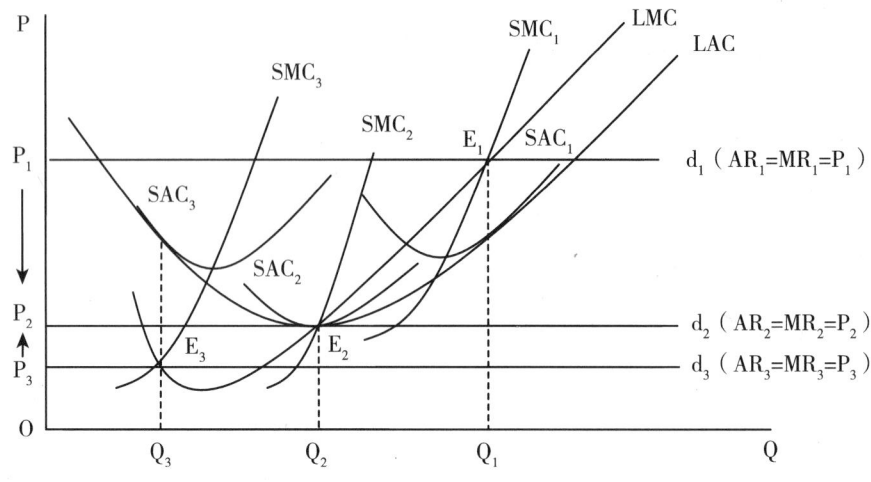

图 6-10 厂商进入或退出行业

整，生产要素总是会流向能获得更大利润的行业，也总是会从亏损的行业退出。正是行业之间生产要素的这种调整，使得完全竞争厂商长期均衡时的利润为零。具体地说，以图 6-10 为例，如果开始时的市场价格较高为 P_1，根据 MR = LMC 的利润最大化的原则，厂商选择的产量为 Q_1，相应的最优生产规模由 SAC_1 曲线和 SMC_1 曲线所代表。此时，厂商获得利润，这便会吸引一部分厂商进入该行业生产中来。随着行业内厂商数量的逐步增加，市场上的产品供给就会增加，市场价格就会逐步下降，相应地，单个厂商的利润就会逐步减少。只有当市场价格水平下降到使单个厂商的利润减少为零时，新厂商的进入才会停止。相反，如果市场价格较低为 P_3 时，则厂商根据 MR = LMC 的利润最大化原则选择的产量为 Q_3，相应的最优生产规模由 SAC_3 曲线和 SMC_3 曲线所代表。此时，厂商是亏损的，这使得行业内原有厂商中的一部分退出该行业的生产。随着行业内厂商数量的逐步减少，市场的产品供给就会减少，市场价格就会逐步上升。相应地，单个厂商的亏损就会减少。只有当市场价格水平上升到使单个厂商的亏损消失即利润为零时，原有厂商的退出才会停止。总之，不管是新厂商的进入，还是原有厂商的退出，最后，这种调整一定会使市场价格达到等于长期平均成本的最低点的水平，即图中的价格水平 P_2。在这一价格水平，行业内的每个厂商既无利润，也不亏损，但都实现了正常利润。于是，厂商失去了进入或退出该行业的动力，行业内的每个厂商都实现了长期均衡。

图 6-10 中的 E_2 点是完全竞争厂商的长期均衡点。在厂商的长期均衡点 E_2，LAC 曲线达最低点，相应的 LMC 曲线经过该点；厂商的需求曲线 d_2 与 LAC 曲线相切于该点；代表最优生产规模的 SAC_2 曲线相切于该点，相应的 SMC_2 曲线经过该点。总之，完全竞争厂商的长期均衡出现在 LAC 曲线的最低点。这时，生产的平均成本降到长期平均成本的最低点，商品的价格也等于最低的长期平均成本。

最后，我们得到完全竞争厂商的长期均衡条件为：

$$\text{MR} = \text{LMC} = \text{SMC} = \text{LAC} = \text{SAC} \tag{6.7}$$

式 (6.7) 中，MR = AR = P。此时，单个厂商的利润为零。

 **即问即答**

在完全竞争市场上实现长期均衡时（　　）。
A. 每个厂商都得到了正常利润　　　　B. 每个厂商的经济利润都等于0
C. 行业中没有任何厂商再进入或者退出　　D. 以上都对

第三节　完全垄断市场

一、完全垄断市场的特征

完全垄断又称独占、卖方垄断或纯粹垄断，与完全竞争市场结构相反，完全垄断市场结构是指一家厂商控制了某种产品全部供给的市场结构。在完全垄断市场上，具有以下特征：

第一，厂商数目唯一，一家厂商控制了某种产品的全部供给。完全垄断市场上垄断企业排斥其他竞争对手，独自控制了一个行业的供给。由于整个行业仅存在唯一的供给者，企业就是行业。

第二，完全垄断企业是市场价格的制定者。由于垄断企业控制了整个行业的供给，也就控制了整个行业的价格，成为价格制定者（price-maker）。完全垄断企业可以有两种经营决策：以较高价格出售较少产量，或以较低价格出售较多产量。

第三，完全垄断企业的产品不存在任何相近的替代品。否则，其他企业可以生产替代品来代替垄断企业的产品，完全垄断企业就不可能成为市场上唯一的供给者。因此消费者无其他选择。

第四，其他任何厂商进入该行业都极为困难或不可能，要素资源难以流动。完全垄断市场上存在进入障碍，其他厂商难以参与生产。

形成垄断的原因主要有以下几个：（1）独家厂商控制了生产某种商品的全部资源或基本资源的供给。对生产资源的独占，排除了其他厂商生产同种商品的可能性。（2）独家厂商拥有生产某种商品的专利权。专利权使得厂商在一定时期内垄断该商品的生产。（3）政府的特许。政府往往在某些行业实行垄断政策，如供电供水部门等，由此便形成了该行业的完全垄断。（4）自然垄断。有些行业的生产具有这样的特点：一方面，企业生产的规模经济需要在一个很大的产量范围和相应的很大的资本设备的生产运行水平上才能得到充分体现，以至于整个行业的产量只有由一个企业来生产时才有可能达到。另一方面，只要发挥这一企业在这一生产规模上的生产能力，就可以满足整个市场对该产品的需求。在这类产品的生产中，行业内总会有某个厂商凭借雄厚的经济实力和其他优势，最先达到这一生产规模，从而垄断整个行业的生产和销售，这就是自然垄断。

完全垄断市场和完全竞争市场一样，都只是一种理论假定，是对实际中某些产品的一种抽象，现实中绝大多数产品都具有不同程度的替代性。

二、完全垄断市场下厂商的需求曲线和收益曲线

（一）完全垄断厂商的需求曲线

由于垄断市场中只有一个厂商，所以，市场的需求曲线就是垄断厂商所面临的需求曲线，它是一条向右下方倾斜的曲线。仍假定厂商的销售量等于市场的需求量，于是，向右下方倾斜的垄断厂商的需求曲线表示：垄断厂商可以通过减少销售量的办法来提高市场价格，也可以通过增加销售量的办法来压低市场价格，即垄断厂商可以通过改变销售量来控制市场价格，而且，垄断厂商的销售量与市场价格成反方向的变动。

（二）完全垄断厂商的收益曲线

首先看平均收益。由于完全垄断厂商的 P 与 Q 之间成反比关系，因此，垄断厂商的总收益 $TR = P \times Q$，由 AR 定义可知，此时：

$$AR = \frac{TR(Q)}{Q} = P(Q) \tag{6.8}$$

即厂商的平均收益曲线与需求曲线重合。

其次看边际收益。由于 AR 曲线向右下方倾斜，说明 AR 呈递减趋势，根据边际量与平均量的关系，可知 MR 曲线在 AR 曲线的下方。假定垄断厂商的需求曲线是线性的，则可确定 MR 的函数形式，进而确定 MR 曲线的位置。具体分析如下：

设垄断厂商的线性反需求函数为：

$$P = a - bQ \tag{6.9}$$

式中 a、b 为常数，a、b > 0，则垄断厂商的总收益和边际收益函数分别为：

$$TR = P \times Q = (a - bQ) \times Q = aQ - bQ^2 \tag{6.10}$$

$$MR = \frac{dTR}{dQ} = a - 2bQ \tag{6.11}$$

根据 MR 的函数形式即可得图 6 – 11（a）所示的 MR 曲线，MR 曲线的斜率为 – 2b，在纵坐标轴上的截距与需求曲线相同，在横轴上的截距是需求曲线在横轴上截距的一半。

垄断厂商的边际收益不仅与价格相关，还与需求弹性相关。设供给函数为：

$$P = P(Q)$$

则：$TR(Q) = P(Q) \cdot Q$

$$MR(Q) = \frac{dTR(Q)}{dQ} = P + Q \cdot \frac{dP}{dQ}$$

$$MR = P\left(1 - \frac{1}{e_d}\right) \tag{6.12}$$

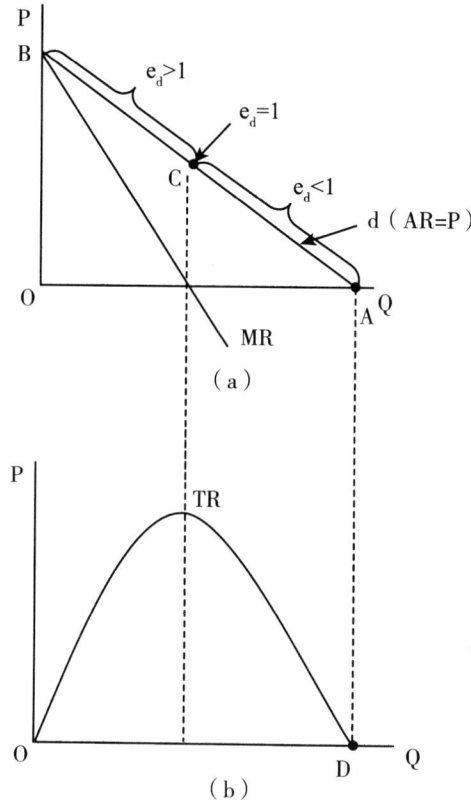

图 6-11 垄断厂商的需求曲线和收益曲线

式（6.12）中 e_d 为需求价格弹性。

从式（6.12）可以看出：当需求富有弹性时，即 $e_d > 1$ 时，MR > 0，意味着产量的增加将使总收益增加。当需求缺乏弹性时，即 $e_d < 1$ 时，MR < 0，意味着产量的增加使总收益减少。当需求具有单位弹性时，即 $e_d = 1$ 时，MR = 0，此时垄断厂商的总收益达到最大。图 6-11 反映了需求价格弹性、边际收益和总收益之间的关系。

 即问即答

1. 完全垄断市场上，厂商的需求曲线是一条（　　）。
   A. 向右下方倾斜的曲线　　　　B. 与横轴平行的线
   C. 与横轴垂直的线　　　　　　D. 向右上方倾斜的曲线
2. 在垄断市场上，平均收益和边际收益的关系是（　　）。
   A. 平均收益大于边际收益　　　B. 平均收益小于边际收益
   C. 平均收益等于边际收益　　　D. 无法确定
3. 如果在需求曲线上某点的价格弹性为 $e_d = 5$，商品的价格 P = 6，则相应的边际收益 MR 等于（　　）。
   A. 7.5　　　　B. 4.8　　　　C. 1　　　　D. 24

三、完全垄断厂商的短期均衡

垄断厂商可以通过调整产量和价格来实现利润最大化。与完全竞争市场类似,垄断厂商利润最大化时的产量也是由需求状况和成本状况共同决定的。其利润最大化条件为 MR = MC,这也是垄断厂商短期均衡的条件。在短期里,垄断厂商由于各种原因,如既定规模成本过高,或面对的市场供给较小等,可能导致短期里盈亏平衡甚至亏损,不一定总是获得垄断利润。所以垄断厂商的短期均衡有三种情况:获得超额利润、获得正常利润或蒙受损失。垄断厂商为了获得最大的利润,也必须遵循 MR = MC 的原则。在短期内,垄断厂商无法改变固定要素投入量,垄断厂商是在既定的生产规模下通过对产量和价格的调整,来实现 MR = SMC 的利润最大化的原则。这可用图 6-12 来说明。

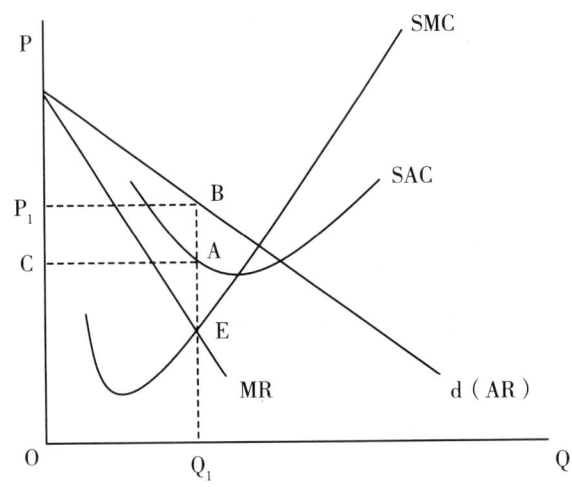

图 6-12 垄断厂商的短期均衡

图 6-12 中的 SMC 曲线和 SAC 曲线代表垄断厂商的既定的生产规模,d 曲线和 MR 曲线代表垄断厂商的需求和收益状况。垄断厂商根据 MR = SMC 的利润最大化的均衡条件,将产量和价格分别调整到 Q_1 和 P_1 的水平。在短期均衡点 E 上,垄断厂商的平均收益为 BQ_1,平均成本为 AQ_1,平均收益大于平均成本,垄断厂商获得利润。总利润量为图中 ABP_1C 围成的矩形面积。

为什么垄断厂商只有在 MR = SMC 的均衡点上,才能获得最大的利润呢?

这是因为,只要 MR > SMC,垄断厂商增加一单位产量所得到的收益增量就会大于所付出的成本增量。这时,厂商增加产量是有利的。随着产量的增加,如图 6-12 所示,MR 会下降,而 SMC 会上升,两者之间的差额会逐步缩小,最后达到 MR = SMC 的均衡点,厂商也由此得到了增加产量的全部好处。而 MR < SMC 时,情况正好与上面相反。所以,垄断厂商的利润在 MR = SMC 处达到最大值。

如果认为垄断厂商在短期内总能获得利润的话,这就错了。垄断厂商在 MR = SMC

的短期均衡点上,可以获得最大的利润,也可能是亏损的(尽管亏损额是最小的)。造成垄断厂商短期亏损的原因,可能是既定的生产规模的成本过高(表现为相应的成本曲线的位置过高),也可能是垄断厂商所面临的市场需求过小(表现为相应的需求曲线的位置过低)。这一点读者可以自行作图分析。

和完全竞争厂商一样,在亏损情况下,若 AR > AVC,垄断厂商继续生产;若 AR = AVC,垄断厂商生产不生产一样;若 AR < AVC,垄断厂商停止生产。

由此可以得到垄断厂商短期均衡条件为:

$$MR = SMC \tag{6.13}$$

垄断厂商在短期均衡点上可以获得最大利润,可以利润为零,也可以蒙受最小亏损。

即问即答

完全竞争厂商和完全垄断厂商在实现短期均衡时有何区别和联系?

四、完全垄断厂商的供给曲线

在完全竞争市场条件下,每一个厂商都无法控制市场价格,它们都是在每一个既定的市场价格水平,根据 P = SMC 的均衡条件来确定唯一的能够带来最大利润(或最小亏损)的产量。例如,在图 6-7 中,随着完全竞争厂商所面临的呈水平线形状的需求曲线的位置上下平移,价格 P_1 对应的唯一的均衡产量为 Q_1,价格 P_2 对应的唯一的均衡产量为 Q_2,如此等等。这种价格和产量之间一一对应的关系,是构造完全竞争厂商和行业的短期供给曲线的基础。

但是,垄断市场条件下的情况就不相同了。垄断厂商是通过对产量和价格的同时调整来实现 MR = SMC 的原则的,而且,P 总是大于 MR 的。随着厂商所面临的向右下方倾斜的需求曲线的位置移动,厂商的价格和产量之间不再必然存在如同完全竞争条件下的那种一一对应的关系,而是有可能出现一个价格水平对应几个不同的产量水平,或一个产量水平对应几个不同的价格水平的情形。

例如,在图 6-13(a)中,MC 曲线仍是固定的,d_1 曲线、MR_1 曲线和 d_2 曲线、MR_2 曲线分别为两组不同的需求曲线和边际收益曲线。比较 MR_1 = SMC 和 MR_2 = SMC 的两个均衡点 E_1 和 E_2(为同一均衡点),可以发现,同一个产量 Q_1 对应的却是两个不同的价格 P_1 和 P_2。在(b)中 MC 曲线是固定的。当垄断厂商的需求曲线为 d_1、边际收益曲线为 MR_1 时,由均衡点 E_1 所决定的产量为 Q_1,价格为 P_1。当需求曲线移为 d_2、边际收益曲线移为 MR_2 时,由均衡点 E_2 所决定的产量为 Q_2,价格 P_2 等于 P_1。于是,同一个价格 P_1 对应两个不同的产量 Q_1 和 Q_2。因此,在垄断市场条件下无法得到如同完全竞争市场条件下的具有规律性的可以表示产量和价格之间一一对应关系的厂商和行业的短期供给曲线。

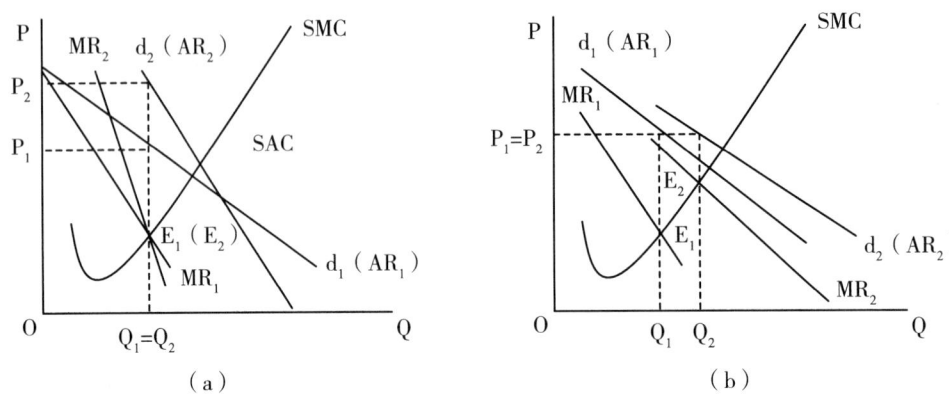

图 6-13 垄断厂商的产量和价格

由此可以得到更一般的结论：凡是在或多或少的程度上带有垄断因素的不完全竞争市场中，或者说，凡是在单个厂商对市场价格具有一定的控制力量，相应地，单个厂商的需求曲线向右下方倾斜的市场中，是不存在具有规律性的厂商和行业的短期和长期供给曲线的。其理由跟上面对垄断厂商不存在短期供给曲线的分析相同。

五、垄断厂商的长期均衡

垄断厂商在长期内可以调整全部生产要素的投入量即生产规模，从而实现最大的利润。垄断行业排除了其他厂商进入的可能性，因此，与完全竞争厂商不同，如果垄断厂商在短期内获得利润，那么，其利润在长期内不会因为新厂商的加入而消失，垄断厂商在长期内是可以保持利润的。

垄断厂商在长期内对生产的调整一般可以有三种可能的结果：第一种结果，垄断厂商在短期内是亏损的，但在长期，又不存在一个可以使其获得利润（或至少使亏损为零）的最优生产规模，于是，该厂商退出生产。第二种结果，垄断厂商在短期内是亏损的，在长期内，该厂商通过对最优生产规模的选择，摆脱了亏损的状况，甚至获得利润。第三种结果，垄断厂商在短期内利用既定的生产规模获得了利润，在长期中，该厂商通过对生产规模的调整，使自己获得更大的利润。至于第一种情况，不需要再分析。对第二种情况和第三种情况的分析是相似的，下面利用图 6-14 着重分析第三种情况。

图 6-14 中的 d 曲线和 MR 曲线分别表示垄断厂商所面临的市场需求曲线和边际收益曲线，LAC 曲线和 LMC 曲线分别为垄断厂商的长期平均成本曲线和长期边际成本曲线。

假定开始时垄断厂商短期是在由 SAC_1 曲线和 SMC_1 曲线所代表的生产规模上进行生产。在短期内，垄断厂商只能按照 MR = SMC 的原则，在现有的生产规模上将均衡产量和均衡价格分别调整到 Q_1 和 P_1。在短期均衡点 E_1 上，垄断厂商获得的利润为图中 P_1ABC 围成的矩形面积。

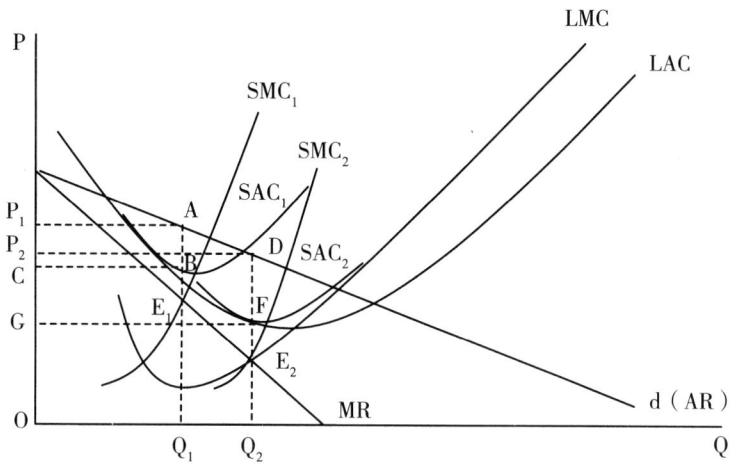

图 6-14 垄断厂商的长期均衡

在长期中，垄断厂商通过对生产规模的调整，能进一步增大利润。按照 MR＝LMC 的长期均衡原则，垄断厂商的长期均衡点为 E_2，长期均衡产量和均衡价格分别为 Q_2 和 P_2，垄断厂商所选择的相应的最优生产规模由 SAC_2 曲线和 SMC_2 曲线所代表。此时，垄断厂商获得了比短期更大的利润，其利润量相当于图 6-14 中 P_2DFG 围成的矩形面积。明显的，长期中垄断厂商获得更大的利润，原因在于长期内企业的生产规模是可调整的，而且市场对新加入厂商是完全关闭的。

如图 6-14 所示，在垄断厂商的 MR＝LMC 长期均衡产量上，代表最优生产规模的 SAC 曲线和 LAC 曲线相切于 F，相应的 SMC 曲线、LMC 曲线和 MR 曲线相交于 E_2 点。所以，垄断厂商的长期均衡条件为：

$$MR = LMC = SMC \tag{6.14}$$

垄断厂商在长期均衡点上一般可获得利润。

 即问即答

如果垄断厂商的长期平均成本超过市场价格（　　）。
A. 停留在这一营业水平上，因为它是资本得到了一个正常报酬
B. 停留在这一营业水平上，尽管其固定成本没有补偿
C. 歇业并清理资产
D. 暂停营业

六、垄断厂商的价格歧视

由于垄断这一得天独厚的条件，厂商便会在追求利润最大化的动机之下做出一些违规之举。如以不同的价格销售同一种产品，这就是价格歧视。

垄断厂商实行价格歧视必须具备以下两个条件：

第一，市场的消费者具有不同的偏好，且这些不同的偏好可以被区分开。这样，厂商才有可能对不同的消费者或消费群体收取不同的价格。

第二，不同的消费者群体或不同的销售市场是相互隔离的。这样就排除了中间商由低价处买进商品，转手又在高价处出售商品而从中获利的情况。

一般来说价格歧视分为三类：一级价格歧视、二级价格歧视和三级价格歧视。

（一）一级价格歧视

一级价格歧视（first-degree price discrimination），又称完全价格歧视，是指厂商根据消费者愿意为每单位商品付出的最高价格而为每单位产品制定不同的销售价格。

由于需求曲线反映了消费者对每一单位商品愿意并且能够支付的最高价格。如果厂商已知消费者的需求曲线，即已知消费者对每一单位产品愿意并且能够支付的最高价格，厂商就可以按此价格逐个制定商品价格。以图 6 - 15 为例，当厂商销售第一单位产品 Q_1 时，消费者愿意支付的最高价格为 P_1，于是，厂商就按此价格出售第一单位产品。当厂商销售第二单位产品时，厂商又按照消费者愿意支付的最高价 P_2 出售第二单位产品。依此类推，直到厂商销售量为 Q_m 为止，即以价格 P_m 销售第 m 单位的产品。这时，垄断厂商得到的总收益相当于阴影部分的面积。而如果厂商不实行价格歧视，都按同一个价格 P_m 出售 Q_m 的产量时，总收益仅为 OP_mAQ_m 的面积。

下面，我们利用图 6 - 16 分析一级价格歧视所产生的影响。图 6 - 16 中，如果垄断厂商不实行价格歧视，则垄断厂商由需求曲线 d 和边际收益 MR 曲线出发，根据 MR = MC 原则所确定的均衡价格为 P_m，均衡数量为 Q_m，市场上消费者剩余为图中的三角形面积 P_mBC。如果垄断厂商实行一级价格歧视，且假定产量和价格的变化是连续的，则垄断厂商将由需求曲线 d 出发，来确定每一单位商品的不同销售价格。由此可以发现：

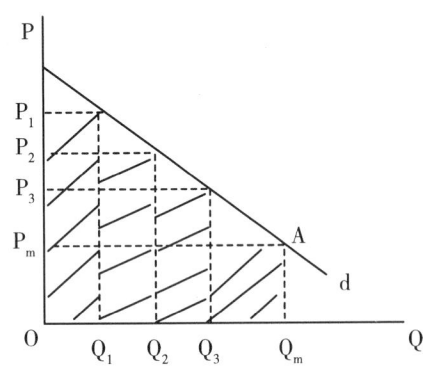

图 6 - 15　一级价格歧视（一）

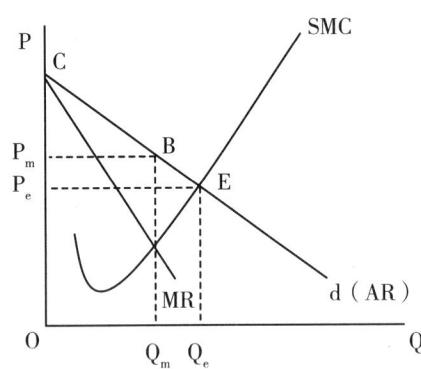

图 6 - 16　一级价格歧视（二）

第一，垄断厂商实行一级价格歧视时的产量将为 Q_e，它大于无价格歧视时的产量 Q_m。具体地看，厂商在实行一级价格歧视时，在产量小于 Q_m 的范围内，消费者为每一单位产品所愿意支付的最高价格（由 d 曲线得到）均大于 P_m，所以，垄断厂商增加产量是有利的。需要注意的是，在产量达到 Q_m 以后，消费者为每一单位产品所愿意支付的最高价格（由 d 曲线得到）虽然小于 P_m 但仍然大于 MC，所以，垄断厂商增加产量还可以获利。因此，垄断厂商始终有动力将产量一直增加到 Q_e 为止。在第 Q_e 单位的产量上，d 曲线和 MC 曲线相交，即有 P = MC，垄断厂商也由此获得了将产量增加到 Q_e 的全部好处。反之，在大于 Q_e 的产量范围，均有 P < MC，故垄断厂商是不可能将生产推进到此产量范围的。总之，实行一级价格歧视的垄断厂商在产量 Q_e 实现了 P = MC，它大于无价格歧视时的产量 Q_m。第二，在一级价格歧视下，垄断厂商的总收益相当于 $OCEQ_e$ 的面积，由此获得了比在无价格歧视下按同一价格 P_m 销售全部产量 Q_m 时更大的利益。第三，一级价格歧视使得消费者剩余全部被垄断厂商所占有，转化为垄断厂商的收益（或利润）。

总之，在一级价格歧视下，垄断厂商占有了全部的消费者剩余。此外，在 Q_e 的产量上，有 P = MC，它居然实现了完全竞争厂商的均衡条件，达到了完全竞争厂商的均衡产量。从这一点可以说，一级价格歧视下的资源配置是有效的。

（二）二级价格歧视

二级价格歧视（second-degree price discrimination）是指垄断厂商对不同的消费数量段规定不同的价格。二级价格歧视比较普遍，如电力公司实行的分段定价等。二级价格歧视主要适用于那些容易度量和记录的劳务，如煤气、电力、水、电话通信等的出售。如在图 6-17 中，垄断者规定了三个不同的价格水平。在 OQ_1 消费段上，垄断者规定的价格最高，为 P_1；当消费者数量增加到 Q_1Q_2 消费段时，价格下降为 P_2；当消费数量再增加到 Q_2Q_3 消费段时，价格便下降为更低的 P_3。

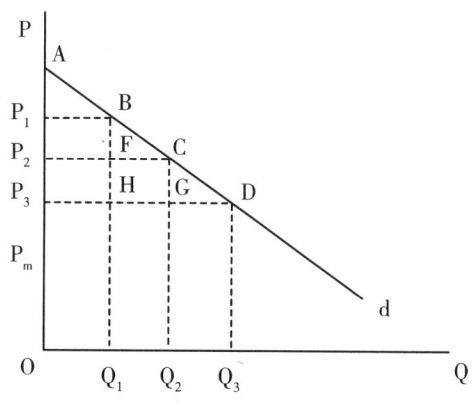

图 6-17 二级价格歧视

如果不存在价格歧视，则垄断厂商的总收益相当于矩形面积 OP_3DQ_3，消费者剩余相当于三角形面积 AP_3D。如果实行二级价格歧视，则垄断厂商的总收益（或利润）的增加量相当于矩形 P_3P_1BH 加矩形 CFHG 的面积，这一面积恰好就是消费者剩余的损失量，留给消费者的剩余仅相当于三角形 AP_1B、BFC 和 CGD 的面积之和。

由此可见，实行二级价格歧视的垄断厂商的收益（或利润）会增加，部分消费者剩余被垄断者占有。此外，垄断者会达到或接近 P = MC 的有效资源配置的产量。

 **即问即答**

二级价格歧视的例子为（　　）。
A. 供水部门根据水的消费量制定不同的价格
B. 航空公司根据旅客的类型制定不同的价格
C. 企业根据消费者意愿支付水平的不同制定不同价格
D. 都不是

（三）三级价格歧视

垄断厂商对同一种产品在不同的市场上（或对不同的消费群）收取不同的价格，这就是三级价格歧视（third-degree price discrimination）。例如，对同种产品，在富人区的价格高于在贫民区的价格；同样的教科书，学生们打折购买。更一般地，对于同种产品，国内市场和国外市场的价格不一样；城市市场和乡村市场的价格不一样；"黄金时间段"和"非黄金时间段"的价格不一样等。

下面具体分析三级价格歧视的做法。分析中假定某垄断厂商在两个分割的市场上出售同种产品。

首先，厂商应该根据 $MR_1 = MR_2 = MC$ 的原则来确定产量和价格。其中，MR_1 和 MR_2 分别表示市场1和市场2的边际收益，MC 表示产品的边际成本。这是因为，第一，就不同的市场而言，厂商应该使各个市场的边际收益相等。只要各市场之间的边际收益不相等，厂商就可以通过不同市场之间的销售量的调整，来获得更大的利益。例如，当 $MR_1 > MR_2$ 时，厂商自然会减少市场2的销售量而增加市场1的销售量，以获得更大的利益。这种调整一直会持续到 $MR_1 = MR_2$ 为止。第二，厂商应该使生产的边际成本 MC 等于各市场相等的边际收益。只要两者不等，厂商就可以通过增加或减少产量来获得更大的利益，直至实现 $MR_1 = MR_2 = MC$ 的条件。

其次，在市场1有
$$MR_1 = P_1\left(1 - \frac{1}{e_{d1}}\right)$$

在市场2有
$$MR_2 = P_2\left(1 - \frac{1}{e_{d2}}\right)$$

再根据 $MR_1 = MR_2$ 的原则，可得

$$P_1\left(1 - \frac{1}{e_{d1}}\right) = P_2\left(1 - \frac{1}{e_{d2}}\right)$$

整理得：
$$\frac{P_1}{P_2} = \frac{1 - \frac{1}{e_{d2}}}{1 - \frac{1}{e_{d1}}} \tag{6.15}$$

由式（6.15）可知，三级价格歧视要求厂商在需求的价格弹性小的市场上制定较高的产品价格，在需求的价格弹性大的市场上制定较低的产品价格。实际上，对价格变

化反应不敏感的消费者制定较高的价格,而对价格变化反应敏感的消费者制定较低的价格,是有利于垄断者获得更大的利润的。

 **即问即答**

实施三级价格歧视的垄断企业对下述何种类型的消费者实施低价政策?(　　)
A. 高需求量的消费者　　　　B. 需求价格弹性高的消费者
C. 低需求量的消费者　　　　D. 需求价格弹性低的消费者

第四节　垄断竞争市场

一、垄断竞争市场的特征

垄断竞争是一种介于完全竞争和完全垄断之间的市场组织形式,在这种市场中,既存在着激烈的竞争,又具有垄断的因素。垄断竞争市场是这样一种市场组织,一个市场中有许多厂商生产和销售有差别的同种产品。根据垄断竞争市场的这一基本特征,西方经济学家提出了生产集团的概念。因为,在完全竞争市场和垄断市场条件下,行业的含义是很明确的,它是指生产同一种无差别的产品的厂商的总和。而在垄断竞争市场,产品差别这一重要特点使得上述意义上的行业不存在。为此,在垄断竞争市场理论中,把市场上大量的生产非常接近的同种产品的厂商的总和称作生产集团。例如,汽车加油站集团、快餐食品集团、理发店集团等。

作为垄断竞争的市场应具有如下基本的特征:

第一,市场中存在着较多数目的厂商,彼此之间存在着较为激烈的竞争。由于每个厂商都认为自己的产量在整个市场中只占有一个很小的比例,因而厂商会认为自己改变产量和价格,不会招致其竞争对手们相应行动的报复。

第二,厂商所生产的产品是有差别的,或称"异质商品"。至于产品差别是指同一产品在价格、外观、性能、质量、构造、颜色、包装、形象、品牌、服务及商标广告等方面的差别以及消费者想象为基础的虚幻的差别。由于存在着这些差别,使得产品成了带有自身特点的"唯一"产品了,也使得消费者有了选择的必然,使得厂商对自己独特产品的生产销售量和价格具有控制力,即具有了一定的垄断能力,而垄断能力的大小则取决于它的产品区别于其他厂商的程度。产品差别程度越大,垄断程度越高。

在西方经济学中,这一条件是决定垄断竞争市场中存在垄断性的重要原因,因为产品的差异造成了无穷多的独特的产品市场,企业在其独具的市场中具有控制能力,形成对各个独特产品市场的垄断。

第三,厂商进入或退出该行业都比较容易。资源流动性较强。

垄断竞争市场是常见的一种市场结构,如肥皂、洗发水、毛巾、服装、布匹等日用品市场,餐馆、旅馆、商店等服务业市场,牛奶、火腿等食品类市场,书籍、药品等市场大多属于此类。

二、垄断竞争市场下厂商的需求曲线

由于垄断竞争厂商可以在一定程度上控制自己产品的价格,即通过改变自己所生产的有差别的产品的销售量来影响商品的价格,所以,如同垄断厂商一样,垄断竞争厂商所面临的需求曲线也是向右下方倾斜的。所不同的是,由于各垄断竞争厂商的产品相互之间都是很接近的替代品,市场中的竞争因素又使得垄断竞争厂商的需求曲线具有较大的弹性。因此,垄断竞争厂商向右下方倾斜的需求曲线是比较平坦的,相对地比较接近完全竞争厂商的水平形状的需求曲线。

垄断竞争厂商所面临的需求曲线有两种,它们通常被区分为 d 需求曲线和 D 需求曲线。下面用图 6-18 分别说明这两种需求曲线。

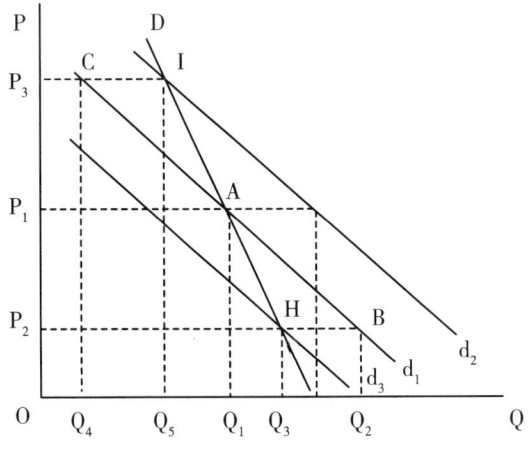

图 6-18 垄断竞争厂商的需求曲线

关于 d 需求曲线。d 需求曲线表示:在垄断竞争生产集团中的某个厂商改变产品价格,而其他厂商的产品价格都保持不变时,该厂商的产品价格和销售量之间的关系。在图 6-18 中,假定某垄断竞争厂商开始时处于价格为 P_1 和产量为 Q_1 的 A 点上,他想通过降价来增加自己产品的销售量。因为,该厂商认为,他降价以后不仅能增加自己产品的原有买者的购买量,而且还能把买者从生产集团内的其他厂商那里吸引过来。该垄断竞争厂商认为其他厂商不会对他的降价行为作出反应。随着他的商品价格由 P_1 下降为 P_2,他的销售量会沿着 d_1 需求曲线由 Q_1 增加为 Q_2。因此,他预期自己的生产可以沿着 d_1 需求曲线由 A 点运动到 B 点,即产量可以有较大的增加。所以,d 需求曲线也被称为主观需求曲线,或预期的需求曲线。

关于 D 需求曲线。D 需求曲线表示:在垄断竞争生产集团的某个厂商改变产品价格,而且集团内的其他所有厂商也使产品价格发生相同变化时,该厂商的产品价格和销售量之间的关系。在图 6-18 中,如果某垄断竞争厂商将价格由 P_1 下降为 P_2 时,集团内其他所有厂商也都将价格由 P_1 下降为 P_2,于是,该垄断竞争厂商的实际销售量是 D

需求曲线上的 Q_3，Q_3 小于它的预期销售量即 d_1 需求曲线上的 Q_2。这是因为集团内其他厂商的买者没有被该厂商吸引过来，每个厂商的销售量增加仅来自整个市场的价格水平的下降。所以，该垄断竞争厂商降价的结果是使自己的销售量沿着 D 需求曲线由 A 点运动到 H 点。同时，d_1 需求曲线也相应地从 A 点沿着 D 需求曲线向下平移到 H 点，即向下平移到 d_2 需求曲线的位置。d_2 需求曲线表示当整个生产集团将价格固定在新的价格水平 P_2 以后，该垄断竞争厂商单独变动价格时在各个价格下的预期销售量。

所以，关于 D 需求曲线，还可以说，它是表示垄断竞争生产集团内的单个厂商在每一市场价格水平的实际销售份额。若生产集团内有 n 个垄断竞争厂商，不管全体 n 个厂商将市场价格调整到何种水平，D 需求曲线总是表示每个厂商的实际销售份额为市场总销售量的 $\frac{1}{n}$。所以，D 曲线也被称为实际需求曲线，或份额需求曲线。

从以上的分析中可以得到关于 d 需求曲线和 D 需求曲线的一般关系：第一，当垄断竞争生产集团内的所有厂商都以相同方式改变产品价格时，整个市场价格的变化会使得单个垄断竞争厂商的 d 需求曲线的位置沿着 D 需求曲线发生平移。第二，由于 d 需求曲线表示单个垄断竞争厂商单独改变价格时所预期的产品销售量，D 需求曲线表示每个垄断竞争厂商在每一市场价格水平实际所面临的市场需求量，所以，d 需求曲线和 D 需求曲线相交意味着垄断竞争市场的供求相等状态。第三，很显然，d 需求曲线的弹性大于 D 需求曲线，即前者较之于后者更平坦一些。

三、垄断竞争厂商的短期均衡

西方经济学家通常以垄断竞争生产集团内的代表性企业来分析垄断竞争厂商的短期均衡和长期均衡。以下分析中的垄断竞争厂商均指代表性企业。垄断竞争厂商在短期内会通过调整它的产量和价格来实现其利润最大化目标。

在短期内，垄断竞争厂商是在现有的生产规模下通过对产量和价格的调整，来实现 MR = SMC 的均衡条件。现用图 6-19 来分析垄断竞争厂商的短期均衡的形成过程。

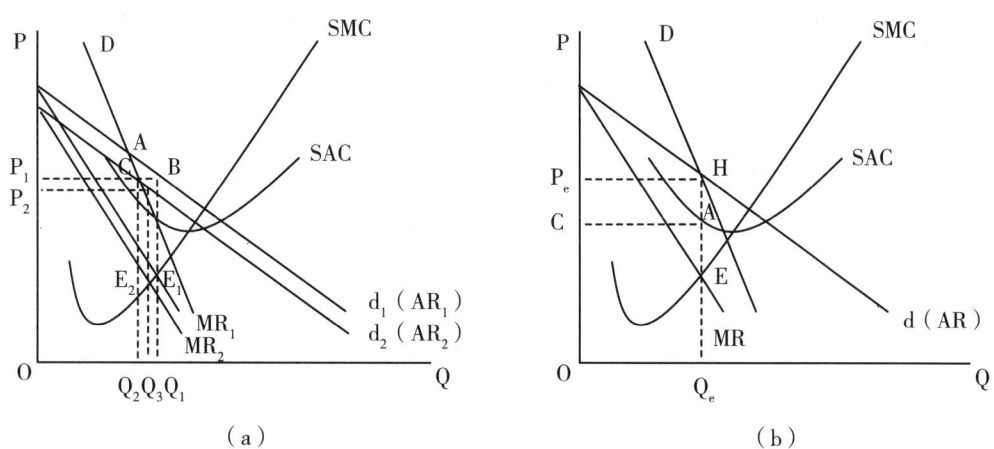

图 6-19 垄断竞争市场代表性企业的短期均衡

在图 6-19（a）中，SAC 曲线和 SMC 曲线表示代表性企业的现有生产规模，d 曲线和 D 曲线表示代表性企业的两种需求曲线，MR$_1$ 曲线是相对于 d$_1$ 曲线的边际收益曲线，MR$_2$ 曲线是相对于 d$_2$ 曲线的边际收益曲线。假定代表性企业最初在 d$_1$ 曲线和 D 曲线相交的 A 点上进行生产。就该企业在 A 点的价格和产量而言，与实现最大利润的 MR$_1$ = SMC 的均衡点 E$_1$ 所要求的产量 Q$_1$ 和价格 P$_1$ 相差很远。于是，该厂商决定将生产由 A 点沿着 d$_1$ 需求曲线调整到 B 点，即将价格降低为 P$_1$，将产量增加为 Q$_1$。

然而，由于生产集团内每一个企业所面临的情况都是相同的，而且，每个企业都是在假定自己改变价格而其他企业不会改变价格的条件下采取了相同的行动，即都把价格降为 P$_1$，都计划生产 Q$_1$ 的产量。于是，事实上，当整个市场的价格下降为 P$_1$ 时，每个企业的产量都毫无例外地是 Q$_2$（取决于份额需求曲线 D），而不是 Q$_1$（取决于主观需求曲线 d）。也就是说，首次降价的结果是使代表性企业的经营位置 A 点沿 D 曲线运动到 C 点，相应地，每个企业的 d$_1$ 曲线也都向下平移到过 C 点的 d$_2$ 曲线的位置。

在 C 点位置上，d$_2$ 曲线与 D 曲线相交，相应的边际收益曲线为 MR$_2$。很清楚，C 点上的代表性企业的产品价格 P$_1$ 和产量 Q$_2$ 仍然不符合在新的市场价格水平下的 MR$_2$ = SMC 的均衡点 E$_2$ 上的价格 P$_2$ 和产量 Q$_3$ 的要求。因此，该企业又会再一次降价。与第一次降价相似，每一个企业按自己的主观预期将沿着 d$_2$ 曲线由 C 点再次向下运动；而事实上，整个生产集团内的每个厂商都将沿着市场份额需求曲线 D 由 C 点向下运动。相应地，d$_2$ 曲线向下平移，并与 D 曲线相交（图中从略）。依此类推，代表性企业为实现 MR = SMC 的利润最大化的原则，会继续降低价格，d 曲线会沿着 D 曲线不断向下平移，并在每一个新的市场价格水平与 D 曲线相交。

上述的过程一直要持续到代表性企业没有理由再继续降价为止，即一直要持续到企业所追求的 MR = SMC 的均衡条件实现为止。如图 6-19（b）所示，代表性企业连续降价的行为的最终结果，将使得 d 曲线和 D 曲线相交点 H 上的产量和价格，恰好是 MR = SMC 时的均衡点 E 所要求的产量 Q 和价格 P。此时，企业便实现了短期均衡，并获得了利润，其利润量相当于图中 ACP$_e$H。当然，垄断竞争厂商在短期均衡点上并非一定能获得最大的利润，也可能是最小的亏损。这取决于均衡价格是大于还是小于 SAC。在企业亏损时，只要均衡价格大于 AVC，企业在短期内总是继续生产的；只要均衡价格小于 AVC，企业在短期内就会停产。关于其他短期均衡时的盈亏情况，读者可以自己作图并进行分析。

总之，垄断竞争厂商短期均衡的条件是：

$$MR = SMC \tag{6.16}$$

在短期均衡的产量上，必定存在一个 d 曲线和 D 曲线的交点，它意味着市场上的供求是相等的。此时，垄断竞争厂商可能获得最大利润，可能利润为零，也可能蒙受最小亏损。

 **即问即答**

1. 在垄断竞争市场上,厂商的短期均衡发生在(　　)。
A. 边际成本等于 D 需求曲线中产生的边际收益时
B. 平均成本下降时
C. D 需求曲线与平均成本曲线相切时
D. D 需求曲线和 d 需求曲线相交,且边际成本等于 d 需求曲线中产生的边际收益时

2. 垄断竞争厂商达到短期均衡时(　　)。
A. 一定获得超额利润
B. 一定不能获得超额利润
C. 只能得到正常利润
D. 取得超额利润、发生亏损及正常利润都有可能

四、垄断竞争厂商的长期均衡

在长期内,垄断竞争厂商可以通过扩大或缩小其生产规模来与其他企业进行竞争,也可以根据自己能否获得经济利润来选择是进入还是退出一个行业。

假设垄断竞争厂商在短期内能够获得经济利润,在长期内所有的厂商都会扩大生产规模,也会有新的厂商进入该行业进行生产,在市场总的需求没有大的改变的情况下,代表性厂商的市场份额将减少,虽然主观需求曲线不变,但客观需求曲线将向左下方移动,从而厂商的产品的实际需求量低于利润最大化的产量。厂商为了实现长期均衡必须降低其价格提高其产量来适应这种变化,从而主观需求曲线和客观需求曲线都会向左下方移动。这一过程会一直持续到行业内没有新的厂商进入,也没有企业愿意扩大生产规模为止,此时厂商的利润为零。

厂商实现长期均衡时的所处状态如图 6-20 所示。在长期均衡时,厂商的主观需求曲线 d 与长期平均成本曲线 LAC 相切于 E 点,客观需求曲线也与 d 和 LAC 曲线相交于 E 点,此时厂商的均衡产量 Q_e,满足厂商利润最大化的要求 MR = LMC = SMC。而此时的 P = AR = LAC,所以厂商的利润为零。

如果考虑行业内厂商亏损,厂商退出行业或者减少产量的过程,与上述的分析过程类似,只不过两条需求曲线的移动方向相反而已,最终均衡的结果都是主观需求曲线与 LAC 曲线相切,利润为零。

总之,垄断竞争厂商的长期均衡条件为:

$$MR = LMC = SMC \tag{6.17}$$

$$AR = LAC = SAC \tag{6.18}$$

长期的均衡产量上,垄断竞争厂商的利润为零,且存在一个 D 需求和 d 需求曲线的交点。

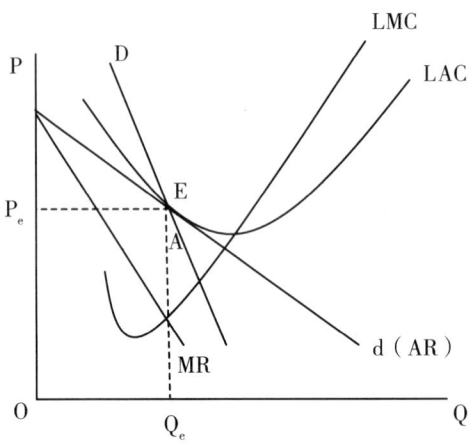

图 6-20 垄断竞争厂商的长期均衡

即问即答

完全竞争厂商和垄断竞争厂商在实现长期均衡时有何区别和联系？

五、垄断竞争厂商的短期供给曲线

在垄断竞争市场上，不存在具有规律性的供给曲线。其原因是在厂商所面临的需求曲线向右下方倾斜的情况下，厂商的产量和价格之间不存在一一对应的关系，因此，找不到垄断竞争厂商和生产集团的具有规律性的供给曲线。

六、非价格竞争

在垄断竞争市场上，厂商之间既存在价格竞争，也存在非价格竞争。就价格竞争而言，它虽然能使一部分厂商得到好处，但从长期看，价格竞争会导致产品价格持续下降，最终使厂商的利润消失。因此，非价格竞争便成为垄断竞争厂商普遍采取的另一种竞争方式。

在垄断竞争市场上，由于每一个厂商生产的产品都是有差别的，所以，垄断竞争厂商往往通过改进产品品质、精心设计商标和包装、改善售后服务以及广告宣传等手段，来扩大自己产品的市场销售份额，这就是非价格竞争。在完全竞争市场，由于每一个厂商生产的产品都是完全同质的，所以，厂商之间不可能存在非价格竞争。

垄断竞争厂商进行非价格竞争，仍然是为了获得最大的利润。进行非价格竞争是需要花费成本的。例如，改进产品性能会增加生产成本，增设售后服务网点需要增加投入，广告宣传的费用也是相当可观的。厂商进行非价格竞争所花费的总成本必须小于由此所增加的总收益，否则，厂商是不会进行非价格竞争的。很显然，边际收益等于边际成本的利润最大化原则，对于非价格竞争仍然是适用的。

经济学家对于非价格竞争的评价是不尽相同的。有的经济学家认为，非价格竞争作为厂商之间相互竞争的一种形式，它强化了市场的竞争程度，并且，非价格竞争的一些具体做法，客观上也满足了消费者的某些需要。也有一部分经济学家认为，非价格竞争增加了消费者对某些产品的依赖程度，从而使得厂商加强了对自己产品的垄断程度。

关于广告的作用更是引起了经济学家的广泛关注。一般说来，将广告分为信息性广告和劝说性广告两类。就信息性广告而言，提供了关于商品的比较充分的信息，有利于消费者做出最佳的购买决策，且节约了消费者的信息搜寻成本。而且，信息性广告之间的相互竞争，有利于经济资源的合理配置。相反，劝说性广告却很少能提供对消费者来说真正有用的信息。尽管劝说性广告也会增加厂商的销售量，但被诱导的消费者往往并不能够购买到自己实际上需要且真正满意的商品。在现实生活中，每一个广告宣传往往既带有提供信息的成分，又同时带有劝说的成分。正因为如此，在评价广告的作用时，要进行具体的分析。

第五节　寡头垄断市场

一、寡头垄断市场的特征

寡头市场又称为寡头垄断市场。它是指少数几家厂商控制整个市场的产品生产和销售的这样一种市场组织。寡头市场被认为是一种较为普遍的市场组织。西方国家中不少行业都表现出寡头垄断的特点，例如，美国的汽车业、电气设备业、罐头行业等，都被少数几家企业所控制。

形成寡头市场的主要原因可以有：某些产品的生产必须在相当大的生产规模上运行才能达到最好的经济效益；行业中少数几家企业对生产所需的基本生产资源供给的控制；政府的扶植和支持等。由此可见，寡头市场的成因和垄断市场是很相似的，只是在程度上有所差别而已。寡头市场是比较接近垄断市场的一种市场组织。

寡头行业可按不同方式分类。根据产品特征，可以分为纯粹寡头行业和差别寡头行业两类。在纯粹寡头行业中，厂商之间生产的产品没有差别。例如，可以将钢铁、水泥等行业看成是纯粹寡头行业。在差别寡头行业中，厂商之间生产的产品是有差别的。例如，可以将汽车、冰箱等行业看成是差别寡头行业。此外，寡头行业还可按厂商的行动方式，区分为有勾结行为的（即合作的）和独立行动的（即不合作的）不同类型。

寡头厂商的价格和产量决定是一个很复杂的问题。其主要原因在于：在寡头市场上，每个厂商的产量都在全行业的总产量中占一个较大的份额，从而每个厂商的产量和价格变动都会对其他竞争对手以至整个行业的产量和价格产生举足轻重的影响。正因为如此，每个寡头厂商在采取某项行动之前，必须首先要推测或掌握自己这一行动对其他厂商的影响以及其他厂商可能做出的反应，然后，才能在考虑到这些反应方式的前提下采取最有利的行动。所以，每个寡头厂商的利润都要受到行业中所有厂商决策的相互影响。寡头厂商们的行为之间这种相互影响的复杂关系，使得寡头理论复杂化。一般说来，不知道竞争对手相互之间的反应方式，就无法建立寡头厂商的模型。或者说，有多少关于竞争对手相互之间的反应方式的假定，就有多少寡头厂商的模型，就可以得到多少不同的结果。因此，在西方经济学中，还没有一个寡头市场模型可以对寡头市场的价格和产量决定做出一般的理论总结。

本节将介绍寡头市场理论中具有代表性的几个模型。

二、古诺模型

古诺模型（Cournot model）由法国经济学家古诺（Augustin Cournot）于1838年首先提出。古诺模型分析的是两个出售矿泉水的生产成本为零的寡头厂商的情况。古诺模型的假定是：市场上只有A、B两个厂商生产和销售相同的产品，它们的生产成本为零；它们共同面临的市场的需求曲线是线性的，A、B两个厂商都准确地了解市场的需求曲线；A、B两个厂商都是在已知对方产量的情况下，各自确定能够给自己带来最大利润的产量，即每一个厂商都是消极地以自己的产量去适应对方已确定的产量。

古诺模型的价格和产量的决定可以用图6-21来说明。

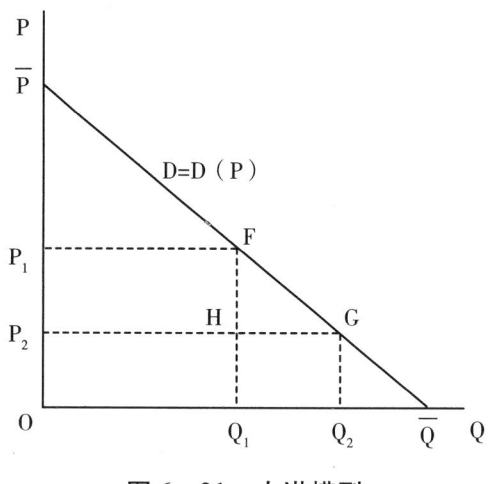

图6-21 古诺模型

在图6-21中，D曲线为两个厂商共同面临的线性的市场需求曲线。由于生产成本为零，故图中无成本曲线。

在第一轮，A厂商首先进入市场。由于生产成本为零，所以，厂商的收益就等于利润。A厂商面临D市场需求曲线，将产量定为市场总容量的$\frac{1}{2}$，即产量为$OQ_1 = \frac{1}{2}O\bar{Q}$，将价格定为$OP_1$，从而实现了最大的利润，其利润量相当于图中矩形$OP_1FQ_1$的面积（因为从几何意义上讲，该矩形是直角三角形$O\bar{P}\bar{Q}$中面积最大的内接矩形）。然后，B

厂商进入市场。B厂商准确地知道A厂商在本轮留给自己的市场容量为 $Q_1\bar{Q} = \frac{1}{2}O\bar{Q}$，B厂商也按相同的方式行动，生产它所面临的市场容量的 $\frac{1}{2}$，即产量为 $Q_1Q_2 = \frac{1}{4}O\bar{Q}$。此时，市场价格下降为 OP_2，B厂商获得的最大利润相当于图中矩形 Q_1HGQ_2 的面积。而A厂商的利润因价格的下降而减少为矩形 OP_2HQ_1 的面积。

在第二轮，A厂商知道B厂商在本轮中留给它的市场容量为 $\frac{3}{4}O\bar{Q}$。为了实现最大的利润，A厂商将产量定为自己所面临的市场容量的 $\frac{1}{2}$，即产量为 $\frac{3}{8}O\bar{Q}$。与上一轮相比，A厂商的产量减少了 $\frac{1}{8}O\bar{Q}$。然后，B厂商再次进入市场。A厂商在本轮留给B厂商的市场容量为 $\frac{5}{8}O\bar{Q}$，于是，B厂商生产自己所面临的市场容量 $\frac{1}{2}$ 的产量，即产量为 $\frac{5}{16}O\bar{Q}$。与上一轮相比，B厂商的产量增加了 $\frac{1}{16}O\bar{Q}$。

很清楚，在每一轮中，每个厂商都消极地以自己的产量去适应对方已确定的产量，来实现自己的最大利润。可以发现，在这样轮复一轮的过程中，A厂商的产量会逐渐地减少，B厂商的产量会逐渐地增加，最后，达到A、B两个厂商的产量都相等的均衡状态为止。在均衡状态中，A、B两个厂商的产量都为市场总容量的 $\frac{1}{3}$，即每个厂商的产量为 $\frac{1}{3}O\bar{Q}$，行业的总产量为 $\frac{2}{3}O\bar{Q}$。因此，A厂商的均衡产量为：

$$O\bar{Q}\left(\frac{1}{2} - \frac{1}{8} - \frac{1}{32} - \cdots\right) = \frac{1}{3}O\bar{Q}$$

B厂商的均衡产量为

$$O\bar{Q}\left(\frac{1}{4} + \frac{1}{16} + \frac{1}{64} + \cdots\right) = \frac{1}{3}O\bar{Q}$$

行业的均衡总产量为：$\frac{1}{3}O\bar{Q} + \frac{1}{3}O\bar{Q} = \frac{2}{3}O\bar{Q}$

以上双头古诺模型的结论可以推广。在以上假设条件下，令寡头厂商的数量为 m，则可以得到一般的结论如下：

$$\text{每个寡头厂商的均衡产量} = \text{市场总容量} \times \frac{1}{m+1} \tag{6.19}$$

$$\text{行业的均衡总量} = \text{市场总容量} \times \frac{m}{m+1} \tag{6.20}$$

古诺模型也可以用以下建立寡头厂商的反应函数的方法来说明。

在古诺模型的假设条件下，设市场的线性反需求函数为：

$$P = 1\,500 - Q = 1\,500 - (Q_A + Q_B) \tag{6.21}$$

式（6.21）中，P 为商品的价格；Q 为市场的总需求量；Q_A 和 Q_B 分别为市场对 A、B 两个寡头厂商的产品需求量，即 $Q = Q_A + Q_B$。

对于 A 寡头厂商来说，其利润等式为：

$\pi_A = TR_A - TC_A = P \times Q_A - O = 1\,500Q_A - Q_A^2 - Q_AQ_B$

A 寡头厂商利润最大化的一阶条件为：

$$\frac{\partial \pi_A}{\partial Q_A} = 1\,500 - 2Q_A - Q_B = 0 \tag{6.22}$$

式（6.19）即为 A 寡头厂商的反应函数，它表示 A 厂商的最优产量是 B 产量的函数。也就是说，对于 B 厂商的每一个产量，A 厂商都会做出相应反应。

同理，对于 B 寡头厂商来说，利润最大化条件为：

$$\frac{\partial \pi_B}{\partial Q_B} = 1\,500 - 2Q_B - Q_A = 0 \tag{6.23}$$

式（6.20）即为 B 寡头厂商的反应函数，它表示 B 厂商的最优产量是 A 产量的函数。也就是说，对于 A 厂商的每一个产量，B 厂商都会做出相应反应。

联立 A、B 两寡头厂商的反应函数，得到 A、B 两厂商的均衡产量解：$Q_A = 500$，$Q_B = 500$。

可见，每个寡头厂商的均衡产量是市场总容量的 2/3，即有：

$Q_A = Q_B = 1\,500/3 = 500$。

行业的均衡总产量是市场总容量的 2/3，即有：

$Q_A + Q_B = 1\,000$。

将 $Q_A = Q_B = 500$ 代入市场反需求函数式（6.21），可求得市场的均衡价格：

$P = 500$

三、斯威齐模型

斯威齐模型是美国经济学家保罗·斯威齐于 20 世纪 30 年代所建立。由于寡头厂商之间价格战的结果往往是两败俱伤，竞争的双方利润都趋向于零。所以在寡头垄断市场上，产品的价格往往比较稳定，厂商比较喜欢采用非价格竞争方式，即便采用价格战的方式也是非常慎重的。寡头厂商不愿轻易地变动产品价格，价格能够维持一种比较稳定的状态的情况，被称之为价格刚性。斯威齐模型就是解释在寡头垄断市场上出现的这种价格刚性现象。

斯威齐首先假定：当一个寡头厂商降低价格的时候，其他厂商会跟着降价；当一个寡头厂商提高价格的时候，其他厂商会保持价格不变。做这样的假定的原因是，当一个厂商降低它的产品的价格的时候，其他厂商如果不跟着降价，那么其他厂商的市场份额就会减少，从而产量下降，利润下跌；而当一个寡头厂商提高它的产品价格的时候，如果其他厂商价格保持不变，那么提价厂商的一部分市场份额将会自动被其他厂商瓜分，从而其他厂商的产量会上升，利润会增加。

所以供给曲线称呈现弯折的形状,称为弯折的供给曲线。

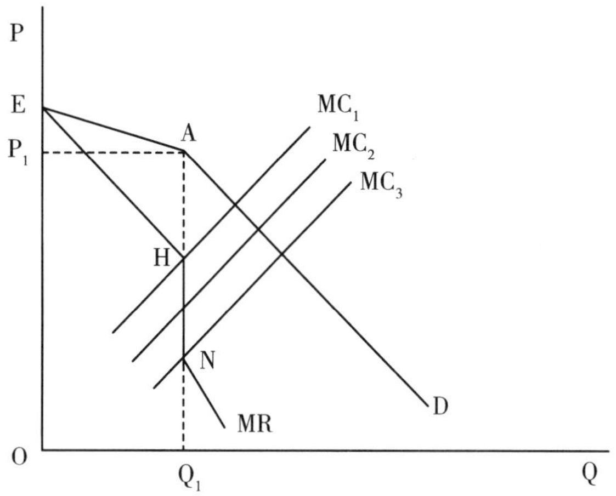

图 6 – 22　折弯的需求曲线

斯威齐模型的具体形式见图 6 – 22。假定厂商原来处于 A 点,即产量为 Q_1,价格为 P_1。按照斯威齐的假定,厂商提价的时候,其他厂商价格不变,因而厂商的需求量将会下降很多,即产品富有弹性,相当于图中 AE 段的需求曲线;当厂商降价的时候,其他厂商的价格也下降,因而厂商的需求量不会增加很多,从而产品是缺乏弹性的,相当于图中 AD 段。与需求曲线相对应的边际收益曲线也标在图 6 – 22 中,可以看出,在 H 点与 N 点之间,边际收益曲线有一个较大的落差。如果厂商的边际成本为 MC_2 所代表,厂商的产量和价格分别将是 Q_1 和 P_1;如果厂商边际成本提高至 MC_1,厂商的产量和价格仍然是 Q_1 和 P_1;如果厂商的边际成本降低到 MC_3,厂商的利润最大化的产量和价格仍然不变。由此可见,厂商的成本即使在一个很大的范围内发生变动,只要是在 H 和 N 之间,厂商的产量和价格仍将保持稳定。

虽然斯威齐模型有助于说明寡头市场的价格刚性现象,但也有很多的经济学家提出了批评意见。这些批评主要集中在两点:第一,如果按照斯威齐模型,寡头市场应该具有比垄断市场更为刚性的价格,但是实证的结论与此正好相反;第二,斯威齐模型只是解释了价格一旦形成,则不易发生变动,但这个价格是如何形成的,却没有给出说明。

第六节　市场结构与市场效率

本节将对不同市场的经济效益进行比较。在此,高的经济效益表示对资源的充分利用或能以最有效的生产方式进行生产;低的经济效益表示对资源的利用不充分或没有以最有效的方式进行生产。不同市场组织下的经济效益是不相同的,市场组织的类型直接影响经济效益的高低。西方经济学家通过对不同市场条件下厂商的长期均衡状态的分析得出结论:完全竞争市场的经济效益最高,垄断竞争市场较高,寡头市场较低,垄断市场最低。可见,市场的竞争程度越高,则经济效益越高;反之,市场的垄断程度越高,则经济效益越低。其具体分析如下。

在完全竞争市场条件下，厂商的需求曲线是一条水平线，而且，厂商的长期利润为零，所以，在完全竞争厂商的长期均衡时，水平的需求曲线相切于 LAC 曲线的最低点；产品的均衡价格最低，它等于最低的长期平均成本；产品的均衡产量最高。在不完全竞争市场条件下，厂商的需求曲线是向右下方倾斜的。厂商的垄断程度越高，需求曲线越陡峭；垄断程度越低，需求曲线越平坦。在垄断竞争市场上，厂商的长期均衡利润为零，所以，在垄断竞争厂商的长期均衡时，向右下方倾斜的、相对比较平坦的需求曲线相切于 LAC 曲线的最低点的左边；产品的均衡价格比较低，它等于生产的平均成本；产品的均衡产量比较高；企业存在着多余的生产能力。在垄断市场上，厂商在长期内获得利润，所以，在垄断厂商的长期均衡时，向右下方倾斜的、相对比较陡峭的需求曲线与 LAC 曲线相交；产品的均衡价格最高，且大于生产的平均成本；产品的均衡数量最低。设想，垄断厂商若肯放弃一些利润，价格就可以下降一些，产量就可以增加一些。在寡头市场上，没有统一的寡头厂商均衡模型。一般认为，寡头市场是与垄断市场比较接近的市场组织，在长期均衡时，寡头厂商的产品的均衡价格比较高，产品的均衡数量比较低。

除此之外，西方经济学家认为，一个行业内的厂商在长期均衡时是否实现了价格等于长期边际成本即 $P = LMC$，也是判断该行业是否实现了有效的资源配置的一个条件。商品的市场价格 P 通常被看成是商品的边际社会价值，商品的长期边际成本 LMC 通常被看成是商品的边际社会成本。当 $P = LMC$ 时，商品的边际社会价值等于商品的边际社会成本，它表示资源在该行业得到了有效的配置。倘若不是这样，当 $P > LMC$ 时，商品的边际社会价值大于商品的边际社会成本，它表示相对于该商品的需求而言，该商品的供给是不足的，应该有更多的资源转移到该商品的生产中来，以使这种商品的供给增加，价格下降，最后使该商品的边际社会价值等于商品的边际社会成本，这样，社会的境况就会变得好一些。

在完全竞争市场，在厂商的长期均衡点上有 $P = LMC$，它表明资源在该行业得到了有效的配置。在不完全竞争市场，在不同类型的厂商的长期均衡点上都有 $P > LMC$，它表示资源在这些非竞争行业生产中的配置是不足的。尤其在垄断市场，独家厂商所维持的低产高价，往往使得资源配置不足的现象更为突出。

以上是西方经济学家在不同市场组织的经济效益比较问题上的基本观点。此外，西方经济学家对这一问题的研究还涉及以下几个方面。

关于垄断市场与技术进步的关系。有的西方经济学家认为，垄断厂商会阻碍技术进步。因为，垄断厂商只要依靠自己的垄断力量就可以长期获得利润，所以，垄断厂商往往缺乏技术创新的动力，甚至为了防止潜在竞争对手的新技术和新产品对其垄断地位造成的威胁，还有可能通过各种方式去阻碍技术进步。但也有不少西方经济学家认为，垄断是有利于技术进步的。因为，一方面，垄断厂商利用高额利润所形成的雄厚经济实力，有条件进行各种科学研究和重大的技术创新，并将成果运用于生产过程；另一方面，垄断厂商可以利用自己的垄断地位，在长期内保持由于技术进步而带来的更高的利润。这些经济学家还认为，关于垄断有利于技术进步的观点，在一定程度上对寡头厂商也是适用的。

关于规模经济。西方经济学家认为，对不少行业的生产来说，只有大规模的生产，才能获得规模经济的好处，而这往往只有在寡头市场和垄断市场条件下才能做到。不能设想，无数个如同完全竞争行业或垄断竞争生产集团内的企业，可以将钢铁生产和铁路运输等在有效率的水平上经营。

关于产品的差别。西方经济学家认为，在完全竞争市场条件下，所有厂商的产品是完全相同的，它无法满足消费者的各种偏好。在垄断竞争市场条件下，众多厂商之间的产品是有差别的，多样化的产品使消费者有更多的选择自由，可满足不同的需要。但是，产品的一些虚假的非真实性的差别，也会给消费者带来损失。在产品差别这一问题上，产品差别寡头行业也存在与垄断竞争生产集团相类似的情况。

关于广告支出。西方经济学家认为，垄断竞争市场和产品差别寡头市场的大量广告，有的是有用的，因为它为消费者提供了信息。但是，过于庞大的广告支出会造成资源的浪费和抬高销售价格，再加上某些广告内容过于夸张和诱导，这些都是于消费者不利的。

 **延伸阅读**

斯塔克伯格模型和价格领导模型

斯塔克伯格模型由德国学者斯塔克伯格于1934年提出。他提出将寡头厂商的角色定位为"领导者"或"追随者"。作为领导型厂商，具有先动优势，可先决定自己的产量，在了解并考虑到追随型厂商对自己所选择的产量的反应方式的基础上来决定自己的利润最大化行为决策的。追随型厂商则是在给定领导型厂商产量选择的前提下来做出自己的利润最大化的产量决策。

价格领导模型同样是将厂商分为领导型厂商和追随型厂商。领导型厂商依靠自己在市场上的领导支配地位，根据自身利润最大化原则 MR = MC 来决定市场价格；追随型厂商则只能接受该价格，以 P = MC 来决定产量，实现作为追随者的最大利润。两个厂商提供的产量共同满足整个市场的需求。

资料来源：高鸿业：《西方经济学（微观部分·第五版）》，中国人民大学出版社2011年版，第196～199页。根据原文进行改编。

<<<

·经济学名家·

最著名的女性经济学家——琼·罗宾逊

琼·罗宾逊（Joan Robinson）（琼·罗宾逊夫人）（1903～1983），英国著名女经济学家，新剑桥学派的代表人物，世界级经济学家当中的唯一女性，而且是有史以来最著名的女性经济学家。

1933年，她发表了《不完全竞争经济学》一书，因之闻名于西方经济学界。20世纪30年代初，由她和卡恩等人组成"凯恩斯学术圈"，对于促进凯恩斯经济思想的形成曾起过相当重要的作用。从 50 年代起，她投入了很大精力与经济理论界居统治地位的新古典综合派论战，有力地动摇了新古典综合派分配论的根基，同时，使她成了新剑桥学派最著名的代表人物和实际领袖，由于她提出了很多比较激进的政治和经济观点，在西方经济学界素以"凯恩斯学派"代表人物著称。她对马克思列宁主义经济理论也作过比较深入的研究，甚至提出了"向马克思学习"的口号。但她对马克思经济理论也做了不少歪曲或曲解。1973 年她与约翰·伊特韦尔合写的《现代经济学导论》被认为是按照新剑桥学派理论观点阐述经济问题的一本入门书。

罗宾逊夫人本来应该有三次理论上的突出贡献而被授予诺贝尔奖：一是创立垄断竞争理论；二是发展补充完善凯恩斯理论；三是创立新资本积累理论。而当年把持诺贝尔委员会的林德贝克等人反对罗宾逊夫人的"左"倾和社会主义，一直不将奖项颁给罗宾逊夫人。

【本章小结】

1. 在短期，完全竞争厂商是在既定的生产规模下，通过对产量的调整来实现 MR = SMC 的利润最大化原则的。在厂商 MR = SMC 的短期均衡点上，其利润可以大于零，或者小于零，或者等于零。当厂商的利润小于零（即亏损）时，若 AR > AVC 时，则厂商虽然亏损，但仍继续生产；当 AR < AVC 时，则厂商必须停止生产；当 AR = AVC 时，则厂商处于生产与不生产的临界点。

2. 在长期，完全竞争厂商是通过对全部生产要素的调整，来实现 MR = LMC 的利润最大化原则的。完全竞争厂商的长期均衡一定发生在长期平均成本 LAC 曲线的最低点。

3. 在短期，垄断厂商在既定的生产规模下，通过对产量和价格的调整来实现 MR = SMC 的利润最大化原则。在厂商 MR = SMC 的短期均衡点上，其利润可以大于零，或者小于零，或者等于零。

4. 在长期，由于垄断厂商是通过选择最优的生产规模来实现 MR = LMC 的利润最大化原则的，所以，垄断厂商长期均衡的利润总是大于短期均衡的利润。

5. 价格歧视分为一级、二级和三级价格歧视。一级价格歧视指厂商对每一单位的商品都按照消费者所愿意支付的最高价格出售。二级价格歧视指厂商对同种商品的不同消费数量收取不同的价格。三级价格歧视指厂商对同一种商品在不同的市场或者不同的消费群体收取不同的价格。

6. 在短期，当垄断竞争厂商实现 MR = SMC 的短期均衡时，其利润可以大于零，或者小于零，或者等于零。此外，在垄断竞争厂商的短期均衡产量上，一定存在 d 需求曲线和 D 需求曲线的一个相交点，以表示商品市场上供求相等。

7. 在长期，垄断竞争厂商通过选择最优的生产规模来实现 MR = LMC 的利润最大化原则。长期均衡时厂商的利润一定等于零，即垄断竞争厂商的 d 需求曲线与 LAC 曲线相切。此外，在垄断竞争厂商的长期均衡产量上，同样一定存在着 d 需求曲线和 D 需求曲线的一个相交点。

8. 在寡头市场上，寡头厂商之间的行为是相互影响的。古诺模型说明了寡头市场上每一个寡头都消极地以自己的行动来适应其他竞争对手行动时的均衡。斯威齐模型利用弯折的需求曲线和间断的边际收益曲线解释了寡头市场上的价格刚性。

【关键术语】

总收益，平均收益，边际收益，盈亏平衡点，停止营业点，一级价格歧视，二级价格歧视，三级价格歧视

【技能训练】

1. 假定某完全竞争市场的需求函数和供给函数分别为 $D = 22 - 4P$，$S = 4 + 2P$。求：
（1）该市场的均衡价格和均衡数量。
（2）单个完全竞争厂商的需求曲线。

2. 请区分完全竞争市场条件下，单个厂商的需求曲线、单个消费者的需求曲线以及市场的需求曲线。

3. 请分析在短期生产中追求利润最大化的厂商一般会面临哪几种情况？

4. 已知某完全竞争行业中的单个厂商的短期成本函数为 $STC = 0.1Q^3 - 2Q^2 + 15Q + 10$。试求：
（1）当市场上产品的价格为 $P = 55$ 时，厂商的短期均衡产量和利润；
（2）当市场价格下降为多少时，厂商必须停产？
（3）厂商的短期供给函数。

5. 画图说明完全竞争厂商长期均衡的形成及其条件。

6. 已知某垄断厂商的短期总成本函数为 $STC = 0.1Q^3 - 6Q^2 + 140Q + 3\,000$，反需求函数为 $P = 150 - 3.25Q$。求：该垄断厂商的短期均衡产量与均衡价格。

7. 已知某垄断厂商利用一个工厂生产一种产品，其产品在两个分割的市场上出售，他的成本函数为 $TC = Q^2 + 40Q$，两个市场的需求函数分别为 $Q_1 = 12 - 0.1P_1$，$Q_2 = 20 - 0.4P_2$。求：
（1）当该厂商实行三级价格歧视时，他追求利润最大化前提下的两市场各自的销售量、价格，以及厂商的总利润。
（2）当该厂商在两个市场上实行统一的价格时，他追求利润最大化前提下的销售量、价格，以及厂商的总利润。
（3）比较（1）和（2）的结果。

8. 画图说明垄断厂商短期和长期均衡的形成及其条件。

9. 试述古诺模型的主要内容和结论。

【案例分析】

奇虎360与腾讯之争

2013年，奇虎360诉腾讯滥用市场支配地位一案于最高人民法院开庭，这是自

2008年《反垄断法》出台以来，最高院审理的首例互联网反垄断案，受到了社会各界的广泛关注，并引起了公众热议。有一种声音认为，360诉腾讯，输赢都有利于360的企业宣传，是在借腾讯诉讼做广告。但回顾整个3Q诉讼历程，事实上是腾讯起诉在先，360应战在后，如此旷日持久的诉讼对360而言实属不得已为之。

首先，"3Q大战"是怎么发起的呢？2010年春节、五一假期和中秋节期间，腾讯三次通过QQ升级静默安装的方式，全网推广QQ医生（后更名QQ电脑管家），功能完全模仿360安全卫士，瞬间威胁到360的生存，也点燃了"3Q大战"的星星之火。很快，360迫于生存压力，推出名为"360扣扣保镖"的安全工具，包含阻止QQ查看用户隐私文件、防止木马盗取QQ以及给QQ加速，过滤QQ广告等功能，全面保护用户安全。

然而，腾讯方面对扣扣保镖反应强烈，于2010年11月3日晚6点发布了著名的《致广大QQ用户的一封信》中"一个艰难的决定"，停止向安装了360软件的用户提供相关的软件服务，要求用户"二选一"。为此"3Q大战"矛盾全面激化，腾讯也将360告上法庭。

随后，互联网主管单位工信部于2010年11月21日发布通报责令两公司停止互相攻击并公开向社会道歉，妥善做好用户善后处理事宜。随后，360严格遵守工信部的通报内容，积极配合，并向用户致歉。腾讯则恢复兼容360软件，向用户致歉。

本以为在工信部的出面调停下3Q大战可以就此画上休止符。但腾讯于2011年4月底于当地广东法院起诉360不正当竞争。原本已经渐渐被用户遗忘的"3Q大战"重新引起关注。奇虎360在半年后，也在广东对腾讯滥用市场支配地位行为提起反垄断诉讼，"3Q大战"开始陷入无休止的诉讼官司中。

有业内人士分析指出，对于任何一家创业型公司而言，都不可能愿意和互联网巨头陷入无休止的官司中，当时的360还是一家未上市的创业公司，不可能有想法和能力推动这样一场前无古人的诉讼。反而是腾讯通过诉讼挽回颜面的意味更浓。在一审中广东高院界定腾讯位于"全球市场"，所以认定腾讯不具有市场支配地位，因而认为其行为不构成滥用市场支配地位。360于是向最高人民法院提出上诉。

360对外发布的公开信里提到，互联网巨头通过模仿、抄袭手段入侵创业者生存地带，巨头垄断已使中国互联网产业荒漠化。垄断打破了市场平衡，破坏了市场公平，在巨头垄断的市场里，消费者利益受损、创新停滞，所以世界各国都非常警惕企业通过滥用支配地位对市场的压制行为，反垄断也是各国政府的核心职责。

网上也有评论指出，"360诉腾讯垄断案"在中国反垄断法的实施中具有鲜明的代表性，具有里程碑式的启蒙意义。自由充分公平的市场竞争机制是互联网市场的活力之源，必须旗帜鲜明地鼓励竞争，反对垄断。充分尊重消费者的选择权与公平交易权，也有助于督促垄断企业慎独自律。

资料来源：肖响：《奇虎360诉腾讯案始末》，载于《信息时报》，2013年11月28日。

问题：为什么360会起诉腾讯垄断？形成垄断的原因有哪些？垄断有哪些不良后果？

【团队实训】

分析垄断企业行为

1. 实训目的

培养学生对垄断企业行为特征的初步分析能力。

2. 实训内容及要求

自愿结合,以 5~6 人为一个小组,以小组为单位,完成以下任务:

(1) 组织大家学习我国颁布实施的《反垄断法》,并以"垄断企业对市场的危害"为题,进行一场集体讨论,让大家发表自己的看法。每组将大家的讨论发言整理汇总形成书面报告。

(2) 组织一次班级交流讨论。各组派一名代表集中发言,全班同学围绕发言内容展开讨论。

3. 成果和考核

(1) 各组把修改后的讨论发言材料上交。

(2) 由教师和同学根据各组的发言和讨论中的表现分别评估打分,综合评定本次活动的成绩。

附录一 关于利润最大化条件的证明

令厂商的利润等式为 $\pi(Q) = TR(Q) - TC(Q)$

满足上式利润最大化的为 $\pi(Q)' = 0$ 且 $\pi(Q)'' < 0$

当 $\pi(Q)' = 0$ 时有 $TR'(Q) - TC'(Q) = 0$ 即 $MR = MC$

当 $\pi(Q)'' < 0$ 时,有 $MR' < MC'$

尽管上述证明说明利润最大化需要同时具备上述两个条件,但是在习惯上往往将利润最大化的条件简称为 $MR = MC$。

第七章 博弈论

知识要求 >>> >>>

掌握博弈论的基本概念和类型；掌握纳什均衡、重复博弈、序列博弈的主要内容；了解不完全信息博弈的分析方法；学会应用博弈论的基本原理和方法分析政治、经济、军事、管理和社会生活等领域的博弈问题。

案例导入 >>> >>>

格力电器价格战"屠城"，空调巨头加速清场

国庆前夕，空调行业爆发了罕见的价格战。这源于2014年9月26日格力山东分公司在当地一家报纸刊登的一则"写给所有家电同行"的敬告："格力电器20年首次将发动价格战，斥资百亿回馈全国消费者。国庆期间优惠力度空前。如因此触及您的利益，我们深表歉意。"

在业内看来，向来号称不打价格战的企业突然打起价格战，主要原因在于清库存和冲业绩。而在这之后，包括美的、志高、长虹等品牌也纷纷加入"战场"中，价格战愈演愈烈。据了解，从9月26日到10月7日，格力开展"十一"促销活动。借格力空调23周年庆，推出了"最高直降5 000元"的大幅优惠。涉及的产品不仅包括人气机型，还包括一些高端人气产品。事实上，此次格力发动的价格战在很大程度上又被解读为阻击美的保卫战。作为格力的老对手，美的在今年上半年空调业务营收约为416.93亿元，同比增长18.24%。反观格力，其空调业务营收约为507亿元，同比增长8.33%。美的上半年空调收入增幅高于格力。此外，其他家电厂商如奥克斯、志高也紧随其后，迅速在部分区域市场上跟进。奥克斯空调打出"一价回到十年前"的标语；志高空调则高喊"裸价豪礼，心花怒放"；长虹则直指格力此举为"欺骗"，喊出"以价格战的名义清理两年前的老库存、国家勒令退市机，这不是价格战"等。

空调企业为什么要搞价格战？其决策的依据是什么？价格战最终的效果怎么样？这些问题都可以用博弈论的方法来回答。

资料来源：吴文婷：《格力电器价格战屠城，空调巨头加速清场》，载于《中国经营报》，2014年10月11日第六版。

在前面几章中，除了寡头市场外，无论是消费者的个人效用函数，还是厂商的利润函数，都只依赖于经济主体自身的选择，而与其他经济主体的选择无关。经济主体在决策时，既不需要考虑其他经济主体的选择对自己选择的影响，也无须考虑自己的选择对

其他经济主体的影响。这显然与现实经济中的复杂联系是有差异的。这一章，我们将运用博弈论来拓展厂商在相互依存关系中的策略研究。

第一节 博弈论概述

一、博弈论的基本概念

（一）什么是博弈论

博弈论（Game theory）也叫做对策论或竞赛论，它实际上是一种方法论，或者说是数学的一种分支。实际上，博弈是一种日常现象。在经济学中，博弈论是研究当某一经济主体的决策受到其他经济主体决策的影响，同时，该经济主体的相应决策又反过来影响其他经济主体选择时的决策问题和均衡问题。

（二）博弈论的基本要素

博弈论的基本要素包括：参与人、行为、信息、策略、收益、结果、均衡。

参与人（player），又称局中人，是指博弈中选择行动以自身利益最大化的决策主体（可以是个人，也可以是团体，如厂商、政府、国家）。

行为（action）是指参与人的决策变量，如消费者效用最大化决策中的各种商品的购买量；厂商利润最大化决策中的产量、价格等。

信息（information）是指参与人在博弈过程中的知识，特别是有关其他参与人（对手）的特征和行动的知识。即该参与人所掌握的其他参与人的、对其决策有影响的所有知识。

策略（strategies）又称战略，是指参与人选择其行为的规制，也就是指参与人应该在什么条件下选择什么样的行动，以保证自身利益最大化。

收益（payoff）又称支付，是指参与人从博弈中获得的利益水平，它是所有参与人策略或行为的函数，是每个参与人真正关心的东西，如消费者最终所获得的效用、厂商最终所获得的利润。

结果（outcome）是指博弈分析者感兴趣的要素集合。

均衡（equilibrium）是指所有参与人的最优策略或行动的组合。这里的"均衡"是特指博弈中的均衡，一般称之"纳什均衡（Nash equilibrium）"。

二、博弈论的产生与发展

最早的博弈论思想产生于2500多年前的中国春秋时期，孙武的《孙子兵法》中论述的军事思想和治国策略便体现着博弈论的思想。著名的田忌赛马的故事可以说是最早的博弈论案例。然而直到20世纪初，博弈论才被系统地引入经济学研究中来。1944年美国科学家冯·诺依曼（John von Neumann，1903~1957）和经济学家摩根斯坦恩（Morgenstern）合作出版的《博弈论和经济行为》（The Theory of Games and Economic Behavior）一书，标志着系统的博弈理论的形成。从1950~1954年，美国数学家、经济学家纳什（J. F. Nash）发表了一系列论文，提出著名的纳什均衡概念，奠定了现代博弈论的基石。1965年，莱茵哈德·泽尔腾（Reinhard Selten，1930~）改善了纳什均衡的概念，引入了动态分析。1967~1968年，约翰·海萨尼（John C·Harsanyi，1920~2000）把不完全信息引入博弈论的研究。进入20世纪八九十年代以后，克莱普斯和威尔逊等经济学家又把这一研究推进到一个新的高度，分析了动态不完全信息条件下的博弈问题。1994年的诺贝尔经济学奖颁发给了约翰·纳什（John Nash）等三位在博弈论研究中成绩卓著的经济学家，1996年的诺贝尔经济学奖又授予在博弈论的应用方面有着重大成就的经济学家。由于博弈论重视经济主体之间的相互联系及其辩证关系，大大拓宽了传统经济学的分析思路，使其更加接近现实市场竞争，从而成为现代微观经济学的重要基石，也为现代宏观经济学提供了更加坚实的微观基础。

三、博弈的分类

（一）合作博弈与非合作博弈

按照参与者之间是否达成彼此具有约束力的协议，可分为合作博弈（cooperative game）与非合作博弈（non-cooperative game）。

合作博弈：如果参与者之间的协议、承诺或者威胁具有完全约束力，能够强制执行，称为合作博弈。

非合作博弈：如果参与者之间并无协议约束，或者有协议却无法强制执行，称为非合作博弈。

合作博弈强调集体理性和集体最优，而非合作博弈强调个体理性和个体最优，但个体最优未必集体最优。如下列的囚徒困境，属于非合作博弈，若事先囚徒之间订立攻守同盟，都选择抗拒，则变为合作博弈。

（二）静态博弈与动态博弈

按照参与者行动的时序，可分为静态博弈（static game）与动态博弈（dynamic game）。

静态博弈：如果参与者同时行动，或者后行者观察不到先行者的行动，称为静态博弈。

动态博弈：如果参与者的行动有先有后，且后行动者能够观察先行者的行动，称为动态博弈。在动态博弈中，每次博弈结构不同而连续多次者，称为序列博弈（sequential game），每次博弈结构相同而重复多次者，称为重复博弈（repeated game）。重复博弈又可分为有限次重复博弈和无限次重复博弈。

（三）完全信息博弈与不完全信息博弈

按照参与者是否事先拥有其他参与者有关博弈信息，可分为完全信息博弈（complete

information game) 与不完全信息博弈 (incomplete information game)。

博弈信息主要指参与者的类型、策略集合和收益函数。

完全信息博弈：如果收益函数成为参与者的公共信息，就是完全信息博弈。在完全信息博弈中，如果不仅收益函数是公共信息，而且后行者能够观察到先行者此前的全部策略行为，即对策过程也成为公共信息，称之为完美信息（perfect information），否则，是不完美信息（inperfect information）。在完全信息博弈中，如果在每个给定信息下，只能选择一种特定策略，这个策略为纯策略（pure strategy）。如果在每个给定信息下只以某种概率选择不同策略，称为混策略（mixed strategy）。混合策略是纯策略在空间上的概率分布，纯策略是混合策略的特例。纯策略的收益可以用效用表示，混合策略的收益只能以预期效用表示。

不完全信息博弈：如果收益函数未成为参与者的公共信息，就是不完全信息博弈。

根据博弈是否同时和信息是否完全，其类型可划分为以下四种主要类型。

表 7-1　　　　　　　　　　　博弈的主要类型

	静态	动态
完全信息	完全信息静态博弈	完全信息动态博弈
不完全信息	不完全信息静态博弈	不完全信息动态博弈

第二节　完全信息静态博弈

"完全信息"指的是每个参与人对所有其他参与人的特征（包括战略空间、支付函数等）有完全的了解，"静态"指的是所有参与人同时选择行动且只选择一次。应该指出的是，"同时行动"在这里是一个信息概念而非日历上的时间概念：只要每个参与人在选择自己的行动时不知道其他参与人的选择，我们就说他们在同时行动。

完全信息静态博弈是一种最简单的博弈，在这种博弈中，由于每个人是在不知其他人行动的情况下选择自己的行动，战略和行动实际上是一回事。

纳什均衡是完全信息博弈解的一般概念，也是所有其他类型博弈解的基本要求。纳什均衡是著名博弈论专家纳什对博弈论的重要贡献之一。纳什在19世纪50年代的两篇重要论文中，在一般意义上给定了非合作博弈及其均衡解，并证明了解的存在性。正是纳什的这一贡献奠定了非合作博弈论的理论基础。纳什所定义的均衡称之为"纳什均衡"。

一、占优策略均衡

一般来说，由于每个参与人的效用（支付）是博弈中所有参与人的策略的函数，因此每个参与人的最优策略选择依赖于所有其他参与人的策略选择，但在一些特殊的博弈中，一个参与人的最优策略可能并不依赖于其他参与人的策略选择，也就是说，不论其他参与人选择什么策略,他的最优策略是唯一的,这样的最优策略被称为"占优策略"(dominant strategies)。

以博弈论中最为著名的囚徒困境(prisoner's dilemma)为例,说明占优策略均衡原理。两个合伙作案的犯罪嫌疑人被警方抓获。警方怀疑他们作案,但警方手中并没有掌握他们作案的确凿证据。因而,对两个犯罪嫌疑人犯罪事实的认定及相应的量刑完全取决于他们自己的供认。假定警方对两名犯罪嫌疑人实行隔离关押,隔离审讯,每个犯罪嫌疑人都无法观察到对方的选择。同时,警方明确地分别告知两名犯罪嫌疑人,他们面临着以下几种后果:

(1) 如果两人均坦白供认,则双方各判刑5年;
(2) 如果两人均抵赖,则双方各判刑1年(或许因证据不足);
(3) 如果其中一人坦白,另一人抵赖,则坦白者释放,抵赖者重判8年。

以上结果可以用表7-2表示。该表又称为"收益矩阵或得益矩阵"。

表7-2 囚徒困境的收益矩阵

		囚犯B 坦白	囚犯B 抵赖
囚犯A	坦白	-5, -5	0, -8
囚犯A	抵赖	-8, 0	-1, -1

对于囚犯A而言,不管B选择坦白还是抵赖,他选择坦白都比选择抵赖达到更高的效用水平。此例中,坦白为A的占优策略。同样的道理,坦白也是B的占优策略。结果是,每个人都选择坦白,各判刑5年,从而(坦白,坦白)就构成了这个博弈的占优均衡。但是对他们来说,这并不是最优结局。如果双方均选择抵赖,各判刑1年,显然(抵赖,抵赖)是最优结局。因此,他们的最优选择,与最优结局并不一致,出现所谓的"囚徒困境"。

囚徒困境的问题是博弈论中的一个基本的、典型的事例,类似问题在许多情况下都会出现,如寡头竞争、军备竞赛、团队生产中的劳动供给、公共产品的供给等。同时,囚徒困境反映了一个深刻问题,这就是个人理性与团体理性的冲突。例如,微观经济学的基本观点之一,是通过市场机制这只"看不见的手",在人人追求自身利益最大化的基础上可以达到全社会资源的最优配置。囚徒困境对此提出了新的挑战。

 **即问即答**

1. 在具有占优策略均衡的囚徒困境博弈中(　　)。
   A. 只有一个囚徒会坦白　　　B. 两个囚徒都没有坦白
   C. 两个囚徒都会坦白　　　　D. 任何坦白都被法庭否决了
2. 囚徒困境说明(　　)。

A. 双方都独立依照自己的利益行事，则双方不能得到最好的结果
B. 如果没有某种约束，局中人也可在（抵赖，抵赖）的基础上达到均衡
C. 双方都依照自己的利益行事，结果一方赢，一方输
D. 每个局中人在做决策时，不需考虑对手的反应

3. "囚徒困境"的内在根源是什么？举出现实中囚徒困境的具体例子。

二、重复剔除的占优策略均衡

在每个参与人都有占优策略的情况下，占优策略均衡是非常合乎逻辑的。但遗憾的是在绝大多数博弈中，占优策略均衡是不存在的。不过，在有些博弈中，我们仍然可以根据占优的逻辑找出均衡。

智猪博弈（boxed pigs）是博弈论中的另一个著名的例子。假设猪圈里有两头猪，一头大猪，一头小猪，猪圈的一端有一个猪食槽，另一端安装了一个按钮，控制猪食的供应。按一下按钮，将有8个单位的猪食进入猪食槽，供两头猪食用。两头猪面临选择的策略有两个：自己去按按钮或等待另一头猪去按按钮。如果某一头猪作出自己去按按钮的选择，它必须付出如下代价：第一，它需要付出相当于两个单位的成本；第二，由于猪食槽远离猪食，它将比另一头猪后到猪食槽，从而减少吃食的数量。假定：若大猪先到（小猪按按钮），大猪将吃到7个单位的猪食，小猪只能吃到1个单位的猪食；若小猪先到（大猪按按钮），大猪和小猪各吃到4个单位的猪食；若两头猪同时到（两头猪都选择等待，实际上两头猪都吃不到猪食），大猪吃到5个单位的猪食，小猪吃到3个单位的猪食。

智猪博弈的收益矩阵如表7-3所示。表中的数字表示不同选择下每头猪所能吃到的猪食数量减去按按钮的成本之后的净收益水平。

表7-3　　　　　　　　　　　智猪博弈的收益矩阵

		小猪	
		按按钮	等待
大猪	按按钮	3, 1	2, 4
	等待	7, -1	0, 0

从表7-3中不难看出，在这个博弈中，不论大猪选择什么策略，小猪的占优策略均为等待。而对大猪来说，它的选择就不是如此简单了。大猪的最优策略必须依赖于小猪的选择。如果小猪选择等待，大猪的最优策略是按按钮，这时，大猪能得到2个单位的净收益（吃到4个单位猪食减去2个单位的按按钮成本），否则，大猪的净收益为0；如果小猪选择按按钮，大猪的最优策略显然是等待，这时大猪的净收益为7个单位。换句话说，在这个博弈中，只有小猪有占优策略，而大猪没有占优策略。

那么这个博弈的均衡解是什么呢？这个博弈的均衡解是大猪选择按按钮，小猪选择等待，这时，大猪和小猪的净收益水平分别为2个单位和4个单位。这是一个"多劳不

多得,少劳不少得"的均衡。

在找出上述智猪博弈的均衡解时,我们实际上是按照"重复剔除严格劣策略"(iterated elimination of strictly dominated strategies)的逻辑思路进行的。该思路可以归纳如下:首先,找出某参与人的严格劣策略,将它剔除,重新构造一个不包括已剔除策略的新博弈;其次,继续剔除这个新的博弈中某一参与人的严格劣策略;重复进行这一过程,直到剩下唯一的参与人策略组合为止。剩下的这个唯一的参与人组合,就是这个博弈的均衡解,称为"重复剔除的占优策略均衡"(iterated dominance equiliBrium)。所谓"严格劣策略"(strictly dominated strategies)是指:在博弈中,不论其他参与人采取什么策略,某一参与人可能采取的策略中,对自己严格不利的策略。

由表7-3可以看出,无论大猪选择什么策略,小猪选择按按钮,对小猪是一个严格劣策略,我们首先加以剔除。在剔除小猪按按钮这一选择后的新博弈中,小猪只有等待一个选择,而大猪则有两个可供选择的策略。在大猪这两个可供选择的策略中,选择等待对大猪是一个严格劣策略,我们再剔除新博弈中大猪的严格劣策略等待。剩下的新博弈中只有小猪等待、大猪按按钮这一个可供选择的策略,就是智猪博弈的最后均衡解,从而达到重复剔除的占优策略均衡。

智猪博弈听起来似乎有些滑稽,但智猪博弈的例子在现实中确有很多。例如,在股份公司中,股东都承担着监督经理的职能,但是,大小股东从监督中获得的收益大小不一样。在监督成本相同的情况下,大股东从监督中获得的收益明显大于小股东。因此,小股东往往不会像大股东那样去监督经理人员,而大股东也明确无误地知道小股东会选择不监督(这是小股东的占优策略),大股东明知道小股东要搭大股东的"便车",但是大股东别无选择。大股东选择监督经理的责任、独自承担监督成本是在小股东占优选择的前提下必须选择的最优策略。这样一来,与智猪博弈一样,从每股的净收益(每股收益减去每股分担的监督成本)来看,小股东要大于大股东。

三、纳什均衡

前面我们讨论了占优策略均衡和重复剔除的策略均衡。但是在现实生活中,还有相当多的博弈,我们无法使用占优策略均衡或重复剔除的策略均衡的方法找出均衡解。例如,在房地产开发博弈中,假定市场需求有限,A、B两个开发商都想开发一定规模的房地产,但是市场对房地产的需求只能满足一个房地产的开发量,而且,每个房地产商必须一次性开发这一定规模的房地产才能获利。在这种情况下,无论是对开发商A还是开发商B,都不存在一种策略优于另一种策略,也不存在严格劣策略:如果A选择开发,则B的最优策略是不开发;如果A选择不开发,则B的最优策略是开发;类似地,如果B选择开发,则A的最优策略是不开发;如果B选择不开发,则A的最优策略是开发。研究这类博弈的均衡解,需要引入纳什均衡。

纳什均衡是指当给定其他人选择策略的前提下,每个人选择自己的最优策略,把所有局中人选择的最优策略组合起来,就构成纳什均衡。纳什均衡是完全信息静态博弈解的一般概念,构成纳什均衡的策略一定是重复剔除严格于策略过程中不能被剔除的策略。也就是说，没有一种策略严格优于纳什均衡策略，更为重要的是，许多不存在占优策略均衡或重复剔除的占优策略均衡的博弈，却存在纳什均衡。

与重复剔除的占优策略均衡一样，纳什均衡不仅要求所有的博弈参与人都是理性的，而且，要求每个参与人都了解所有其他参与人都是理性的。

在占优策略均衡中，不论所有其他参与人选择什么策略，一个参与人的占优策略都是他的最优策略。显然，这一策略一定是所有其他参与人选择某一特定策略时该参与人的占优策略。因此，占优策略均衡一定是纳什均衡。在重复剔除的占优策略均衡中，最后剩下的唯一策略组合，一定是在重复剔除严格劣策略过程中无法被剔除的策略组合。因此，重复剔除的占优策略均衡也一定是纳什均衡。

我们以博弈论中经常提到的性别战（battle of the sexes）为例，说明纳什均衡解。谈恋爱的男女通常是共度周末而不愿意分开活动的，这是研究问题的前提。但是，对于周末参加什么活动，男女双方往往各自有着自己的偏好。假定某周末，男方宁愿选择观看一场足球比赛，而女方宁愿去逛商店。再进一步假定：如果男方和女方分开活动，男女双方的效用为0；如果男方和女方一起去看足球赛，则男方的效用为5，而女方的效用为1；如果男方和女方一起去逛商店，则男方的效用为1，女方的效用为5。根据上述假定，男女双方不同选择的所有结果及其效用组合如表7-4所示。

表7-4　　　　　　　　　　　性别战的收益矩阵

		女方	
		看足球	逛商店
男方	看足球	5, 1	0, 0
	逛商店	0, 0	1, 5

在这个博弈中剔除两个严格劣策略以后，剩下的新博弈中，无法剔除严格劣策略。因此是一个纳什均衡。这里有两个解，即男女双方一起去看足球赛和一起去逛商店。除非有进一步的信息，如男方或女方具有优先选择权，否则，我们无法确定男女双方在上述博弈中会做出什么样的选择。

知识链接

零和博弈

零和博弈是博弈论的一个概念，属非合作博弈，指参与博弈的双方，在严格竞争下，一方的收益必然意味着另一方的损失，博弈各方的收益和损失相加的总和永远为"零"。双方不存在合作的可能。零和博弈的结果是一方吃掉另一方，一方的所得正是另一方的所失，整个社会的利益并不会因此而增加一分。

当你看到两位对弈者时，你就可以说他们正在玩"零和游戏"。因为在大多数情况下，总会有一个赢，一个输，如果我们把获胜计算为得1分，而输棋为-1分，那

> 么，这两人得分之和就是：1 + (-1) = 0。
> 这正是"零和游戏"的基本内容：游戏者有输有赢，一方所赢正是另一方所输，游戏的总成绩永远是零。
> 零和游戏原理之所以广受关注，主要是因为人们在社会的方方面面都能发现与"零和游戏"类似的局面，胜利者的光荣后面往往隐藏着失败者的辛酸和苦涩。从个人到国家，从政治到经济，似乎无不验证了世界正是一个巨大的"零和游戏"场。这种理论认为，世界是一个封闭的系统，财富、资源、机遇都是有限的，个别人、个别地区和个别国家财富的增加必然意味着对其他人、其他地区和国家的掠夺，这是一个"邪恶进化论"式的弱肉强食的世界。
> 但20世纪人类在经历了两次世界大战，经济的高速增长、科技进步、全球化以及日益严重的环境污染之后，"零和游戏"观念正逐渐被"双赢"观念所取代。人们开始认识到"利己"不一定要建立在"损人"的基础上。通过有效合作，皆大欢喜的结局是可能出现的。但从"零和游戏"走向"双赢"，要求各方要有真诚合作的精神和勇气，在合作中不要耍小聪明，不要总想占别人的小便宜，要遵守游戏规则，否则"双赢"的局面就不可能出现，最终吃亏的还是自己。
> 资料来源：张维迎：《博弈论与信息经济学》，上海人民出版社2012年版，第376页。

第三节 完全信息动态博弈

一、子博弈精炼纳什均衡

在动态博弈中，参与人的行动有先后顺序，后行动的参与人在自己行动之前就可以观察到先行动者（参与人）的行为，并在此基础上选择相应的策略。而且，由于先行动者拥有后行动者可能选择策略的完全信息，因而先行动者在选择自己的策略时，就可以预先考虑自己的选择对后行动者选择的影响，并采取相应的对策。

以房地产开发为例，表7-5给出了静态条件下双方参与人的收益情况。

表7-5　　　　　　　　房地产开发博弈（静态）的收益矩阵

| | | 开发商 A ||
		开发	不开发
开发商 B	开发	-4，-4	2，0
	不开发	0，2	0，0

从表7-5可以知道，该博弈有两个纳什均衡，即（A开发，B不开发）和（A不开发，B开发），我们无法确定是开发商A选择开发，开发商B选择不开发，还是恰恰相反的结果。

现在，我们讨论动态博弈。假定房地产开发商 A 是先行动者。在行动之前，开发商 A 对对手开发商 B 的策略进行了预测。在行动开始之前的 A 看来，如果不计得失，B 有四种策略可供选择：

策略一：无论 A 是否选择开发，B 选择开发。
策略二：若 A 选择开发，B 也选择开发；若 A 选择不开发，B 也选择不开发。
策略三：若 A 选择开发，B 就选择不开发；若 A 选择不开发，B 就选择开发。
策略四：无论 A 是否选择开发，B 都选择不开发。

在表 7-5 的基础上，结合 A 先行动，B 可能选择的四种策略，不难得出表 7-6。

表 7-6　　　　　　　　先行动者 A 对 B 预测结果的收益矩阵

		B			
		开发，开发	开发，不开发	不开发，开发	不开发，不开发
A	开发	-4, -4	-4, -4	2, 0	2, 0
	不开发	0, 2	0, 0	0, 2	0, 0

由表 7-6 可以看出，在开发商 A 先行动的情况下，开发商 B 可供选择的策略中，策略一只包括了上述两个纳什均衡中的后一种均衡，即（A 不开发，B 开发），而没有包括前一种纳什均衡，即（A 开发，B 不开发）；策略二上述两种纳什均衡都没有包括；策略四只包括了上述两种纳什均衡中的前一种均衡，即（A 开发，B 不开发），而未包括后一种纳什均衡，即（A 不开发，B 开发）；只有策略三既包括了上述两种纳什均衡中的前一种均衡，又包括了后一种均衡。也就是说，如果 B 选择策略三，那么，无论 A 做出什么选择，B 的回应都能达到纳什均衡。反过来，在给定 B 会选择策略三来回应 A 的选择的前提下，开发是 A 的占优选择。因此，A 一定会选择开发。

以上的分析，就是子博弈精炼纳什均衡解的过程。策略（A 开发，B 不开发）就是上述子博弈精炼纳什均衡解。

所谓"子博弈"是指它本身可以作为一个独立的博弈进行分析，它是原博弈的一部分。例如，在表 7-5 中，每一行或每一列都是整个博弈的一个子博弈。而且，任何博弈本身可被称为自身的一个子博弈。

只有当某一策略组合在每一个子博弈（包括原博弈）上都构成一个纳什均衡，这一策略组合才是子博弈精炼纳什均衡解。显然，如果整个博弈是唯一的子博弈，纳什均衡与子博弈精炼纳什均衡是完全相同的。

即问即答

1. 完全信息动态博弈参与者的行动是（　　）。
   A. 无序的　　　B. 有先后顺序的　　　C. 不确定的　　　D. 因环境改变的
2. 子博弈精炼纳什均衡（　　）。

A. 是一个一般意义上的纳什均衡
B. 和纳什均衡没有什么关系
C. 要求某一策略组合在每一个子博弈上都构成一个纳什均衡
D. 要求某一策略组合在原博弈上都构成一个纳什均衡

二、重复博弈

上述子博弈精炼纳什均衡有这样一个特征，这就是，参与人在前一个阶段的行动选择决定了随后的子博弈的结构。因此，同样结构的子博弈只出现一次。在上述房地产开发博弈的例子中，开发商 A 选择开发后的子博弈甲不同于开发商 A 选择不开发后的子博弈乙，当开发商 A 选择开发后，子博弈乙就被排除了。这样的动态博弈称为"序贯博弈"。动态博弈中另一类特殊但非常重要的博弈是所谓的"重复博弈"。顾名思义，重复博弈是指同样结构的博弈重复许多次，其中的每次博弈称为"阶段博弈"。

以下我们用一个产品定价的例子讨论重复博弈。表 7-7 给出了一次性完全信息静态博弈的收益矩阵。

表 7-7　　　　　　　　　产品定价博弈的收益矩阵

		B	B
		低价	高价
A	低价	20, 20	40, 10
	高价	10, 40	30, 30

A、B 两个参与人都有两种定价选择：定高价或定低价。如果两个参与人都定低价，则每个参与人的收益均为 20 个单位；如果两人都定高价，则每人的收益均为 30 个单位；如果其中某一参与人定低价，而另一参与人定高价，则定低价的参与人占有更多的市场份额获得 40 个单位的收益，定高价的参与人由于失去一部分市场份额而只获得 10 个单位的收益。显然，在这个一次性完全信息静态博弈中，两个参与人均有占优策略，占优策略均衡为 A、B 双方都定低价。

如果 A、B 之间的定价博弈是多次进行的，那么，问题就不是如此简单了。

我们先来分析博弈重复次数为无限时的情况。

如果 A、B 双方都选择合作，都保持定高价，则双方在每个阶段的收益均为 30 个单位，记为 (30, 30, 30, …)；如果 A、B 中有一方（如 A）采取投机行为，在实际定价中选择不与对方合作，在第一阶段就通过选择定价策略使得选择高价策略的对手 B 受损，则受损的一方 B 一定会在第二阶段及其以后的定价中也选择低价策略，加以报复，这样一来，首先选择不合作的一方 A 在各阶段的收益为 (40, 20, 20, …)，显然，其总收益远远小于合作、维持高价情况下的总收益。因为，首先选择不合作的一方 A，只是在第一阶段获得了"额外"收益，但在以后各阶段的收益将因为对手 B 的报复性选择而减少，并且，重复若干次后，首先选择不合作的一方 A 将得不偿失。

在这里，B 选择的策略称为"冷酷策略"。冷酷策略是指重复博弈中的任何参与人的一次性不合作将引起其他参与人的永远不合作，从而导致所有参与人的收益减少。因此，所有参与人具有维持合作的积极性。

我们再来讨论博弈重复次数为有限时的情况。

重复次数有限博弈与重复次数无限博弈之间的唯一区别，是所有参与人都可以明确无误地了解重复的次数，即可以准确地预测到最后一个阶段博弈。而在最后阶段的博弈中，任何一个参与人选择不合作，不会导致其他参与人的报复。因此，所有参与人都会在最后阶段的博弈中选择自己的占优策略，那就是不合作。上例中，在最后阶段博弈中选择低价是所有参与人的占优策略。

既然所有参与人都会在最后阶段选择不合作，那么，在倒数第二阶段博弈中任何参与人也就没有必要担心由于自己选择不合作，导致其他参与人在最后阶段博弈中的报复。因此，所有参与人在倒数第二阶段博弈中，也都会选择不合作。即在倒数第二阶段博弈中，所有参与人都会选择占优策略。

由此类推，可以得出以下结论：在阶段性博弈存在唯一的纳什均衡时，阶段博弈的纳什均衡解就是重复次数有限博弈的唯一子博弈精炼纳什均衡解。即重复次数有限博弈的每个阶段的均衡解都是一次性博弈的纳什均衡解。注意，上述推论成立的前提条件是阶段性博弈纳什均衡的唯一性。例如，在上例中，每个阶段博弈的收益矩阵都与表 7-7 完全一致，纳什均衡都是每个参与人选择低价。

三、动态博弈策略行动

在动态博弈中，由于参与人的行动有先后顺序，而参与人行动顺序直接影响博弈的结果。因此，参与人为了使其他参与人的选择对自己有利，往往会主动采取一些行动影响其他参与人对自己行为的预期，从而达到对自己有利的结果。参与人所采取的这些行为称之为"策略行动"。

以下通过两个例子加以说明。

（一）先行优势

所谓先行优势是指在博弈中首先做出策略选择并采取相应行动的参与人可以获得更多的利益。

在上面提到的性别战中，存在两个纳什均衡，即男女双方一起去看足球赛或一起去逛商店。我们无法确定结果到底如何。在这种情况下，如果男方首先采取行动，在约会前就买好足球票，就会对女方产生影响。女方可能因为男方的这一行动表明"男朋友十分想看这场足球比赛"或因"既然已经买了票，不看怪可惜"，从而接受双方一起看足球赛的选择。

（二）确信威胁

确信威胁是指博弈的某一参与人通过承诺某种行动改变自己的收益函数，使得其他参与人认为自己的威胁确实可信，从而迫使其他参与人在充分考虑自己的承诺的情况下做出相应的选择。

例如，在上述房地产开发博弈中，如果房地产开发商 B 在房地产开发商 A 做出选择之前就采取行动，与客户签订合同，规定 B 在一定期限内，向客户交付一定面积的住房，倘若 B 不能按时履约，则总共赔偿客户 6 个单位。在有这样一个承诺的情况下，上述表 7-5 和表 7-6 就相应地变成了表 7-8 和表 7-9。

表 7-8　　　　　　　　B 承诺后的房地产开发博弈的收益矩阵

		开发商 B	
		开发	不开发
开发商 A	开发	-4，-4	2，-5
	不开发	0，2	0，-5

表 7-9　　　　　　　　　　B 承诺后 A 对 B 的预测

		开发商 B			
		开发，开发	开发，不开发	不开发，开发	不开发，不开发
开发商 A	开发	-4，-4	-4，-4	2，-5	2，-5
	不开发	0，2	0，-5	0，2	0，-5

由此可以看出，在完全信息静态博弈下，B 选择开发是一个占优策略。因而 B 的策略一（无论 A 是否开发，B 都要开发）就构成了对 A 的确信威胁，因此，无论 A 是否选择开发，B 都会选择开发。因为无论 A 是否开发，B 选择开发都是 B 的占优策略。同时，由于 A 对这一选择有一个正确的预测，因此，A 一定会选择不开发。该博弈的子博弈精炼纳什均衡，也就变成了 A 不开发，B 开发。

第四节　不完全信息博弈

一、不完全信息静态博弈

我们以企业市场进入为例，说明不完全信息静态博弈的基本原理。假定某市场原来为完全垄断市场，只有一家企业 A 提供产品和服务。现在企业 B 考虑是否进入。当然，A 企业不会坐视 B 进入而无动于衷。B 企业也清楚地知道，是否能够进入，完全取决于 A 企业为阻止其进入而所花费的成本大小。对企业 A 而言，他所花费的成本高低与其收益大小有关。假定该市场进入博弈的收益矩阵如表 7-10 所示。

表 7-10　　　　　　　　　　　市场进入博弈的收益矩阵

		A 高成本 默许	A 高成本 阻止	A 低成本 默许	A 低成本 阻止
B	进入	30, 60	-10, 0	20, 80	-10, 150
B	不进入	0, 200	0, 200	0, 300	0, 300

上述博弈是一种不完全信息博弈。B 企业面临的是不确定性条件下的选择问题。因为 B 企业不知道 A 企业的类型。对于这类博弈的均衡，海萨尼（J. C. Harsany）做了系统的分析，提出一种研究不完全信息博弈均衡的方法。按照海萨尼的方法，所有参与人的真实类型是给定的，其他参与人仍然不知道某一参与人的真实类型，但是知道可能出现的类型的概率分布。只要知道某一参与人的不同类型的概率分布，就将不确定条件下的选择转换为风险条件下的选择。这种转换称之为"海萨尼转换"。

通过海萨尼转换，不完全信息博弈变成了完全但不完美信息博弈（games of complete But imperfect information）。所谓"不完美"是指其他参与人只知道某一参与人的类型的概率分布，而不知道该参与人的真实类型。例如，在上例中，不仅 B 企业知道 A 企业阻止成本高和阻止成本低的概率分布，而且，A 企业也清楚 B 企业知道这一概率。

在海萨尼转换的基础上，海萨尼提出了贝叶斯纳什均衡：在不完全信息静态博弈中，参与人的行动同时发生，没有先后顺序，因此，没有任何参与人能够有机会观察其他参与人的选择。在给定其他参与人的策略条件下，每个参与人的最优策略依赖于自己的类型。如果每个参与人虽然不知道其他参与人实际选择什么策略，但是，只要知道其他参与人有关类型的概率分布，他就能够正确地预测其他参与人的选择与其各自的有关类型之间的关系。因此，该参与人选择的依据就是在给定自己的类型，以及其他参与人的类型与策略选择之间关系的条件下，使得自己的期望收益最大化。

就市场进入博弈而言，对于挑战者 B 来说，虽然不知道原垄断者 A 究竟选择阻止成本低还是阻止成本高，但他知道 A 只能有这两种选择以及相应选择的概率分布。若 A 属于高阻止成本的概率为 P，则 A 属于低阻止成本的概率就为 (1-P)。如果 A 的阻止成本高，A 将默许 B 进入市场；如果 A 的阻止成本低，A 将阻止 B 的进入。在以上两种情况下，对照表 7-10，B 的收益分别为 30、-10。所以，B 选择进入的期望收益为 30P+(-10)(1-P)；选择不进入的期望收益为 0。显然，只要 B 选择进入的期望收益大于不进入的期望收益，B 就应该选择进入，否则，B 选择不进入。也就是说，B 的选择取决于 30P+(-10)(1-P) 是否大于 0，即只要 A 高阻止成本的概率大于 25% 时，B 选择进入是其最优策略。而这是的贝叶斯纳什均衡为：挑战者 B 企业选择进入，高成本原垄断者 B 企业选择默许，而低成本原垄断 B 企业选择阻止。

二、不完全信息动态博弈

在不完全信息条件下，博弈的每一参与人知道其他参与人的类型，并知道自然参与人的不同类型与相应选择之间的关系，但是，参与人并不知道其他参与人的真实类型。在不完全信息静态博弈中，我们通过海萨尼转换，即通过假定其他参与人知道某一参与人的所属类型的概率分布，计算博弈的贝叶斯纳什均衡解。而在于不完全信息动态博弈中，由于行动有先后顺序，后行动者可以通过观察先行动者的行为，获得有关先行动者的信息，从而证实或修正自己对先行动者的行动。因此，在不完全信息动态博弈中，问题变得更加简单。

在不完全信息动态博弈一开始，某一参与人根据其他参与人的不同类型及其所属类型的概率分布，建立自己的初步判断。当博弈开始后，该参与人就可以根据他所观察到的其他参与人的实际行动，来修正自己的初步判断。并根据这种不断变化的判断，选择自己的策略。这种不完全信息动态博弈的均衡过程，称为精炼贝叶斯均衡。

精炼贝叶斯均衡是完全信息动态博弈的子博弈精炼纳什均衡与不完全信息静态博弈的贝叶斯纳什均衡的结合。贝叶斯方法是概率统计中的一种分析方法。它是指根据所观察到现象的有关特征，并对有关特征的概率分布的主观判断（即先验概率）进行修正的标准方法。中国成语故事黔驴技穷，就是贝叶斯方法思想的一个典型表达：

贵州省的老虎从来没有见过驴子，不知道驴子到底有多大本领。老虎采取的方法是不断接近驴子进行试探。通过试探，修正自己对驴子的看法，从而根据试探的结果选择自己的策略。一开始，老虎见驴子没什么反映，它认为驴子本领不大；接下来老虎看见驴子大叫，又认为驴子的本领很大；然而，进一步试探的结果，老虎却发现驴子的最大本领只是踢踢而已；最后，通过不断试探，老虎得到关于驴子的准确信息，确认驴子没有什么本领，就选择了冲上去把驴子吃掉的策略。这显然是老虎的最优策略。

现在，我们回到上面的市场进入例子。挑战者 B 不知道原垄断者 A 属于高阻止成本类型，还是低阻止成本。但是 B 知道，如果 A 属于高阻止成本类型，B 选择进入时，A 选择阻止的概率为 30%；如果 A 属于低阻止成本类型，B 选择进入时，A 选择阻止的概率为 100%。一开始，B 假定 A 属于高阻止成本企业的概率为 70%，属于低阻止成本企业的概率为 30%。则，B 进入时，受到 A 阻止的先验概率为：

$$0.7 \times 0.3 + 0.3 \times 1 = 0.51$$

0.51 是给定 A 所属类型的先验概率下，A 可能选择阻止的概率。

当 B 实际进入市场时，如果 A 确实进行了阻止。根据贝叶斯方法，结合 A 阻止这一实际观察到的行为，B 认为 A 属于高阻止成本企业的概率变为

$$0.7 \times 0.3 \div 0.51 \approx 0.41$$

依据这一新的概率，B 预测自己选择进入时，受到 A 的阻止的概率变为：

$$0.41 \times 0.3 + 0.59 \times 1 \approx 0.71$$

如果 B 再一次进入又受到 A 的阻止运用贝叶斯方法，B 认为 A 属于高成本企业的概率变为：

$$0.41 \times 0.3 \div 0.71 \approx 0.17$$

如果如此循环，B 企业一次次进入，都遭到 A 企业一次次的阻止，B 对 A 所属类型的判断不断得到修正，越来越倾向于判断 A 属于低阻止成本企业。因此，B 企业选择停止进入市场是其最优策略。

值得注意的一个问题是,在现实生活中,获得信息是需要成本的。如在上例中,B企业在不断试探过程中是要花费成本的,如果这种成本很小,B企业可以一次又一次的试探下去,直到得到对A企业所属类型的比较准确判断为止;如果这一过程花费的成本很高,B企业可能就不会轻易去试探。这种获取信息所花费的成本归根结底是由信息的不完全性造成的。进一步研究表明,不完全信息可以导致博弈参与人之间的合作。因为,当信息不完全时,参与人为了获得合作带来的长期利益,通常不愿意过早地暴露自己的真实目标。根据这一研究结果,我们知道,在一种长期的关系中,一个人做好事还是做坏事,往往并不是由他的本性所决定的,而在很大程度上取决于其他人在多大程度上认为他是好人或坏人。坏人为了掩盖自己的真实面目,也可能在相当长的时期内做好事。

·经济学名家·

博弈论大师——约翰·福布斯·纳什

约翰·福布斯·纳什(John Forbes Nash,1928年6月13日-2015年5月24日),著名经济学家、博弈论创始人。前麻省理工学院助教,后任普林斯顿大学数学系教授,主要研究博弈论、微分几何学和偏微分方程。由于他与另外两位数学家在非合作博弈的均衡分析理论方面做出了开创性的贡献,对博弈论和经济学产生了重大影响,而获得1994年诺贝尔经济学奖。

1950年和1951年纳什的两篇关于非合作博弈论的重要论文,彻底改变了人们对竞争和市场的看法。他证明了非合作博弈及其均衡解,并证明了均衡解的存在性,即著名的纳什均衡。从而揭示了博弈均衡与经济均衡的内在联系。纳什的研究奠定了现代非合作博弈论的基石,后来的博弈论研究基本上都沿着这条主线展开的。

1958年,纳什因其在数学领域的优异工作被美国《财富》杂志评为新一代天才数学家中最杰出的人物。他的名字已经成为经济学或数学的一个名词,如"纳什均衡""纳什谈判解""纳什程序""德乔治-纳什结果""纳什嵌入"和"纳什破裂"等。

获得2002年奥斯卡最佳影片奖的影片《美丽心灵》就是根据他的传奇经历改编而成。电影于2001年上映,并一举获得8项奥斯卡提名。

【本章小结】

1. 在经济学中,博弈论是研究当某一经济主体的决策受到其他经济主体决策的影响,同时,该经济主体的相应决策又反过来影响其他经济主体选择时的决策问题和均衡问题。

2. 根据博弈是否同时和信息是否完全,其类型可划分为以下四种主要类型:完全信息静态博弈、完全信息动态博弈、不完全信息静态博弈、不完全信息动态博弈。

3. "完全信息"指的是每个参与人对所有其他参与人的特征(包括战略空间、支付函数等）有完全的了解，"静态"指的是所有参与人同时选择行动且只选择一次。

4. 纳什均衡是完全信息博弈解的一般概念，也是所有其他类型博弈解的基本要求。纳什均衡是指：当给定其他人选择策略的前提下，每个人选择自己的最优策略，把所有局中人选择的最优策略组合起来，就构成纳什均衡。

5. 在动态博弈中，参与人的行动有先后顺序，后行动的参与人在自己行动之前就可以观察到先行动者（参与人）的行为，并在此基础上选择相应的策略。动态博弈包括重复博弈和序列博弈。

【关键术语】

博弈，策略，均衡，纳什均衡

【技能训练】

1. 假定企业 A 和企业 B 都是组合音响的制造商，他们都可以生产一种中档产品或高档产品，不同选择下企业获利的报酬矩阵如下：

表 7-11　　　　　　　　生产组合音响的博弈　　　　　　　　单位：万元

		企业 B	
		中 档	高 档
企业 A	中 档	500, 500	1 000, 800
	高 档	800, 1 000	400, 400

（1）这两个企业有没有上策？
（2）试分析该博弈有没有纳什均衡？有几个？

2. 假定两家企业 A 与 B 之间就做广告与不做广告展开博弈，它们的报酬矩阵如下：

表 7-12　　　　　　　　　广告的博弈　　　　　　　　　单位：万元

		企业 B	
		做广告	不做广告
企业 A	做广告	100, 100	300, 0
	不做广告	0, 300	200, 200

（1）这是不是一个"囚犯的困境"？
（2）如果该对局只进行一次，其纳什均衡是什么？
（3）如果博弈是重复的，但我们不考虑无限次的情形，假设只进行 10 次对局。再假定企业 A 采取的是"以牙还牙"的策略，并在第一次对局中不做广告，企业 B 也将采取"以牙还牙"的策略。对企业 B，考虑两种不同的情况：在第一次做广告或第一次不做广告，分别计算这两种情况下企业 B 的累计利润，试问企业 B 将如何行动？

【案例分析】

"双十一"未到，京东、天猫已"开撕"

每年的"双十一"大战，看似是阿里、京东给用户的慷慨大礼包，实则是无数卖家在提供真正的支持，因此，能不能和有实力的卖家合作，就成了京东和天猫最关心的问题。

2015年"双十一"之前，为了抢到卖家，大战最终从隔空叫板变成短兵相接。针对日前风传的电商平台胁迫商家"二选一"站队问题，京东昨日发布公告称，已向国家工商总局实名举报阿里巴巴集团扰乱电子商务市场秩序。阿里对此回应称，京东在转移话题。电商平台的竞争已到了空前的激烈程度，在疯狂的价格战下开始争抢优质商户资源，仿佛回到了多年前的传统商业竞争模式。而在电商巨头的交战中，受损最多的将是中小型商家。

京东实名举报阿里巴巴

2015年11月3日晚，京东集团表示，已向国家工商总局实名举报阿里巴巴集团扰乱电子商务市场秩序。

京东表示，阿里巴巴向商家传递的信息是：如果参加天猫"双十一"主会场活动，就不允许参加其他平台"双十一"主会场活动。对于已经和其他平台达成合作意向的，则要求商家直接退出，否则会在流量和资源位等方面进行处罚或制裁，导致商家无法正常参与其他电商平台的"双十一"促销活动。

京东称，这是典型的店大欺客行为，使得在其他电商平台上购物的客户无法享有公平的促销优惠，损害了消费者权益。这些行为不仅妨碍了正常的市场竞争，更严重损害了消费者利益，京东集团已就此向国家工商总局实名举报阿里巴巴集团扰乱电子商务市场秩序。

京东方面还表示，京东近年来获得了高速发展，其中服装品类在京东平台上取得了远高于行业平均水平的高速增长，如2015年上半年，服装交易额同比增长超过150%。同时，秉承"开放、共赢"的理念，京东在大型促销活动期间曾多次公开表示欢迎友商参与，倡导全行业共同为消费者带来更优质的商品和服务。此次京东不仅代表自身，更以行业健康发展为己任，挺身而出，打击不正之风。我们希望此举能够为维护公平竞争的市场环境和维护消费者的正当权益贡献力量。

这次的导火索是一双鞋

对此，阿里第一时间进行了回应。阿里称，市场问题市场解决，价格优势将持续到底。阿里表示，其实，对于竞争的问题，最终的解决方案就是让消费者选择。天猫品质更真服务更好价格更低物流更快，是企业实力的自然结果。任何竞争都要直面现实不转移话题，相信大家都能明白其中原因。

这一轮争锋起源于10月29日京东的一份声明。声明中称，清退男鞋品牌木林森并永久不再合作，"随着'双十一'临近，部分国际、国内服饰品牌商家被某平台施压，要求品牌商家不得参与包括京东在内的其他平台的促销活动，即便已经上线的活动也需撤掉"。木林森电商负责人向大河报记者表示，目前该事件已由集团层面处理，对此事暂不做回应，但他同时并未否认，木林森是因为受阿里的压力，而停止在京东促销。

资料来源：祁驿：《双十一未到，京东天猫已"开撕"》，载于《大河报》，2015年11月6日。

问题：

(1) 试用博弈论的原理分析京东、天猫行为背后的原因；

(2) 分析双方行为在短期、长期可能的结果。

【团队实训】

1. 实训目的

通过游戏加深对博弈论知识的理解。要求参与者熟悉规则，并按照要求进行决策。能够通过游戏说出其中蕴含的博弈论原理。

2. 实训内容及要求

(1) "最后通牒博弈"游戏。

初始禀赋：博弈双方就100元人民币的分配方案的决策。

博弈规则：参与人分为人数相同的两个小组，一方为提议人（P）；一方为应价人（R）。分组由随机抽签决定。

提议人（P）提出自己愿意给对方的钱数X；

应价人（R）与此同时提出自己的保留价格Y。

收益计算：当X≥Y时，则按照提议人的分配方案进行分配，即提议人分得100 - X，而应价人得X。

当X < Y时，则双方一无所得。

(2) 囚徒困境博弈游戏。

我们要进行一个卡片游戏，每个同学都会和另一位同学组成一组（由教师指定）。每个人都将拿到两张扑克牌，一张是红色的（红桃或者方块），一张是黑色的（黑桃或者梅花）。牌上的数字或者图案不重要，关键是看颜色。

游戏开始后，每个人将一张牌放在自己的胸口（牌面朝里，别让他人看到你出什么牌），这样我们可以知道你已经作出决定，但是不知道这个决定是什么。你出的牌和小组里另一位同学出的牌一起决定你的收益。

假如你出红牌，另一位同学出红牌，你将得到3元；假如另一位同学出黑牌，你将得到0元。假如你出黑牌，另一位同学出红牌，你将得到5元；假如另一位同学出黑牌，你将得到2元。

总结一下：

你的收益 = 3元，假如你出红牌，另一位出红牌；
　　　　　0元，假如你出红牌，另一位出黑牌。
　　　　　5元，假如你出黑牌，另一位出红牌；
　　　　　2元，假如你出黑牌，另一位出黑牌。

在你决定好出什么牌之后，把牌放到自己的胸口。接下来，我们会宣布你和谁组成一组。注意，每期你将和不同的人搭配。小组成员之间不允许以任何方式沟通。然后，你们同时公布你们的出牌。并在下面的表格里做好记录。在各轮游戏结束后，我们会按照你表格中记录的收益以人民币予以支付。

表 7-13　　　　　　　　　收益记录表（前 3 轮）

时期	你的牌（红与黑）	别人的牌（红与黑）	你的收益
1			
2			
3			

在第二阶段游戏中，游戏规则与前者基本一样，唯一不同的是：在教师为各位参与者配置了游戏小组后，允许二者在出牌之前进行口头沟通。然后再进行三轮实验。

表 7-14　　　　　　　　　收益记录表（后 3 轮）

时期	你的牌（红与黑）	别人的牌（红与黑）	你的收益
4			
5			
6			

第八章 分配理论

知识要求 >>> >>>

认识要素市场的主要特征；掌握几种主要的生产要素均衡价格的决定；掌握基尼系数与洛伦兹曲线；理解分配过程中公平与效率的目标。

案例导入 >>> >>>

漂亮津贴

人与人之间在许多方面不同，家庭、学识、能力、勤奋程度等，其中有一种非常明显的差别是他们的样貌不同。例如，一些漂亮演员出演的电影常常可以吸引大量观众，于是很多公司找她代言拍广告。毫不奇怪，对于漂亮而言，观众多意味着大量的收入。

漂亮的经济利益普遍存在吗？劳动经济学家丹尼尔·荷马仕（Daniel Hamermesh）与杰夫·比德尔（Jeff Biddle）在发表于《美国经济评论》1994年12月号上的一项研究中力图回答这个问题。他们考察了对美国和加拿大个人进行调查的资料。这项调查要求进行调查的访问者评价每个应征者的外貌。然后，丹尼尔·荷马仕和杰夫·比德尔考察被调查者的工资在多大程度上取决于标准的决定因素——教育、工作经验，等等，以及在多大程度上取决于他们的样貌。

丹尼尔·荷马仕和杰夫·比德尔的研究发现，相貌在起作用。那些肯定更有魅力的人平均比相貌平常的人收入高5%。那些相貌平常的人比那些被认为比一般人吸引力小的人收入高5%~10%。对男人和女人都得出了类似的结论。这种由于长相漂亮带来的额外的收入被称为"漂亮津贴"。该现象引起了诸多经济学家的关注。为什么漂亮的人收入高？这种收入不平等现象合理吗？也许可以用收入分配理论来回答这些问题。

资料来源：[美] 曼昆（N·Gregory Mankiw）：《经济学原理》，北京大学出版社2006年版。根据原文进行了改编。

试着回忆一下在导论部分提到的两部门经济市场运行图，介绍了家庭和企业这两类经济决策者，其中企业购买劳动、土地、资本等生产要素来生产，形成产品市场，家庭则向企业提供劳动、土地、资本这些生产要素获得报酬，形成生产要素市场。前面各章节主要讨论的是产品市场上价格和数量如何决定的问题，也就是"如何生产"的问题。这只是解释了两部门经济市场运行图的一半，没有解释工资水平由什么决定，为什么金融行业的工资水平整体比餐饮业高。本章拟分析生产要素市场的价格和数量是如何决定的，也称为"收入分配理论"。分配问题是微观经济学要解决的第三个大问题，即"为谁生产"的问题。因此，完成本章的学习，才算完整回答了微观经济学的基本问题：一个社会的资源如何有效地分配用于各种不同用途。

第一节　生产要素收入分配的原理

一、生产要素概述

（一）生产要素的概念

生产要素是企业用于生产供消费者消费的产品和服务的所有资源。传统西方经济学理论一般将生产要素分为四类：土地、劳动、资本和企业家才能。土地实质上是一种泛指，不仅包括土地资源，还包括其他各种资源，如矿产、石油、森林、江河湖海等。劳动是指人类在生产过程中提供的智力和体力。资本的概念，我们日常理解的资本包括人力资源、自然资源等很多资源都称为资本，为了和其他生产要素区别开来，这里的资本一般指物质资本，是生产出来并被用作投入要素以便进一步生产更多产品和劳务的物品。包括厂房、机器、设备和原材料等。企业家才能是指企业家组织建立和管理经营企业的才能。企业家才能更体现创新带来的效益。

— 知识链接

生产要素都包括什么

19世纪的西方经济学家们习惯于把要素分为三类，即土地、劳动和资本。这三类生产要素的价格，则被分别称作地租、工资和利息。那时的生产要素价格理论就是土地所有者、工人和资本家这三个主要社会阶层之间的收入分配理论。此种观点可以用萨伊的"三位一体"公式来概括：

$$\left.\begin{array}{l}劳动——工资\\资本——利息\\土地——地租\end{array}\right\}$$

图 8-1　萨伊的"三位一体"公式

到19世纪末，第四种生产要素——企业家才能被"发现"。于是，利润被看成是企业家才能的收入。由此确立了现代西方经济学分配理论研究的中心和基础。此种观点可以用马歇尔的"四位一体"公式来概括：

$$\left.\begin{array}{l}劳动——工资\\资本——利息\\土地——地租\\企业家才能——利润\end{array}\right\}$$

图 8-2　马歇尔的"四位一体"公式

资料来源：梁小民：《西方经济学》，中央广播电视大学出版社2002年版，第208页。

(二) 生产要素市场的特点

生产要素市场是生产要素的需求方和供给方相互作用从而形成的要素交易价格和交易数量的一种组织形式或制度安排。与产品市场非常相似，都是由供求双方的行为共同决定价格，但生产要素市场与产品市场也有诸多不同，主要体现在以下几个方面：

第一，生产要素的供求方与产品市场不同。在产品市场，产品需求来自消费者，供给来自生产者；在要素市场则是反过来的，生产要素的供给方是消费者，需求方是生产者。

第二，生产要素市场价格与产品市场不同。在产品市场，价格是产品本身价格，购买产品后发生所有权的转移；要素市场则是使用要素的价格，购买者只获得要素的使用权，而无所有权。

第三，生产要素市场与产品市场相互依赖。生产要素由于生产产品的需要而存在，因此，它并不是独立的，而是与产品市场相互依赖，产品市场需求旺盛，生产要素价格就上涨，产品市场低迷时，要素价格也会跟着下降。

(三) 生产要素的价格

生产要素主要包括劳动、资本、土地、企业家才能，这些生产要素在市场的价格最终以工资、利息、地租和利润体现。需要注意的是，生产要素价格与产品市场价格不同之处在于，产品市场价格即销售价格，体现产品本身的价值。而要素市场价格不是指要素本身的销售价格，而是指要素在一定时间内提供服务的价格。生产要素价格如何决定，需要先分析要素的需求和供给。

二、生产要素的需求

(一) 生产要素的需求性质与影响因素

上一节我们已经知道，生产要素与产品市场的需求供给方是不同的，对于生产要素市场的需求性质，更具体来讲，产品市场的需求属于直接需求，是消费者对这个产品有欲望，而生产要素市场的需求是间接需求，也称为派生需求或引致需求，不是为了满足欲望，而是为了获得收益。另外，生产要素需求也是一种联合需求，因为产品生产出来是需要多种生产要素的投入，例如，生产一块面包需要面粉、鸡蛋、烤箱以及面包师等各种人力和物力的生产要素，这些生产要素是相互补充的。如果只增加面粉鸡蛋而不增加面包师，材料再多，一个面包师能做出的面包也是有限的，会出现边际收益递减。因此，生产要素需求是一种联合需求。

由以上生产要素需求性质可以看出，影响生产要素需求的因素主要有以下几个方面：

第一，生产要素的价格。价格是影响需求的首要因素，在产品市场是这样，在要素市场也是同样的原则。为达到利润最大化，企业都希望使用价格更低的生产要素，价格越高，企业对该生产要素的需求就越少。反之，则相反。

第二，市场对产品的需求及产品价格。因为要素需求是一种引致需求，是由生产行为引起的，所以很显然，产品市场和要素市场是相互影响的，产品的需求越大，价格越高，企业利润就越高，对生产要素的需求就会越大。反之，则相反。

第三，生产要素的边际生产力。边际生产力（marginal productivity，MP）是指在其他要素投入和技术水平不变时，每增加一个单位的要素所相应增加的产量。当产量用实物来表示时，就称为"边际产品（marginal product，MP）"，当产量用货币表示时，就称为边际产品价值（value of marginal product，VMP），VMP = P·MP。边际生产力的概念有助于分析多种生产要素共同投入生产产品时，究竟各种生产要素在生产中作出了多少贡献，从而应当分配到多少收入。生产要素的边际生产力越高，需求就越大，反之，则相反。

另外，除了以上因素，技术条件、经济环境等也都会影响生产要素的需求。因此，生产要素的需求不仅取决于生产要素自身，还取决于产品市场，在分析时自然更为复杂。

（二）企业使用生产要素的一般原则

企业购买生产要素最终是为了实现产品的利润最大化。在第五章成本理论里我们知道，在产品市场，企业达到利润最大化的的条件是边际收益等于边际成本，也就是 MR = MC。同样，在要素市场也是一样，要实现产品利润最大化，要素的边际收益必须等于边际成本。需要注意的是，要素市场上的边际收益和边际成本的含义与名称与产品市场上是不同的。

首先，我们来看生产要素的边际收益如何决定。生产要素的边际收益是指增加一单位要素所增加的产品的收益，为区别于产品的边际收益，这里称为边际收益产品（marginal revenue product，MRP）。企业利润最大化的决策要求 MRP = MR·MP，即边际收益产品等于产品的边际收益乘以边际产品[1]。

其次，生产要素的边际成本（marginal factor cost，MFC）是增加一个单位某种要素所增加的成本，表达式为：MFC = MC·MP，即边际要素成本等于产品的边际成本乘以边际产品[2]。

生产要素市场中，MRP = MFC 时，才能实现利润最大化。

当 MRP > MFC 时，即一个企业购买某种生产要素所获得的收益大于成本，理性企业会增加该生产要素的购买。由于边际报酬递减规律，边际收益产品也趋于下降，直到 MRP = MFC。

反之，当 MRP < MFC 时，即一个企业购买某种生产要素所获得的收益小于成本，理性企业会减少该生产要素的购买。同样由于边际报酬递减规律，这种生产要素的边际收益产品因要素数量的减少而增加，直到 MRP = MFC。

---

[1] 推导过程见附录1
[2] 推导过程见附录2

(三) 完全竞争市场中企业对生产要素的需求

在分析要素市场时，完全竞争市场不仅仅要求产品是完全竞争，还要求要素市场也是完全竞争的。

完全竞争的要素市场与完全竞争的产品市场特点也是一样的，都表现为大量的买方和卖方，要素同质，完全信息，要素自由流动，进入退出市场自由等。在分析完全竞争市场企业对生产要素的需求时，假定企业只使用劳动这一种生产要素、生产一种产品且是追求利润最大化的。

完全竞争市场上，因为产品的边际收益 MR 等于价格 P，由此可以推导出，企业使用生产要素的边际收益 $MRP = MR \cdot MP = P \cdot MP$，$P \cdot MP$ 也就是前面我们提到的边际产品价值 VMP 的表达式。所以，通常用边际产品价值来表示完全竞争市场上要素的边际收益。需要注意的是，只有在完全竞争市场上，MRP = VMP 才成立，在非完全竞争市场上，由于边际收益不等于价格，所以 MRP 与 VMP 也是不相等的。

根据边际收益递减规律，其他条件不变的情况下，生产要素的边际生产力是递减的。因此，边际产品价值曲线是一条右下方倾斜的曲线。

在完全竞争市场上，劳动这一要素价格也是既定的，这里表示为工资 W。因此，要素的边际成本 MFC 也是常数且等于要素价格 W，即 MFC = W。那么，遵循企业使用生产要素的一般原则，完全竞争条件下，企业使用生产要素的原则可以表示为：

$$VMP = W$$

$VMP = P \times MP$，由于价格 P 为常数，MP 是关于要素数量的函数，因此，由此式可以得到关于要素使用数量和要素价格的一个函数关系，该函数关系也就是要素需求函数，函数以图形展示就是要素的需求曲线。该曲线和边际产品价值曲线一样，由于边际生产力递减规律，向右下方倾斜。如图 8-3 所示。

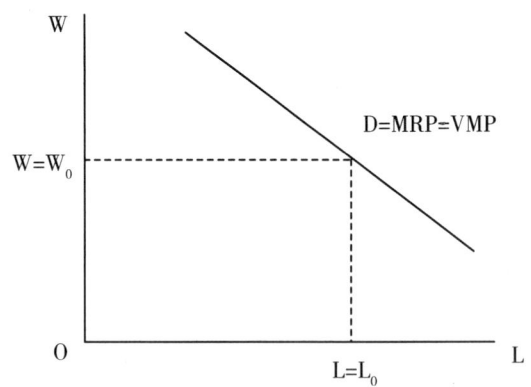

图 8-3 生产要素的需求曲线

图 8-3 中，横轴 OL 代表生产要素需求量，纵轴 OW 代表生产要素价格，D 为生产要素需求曲线。从图 8-3 看出，生产要素需求曲线是一条右下方倾斜的曲线，也就是说，更低的要素价格会导致企业购买更多的生产要素，要素价格过高的话，则会减少生

产要素的需求。当生产要素价格为 W_0 时，生产要素的需求量为 L_0，这时使用生产要素量可以实现 MRP = MFC。

完全竞争市场整个行业的生产要素需求是各个单个的企业的生产要素需求之和，也是一条右下方倾斜的曲线。

（四）不完全竞争市场中的生产要素需求

分析要素市场时，不完全竞争市场是除完全竞争市场以外的其他三种市场情况：第一，产品市场完全竞争，要素市场不完全竞争；第二，要素市场完全竞争，产品市场不完全竞争；第三，要素市场和产品市场都不完全竞争。对于单个厂商来说，完全竞争市场与不完全竞争市场的最大区别就在于，完全竞争市场上价格既定，不完全竞争市场上价格是产品销量的函数。

前面已经提到，在不完全竞争市场上，对于单个企业来说，不是价格的完全接受者，因此，产品边际收益不等于价格。这时，生产要素需求仍要取决于利润最大化原则，MRP = MFC，因此，生产要素的需求曲线仍然是一条右下方倾斜的曲线。这两种市场上的差别在于生产要素曲线的斜率不同，从而在同一生产要素价格时，对生产要素的需求量不同。一般而言，同一价格时完全竞争市场上的生产要素需求量大于不完全竞争市场。

三、生产要素的供给

在要素市场上，供给方是消费者。对于不同性质的生产要素，表现的供给特征也不相同。像土地等自然资源这一类的生产要素，因为开发出来的资源有限，其供给就基本是较为固定的。像资本这类生产要素，有着像其他产品一样的性质，供给随着价格的上升而增加，随着价格的下降减少。像劳动生产要素，劳动供给主要取决于工资水平，工资水平较低时，劳动供给就会减少，工资上涨到某个较高水平时，劳动供给就会相应增加，但也有一定的限度。工资增长到一定程度，人们不会无限制牺牲自己的闲暇时间换取报酬，反而会更愿意留有更多的闲暇时间。各种生产要素的供给特点下一节内容会具体详细分析。

四、要素市场的均衡价格决定

跟产品市场一样，生产要素的均衡价格由要素市场的供给和需求共同决定。当需求等于供给时，市场达到均衡。一般而言，生产要素的需求曲线成向右下方倾斜，供给曲线成向右上方倾斜，具体如图 8-4 所示。图中，供给曲线 S 和需求曲线 D 相交，形成均衡点 E 和对应的均衡价格 W_0 和均衡数量 L_0。

需要注意的是，由于各种生产要素的需求与供给特点都是不同的，因此形成的均衡价格决定也有所不同。第二节将详细分析各个不同类型的生产要素价格的决定。

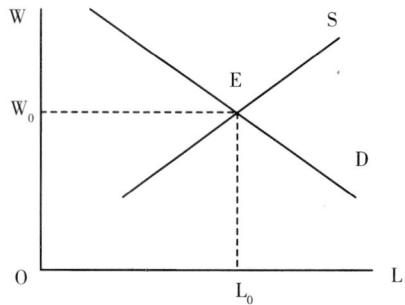

图 8-4 要素市场均衡价格的决定

第二节 工资、利息、地租、利润理论

一、劳动的价格——工资的决定

工资是劳动者所提供的劳务的报酬,也体现了劳动这一生产要素的价格。工资水平由劳动市场的需求和供给共同决定。

(一) 劳动的需求

劳动的需求方是企业,企业的目的是追求利润最大化,基于利润最大化的目的,企业对劳动的需求的多少主要取决于以下几个方面的因素:第一,市场对产品的需求。如果市场比较景气,对产品的需求量比较大,那么,企业就会需要更多的劳动者满足生产需要。第二,劳动在生产中的重要性。像在中国现阶段推行的家庭农场,由于农村现状、政策、设备等各方面的限制,对劳动力的需求可能就相对比较大,如果是像美国那种已经成熟的大型的家庭农场,平均面积就达到 2 000 多亩,只需要 2~3 人的普通家庭就可以经营。第三,劳动的边际生产力。边际生产力的概念我们在上一节已经提过,具体到劳动的边际生产力,是指在其他条件不变的情况下,增加一单位劳动所增加的产量。如果劳动的边际生产力比较高,高于劳动的边际成本(即工资),那么,劳动的需求就会增加。反之,则相反。因此,综上所述,劳动的需求曲线是一条右下方倾斜的曲线,劳动的需求量与工资成反方向变动关系。根据劳动需求曲线的推导,我们知道,产品的价格、技术进步因素等主要引起需求曲线的变动。产品价格上升,企业对劳动的需求增加,产品价格下降,减少对产品的需求;技术发生变革,通常会引起劳动边际生产力提高,进而增加劳动需求。

(二) 劳动的供给

1. 个人劳动供给——向后弯曲的供给曲线

关于个人的劳动供给,有一句话叫"时间就像海绵,挤一挤总会有的"。可是无论如何,时间对每个人都是平等的,每个人的一天都只有 24 个小时。作为一个参与经济活动的社会人,都需要对这 24 小时进行"工作时间"和"闲暇时间"的分配,"闲暇时间"分配的越多,"工作时间"就会减少,劳动供给就是在两者之间进行如何分配的问题。就像我们最初在学习经济学时提到的,经济人要面临权衡取舍,此时就要面临工作和闲暇时间的权衡取舍。设想,如果你一天的工资只有 50 元,规定的工作时间 8 小时结束后,老板给你每小时 50 元的工资让你加班,这时候 50 元的报酬对你来说可能意义比较大,你会比较愿意花更多的时间用于加班,此时的替代效应大于收入效应。如果你经过若干年的奋斗,成功创业拥有亿万资产,这时候除非万不得已的忙碌可能你更愿意把时间花费在享受更多的闲暇,此时的收入效应大于替代效应。因此,劳动的这一特殊性决定了劳动的供给曲线并不像一般的产品供给曲线一样是右上方倾斜的曲线,而是一条向后弯曲的曲线,如图 8-5 所示。

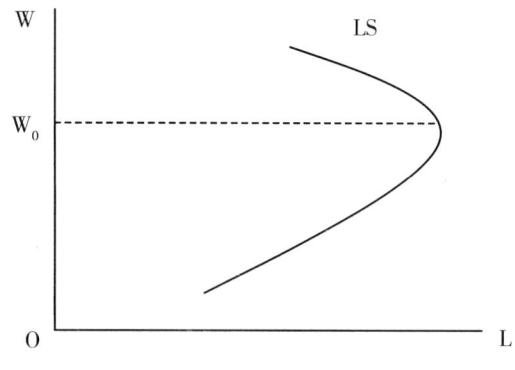

图 8-5 劳动的供给曲线

图 8-5 中,横轴 L 代表劳动供给量,W 代表工资率,LS 为劳动供给曲线。当工资水平低于 W_0 时,替代效应大于收入效应,劳动供给随工资增加而增加,劳动供给曲线向右上方倾斜。当工资水平高于 W_0 时,收入效应大于替代效应,劳动供给随工资增加而减少,劳动供给曲线向左上方倾斜。

2. 市场的劳动供给曲线——右上方倾斜的曲线

把所有单个的劳动者的劳动供给曲线水平相加,就得到整个市场的劳动供给曲线。尽管许多单个消费者的劳动供给曲线可能会向后弯曲,但是整个市场上来看,较高的工资水平,还是会吸引更多的劳动者进入,抵消了原有的个人劳动供给量的减少。所以,整个市场的劳动供给曲线仍然是右上方倾斜的。

(三)工资价格水平的决定

现在我们将右下方倾斜的劳动市场需求曲线和右上方倾斜的劳动市场供给曲线综合起来放在一起,就得到了均衡的工资水平,如图 8-6 所示。图中,劳动需求曲线和供给曲线的交点 E 点是均衡点,均衡点下的均衡工资水平为 W_0,均衡劳动数量为 L_0。但是,这种均衡是暂时的,当引起需求或供给变动的某些因素变动时,均衡水平也会发生相应变化。例如,20 世纪 50 年代以前中国女性参加工作的比例不足 50%,如今有七成的女性参加工作,女性占社会就业人员的比例达到 46%。因此,社会劳动总供给数量增加。劳动供给数量的增加引起均衡工资水平降低，均衡劳动数量增加。再例如，始于 2007 年年末美国的金融危机导致全世界范围的经济萧条，一些国家失业率显著上升，社会劳动需求的减少也会相应引起劳动市场均衡工资水平和劳动数量的减少。

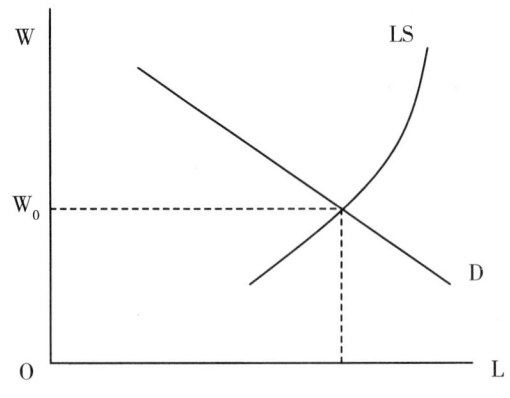

图 8-6 工资水平的决定

知识链接

工资水平与受教育程度

教育和工资水平的相关关系基本已得到普遍认可，即受教育年限越长，工资水平就相应越高。图 8-7 以美国数据为代表显示了两者的相关关系。图 8-7 说明，普遍来讲，工资水平随年龄增长而增长，在 45~54 岁年龄段达到顶峰，之后就呈下滑趋势，尤其是 60 岁退休以后下滑趋势更快。再考虑到受教育程度，大学毕业生的平均工资高于高中毕业生，高中毕业生的平均工资高于小学、中学毕业生和没有接受过任何学校教育的文盲。

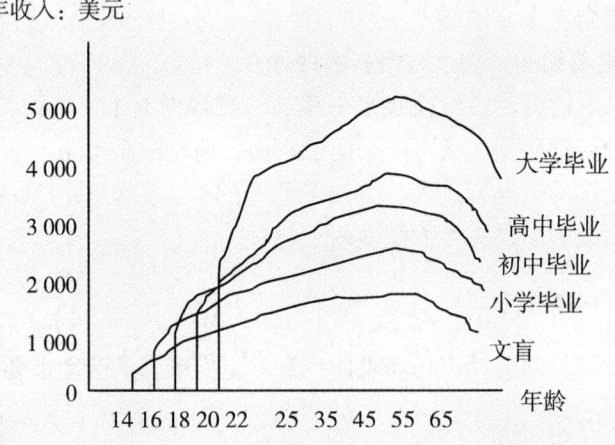

图 8-7 受教育程度对工资水平的影响

资料来源：[美] 约翰·B·泰勒 (John B. Taylor)：《经济学》，中国市场出版社 2007 年版，第 313 页。

第八章 分配理论

 **即问即答**

1. 试用工资价格水平价格决定理论分析一下本章案例导入关于"漂亮津贴"的问题，为什么漂亮的人收入可能会更高呢？
2. 普遍认为，受教育年限越长，工资水平就相应越高。有人会说，为什么比尔·盖茨没有选择考取大学毕业证书呢，你怎么看？

（四）工会对工资的影响

工会是与雇主谈判工资水平和工资条件的协会，一般按行业组织，是工人自己的组织。西方的工会一般是独立的，不受政府操纵，是维护工人权益的经济组织。企业要按照法律规定缴纳会费。企业的工资水平一般由工会和企业共同决定，政府只起到协调作用。有研究表明，有工会的企业比没有工会的企业工资高出10%~20%。

工会努力提高工资水平的方式主要有几种：

第一，增加对劳动的需求，提高工资水平。根据工资水平决定理论，劳动需求的增加可以提高均衡工资水平。如何增加劳动需求，产品需求的增加才可以派生出更多的劳动需求。因此，需要增加产品的需求。贸易保护、地域保护政策等都是为了增加本国本地的产品及劳动需求而采取的政策措施。当然，从长远来看，地域保护并不利于整体经济的发展，开放性经济带来的产品以及劳动的需求增加更具有可持续性。

第二，减少对劳动的供给，提高工资水平。根据工资水平决定理论，劳动供给的减少有助于提高工资水平。欧美国家限制移民政策很大一方面就是为了防止大量移民使劳动供给数量增加从而影响本国居民工资水平。此外，工会还会迫使政府通过强制退休、禁止使用童工、减少工作时间等法律来达到这一目的。但是，减少劳动供给虽然有利于增加现有工人的工资水平，却提高了失业率，减少了就业机会，对于想要得到工作机会的人来讲并没有益处。

第三，最低工资法，工会会迫使政府通过立法规定最低工资。最低工资法规定企业支付给工人的工资不能低于某个水平的法律。目的是为了防止企业以过低的工资雇佣工人，保障工人的基本收入和基本生活水平。

虽然工会通过以上几种方式努力提高工资水平，但是，由于产品的需求根本还是由市场决定，企业雇佣工人成本限制，劳动与其他生产要素的可替代性等原因，工会的做法取得的效果也是有一定限度的。

知识链接

最低工资标准的利与弊

中国于2003年年底通过2004年3月1日正式执行《最低工资规定》。根据2015年最新执行的最低工资标准，北京小时最低工资标准为18.7元，月最低工资标准为1 720元，且最低工资标准剔除了"个人应缴纳的社会保险费和住房公积金"，被认为是"含金量"最高的。深圳的月最低工资标准为 2 030 元,为全国最高。其他省市地区也都规定了各自的最低工资标准。

最低工资标准保障了参加工作的员工的收入,尤其是刚参加工作的青少年群体。但对于那些没有找到工作的人来说,可能会减少他们找到工作的机会,因为老板可能会考虑到最低工资带来的高成本因素宁愿少雇佣员工。所以,一些经济学家的观点是,最低工资标准的执行减少了劳动需求,提高了失业率。

资料来源:"全国最低工资标准2015",http://laodongfa.yibys.com,2015 年 12 月 11 日。

二、其他要素的价格决定——地租、利息和利润

(一) 土地要素价格的决定——地租

土地是一个广义概念,是自然赋予人类的可用于生产的资源。不同于其他生产要素,土地属于稀缺性、不可再生资源。因此,土地的供给是固定的。土地的需求同劳动要素市场的需求逻辑一样,企业需要租用多少土地取决于土地的边际生产力,边际生产力越高,土地需求就越大,边际生产力越低,土地需求就越小。由于边际生产力是递减的,所以土地的需求曲线也是一条右下方倾斜的曲线。土地的需求和供给共同决定了土地的价格,如图 8-8 所示。土地的价格在经济学上一般以地租的形式体现。

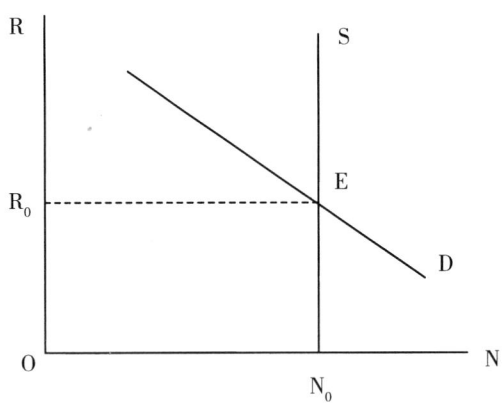

图 8-8 土地价格的决定

图 8-8 中,横轴 ON 代表土地数量,纵轴 OR 代表土地价格,S 和 D 分别是土地的供给和需求曲线,E 点为均衡点,E 点决定的均衡的土地价格和数量分别为 R_0 和 N_0。

经济不断发展,对土地的需求不断增加,土地的供给有限,因此,土地价格就不断飙升。

(二) 资本要素价格的决定——利息

资本要素的价格以利息的形式体现,利息的计算用利息率来表示。利息率是利息在

某时间内在资本中所占的比率。例如，现在购车消费一般都可以通过汽车金融贷款，假如购买一辆10万元的汽车，贷了7万元，期限是两年，利率为5.5%，那么，相比于全款购车，你就要额外支付3 850元钱的利息。

为什么你需要额外支付这3 850元的利息呢？假如你大学毕业以后，有了工作有了收入，你一定会想要拥有一辆自己的代步汽车，但是你暂时只有4万的储蓄存款，你又不想几年以后等自己存足了钱再买车，也就是我们所说的消费偏好，相对于未来的消费，人们更偏好现期消费。现在购买一辆汽车给你带来的效用肯定要大于几年以后的效用。因此，这3 850元的利息实际上就是你把未来消费提前到现期消费获得的效用的价值。

为什么资本提供者能获得利息呢？经济学上有著名的迂回生产理论。所谓迂回生产就是先生产生产资料，再用这些生产资料去生产消费品。例如，以前搬运运输都是纯靠人力，后来有了两轮车，再后来有了马车，再后来有了火车、汽车、轮船、飞机，运输时间不断缩短，生产效率不断提高，经济收益也不断增加。但是这些过程需要投入大量的资本，因为资本的投入带来的效率的提高，收益的增加就以利息的形式体现。

同其他要素市场一样，利息率的高低取决于资本的供给和需求。资本与土地和劳动的一个最大区别是资本数量是可以变化的，可以在生产活动中被创造出来，而土地和劳动则是"自然给定的"。因此，这就决定了资本的供给与土地和劳动是不一样的。

资本的供给来源于居民的储蓄，居民的收入如果用于储蓄就意味着减少当前消费。这就要在储蓄和消费之间进行权衡取舍。权衡取舍取决于利息率，利息率越高，人们越愿意增加储蓄，利息率越低，人们会倾向于当前消费。因此，资本供给是一条向右上方倾斜的曲线。

资本的需求是企业的需求，企业投资需要资本。企业对资本的需求是利润率和利息率之间的权衡取舍。如果利润率大于利息率，企业就有投资动力，资本需求就多。反之，当利润率小于利息率时，企业就不会扩大投资。在短期内，利润率一般是没有大变化的。资本的需求就取决于利息率，且与利息率成反方向变动的关系。因此，资本的需求曲线是一条右下方倾斜的曲线。图8-9反映了资本需求和供给所决定的均衡的利息率和资本需求量的关系。

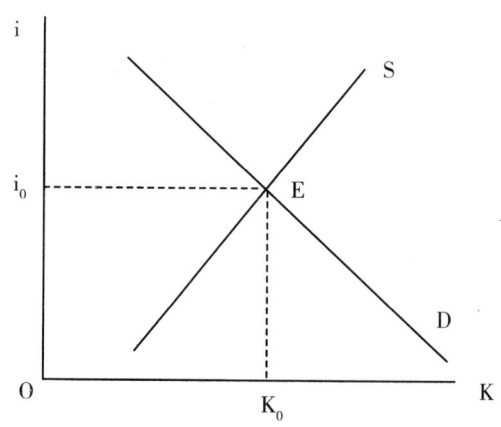

图8-9 利息的决定

图 8-9 中，横轴 OK 代表资本数量，纵轴 Oi 代表土地价格，S 和 D 分别是资本的供给和需求曲线，E 点为均衡点，E 点决定的均衡的利率水平和资本数量分别为 i_0 和 K_0。

（三）企业家才能要素的价格决定——利润

利润是企业家才能这一特殊的生产要素的报酬。一般把利润分为正常利润和超额利润。

正常利润是企业家才能的价格。也是企业家才能这一生产要素得到的收入，包括在成本中，性质与工资相类似。超额利润是超过正常利润之外的那部分利润。

正常利润的决定取决于"企业家才能"的供求关系。企业家才能要素的需求量很多，但是由于只有有胆识、有创新精神的少数人才具有企业家才能，因此，企业家才能要素的供给很少，因此，一般情况下正常利润远高于一般劳动得到的工资。

超额利润主要是企业家通过创新、承担了高风险等带来的高收益。创新是社会进步的主要动力，包括新产品开发、新市场开发、新能源开发等，也只有少数人能从事创新活动，他们能得到高于正常利润的报酬也是社会认同的对他们的奖励。企业家在从事创新经济活动的同时也承担了失败的高风险，由于未来的不确定性，从事创新活动比做一份相对稳定的工作风险要高得多，大部分也不愿意冒这样的风险，因此，企业家由此获得高于超额利润的报酬也是对他们承担的高风险的补偿。

垄断也是超额利润产生的主要原因。垄断者通过压低购买价格或者太高销售价格从而获得超额利润。对于这种行为，政府一般会出台相应法律政策制止恶意垄断。

第三节 洛伦兹曲线和基尼系数

一、洛伦兹曲线

生产要素价格的决定理论是分配论的一个重要部分，但并不构成分配论的全部内容。除了要素价格决定之外，分配论还包括收入分配的不平等程度等。为了研究国民收入在国民之间的分配，美国统计学家 M.O. 洛伦兹提出了著名的洛伦兹曲线。洛伦兹首先将一国总人口按收入由低到高排队，然后考虑收入最低的任意百分比人口所得到的收入百分比。例如，收入最低的 20% 人口、40% 人口等所得到的收入比例分别为 3%、7.5% 等（见表 8-1），最后，将这样得到的人口累计百分比和收入累计百分比的对应关系描绘在图形上，即得到洛伦兹曲线。如图 8-10 所示。

图中横轴 OH 表示人口（按收入由低到高分组）的累计百分比，纵轴 OM 表示收入的累计百分比，ODL 为该图的洛伦兹曲线。由该曲线（见表 8-1）可知，在这个国家中，收入最低的 20% 人口所得到的收入仅占总收入的大约 3%，而收入最低的 80% 人口所得到的收入还不到总收入的一半！

| 表 8-1 | 人口和收入分布 | 单位:% |

收入分配资料

人口累计	收入累计
0	0
20	3
40	7.5
60	29
80	49
100	100

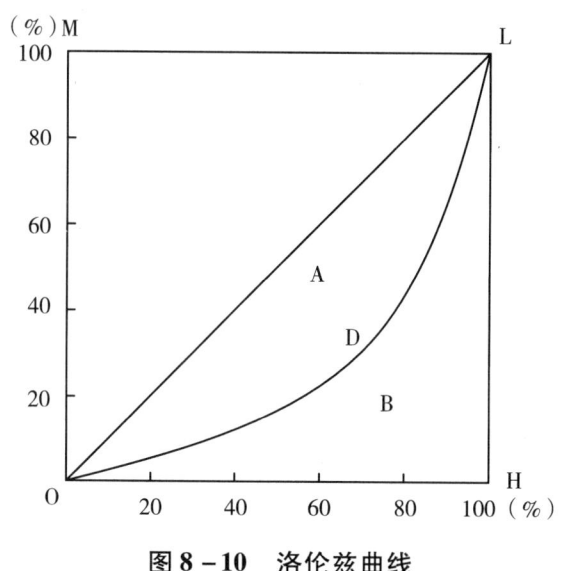

图 8-10 洛伦兹曲线

显而易见,洛伦兹曲线的弯曲程度具有重要意义。一般来说,它反映了收入分配的不平等程度。弯曲程度越大,收入分配程度越不平等;反之亦然。特别是,如果所有收入都集中在某一个人手中,而其余人口均一无所获时,收入分配达到完全不平等,洛伦兹曲线成为折线 OHL;另外,如果任一人口百分比均等于其收入百分比,从而人口累计百分比等于收入累计百分比,则收入分配就是完全平等的,洛伦兹曲线成为通过原点的 45°线 OL。

二、基尼系数

一般来说,一个国家的收入分配,既不是完全不平等,也不是完全平等,而是介于两者之间;相应的洛伦兹曲线,既不是折线 OHL,也不是 45°线 OL,而是像 ODL 那样向横轴凸出,尽管凸出的程度有所不同。收入分配越不平等,洛伦兹曲线就越是向横轴凸出,从而它与完全平等线 OL 之间的面积就越大。因此,可以将洛伦兹曲线与 45°线之间的部分 A 叫做"不平等面积";当收入分配达到完全不平等时,洛伦兹曲线成为折线 OHL,OHL 与 45°线之间的面积 A + B 就是"完全不平等面积"。不平等面积与完全不平等面积之比,称为基尼系数,是衡量一个国家贫富差距的标准。若设 G 为基尼系数,则:

$$G = \frac{A}{A + B}$$

显然,基尼系数不会大于 1,也不会小于 0,即有 $0 \leq G \leq 1$。

 **即问即答**

关于洛伦兹曲线与基尼系数,下列说法正确的有(   )。
A. 洛伦兹曲线弯曲程度越大,基尼系数越大
B. 一般来说,洛伦兹曲线越弯曲,说明收入分配越不平等
C. 基尼系数越小,说明收入分配越平等
D. 当洛伦兹曲线成为一条经过原点的 45 度线时,说明收入分配绝对平等

知识链接

我国的基尼系数是否过高

基尼系数是 20 世纪初意大利经济学家基尼根据洛伦兹曲线定义的判断收入分配公平程度的指标,是国际上用来综合考察居民内部收入分配差异状况的一个重要分析指标。按照联合国的有关组织规定,基尼系数低于 0.2,属于收入绝对平均;0.2 ~ 0.3,属于收入比较平均;0.3 ~ 0.4,属于收入相对合理;0.4 ~ 0.5,属于收入差距较大;超过 0.5 的。属于收入差距悬殊。通常把 0.4 作为收入分配差距的"警戒线",根据黄金分割律,其准确值应为 0.382。2013 年 1 月,我国首次公布基尼系数,数据显示,我国 2012 年的基尼系数为 0.474,属于收入差距较大的国家。2013 年基尼系数为 0.473,2014 年则为 0.469,呈逐步回落趋势。尽管如此,超越 0.4 警戒线的这一数值仍须引起高度重视。

资料来源:冯华:《西方经济学(第二版)》,东北财经大学出版社 2013 年版,第 137 页。根据原文进行整理。

三、收入分配不平等的原因

在现实生活中,收入不平等是客观事实。引起这种收入不平等的原因主要有以下几个方面:

第一,由历史原因所决定的初始财产分配状态的不均等。财产的集中,一般都是通过以往高收入的积累、持有普通股票或不动产获得的投机收入、发现大量的天然资源等来实现的。如家庭越富有,越倾向于多储蓄和多留遗产,这样就可以把家庭的财富传给

下一代或下下一代。由于财产具有无限性和可继承性，因此使得财产的拥有量成为决定收入不平等的重要因素。

第二，来自于劳动力的差异，即能力的不同决定了具有不同能力的劳动者的收入差距。一个人赚钱的能力由身高、体重、力量这类体力因素和记忆力、数学与逻辑思维能力、语言能力等智力因素决定。此外，特殊行业和危险部门具有较高的报酬率，甚至好运气也有收益等。

第三，由要素报酬率的不平等造成。这是由于在现实经济生活中，大致相同的各种生产要素的相对供给量、健全的市场体制和要素完全自由流动等条件，很难在现实中得到满足。如政府的最低工资法和工会的集体谈判可能会使已就业工人的工资高于由完全竞争市场决定的均衡工资率；地理上或专业上的固定性会阻碍生产要素转移到可能获得更高收入的经济部门等。所以，各种要素之间的相对稀缺性和市场竞争的不完全性会阻止生产要素获得自己边际生产力的价值，导致要素报酬的不平等，从而引起收入分配的不平等。此外，种族、性别或年龄上的歧视也会严重阻碍许多工人得到自己全部边际产品价值；而经济衰退和失业则会使很多劳动者根本没有收入。

 **即问即答**

虽然本章案例导入"漂亮津贴"告诉我们，漂亮的人收入更高，但是，一些明星超过千万的片酬是不是过高了呢？这种收入分配不平等现象合理吗？

 延伸阅读

超越收入分配：经济流动性

基尼系数揭示了一国国民收入在某个单一时点上的收入分布情况，但是，这些比较并不是有关不平等的唯一重要的数据来源。不平等的第二个关键方面是经济流动性，即人们从收入分布的某个水平向另一个水平的移动。

为更好地理解经济流动性的重要性，假设现在有两个收入分布相同但流动性不相同的国家。其中一个国家的人经常会从收入分布的某个水平向另一个水平移动，而另一个国家的人则总是保持在收入分布的某个水平不动。显然，基尼系数上看不出两国的差异，但我们仍然知道，前者也就是高流动性国家的收入分配更加平等。

经济学家常常会用代际流动性，即一代与下一代家庭经济情况的变化来分析经济流动性。高度的代际流动性意味着穷人和富人的子女都有相同的机会，即成为富人或穷人的概率相同。如果代际流动性很小，则子女与父母很有可能位于收入分布的同一水平。

影响一国经济流行的因素主要有几个方面：第一，受教育情况。教育可以为穷人的子女提高收入组别打开一条通道。第二，一国的体制和政府性质。一国富人对经济政策的控制程度越大，采取强化流动性政策的可能性就越小。第三，一国的婚姻特征。如果人们只跟自己有相同经济和社会阶层的人结婚——即门当户对的现象，经济流动性就会受到阻碍。

经济流动性影响经济增长的途径有以下两个方面：第一，高流动性的社会可能更能够利用国民中的精英人才。很显然，与只限于少数人可以触及这些职业的社会相比，任何人都有机会成长为总裁、CEO或科学家的社会，更有利于经济增长。第二，高流动性的社会有利于减少阶级冲突。一个低收入者如果知道其子女有很好的提高收入水平的机会，那么，与知道子女也位于收入底层的穷人相比，他对收入再分配将不再那么感兴趣。的确，为什么与西欧发达国家相比，美国的阶级性不那么浓厚？一种解释是，美国人感知，他们的阶级流动性比西欧高。

资料来源：[美]戴维·N.韦尔（David N. Weil）：《经济增长》，中国人民大学出版社2011年版，第314~316页。

·经济学名家·

洛桑派创始人——里昂·瓦尔拉斯

里昂·瓦尔拉斯（Léon Walras, 1834.12~1910.1）法国经济学家，开创了一般均衡理论，是一位数理经济学家，边际革命领导人，洛桑学派创始人。

瓦尔拉斯是边际效用价值论的创建人之一。他把边际效用称为"稀少性"，认为商品的稀少性随消费量的增加而递减，并同购买商品时支付的价格成比例；消费者购买时，力求使他的每一单位货币能买到的每一种商品的效用量相等，这时，他得到最大的效用，即处于均衡状态。他在经济学中使用了数学，研究了使一切市场（不是一种商品的市场，而是所有商品的市场）都处于供求相等状态的均衡，即一般均衡，成为西方数理经济学和一般均衡理论的创建者和主要代表。他的一般均衡分析方法被西方经济学所普遍使用。

【本章小结】

1. 生产要素市场与产品市场相互依赖，有共同之处也有所区别。生产要素价格同样由要素的供求关系决定。

2. 生产要素的需求方是企业，企业使用生产要素的原则是要素的边际收益与要素边际成本相等。

3. 生产要素的供给方是个人，个人通过提供劳动、资本、土地、企业家才能等要素获得相应报酬。

4. 工资是劳动的报酬，工资价格取决于劳动的供给需求。劳动的供给区别于其他生产要素，是一条向右弯曲的曲线。利息是资本的报酬，由资本的供给需求决定，利率与资本量成反方向变动的关系。地租是土地的报酬,土地的供给是固定的,供给曲线是一条垂直曲线。利润是企业家才能的报酬,利润分为正常利润和超额利润。

5. 洛伦兹曲线的弯曲程度反映了收入分配的不平等程度,基尼系数的大小成为衡量一个国家贫富差距的标准。

【关键术语】

生产要素,工资,利息,资本,利润,洛伦兹曲线,基尼系数

【技能训练】

1. 相比于产品市场,生产要素市场有哪些特点?
2. 企业使用生产要素的原则是什么?完全竞争市场和不完全竞争市场又有什么不同?
3. 生产要素的均衡价格由什么决定?
4. 相比于其他生产要素,劳动的供给有什么特点?试根据自己的体验给予解释。
5. 近年来房地产价格上升明显,尤其是北京、上海这些一线城市,有限的土地资源上纷纷盖起了高楼大厦。与此同时,由于农民大量外出打工,很多房子宅院闲置而无从利用。你如何用经济学理论解释这种现象?对于如何平衡城市农村的土地资源利用,试给出建议。
6. 为什么资本可以获得利息,利率与资本量是什么相关关系?
7. 企业家才能这一要素为什么可以获得超额利润?

【案例分析】

中国近年的基尼系数

2013年1月18日,国家统计局首次公布了十年来中国的基尼系数。数据显示2012年中国的基尼系数为0.474。而按照国际标准,基尼系数一旦超过0.4,就表示收入差距处于较大水平,越过了贫富差距的警戒线。图8-11展示了2003~2012年十年来中国基尼系数变化情况。

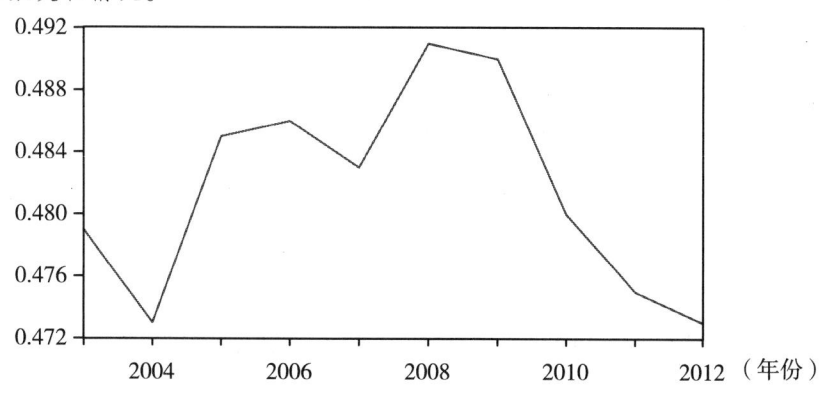

图8-11 2003~2012年中国基尼系数

图 8-11 看出，总体来看，虽然自 2008 年达到顶峰值 0.490 后，基尼系数有一定程度下降，但是，2003~2012 年十年来中国基尼系数均超过了 0.47，说明收入不平等现象已经成为中国比较突出的问题。而发达国家的基尼系数一般都不超过 0.3。

对于收入不平等和经济增长的关系，美国经济学家西蒙·史密斯·库兹涅茨于 1955 年提出收入分配状况随经济发展过程而变化呈倒"U"型曲线假说，也称为库兹涅茨倒 U 假说，假说认为，在经济未充分发展的阶段，收入分配将随同经济发展而趋于不平等。其后，经历收入分配暂时无大变化的时期，到达经济充分发展的阶段，收入分配将趋于平等。

资料来源：杨文彦："国家统计局首次公布 2003~2012 年的中国基尼系数"，人民网，2013 年 1 月 18 日。根据原文进行了改编。

问题：结合上述材料，分析近年来中国收入分配不平等这一现象的原因。你认同库兹涅茨倒"U"型假说吗？对于如何调节中国收入分配不平等，试结合所学理论给出你的建议。

【团队实训】

分析研讨我国收入分配状况

1. 实训目的

培养学生对收入分配现象和问题的调研能力及其对政策的理解、分析和解读能力。

2. 实训内容及要求

自愿结合，以 5~6 人为一个小组，以小组为单位，进行调研和讨论，分析我国当前收入分配的现状、原因，从公平与效率兼顾的角度分析国家的政策措施，完成以下任务：

（1）根据调研内容和要求，设计一份调查表，完成调研任务。

（2）将搜集的数据和资料进行整理，在小组内部进行交流，发表自己的看法。在讨论的基础上形成小组的调研报告。

（3）全班组织开展一次交流研讨，每组派一名代表发言，其他小组成员可以进行评价、质询，或针对发言内容发表自己的观点并阐述理由。发言人及本组成员可针对提问，进行答辩。各组根据交流研讨情况，进一步修改调研报告。

3. 成果和考核

（1）各组提交一份修改后的调研报告。

（2）由全班同学和教师根据各组的调研报告和讨论中的表现分别评估打分，综合评定每组成员的成绩。

附录 1

因为企业增加一单位的生产要素是要投入生产，在产品市场销售产品获得收益，所以我们可以根据产品市场推导 MRP：

假定企业的需求函数为 $P = P(Q)$，假定生产函数是只有一种要素投入劳动要素（假定其他要素投入不变）的函数，即 Q = Q(L)。则厂商的收益函数可表示为：

$$TR = P(Q) \times Q(L) = P[Q(L)] \times Q(L) \tag{1}$$

其中，P[Q(L)]是生产要素 L 数量的复合函数，产品数量 Q(L)是生产要素 L 数量的函数。则产品的边际收益表示为：

$$MR = \frac{dTR}{dQ} = \frac{dP}{dQ} \times Q + P(Q) \tag{2}$$

生产要素的边际收益产品表达式为：

$$MRP = \frac{dTR}{dL} = \frac{dP[Q(L)]}{dQ(L)} \times \frac{dQ(L)}{d(L)} \times Q(L) + \frac{dQ(L)}{dL} \times P[Q(L)]$$

$$= \frac{dQ(L)}{dL} \left[Q\frac{dP}{dQ} + P \right] \tag{3}$$

式中，$\frac{dQ(L)}{dL}$ 表示每增加一单位劳动生产要素 L 带来的产品增量，也就是我们所说的边际产品 MP，$\left[Q\frac{dP}{dQ} + P \right]$ 根据式（2）得出即是 MR。由此，式（3）可以表示为：

$$MRP = \frac{dQ(L)}{dL} \left[Q\frac{dP}{dQ} + P \right] = MP \cdot MR \tag{4}$$

因此，根据式（4）得出结论：边际收益产品等于边际产品与边际收益的乘积。

附录 2

生产要素是企业生产产品的需要而购买，因此，可以根据产品市场的成本理论推导 MFC：

从成本理论中我们知道，总成本是产量的函数，即 C = C(Q)，这里我们假定，产量表示为一种生产要素劳动要素 L 的投入函数，即 Q = Q(L)，因此，成本函数可以表示为要素的复合函数，即 C = C[Q(L)]。对 L 求导，便可以得到 MFC 公式：

$$MFC = \frac{dC}{dL} = \frac{dC}{dQ} \cdot \frac{dQ}{dL} \tag{1}$$

式（1）中，$\frac{dQ}{dL}$ 是生产要素 L 的边际产量 MP，$\frac{dC}{dQ}$ 是产品的边际成本 MC，式（1）可以进一步写为：

$$MFC = \frac{dC}{dQ} \cdot \frac{dQ}{dL} = MC \cdot MP \tag{2}$$

因此，可以得出生产要素的边际成本为产品的边际成本与要素的边际产品乘积。

第九章　一般均衡和福利经济学

知识要求 >>> >>>

掌握一般均衡的含义；掌握埃奇沃思盒状图；理解帕累托改进的含义；掌握实现帕累托最优的条件；理解生产可能性曲线；了解社会福利函数。

案例导入 >>> >>>

两位美国经济学家的赌博

经济学家都爱认死理儿。争论中双方各自坚持自己的观点，针尖对麦芒，各不相让，谁也无法说服谁，于是就打赌，正确者赢，错误者输。这次打赌的两位美国经济学家，一位是马里兰州立大学的朱利安·西蒙（Julian Simon）；另一位是斯坦福大学的保罗·埃尔里奇（Pawl Ehrltch）。埃尔里奇是悲观派，认为由于人口爆炸、食物短缺、不可再生性资源的消耗、环境污染等原因，人类前途不妙。西蒙是乐观派，认为人类技术进步和价格机制会解决人类发展中出现的各种问题，人类前途光明。他们谁也说服不了谁，于是决定赌一把。他们争论涉及的问题太多，赌什么呢？他们决定赌不可再生性资源是否会消耗完的问题。不可再生性资源是消耗完就无法再有的资源，如石油、煤及各种矿石等。这种资源在地球上的储藏量是有限的，越用越少，总有一天这种资源会用完。悲观派埃尔里奇的观点是，这种资源迟早会用完，这时人类的末日就快到了。这种不可再生性资源的消耗与危机，表现为其价格大幅度上升。乐观派西蒙的观点是，这种资源不会枯竭，价格不但不会大幅度上升，还会下降。

他们两人选定了5种金属：铬、铜、镍、锡、钨。各自以假想的方式买入1 000美元的等量金属，每种金属各200美元。以1980年9月29日的各种价格为准，假如到1990年9月29日，这5种金属的价格在剔除通货膨胀的因素后果然上升了，西蒙就要付给埃尔里奇这些金属的总差价。反之，假如这5种金属的价格下降了，埃尔里奇将把总差价支付给西蒙。这场赌博需要的时间真长。到1990年，这5种金属无一例外地跌了价。埃尔里奇输了，教授还真是守信的，埃尔里奇把自己输的57 607美元交给了西蒙。

本案例中埃尔里奇用的是局部均衡分析法，西蒙采用的是一般均衡分析法。埃尔里奇最终在这场赌博中输给了西蒙，证明一般均衡分析法比局部均衡分析法更接近经济现实。

资料来源：梁小民：《经济学家的赌博》，载于《万象》，2003年第1期。

本章要进一步将局部均衡分析发展为一般均衡分析，即要将所有相互联系的各个市场看成一个整体来加以研究。每一商品的价格都不能单独地决定，而必须和其他商品价格联合着决定。当整个经济的价格体系恰好使所有的商品都供求相等时，市场就达到了一般均衡。

第一节　一般均衡

一、局部均衡和一般均衡

以前曾经碰到过不同市场之间的相互作用、相互影响问题。某种产品价格的变化将波及替代品、互补品等许多其他产品市场。同样地，就要素市场而言，某种要素价格的变化也将波及替代要素、补充要素等许多其他要素市场。最后，产品市场和要素市场之间也是相互联系、相互影响的：产品价格的提高将提高相应要素的需求曲线，而要素价格的提高则降低相应产品的供给曲线。这种各个市场之间相互的联系和影响，正是市场经济的基本特征之一。为了理解各个市场之间的相互影响问题，来看一个例子。

假定一个简化的经济中，包括四个市场，其中原油和煤两个要素市场，汽油和汽车两个产品市场。如图 9-1 所示，四个市场在刚开始的时候均处于均衡状态。图 9-1 由图 9-1（a）、图 9-1（b）、图 9-1（c）和图 9-1（d）四个子图分别代表原油、煤、汽油和汽车市场。每一子图中，初始状态均由供求曲线 S 和 D 给出，相应的均衡价格和均衡产量均由 P_0 和 Q_0 表示。

从图 9-1（a）开始考察。假定原油的供给由于某种非价格因素的影响而减少，即它的供给曲线从原来的 S 向左边移动，例如，左移到 S′。根据以前的局部均衡分析，供给曲线移到 S′将使原油的价格上升到 P_1，原油产量则下降到 Q_1。如果不考虑各个市场之间的相互依赖关系，则这就是全部的结果：P_1 和 Q_1 为新的均衡价格和均衡数量。

但是，一旦从局部均衡分析上升到一般均衡分析，情况就不再相同。原油市场的价格变化将打破其他市场的原有均衡，从而引起它们的调整；而其他市场的调整又会反过来进一步影响原油市场，从而最终的原油均衡价格和数量并不一定就是 P_1 和 Q_1。

首先，图 9-1（c）即产品市场——汽油市场。原油是汽油的投入要素。投入要素的价格上升就是汽油成本的增加，于是，汽油的供给将减少。换句话说，原油价格的上涨使得汽油的供给曲线向左边移动，例如移到 S′。S′与原来的需求曲线相交决定了汽油的新均衡价格为 P_1，新均衡产量为 Q_1。

其次，图 9-1（b）即另一个要素市场——煤市场。由于原油和煤是替代品，故原油价格的上升造成煤的需求的增加，即煤的需求曲线从 D 向右移到 D′，从而均衡价格上升到 P_1，均衡产量增加到 Q_1。

最后，图 9-1（d）即另一个产品市场——汽车市场。汽车和汽油是所谓的互补商

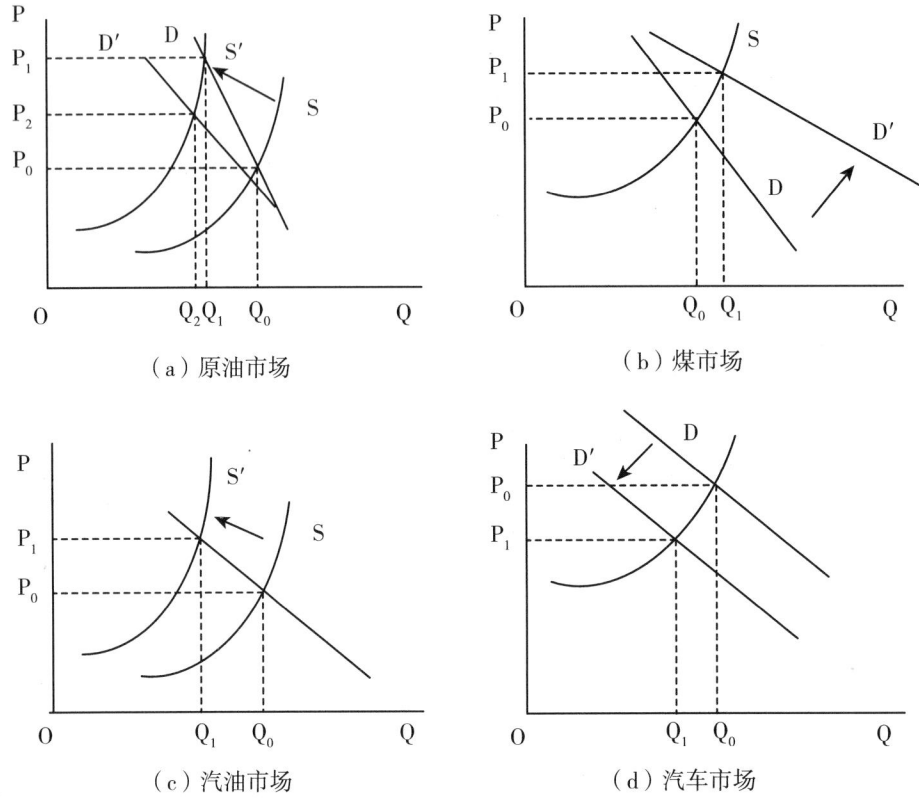

图 9-1 市场之间的相互关系

品。当图 9-1（c）中的汽油市场价格上升之后，其互补品即汽车的需求将减少。换句话说，汽车的需求曲线由于汽油价格上升而向左边移动，例如左移到 D′。结果汽车的均衡价格下降到 P_1，均衡产量减少到 Q_1。

到此为止，已经讨论了原油市场供给减少从而原油价格上升对所有其他市场的影响：其产品汽油价格上升、其替代品煤的价格上升，以及汽车价格下降。所有这些其他市场价格的变化亦会反馈回来影响原油市场。首先，汽油价格上升将提高原油的需求，而汽油数量的下降则减少该需求，故汽油市场的反馈效应可能是使原油需求曲线左移或右移；其次，汽车市场价格下降及数量减少很可能使原油需求曲线左移；最后，煤市场价格上升及数量上升的反馈效应则是增加对原油的需求。最终的结果，原油的需求曲线可能左移，也可能右移，取决于两方面力量的大小。在图 9-1（a）中，假定左移的力量超过了右移的力量，于是原油需求曲线向左移动到位置 D′。此时，原油的均衡价格和数量不再等于局部均衡分析中的 P_1 和 Q_1，而是为 P_2 和 Q_2。

由于现在图 9-1（a）中的原油价格又发生了变化，故该变化按照上述分析又会影响其他市场；被影响后的其他市场均又会反过来再影响原油市场，如此等等。一直继续调整下去，直到最后所有市场又都重新达到均衡状态——新的一般均衡状态。

> **知识链接**
>
> **美国汽油价格与小型汽车的需求**
>
> 20 世纪 70 年代，美国的汽油价格上升对小型汽车的需求产生了影响。回顾 20 世纪 70 年代，美国市场的汽油价格两次上升，第一次发生在 1973 年，当时石油输出国组织切断了对美国的石油输出；第二次是在 1979 年，由于伊朗国王被推翻而导致该国石油供应瘫痪。经过这两件事件，美国的汽油价格从 1973 年的每加仑 1.27 美元猛增至 1981 年的每加仑 1.40 美元。作为"轮子上的国家"，石油价格急剧上升当然不是一件小事，美国人面临一个严峻的节省汽油的问题。美国司机找到的解决办法之一就是他们需要放弃自己的旧车、购置新车的时候，选择较小型的汽车，这样每加仑汽油就可以多跑一段距离。
>
> 分析家们根据汽车的大小来分类确定其销售额。就在第一次汽油价格上升之后，每年大约出售 250 万辆大型汽车、280 万辆中型汽车及 230 万辆小型汽车。到了 1985 年，这三种汽车的销售比例出现明显变化，当年售出 150 万辆大型汽车，220 万辆中型汽车及 370 万辆小型汽车。由此可见，大型汽车的销售自 20 世纪 70 年代以来迅速下降；反过来，小型汽车的销售却持续攀升，只有中型汽车勉强维持了原有水平。
>
> 资料来源：梁小民：《微观经济学纵横谈》，三联书店出版社 2000 年版。

二、实现一般均衡的"试探过程"

即使在理论上确实存在着一般均衡状态，即存在着一组价格，能使每一个市场的供求相等，还有一个问题需要解决：实际的经济体系是否会达到这个一般均衡状态呢？

如果现行价格恰好为均衡价格，使得所有市场都达到供求一致，则在这种情况下，实际经济体系当然就处于一般均衡状态上不再变化。但是，如果现行价格并不等于均衡值呢？这时，麻烦就可能出现：实际的交易可能会发生在"错误"的价格水平上。交易者并不知道均衡价格在什么水平上；或者，他们可以通过价格的不断调整来确定均衡状态，但这种调整过程也许需要很长时间，在其完成之前不能保证不发生交易。一旦发生"错误"的交易，则西方经济学的一般均衡体系就未必能成立。

为了避免上述困难，瓦尔拉斯假定，在市场上存在一位"拍卖人"。该拍卖人的任务是寻找并确定能使市场供求一致的均衡价格。他寻找均衡价格的方法如下：首先，他随意报出一组价格，家庭和厂商根据该价格申报自己的需求和供给。如果所有市场供求均一致，则他就将该组价格固定下来，家庭和厂商就在此组价格上成交；如果供求不一致，则家户和厂商可以抽回自己的申报，而不必在错误的价格上进行交易。拍卖者则修正自己的价格，报出另一组价格。改变价格的具体做法是：当某个市场的需求大于供给时，就提高该市场的价格，反之，则降低其价格。这就可以保证新的价格比原先的价格更加接近于均衡价格。如果新报出的价格仍然不是均衡价格，则重复上述过程，直到找到均衡价格为止。这就是瓦尔拉斯体系中达到均衡的所谓"试探过程"。

第二节 经济效率的判断

前面讨论的内容都属于实证经济学的部分。实证经济学研究实际经济体系是怎样运行的，它对经济行为做出有关的假设，根据假设分析和陈述经济行为及其后果，并试图对结论进行检验。但是，西方经济学家还试图从一定的社会价值判断标准出发，根据这些标准，对一个经济体系的运行进行评价，并进一步说明一个经济体系应当怎样运行，以及为此提出相应的经济政策。这些便属于所谓规范经济学的内容。本章剩余部分所讨论的福利经济学就是一种规范经济学。福利经济学是在一定的社会价值判断标准条件下，研究要素在不同厂商之间的最优分配以及产品在不同家庭之间的最优分配。简言之，研究资源的最优配置。

一、帕累托标准

假定整个社会只包括两个人甲和乙，且只有两种可能的资源配置状态 A 和 B。甲和乙可以在两种资源配置状态 A 和 B 中做出明确的选择，即或者认为 A 优于 B，或者认为 A 劣于 B，或者认为 A 与 B 无差异。

从社会的观点来看，这两种资源配置状态 A 和 B 谁优谁劣呢？如果甲和乙持有同样的看法，即都认为 A 优于 B（或 A 劣于 B，或 A 与 B 无差异），则自然也可认为，从社会的观点看，亦有 A 优于 B（或 A 劣于 B，或 A 与 B 无差异）。可惜的是，这种情况并不总是出现。特别是，当一个社会包括许多单个人的时候，要使所有这些单个人的意见完全一致几乎是不可能的。如果将甲和乙的情况综合来看，共有九种情况。从社会的角度把这九种情况分为三类：（1）如果两个人中至少有一个人认为 A 优于 B，而没有人认为 A 劣于 B，则从社会的观点看，亦有 A 优于 B。（2）如果两个人都认为 A 与 B 无差异，则从社会的观点看，亦有 A 与 B 无差异。（3）如果两个人中至少有一个人认为 A 劣于 B，而没有人认为 A 优于 B，则从社会的观点看，亦有 A 劣于 B。

显而易见，上述结论可以很容易地推广到多人社会在多种资源配置状态中进行选择的一般情况。社会的选择标准只需稍微变动如下：如果至少有一个人认为 A 优于 B，而没有人认为 A 劣于 B，则认为从社会的观点看亦有 A 优于 B。这就是所谓的帕累托最优状态标准，简称为帕累托标准。帕累托标准实际为我们提供了一个由个体偏好推导出社会偏好的方法和手段。

二、帕累托改进和帕累托最优

利用帕累托最优状态标准，可以对资源配置状态的任意变化作出"好"与"坏"的判断：如果既定的资源配置状态的改变使得至少有一个人的状况变好，而没有使任何人的状况变坏，则认为这种资源配置状态的变化是"好"的；否则认为是"坏"的。

这种以帕累托标准来衡量为"好"的状态改变称为帕累托改进。

利用帕累托标准和帕累托改进，可以来定义所谓"最优"资源配置，即如果对于某种既定的资源配置状态，所有的帕累托改进均不存在，即在该状态上，任意改变都不可能使至少有一个人的状况变好而又不使任何人的状况变坏，则称这种资源配置状态为帕累托最优状态（pareto optimum）。换言之，如果对于某种既定的资源配置状态，还存在有帕累托改进，即在该状态上，还存在某种（或某些）改变可以使至少一个人的状况变好而不使任何人的状况变坏，则这种状态就不是帕累托最优状态。

帕累托最优状态又称做经济效率。满足帕累托最优状态就是具有经济效率的；反之，不满足帕累托最优状态就是缺乏经济效率的。例如，如果产品在消费者之间的分配已经达到这样一种状态，即任何重新分配都会至少降低一个消费者的满足水平，那么，这种状态就是最优的或最有效率的状态。同样地，如果要素在厂商之间的配置已经达到这样一种状态，即任何重新配置都会至少降低一个厂商的产量，那么，这种状态就是最优的或最有效率的状态。

 **即问即答**

1. 小李有5个鸡蛋和5只苹果，小陈有5个鸡蛋和5只苹果，小李更喜欢鸡蛋，小陈更喜欢苹果。在帕累托状态下，可能的情况是（　　）。
   A. 小李消费更多的鸡蛋　　　　　　　B. 小陈消费更多的苹果
   C. 两人的苹果和鸡蛋的边际替代率相等　D. 上面说得都对
2. 下列哪些符合帕累托改进原则。（　　）
   A. 通过增发货币增加部分人员工资
   B. 在增加国民收入的基础上增加部分人员工资
   C. 用增加的税收增发部分人员工资
   D. A 和 B

知识链接

帕累托法则

帕累托法则（pareto principle），又名二八法则或80/20法则，是由意大利经济学家和社会学家帕累托发现的，用以计量投入和产出之间可能存在的关系。帕累托法则是指在任何大系统中，约80%的结果是由该系统中约20%的变量产生的。1897年，意大利经济学家帕累托偶然注意到19世纪英国人的财富和收益模式。在调查取样中，发现大部分的财富流向了少数人手里。同时，他还从早期的资料中发现，在其他的国家，都发现有这种微妙关系一再出现，而且在数学上呈现出一种稳定的关系。于是，帕累托从大量具体的事实中发现：社会上20%的人占有80%的社会财富，即财富在人口中的分配是不平衡的。同时，人们还发现生活中存在许多不平衡的现象。因此，二八法则成了这种不平等关系的简称,不管结果是不是恰好为80%和20%(从统计学上来说,精确的80%和20%出现的概率很小)。习惯上,二八法则讨论的是顶端的20%,而非底部的80%。二八法则最初只限定于经济学、管理学领域,后来这一法则也被推广到社会生活的各个领域,且深为人们所认同。二八法则对我们的自身发展也有重要的现实意义:学会避免将时间和精力花费在琐事上,要学会抓主要矛盾。

资料来源:根据互联网资料整理得到。

第三节 交换的帕累托最优条件

帕累托最优条件,包括交换的最优条件、生产的最优条件以及交换和生产的最优条件。本节讨论交换的最优条件。

假定两种产品分别为 X 和 Y,其既定数量为 $\bar{X}$ 和 $\bar{Y}$,两个消费者分别为 A 和 B。下面用一种叫做埃奇渥斯盒状图的工具来分析这两种产品在两个消费者之间的分配。如图9-2所示。盒子的水平长度表示整个经济中第一种产品 X 的数量 $\bar{X}$,盒子的垂直高度表示第二种产品 Y 的数量 $\bar{Y}$。O_A 为第一个消费者 A 的原点,O_B 为第二个消费者 B 的原点。从 O_A 水平向右测量消费者 A 对第一种商品 X 的消费量 X_A,垂直向上测量他对第二种商品 Y 的消费量 Y_A;从 O_B 水平向左测量消费者 B 对第一种商品 X 的消费量 X_B,垂直向下测量他对第二种商品 Y 的消费量 Y_B。

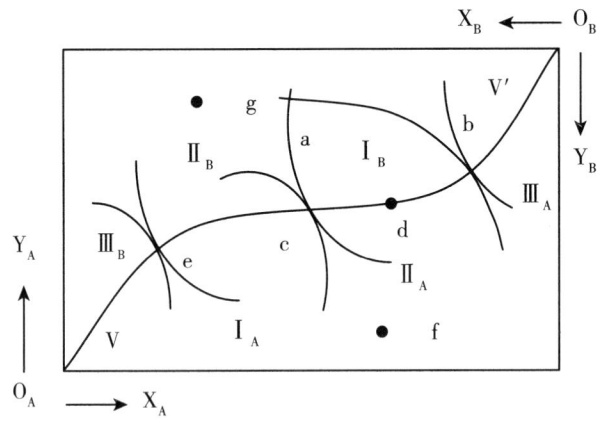

图9-2 交换的帕累托最优

现在考虑盒中的任意一点,如 a。a 对应于消费者 A 的消费量(X_A, Y_A)和消费者 B 的消费量(X_B, Y_B)。式(9.1)成立:

$$X_A + X_B = \bar{X}$$
$$Y_A + Y_B = \bar{Y} \tag{9.1}$$

换句话说，盒中任意一点确定了一套数量，表示每一个消费者对每一种商品的消费，且满足式（9.1）。因此，盒子（包括边界）确定了两种物品在两个消费者之间的所有可能的分配情况。特别是，在盒子的垂直边上的任意一点，表明某个消费者不消费X，在盒子的水平边上的任意一点，表明某个消费者不消费Y。

现在的问题是，在埃奇渥斯盒中的全部可能的产品分配状态之中，哪一些是帕累托最优状态呢？为了分析这一点，需要在埃奇渥斯盒状图中加入消费者偏好的信息，即加入每个消费者的无差异曲线。由于 O_A 是消费者A的原点，故A的无差异曲线向右下方倾斜且向 O_A 点凸出。图中 I_A、II_A 和 III_A 是消费者A的三条代表性无差异曲线。其中，III_A 代表较高的效用水平，而 I_A 代表较低的效用水平。一般来说，从 O_A 点向右移动，标志着消费者A的效用水平增加。另外，由于 O_B 是消费者B的原点，故B的无差异曲线向右下方倾斜，且向 O_B 点凸出。图中，I_B、II_B 和 III_B 是消费者B的三条代表性无差异曲线。其中，值得注意的是，III_B 代表较高的效用水平，而 I_B 代表较低的效用。一般说来，从 O_B 点向左移动，标志着消费者B的效用水平增加。

现在在埃奇渥斯盒状图中任选一点表示两种商品在两个消费者之间的一个初始分配。例如，选择一点a。由于假定效用函数是连续的，故a点必然处于消费者A的某条无差异曲线上，同时也处于消费者B的某条无差异曲线上，即消费者A和B分别有一条无差异曲线经过a点。因此，这两条无差异曲线或者在a点相交，或者在a点相切。假定两条无差异曲线在a点相交（如图9-2所示，a点是无差异曲线 II_A 和 I_B 的交点）。容易看出，a点不可能是帕累托最优状态。这是因为，通过改变该初始分配状态，例如从a点变动到b点，则消费者A的效用水平从无差异曲线 II_A 提高到 III_A，而消费者B的效用水平并未变化，仍然停留在无差异曲线 I_B 上。因此，在a点仍然存在帕累托改进的余地。当然，在a点，还存在其他形式的帕累托改进。例如，从a点变动到c点，则消费者A的效用水平不变，它仍然在无差异曲线 II_A 上，但消费者B的效用水平却得到了提高：从无差异曲线 I_B 提高到 II_B。而如果让a点变动到d点，则消费者A和B的效用水平均会提高。由此得到结论：在交换的埃奇渥斯盒状图中，任意一点，如果它处在消费者A和B的两条无差异曲线的交点上，则它就不是帕累托最优状态，因为在这种情况下，总存在帕累托改进的余地，即总可以改变该状态，使至少有一个人的状况变好而没有人的状况变坏。

另外，如果假定初始的产品分配状态处于两条无差异曲线的切点，如c点上，则容易看出，此时不存在任何帕累托改进的余地，即它们均为帕累托最优状态。改变c点的状态只有如下几种可能：向右上方移到消费者A较高的无差异曲线上，则A的效用水平提高了，但消费者B的效用水平却下降了；向左下方移到消费者B的较高的无差异曲线上，则B的效用水平提高了，但消费者A的效用水平却下降了；剩下来的唯一一种可能则是消费者A和B的效用水平都降低。例如，从c点移到g点或f点，都属此种情况。由此可得结论：在交换的埃奇渥斯盒状图中，任意一点，如果它处在消费者A和B的两条无差异曲线的切点上，则它就是帕累托最优状态，并称为交换的帕累托最优状态。在这种情况下，不存在帕累托改进的余地，即任何改变都不能使至少一个人的状况变好而没有人的状况变坏。

无差异曲线的切点不只是 c 点一个。b 点和 e 点以及其他许多未在图 9-2 中画出的点也都是无差异曲线的切点，从而都代表帕累托最优状态。所有无差异曲线的切点的轨迹构成曲线 VV'，叫做交换的契约曲线（或效率曲线），它表示两种产品在两个消费者之间的所有最优分配（即帕累托最优状态）的集合。

应当指出，在交换的帕累托最优集合，即在交换的契约曲线 VV' 上，两个消费者的福利分配具有不同的情况。当我们沿着 VV' 曲线从 e 点移到 c 点时，消费者 A 通过牺牲消费者 B 的利益而好起来；反之亦然。根据帕累托标准，我们不能说 VV' 曲线上的任何点比曲线上的其他点要更好一些。例如，我们不能说 c 点比 e 点代表更好的分配。根据帕累托标准，它们是不可比较的，因为从 e 点移到 c 点（或者相反）使一个人的状况变好，却使另一个人的状况变坏。我们所能够说的仅仅是，给定任何不在曲线 VV' 上的点，总存在比它更好的点，而这些点在曲线 VV' 上。

如果社会具有明显的关于福利分配的偏好，例如，假设经济处于 e 点，而社会宁愿以牺牲消费者 B 的利益使消费者 A 更好一些，例如，宁愿要 c 点而非 e 点，则根据这个分配偏好，社会将使经济沿着曲线 VV' 从 e 点移到 c 点。这是从帕累托最优状态集合中，根据社会的分配偏好选择其中的某些状态。

从交换的帕累托最优状态可以得到交换的帕累托最优条件。我们知道，交换的帕累托最优状态是无差异曲线的切点，而无差异曲线的切点的条件是在该点上两条无差异曲线的斜率相等。本书前面章节已经说明：无差异曲线的斜率的绝对值又叫做两种商品的边际替代率（更准确地说，是商品 X 代替商品 Y 的边际替代率）。因此，交换的帕累托最优状态的条件可以用边际替代率的术语来表示：要使两种商品 X 和 Y 在两个消费者 A 和 B 之间的分配达到帕累托最优状态，则对于这两个消费者来说，这两种商品的边际替代率必须相等。如设对于消费者 A 和 B 来说，X 代替 Y 的边际替代率分别用 MRS_{XY}^A 和 MRS_{XY}^B 来表示，则交换的帕累托最优状态条件的公式就是：

$$MRS_{XY}^A = MRS_{XY}^B \tag{9.2}$$

为了说明上面的边际条件，可以举一个数字的例子来帮助加深理解。假定在初始的分配中，消费者 A 的边际替代率 MRS_{XY}^A 等于 3，消费者 B 的边际替代率 MRS_{XY}^B 等于 5。这意味着 A 愿意放弃 1 单位的 X 来交换不少于 3 单位的 Y。因此，A 若能用 1 单位 X 交换到 3 单位以上的 Y 就增加了自己的福利。另外，B 愿意放弃不多于 5 单位的 Y 来交换 1 单位的 X。因此，B 若能用 5 单位以下的 Y 交换到 1 单位的 X 就增进了自己的福利。由此可见，如果消费者 A 用 1 单位 X 交换 4 单位 Y，而消费者 B 用 4 单位 Y 交换 1 单位 X，则他们两个人的福利都得到了提高。只要两个消费者的边际替代率不相等，上述这种重新分配（使某些消费者好起来而不使其他消费者坏下去）就总是可能的，就总存在有帕累托改进的余地。换句话说，当边际替代率不相等时，产品的分配未达到帕累托最优。

 **即问即答**

在甲和乙两个人、X 和 Y 两种商品的经济中,达到交换的一般均衡的条件为（　　）。
A. 对甲和乙,$MRT_{xy} = MRS_{xy}$
B. 对甲和乙,$MRS_{xy} = P_x/P_y$
C. $(MRS_{xy})_甲 = (MRS_{xy})_乙$
D. 对上述所有条件

第四节　生产的帕累托最优条件

上节交换的帕累托最优研究了两种既定数量的产品在两个消费者之间的分配情况,本节生产的帕累托最优则要研究两种既定数量的要素在两个生产者之间的分配情况。假定这两种要素分别为 L 和 K,其既定数量为 $\bar{L}$ 和 $\bar{K}$,两个生产者分别为 C 和 D。于是要素 L 和 K 在生产者 C 和 D 之间的分配状况亦可以用埃奇渥斯盒状图来表示。如图 9-3 所示。盒子的水平长度表示整个经济中第一种要素 L 的数量 $\bar{L}$,盒子的垂直高度表示第二种要素 K 的数量 $\bar{K}$。O_C 为第一个生产者 C 的原点;O_D 为第二个生产者 D 的原点。从 O_C 水平向右测量生产者 C 对第一种要素的生产消费量 L_C,垂直向上测量它对第二种要素的生产消费量 K_C;从 O_D 水平向左测量生产者 D 对第一种要素 L 的生产消费量 L_D,垂直向下测量它对第二种要素 K 的生产消费量 K_D。

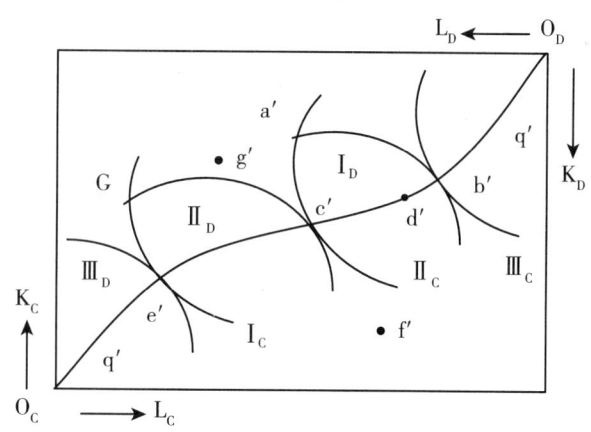

图 9-3　生产的帕累托最优

考虑盒中任意一点如 a'。a'点对应于生产者 C 的生产消费量 (L_C, K_C) 和生产者 D 的生产消费量 (L_D, K_D)。很明显,式 (9.3) 成立:

$$L_C + L_D = \bar{L}$$
$$K_C + K_D = \bar{K} \tag{9.3}$$

即盒中任意一点确定了两种要素在两个生产者之间的所有可能的分配情况。

在埃奇渥斯盒中的全部可能的要素分配状态中,哪一些是帕累托最优状态呢?为此,在盒中加入每个生产者的生产函数的信息,即其等产量线。一方面,由于O_C是生产者 C 的原点,故 C 的等产量线如 Ⅰ$_C$、Ⅱ$_C$ 和 Ⅲ$_C$ 所示。其中Ⅲ$_C$代表较高的产量水平,Ⅰ$_C$代表较低的产量水平。一般说来,从O_C点向右移动,标志着生产者 C 的产量水平增加。另一方面,由于O_D是生产者 D 的原点,故 D 的等产量线如 Ⅰ$_D$、Ⅱ$_D$ 和 Ⅲ$_D$ 所示。其中,值得注意的是,Ⅲ$_D$代表较高的产量水平,Ⅰ$_D$代表较低的产量水平。一般说来,从O_D点向左移动,标志着生产者 D 的产量水平增加。

现在在埃奇渥斯盒中任选一点如 a′。由于假定生产函数是连续的,故 a′点必然处于生产者 C 和 D 的等产量线的交点或切点上。假定 a′点是等产量线的交点(如图 9-3 所示,a′点是等产量线Ⅱ$_C$和Ⅰ$_D$的交点)。容易看出,a′点不可能是帕累托最优状态。这是因为,通过改变该初始分配状态,如让 a′点变动到 b′点,则生产者 C 的产量水平从等产量线Ⅱ$_C$提高到Ⅲ$_C$,而生产者 D 的产量水平并未变化,仍然停留在等产量线Ⅰ$_D$上。因此,在 a′点上仍然存在帕累托改进的余地。此外,让 a′点变动到 c′点,则生产者 C 的产量未提高,但生产者 D 的产量却提高了。如果让 a′点变动到 d′点,则生产者 C 和 D 的产量均会提高。由此得到结论:在生产的埃奇渥斯盒状图中,任意一点,如果它处在生产者 C 和 D 的两条等产量线的交点上,则它就不是帕累托最优状态。

另外,如果假定初始的要素分配状态处于两条等产量线的切点如 c′点,则容易看出此时不存在任何帕累托改进的余地,即它们均为帕累托最优状态。改变 c′点状态只有如下几种可能:向右上方移到生产者 C 较高的等产量线上,则生产者 D 的产量会下降;向左下方移到生产者 D 较高的等产量线上,则生产者 C 的产量水平会下降;剩下的唯一一种可能则是使生产者 C 和 D 的产量水平都降低。例如,从 c′点移到 g′点和 f′点,都属此种情况。由此可得结论:在生产的埃奇渥斯盒状图中,任意一点,如果它处在生产者 C 和 D 的两条等产量线的切点上,则它就是帕累托最优状态,并称之为生产的帕累托最优状态。

等产量线的切点不只是 c′点一个,b′点和 e′点等也都是等产量线的切点,从而也都是帕累托最优状态。所有等产量线的切点的轨迹构成曲线 qq′。qq′曲线叫做生产的契约曲线(或效率曲线),它表示两种要素在两个生产者之间的所有最优分配(即帕累托最优)状态的集合。

与交换的契约曲线一样,在生产的契约曲线上,即在生产的帕累托最优集合中,两个生产者的福利分配也具有不同的情况。当我们沿着 qq′曲线从 e′点移到 c′点时,生产者 C 通过牺牲生产者 D 的利益而好起来;反之亦然。根据帕累托标准,它们是不可比较的。我们所能够说的仅是给定任何不在曲线 qq′上的点,总存在比它更好的点,而这些点在曲线 qq′上。

从生产的帕累托最优状态可以得到生产的帕累托最优条件。生产的帕累托最优状态是等产量线的切点,而等产量线的切点的条件是在该点上,两条等产量线的斜率相等。前面章节已经说明,等产量线的斜率的绝对值又叫做两种要素的边际技术替代率(更准确地说，是要素 L 代替要素 K 的边际技术替代率）。因此，生产的帕累托最优状态的条件可以用边际技术替代率的术语来表示：要使两种要素 L 和 K 在两个生产者 C 和 D 之间的分配达到帕累托最优状态，则对于这两个生产者来说，这两种要素的边际技术替代率必须相等。如设对于生产者 C 和 D 来说，L 代替 K 的边际技术替代率分别用 MRTS_{LK}^{C} 和 MRTS_{LK}^{D} 来表示，则生产的帕累托最优状态条件的公式就是：

$$\text{MRTS}_{LK}^{C} = \text{MRTS}_{LK}^{D} \tag{9.4}$$

可以举一个简单的数字例子来说明上述最优条件。假定在初始的分配中，生产者 C 的边际技术替代率 MRTS_{LK}^{C} 等于 3，生产者 D 的边际技术替代率 MRTS_{LK}^{D} 等于 5。这意味着 C 愿意放弃 1 单位的 L 来交换不少于 3 单位的 K。因此，C 若能用 1 单位 L 交换到 3 单位以上的 K，就增进了自己的福利。另一方面，D 愿意放弃不多于 5 单位的 K 来交换 1 单位的 L。因此，D 若能以 5 单位以下的 K 交换到 1 单位的 L，就增进了自己的福利。由此可见，如果生产者 C 用 1 单位 L 交换 4 单位 K，而生产者 D 用 4 单位 K 交换 1 单位 L，则他们两个人的福利都得到了提高。只要两个生产者的边际技术替代率不相等，上述这重新分配（使某些生产者好起来而不使其他生产者坏下去）就总是可能的。

 **即问即答**

在 X 和 Y 两种商品、L 和 K 两种生产要素的经济中，达到生产的一般均衡的条件为（　　）。

A. $\text{MRTS}_{LK} = P_L/P_K$　　　　　　B. $\text{MRTS}_{LK} = \text{MRS}_{xy}$
C. $\text{MRT}_{xy} = \text{MRS}_{xy}$　　　　　　D. $(\text{MRTS}_{LK})_x = (\text{MRTS}_{LK})_y$

第五节　交换和生产的帕累托最优条件

本节将交换和生产这两个方面综合起来，讨论交换和生产的帕累托最优条件。交换和生产的最优条件并不是将交换的最优条件和生产的最优条件简单地并列起来。因为，两者的简单并列，只是说明消费和生产分开来看时各自独立地达到了最优，但并不能说明，当将交换和生产综合起来看时，也达到了最优。

为了把交换和生产结合在一起加以论述，我们假定整个经济只包括两个消费者 A 和 B，他们在两种产品 X 和 Y 之间进行选择，以及两个生产者 C 和 D，他们在两种要素 L 和 K 之间进行选择以生产两种产品 X 和 Y，C 生产 X，D 生产 Y。并且假定消费者的效用函数亦即无差异曲线簇为给定不变，生产者的生产函数即等产量线簇为给定不变。下面先从生产方面开始讨论，再过渡到消费问题，最后推出交换和生产的帕累托最优条件。

一、生产可能性曲线

(一) 从生产契约曲线到生产可能性曲线

由以上假定,现在的生产问题是两个生产者 C 和 D 在两种要素 L 和 K 之间进行选择,分别生产两种产品 X 和 Y。根据第四节,可以用生产的埃奇渥斯盒状图的工具加以分析。回到图 9-3。我们知道图中的生产契约曲线 qq′代表了所有生产的帕累托最优状态的集合。具体说来,生产契约曲线 qq′上的每一点均表示两种投入在两个生产者之间的分配为最优,即表示最优投入。但是,仔细观察起来却发现,生产契约曲线还向我们提供了另一有用的信息,即在该曲线上的每一点也表示了一定量投入要素在最优配置时所能生产的一对最优的产出:曲线上每一点均为两个生产者的等产量线的切点,故它同时处在(两个生产者的)两条等产量线上,从而代表了两种产品的产量;这两种产出还是帕累托意义上的最优产出,即此时要增加某一产出的数量,就不得不减少另一种产出的数量。例如,考虑图 9-3 中生产契约曲线上一点 c′。它是两条等产量线 II_C 和 II_D 的切点。如果设 II_C 所表示的产出 X 的数量为 X_1,II_D 所表示的产出 Y 的数量为 Y_1,则 c′点就表示最优产出量 (X_1, Y_1)。同样地,生产契约曲线上的另外一点 e′是等产量线 I_C 和 III_D 的切点。如果设 I_C 和 III_D 所表示的产出分别为 X_2 和 Y_2,则 e′点就表示最优产出量 (X_2, Y_2)。遍取生产契约曲线上的每一点,可得到相应的所有最优产出量。

现在考虑上述所有最优产出量的集合的特点。参见图 9-4。图中横轴表示最优产出量中 X 的数量,纵轴表示最优产出量中 Y 的数量。利用图 9-4,可以画出最优产出量的轨迹。例如,对应于图 9-3 中生产契约曲线上的 c′点,最优产出量为 (X_1, Y_1),该产出量在图 9-4 中就是图中的 c″点。同样地,对应于生产契约曲线上的 e′点,最优产出量为 (X_2, Y_2),该产出量在图 9-4 中就是 e″点。将生产契约曲线上每一点均通过这种方法"变换"到图 9-4 中来,便得到曲线 PP′。曲线 PP′ 通常称作生产可能性曲线(或产品转换曲线)。显而易见,生产可能性曲线 PP′就是最优产出量集合的几何表示。

即问即答

1. 生产可能性曲线是从下列哪条曲线推导而来的。(　　)
   A. 无差异曲线　　　　　　　　　　B. 生产契约曲线
   C. 消费约束曲线　　　　　　　　　D. 社会福利曲线
2. 生产契约曲线上的点表示生产者(　　)。
   A. 获得了最大利润　　　　　　　　B. 支出了最小成本
   C. 通过生产要素的重新配置提高了总产量　　D. 以上都正确
3. 两种产品在两个人之间进行分配,被称为帕累托最优的条件为(　　)。
   A. 不使其他人受损失就不能使另一个人受益

B. 每个人都处在其消费契约曲线上
C. 每个人都处在他们的效用可能性曲线上
D. 包括以上所有条件

(二) 生产可能性曲线的特点

图 9-4 中的生产可能性曲线 PP′ 具有两个特点：第一，它向右下方倾斜；第二，它向右上方凸出。第一个特点容易解释。从生产的契约曲线可知，当沿着该曲线运动时，一种产出的增加必然伴随着另一种产出的减少，即在最优产出量中，两种最优产出的变化是相反的。例如，当我们从 e'' 点移到 c'' 点时，X 的产出增加了，但 Y 的产出却下降了。这种反方向变化说明了两种最优产出之间的一种"转换"关系，即可以通过减少某种产出数量来增加另一种产出数量。这也正是之所以又称生产可能性曲线为产品转换曲线的原因。如果设产出 X 的变动量为 ΔX，产出 Y 的变动量为 ΔY，则它们的比率的绝对值 $|\Delta Y/\Delta X|$ 可以衡量 1 单位 X 商品转换为 Y 商品的比率。该比率的极限则定义为 X 商品对 Y 商品的边际转换率 MRT，亦即：

$$\mathrm{MRT} = \lim_{\Delta x \to 0} \left| \frac{\Delta Y}{\Delta X} \right| = \left| \frac{\mathrm{d}Y}{\mathrm{d}X} \right|$$

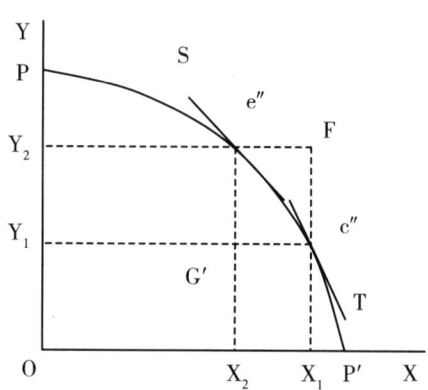

图 9-4　生产可能性曲线

换句话说，所谓产品的边际转换率就是生产可能性曲线的斜率的绝对值。

现在来看生产可能性曲线的第二个特点：凸向右上方。如果借用产品的边际转换率这个概念，则可以将生产可能性曲线的第二个特点描述为：产品的边际转换率递增。例如，在图 9-4 中，当 X 的数量为 X_2 时，相应的边际转换率等于生产可能性曲线上 e'' 点的切线 S 的斜率绝对值，而当 X 的数量增加到 X_1 时，相应的边际转换率等于 c'' 点的切线 T 的斜率的绝对值。显而易见，T 的斜率绝对值要大于 S 的斜率绝对值。因此，随着 X 产品数量的增加，X 转换为 Y 的边际转换率也在增加。

为什么产品的边际转换率是递增的呢？原因在于要素的边际报酬在递减。除了边际报酬递减的原因外，还有其他原因，如生产商品时所使用的要素的比例的差异等。为方便起见，我们将生产的埃奇渥斯盒状图中的两种生产要素 L 和 K "捆"在一起，看成一种要素，如叫它为（L+K）要素，并假定该要素在产品 X 和 Y 生产上的边际报酬是递减的。为什么存在产品的边际转换率，或者，为什么产品 X 可能转换成产品 Y？因为通过减少产量 X，可以"释放"出一部分要素（L+K），而释放出的这部分要素（L+K）可以用来生产产出 Y。由此，在 c″点上产品的边际转换率高于 e″可能有如下两个原因：第一，在 c″点减少一单位 X 所释放出来的要素（L+K）要比在 e″点上同样减少一单位 X 所释放的要素多；第二，在 c″点上释放的每一单位（L+K）所生产的产量 Y 要比在 e″点上释放的每一单位要素生产的 Y 多。如果假定要素（L+K）的边际生产力递减，则上述两个原因就都存在。对应于 c″的是较多的 X 和较少的 Y，对应于 e″的则正好相反，是较多的 Y 和较少的 X。因此，要素（L+K）在 c″点上生产 X 的边际生产力要小于在 e″点上的情况，即与 e″点相比，在 c″点上要生产一单位 X 需要用更多的要素（L+K）。这意味着，在 c″点上减少一单位 X 生产释放的投入要素（L+K）较多；另一方面，要素（L+K）在 c″点上生产 Y 的边际生产力要大于 e″点上的情况，即与 e″点相比，在 c″点上每一单位要素（L+K）生产的产出 Y 要更多。由此可见，由于要素（L+K）的边际生产力递减，在较高的 X 产出水平从而较低的 Y 产出水平上，一方面减少一单位 X 所释放的要素较多；另一方面所释放的每一要素生产 Y 的边际生产力也较高，故 X 产品替换 Y 产品的边际转换率也较高。

上述推理可以用符号简单推导如下。首先将产品边际转换率公式稍稍变动为：

$$\mathrm{MRT} = \left|\frac{dy}{dx}\right| = \left|\frac{dy}{d(L+K)} \cdot \frac{d(L+K)}{dx}\right| = \left|\frac{dy}{d(L+K)} \Big/ \frac{dx}{d(L+K)}\right| \quad (9.5)$$

式（9.5）中，（L+K）为单独一种要素；$dy/d(L+K)$ 和 $dx/d(L+K)$ 分别为要素（L+K）生产 Y 和 X 的边际生产力。随着产出 X 的增加，从而产出 Y 的减少，$dx/d(L+K)$ 减少，而 $dy/d(L+K)$ 增加，从而：

$$\left|\frac{dy}{dx}\right| = \left|\frac{dy}{d(L+K)} \cdot \frac{d(L+K)}{dx}\right| \quad (9.6)$$

即产品的边际转换率 MRT 增加。这就证明了边际转换率递增，从而生产可能性曲线凸向右上方这条性质。

（三）生产不可能性区域和生产无效率区域

图 9-4 中的生产可能性曲线 PP′将整个产品空间分为三个互不相交的组成部分：曲线 PP′本身；曲线 PP′右上方区域，以及曲线 PP′左下方区域。由于生产可能性曲线上每一点均表示在现有资源（$\bar{L}$，$\bar{K}$）和技术条件下整个经济所能达到的最大产出组合，故在生产可能性曲线右上方的区域是所谓"生产不可能性区域"，即在现有资源和技术条件下，不可能生产的产出组合。另外，在生产可能性曲线左下方的区域则是"生产无效率"区域，就是说，如果经济处于该区域中，则它还没有达到其可能有的最大产出。因此，生产可能性曲线就是生产可能性区域的"边界"，或简称为生产可能性边界。

（四）生产可能性曲线的变动

生产可能性曲线的位置高低取决于投入要素的数量和技术状况。我们知道，生产可能性曲线上任意一点表示在既定要素数量和技术状况条件下所可能生产的最大产出组合。如果要素数量或者技术状况发生了变化，则可能生产的最大产出组合就可能发生变化，从而生产可能性曲线的位置就可能发生变化，如图 9-5 所示。假定初始的资源数量和技术状况所确定的生产可能性曲线为 PP′。PP′上任意一点均表示在既定条件下经济所可能生产的最大产出组合。考虑 PP′上的 c′点。与 c′对应的产出组合(X_1, Y_1)就是所有可能的最大产出组合中的一种。现在假定资源数量增加了，则在 X 和 Y 的生产上均有更多的资源，于是 X 和 Y 的最大产量均有增加。假定增加的资源数量以某种方式分配到 X 和 Y 这两种生产上，使得 X 和 Y 的最大产出组合增加到(X_2, Y_2)。于是在原来条件下得到的生产可能性曲线 PP′上的 c′点现在在新的资源数量增加条件下移到了 c″点（X_2, Y_2）。同样地，如果假定技术进步，则亦有如此效果。实际上，资源数量增加和技术进步，不仅是使 c′点向右上方移动，而且也使原生产可能性曲线上的其他点也向右上方移动。这意味着，由于资源数量增加和技术进步，生产可能性曲线本身开始向右上方移动，例如移到了 PP″位置。

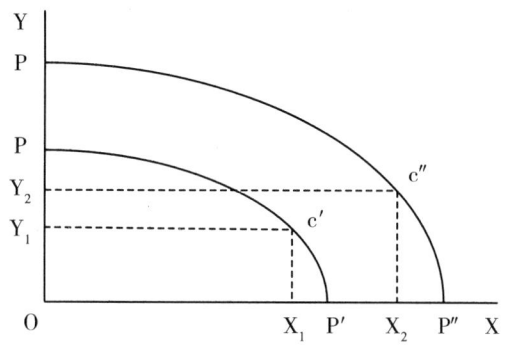

图 9-5　生产可能性曲线的变动

二、生产和交换的帕累托最优条件

在详细地讨论了生产可能性曲线的情况之后，我们来研究如何利用该曲线将生产和交换两个方面综合在一起，从而得到生产和交换的帕累托最优条件。如图 9-6 所示。首先，在图中的生产可能性曲线上任选一点，如为 B 点。由生产可能性曲线的性质可知，B 点是生产契约曲线上的一点，故满足生产的帕累托最优条件。其次，B 点表示一对产出的最优组合，即图 9-6 生产和交换的最优（$\bar{X}, \bar{Y}$）。如果从 B 点出发分别引一条垂直线到 $\bar{X}$ 和一条水平线到 $\bar{Y}$，则得到一个矩形 A$\bar{Y}$B$\bar{X}$。该矩形恰好与第三节中引入的交换的埃奇渥斯盒状图相同：它的水平长度和垂直高度分别表示两种产出的给定数量 $\bar{X}$ 和 $\bar{Y}$。如果设 A 点和 B 点分别为消费者 A 和 B 的原点，则该矩形中任意一点也表示既定产出 $\bar{X}$ 和 $\bar{Y}$ 在两个消费者之间的一种分配。于是，我们可将第三节当中的全部讨论都照搬到这里来。

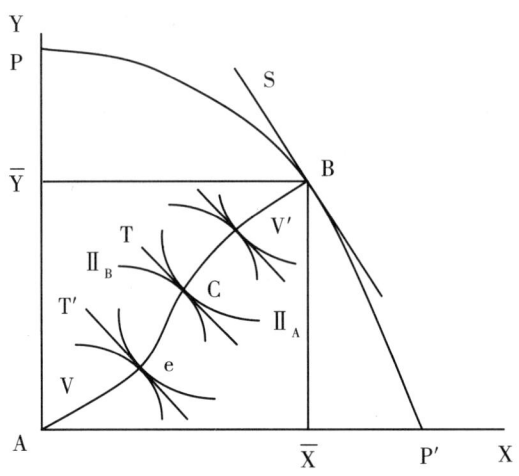

图 9-6 生产和交换的最优

按照第三节的分析,埃奇渥斯盒状图 $A\overline{Y}B\overline{X}$ 中的交换契约曲线为 VV'。VV'上任意一点均为交换的帕累托最优状态。因此,给定生产契约曲线上一点,即给定一个生产的帕累托最优状态,现在有一条交换的契约曲线,即有无穷多个交换的帕累托最优状态与之对应。在这无穷多个交换的帕累托最优状态之中,任意一个如 C 点都表示交换在单独来看时已经处于最优状态,但并不一定表示在与生产联合起来看时亦达到了最优状态。下面利用产品的边际转换率和边际替代率这两个概念来加以说明。

在图 9-6 中,生产可能性曲线上 B 点的切线 S 的斜率绝对值是产品 X 在该点上转换为产品 Y 的边际转换率 MRT,交换契约曲线上 C 点是无差异曲线 Ⅱ$_A$ 和 Ⅱ$_B$ 的切点。Ⅱ$_A$ 和 Ⅱ$_B$ 的共同切线 T 的斜率绝对值是产品 X 在该点上替代产品 Y 的边际替代率 MRS。切线 S 和 T 可能平行,也可能不平行,即产品的边际转换率与边际替代率可能相等,也可能不等。如果边际转换率与边际替代率不相等,则可以证明这时并未达到生产和交换的帕累托最优状态。例如,假定产品的边际转换率为 2,边际替代率为 1,即边际转换率大于边际替代率。边际转换率等于 2 意味着生产者通过减少 1 单位 X 的生产可以增加 2 单位的 Y。边际替代率等于 1 意味着消费者愿意通过减少 1 单位 X 的消费来增加 1 单位 Y 的消费。在这种情况下,如果生产者少生产 1 单位 X,从而少给消费者 1 单位 X,但却多生产出 2 单位的 Y。从多增加的 2 单位 Y 中拿出 1 个单位给消费者即可维持消费者的满足程度不变,从而多余的 1 单位 Y 就代表了社会福利的净增加。这就说明了如果产品的边际转换率大于边际替代率,则仍然存在有帕累托改进的余地,即仍未达到生产和交换的帕累托最优状态。

同样可以分析产品的边际转换率小于边际替代率的情况。例如假定产品的边际转换率为 1,边际替代率为 2。此时如果生产者减少 1 单位 Y 的生产,从而少给消费者 1 单位 Y,但却多生产出 1 单位的 X。从多增加的 1 单位 X 中拿出半个单位 X 给消费者即可维持消费者的满足程度不变,从而多余的半个单位 X 就代表了社会福利的净增加。这就说明了,如果产品的边际转换率小于边际替代率,则仍然存在有帕累托改进的余地,即仍然未达到生产和交换的帕累托最优状态。

给定生产可能性曲线上一点 B 和与 B 相应的交换契约曲线上一点 C，只要 B 点的产品的边际转换率不等于 C 点的产品边际替代率，则 C 点就仅表示交换的帕累托最优状态，而非生产和交换的帕累托最优状态。由此即得生产和交换的帕累托最优条件：

$$\mathrm{MRS}_{XY} = \mathrm{MRT}_{XY} \tag{9.7}$$

即产品的边际替代率等于边际转换率。例如，在图 9-6 中的交换契约曲线上，e 点的边际替代率与生产可能性曲线上 B 点的边际转换率相等，因为过 e 点的无差异曲线的切线 T′ 与过 B 点的生产可能性曲线的切线 S 恰好平行。因此，e 点满足生产和交换的帕累托最优条件。

即问即答

在 A 和 B 两个人、X 和 Y 两种商品的经济中，生产和交换的一般均衡发生在（　　）。
A. $\mathrm{MRT}_{xy} = P_x/P_y$　　　　　　　　B. A 与 B 的 $\mathrm{MRS}_{xy} = P_x/P_y$
C. $(\mathrm{MRS}_{xy})_A = (\mathrm{MRS}_{xy})_B$　　　　D. $\mathrm{MRT}_{xy} = (\mathrm{MRS}_{xy})_A$

总体来看，给定两种生产要素的既定数量 $\bar{L}$ 和 $\bar{K}$（及两个生产者），则以 $\bar{L}$ 和 $\bar{K}$ 可构造一个生产的埃奇渥斯盒状图。在生产的埃奇渥斯盒状图中加进两个生产者的生产函数即等产量线。由等产量线切点的轨迹可得到生产契约曲线 qq′。qq′上任意点满足生产的帕累托最优条件。此外，qq′上任意点表示一个最优的产出组合（X，Y）。所有最优产出组合的轨迹即为生产可能性曲线 PP′。在生产可能性曲线上任选一点 B，则就给定了一对最优产出组合（$\bar{X}$，$\bar{Y}$）。以 $\bar{X}$ 和 $\bar{Y}$ 可构造一个交换的埃奇渥斯盒状图。在交换的埃奇渥斯盒状图中加进两个消费者的效用函数即无差异曲线，则由这些无差异曲线的切点轨迹可得到交换的契约曲线 VV′。VV′上任意一点都满足交换的帕累托最优。如果 VV′上有一点，如 e，其边际替代率恰好等于生产可能性曲线 PP′上 B 点的边际转换率，则此时 e 点亦满足生产和交换的最优。

第六节　完全竞争和帕累托最优状态

本章的第一节说明了完全竞争经济在一定的假定条件下，存在着一般均衡状态。接下来的几节又描述了经济的帕累托最优状态。现在自然要问：竞争的均衡与帕累托最优状态之间是什么关系呢？或者更加具体一些，完全竞争经济的一般均衡状态是否实现了帕累托最优呢？本节论述西方学者对这个问题的回答。西方经济学的基本结论是：任何竞争均衡都是帕累托最优状态，同时，任意帕累托最优状态也都可由一套竞争价格来实现。

早在两百多年前，亚当·斯密就曾断言：人们在追求自己的私人目的时，会在一只"看不见的手"的指导下，实现增进社会福利的社会目的。每一个人所考虑的不是社会利益，而是他自身的利益。但是，他对自身利益的研究自然会或不如说必然会引导他选定最有利于社会的用途。所以，每一个人受着一只看不见的手的指导，去尽力达到一个并非他本意想达到的目的。当代西方经济学家将亚当·斯密的上述思想发展成为一个更加精致的"原理"：给定一些理想条件，单个家户和厂商在完全竞争经济中的最优化行为将导致帕累托最优状态。这就是所谓"看不见的手"的原理。

下面将帕累托最优条件综合表述如下。尽管前几节是在两个消费者、两种产品、两个生产者、两种投入要素的简单情况下推导出这些条件的，但它们显然也适用于多个消费者、多种商品、多个生产者、多种要素的一般情况。

一、交换的最优条件

任何两种产品的边际替代率对所有的消费者都相等。用公式表示即是：

$$MRS_{XY}^A = MRS_{XY}^B \tag{9.8}$$

式（9.8）中，X 和 Y 为任意两种产品；A 和 B 为任意两个消费者。

二、生产的最优条件

任何两种要素的边际技术替代率对所有生产者都相等。用公式表示即是：

$$MRTS_{LK}^C = MRTS_{LK}^D \tag{9.9}$$

式（9.9）中，L 和 K 为任意两种要素；C 和 D 为任意两个生产者。

三、生产和交换的最优条件

任何两种产品的边际替代率等于它们的边际转换率。用公式表示即是：

$$MRS_{XY} = MRT_{XY} \tag{9.10}$$

式（9.10）中，X 和 Y 为任意两种产品。

当上述三个边际条件均得到满足时，称整个经济达到了帕累托最优状态。

现在考虑在完全竞争经济中，帕累托最优状态是如何实现的。我们知道，完全竞争经济在一些假定条件下存在着一般均衡状态，即存在一组价格，使得所有商品的需求和供给都恰好相等（这里不考虑自由商品）。设这一组均衡价格为 $P_x, P_y, \cdots, P_l, P_k, \cdots$。式中，$P_x, P_y, \cdots$ 分别表示商品 X，Y，$\cdots$ 的均衡价格；$P_l, P_k, \cdots$ 分别表示要素 L，K，$\cdots$ 的价格。在完全竞争条件下，每个消费者和每个生产者均是价格的接受者，他们将在既定的价格条件下来实现自己的效用最大化和利润最大化。换句话说，均衡价格体系 $P_x, P_y, \cdots, P_l, P_k, \cdots$ 对所有消费者和生产者均是相同的。首先来看消费者的情况。任意一个消费者，如 A 在完全竞争经济中的效用最大化条件是对该消费者来说，任意两种商品的边际替代率等于这两种商品的价格比率，即有：

$$MRS_{XY}^A = \frac{P_X}{P_Y} \tag{9.11}$$

同样地，其他消费者如 B 在完全竞争条件下的效用最大化条件亦是对 B 而言，任意两种产品的边际替代率等于这两种产品的价格比率，即：

$$\text{MRS}_{XY}^{B} = \frac{P_X}{P_Y} \tag{9.12}$$

由式（9.11）和式（9.12）即得到：

$$\text{MRS}_{XY}^{A} = \text{MRS}_{XY}^{B}$$

这就是交换的帕累托最优条件式（9.8）。因此，在完全竞争经济中，产品的均衡价格实现了交换的帕累托最优状态。

其次来看生产者的情况。在完全竞争经济中，任意一个生产者例如 C 的利润最大化条件之一是对该生产者来说，任意两种要素的边际技术替代率等于这两种要素的价格比率即有：

$$\text{MRTS}_{LK}^{C} = \frac{P_L}{P_K} \tag{9.13}$$

同样地，其他生产者如 D 在完全竞争条件下的利润最大化条件是对 D 而言，任意两种要素的边际技术替代率等于这两种要素的价格比率，即：

$$\text{MRTS}_{LK}^{D} = \frac{P_L}{P_K} \tag{9.14}$$

由式（9.13）和式（9.14）即得到：

$$\text{MRTS}_{LK}^{C} = \text{MRTS}_{LK}^{D}$$

这就是生产的帕累托最优条件式（9.9）。因此，在完全竞争经济中，要素的均衡价格实现了生产的帕累托最优状态。

最后来看生产者和消费者综合在一起的情况。现在的问题是要说明完全竞争经济如何满足生产和交换的帕累托最优状态，即在完全竞争条件下，产品的边际转换率是如何与边际替代率相等的。为此，先对产品的边际转换率再作一点解释。我们知道，X 产品对 Y 产品的边际转换率就是：

$$\text{MRT}_{XY} = \left| \frac{\Delta Y}{\Delta X} \right|$$

它表示增加 ΔX 就必须减少 ΔY，或者，增加 ΔY 就必须减少 ΔX。因此，一方面，ΔY 可以看成是 X 的边际成本（机会成本）；另一方面，ΔX 也可以看成是 Y 的边际成本。如果用 MC_X 和 MC_Y 分别代表产品 X 和 Y 的边际成本，则 X 产品对 Y 产品的边际转换率可以定义为两种产品的边际成本的比率：

$$\text{MRT}_{XY} = \left| \frac{\Delta Y}{\Delta X} \right| = \left| \frac{\text{MC}_X}{\text{MC}_Y} \right| \tag{9.15}$$

现在容易说明完全竞争均衡的帕累托最优性质了。在完全竞争中，生产者利润最大化的条件是产品的价格等于其边际成本，于是有：

$$P_X = \text{MC}_X \quad P_Y = \text{MC}_Y$$

即有：
$$\frac{MC_X}{MC_Y} = \frac{P_X}{P_Y} \tag{9.16}$$

再由消费者效用最大化条件：
$$MRS_{XY}^A = \frac{P_X}{P_Y} \tag{9.17}$$

即得：
$$MRT_{XY} = \frac{P_X}{P_Y} = MRS_{XY} \tag{9.18}$$

式 (9.17) 中，MRS_{XY} 表示每一个消费者的共同的边际替代率。式 (9.18) 即是生产和交换的帕累托最优条件。因此，在完全竞争经济中，商品的均衡价格实现了生产和交换的帕累托最优状态。

 **即问即答**

1. 一个社会要达到最高的经济效率，得到最大的经济福利，进入帕累托最优状态，必须（　　）。
   A. 满足交换的边际条件：$(MRS_{xy})_A = (MRS_{xy})_B$
   B. 满足生产的边际条件：$(MRTS_{LK})_x = (MRTS_{LK})_y$
   C. 满足替代的边际条件：$MRS_{xy} = MRT_{xy}$
   D. 同时满足上述三条件

2. 如果对于消费者甲来说，以商品 X 替代商品 Y 的边际替代率等于 3；对于消费者乙来说，以商品 X 替代商品 Y 的边际替代率等于 2，那么有可能发生的情况是（　　）。
   A. 乙用 X 向甲交换 Y　　　　　　　B. 乙用 Y 向甲交换 X
   C. 甲和乙不会交换商品　　　　　　D. 以上均不正确

第七节　社会福利函数

一、效用可能性曲线

完全竞争经济在一定的假定条件下可以达到帕累托最优状态，即满足帕累托最优的三个条件。但是，帕累托最优的三个条件并不是对资源最优配置的完整描述，因为它没有考虑收入分配问题。实际上，存在无穷多个同时满足所有三个帕累托最优条件的经济状态，其中甚至可以包括收入分配的极端不平等情况。

我们知道，在图 9-6 中，生产可能性曲线 PP′ 上任意一点均代表着生产的帕累托最优状态。在曲线 PP' 上任给一点如 B，等于给定了一对最优产出组合如 ($\bar{X}$, $\bar{Y}$)。以该产出组合可构造一个消费的埃奇渥斯盒状图并从而得到一条交换的契约曲线 VV'。曲线 VV' 上任意一点均代表交换的帕累托最优状态，在曲线 VV' 上还存在一点如 e，在该点上两条相切的无差异曲线的共同斜率恰好等于生产可能性曲线上 B 点的斜率，从而 e 点还满足生产和交换的帕累托最优状态。由此可知，按上述方法得到的 e 点同时满足所有三个帕累托最优状态。

现在进一步对 e 点加以考察。e 点是两条无差异曲线的切点，而这两条相切的无差异曲线分别代表着两个消费者 A 和 B 的两个效用水平。如果我们用 U_A^e 和 U_B^e 来分别表示消费者 A 和 B 在 e 点的效用水平，则 e 点实际上对应着一对效用水平的组合 (U_A^e, U_B^e)。由于 e 点是满足所有三个帕累托最优条件的，故它所对应的一对效用水平组合 (U_A^e, U_B^e) 可以看成是"最优"效用水平组合。

仿照上述，如果我们在生产可能性曲线 PP' 上另选一点如 B'，则可以得到一点 e' 满足帕累托最优的三个条件。再由 e' 得到一对最优效用水平组合 ($U_A^{e'}$, $U_B^{e'}$)。这样一来，我们就在生产可能性曲线和最优效用水平组合之间建立起了一种对应关系。给定生产可能性曲线上一点，可以得到一对最优效用水平组合。显而易见，由于生产可能性曲线上的点有无穷多个，同时满足三个帕累托最优条件的最优效用组合也有无穷多个。现在要问，在这所有的最优效用水平组合之间具有什么样的关系呢？

容易看出，在满足全部帕累托最优条件的情况下，消费者 A 的效用水平与消费者 B 的效用水平的变化方向一定是正好相反的。要提高某个消费者的效用水平，就必须降低另一个消费者的效用水平。如果不是这样，则总可以通过某种重新安排，使某个消费者的状况变好而不使其他消费者的状况变坏。换句话说，还存在帕累托改进的余地。这表明并非所有帕累托最优条件均被满足。

由于在最优效用水平组合中，两个消费者的效用水平反方向变化，故它们之间的关系可以用图 9-7 中向右下方倾斜的一条曲线 UU' 来表示。图中横轴 U_A 代表消费者 A 的效用水平，纵轴 U_B 代表消费者 B 的效用水平。称曲线 UU' 为效用可能性曲线。它代表消费者所有最优效用水平组合的集合，说明了当一个消费者的效用水平给定之后，另一个消费者所可能达到的最大效用水平。例如，在图 9-7 中，给定消费者 A 的效用水平为 U_A^e，则消费者 B 的效用水平为 U_B^e，它们的组合由 e 点表示。值得注意的是，除了效用可能性曲线向右下方倾斜这一性质之外，无法知道更多的其他性质，如它的位置及凹凸性等。特别是，由于效用水平的高低本来就是一个序数概念，而不能用基数来测量，故用来表示效用水平的数值是"随意"的——只要我们用大的数字代表较大的效用即可。这意味着在图 9-7 中，效用可能性曲线 UU' 的位置和凹凸性都是"随意"的。

和生产可能性曲线的情况相仿，效用可能性曲线 UU' 亦将整个效用空间划分为三个互不相交的组成部分。在 UU' 的右上方区域，是既定资源和技术条件下所无法达到的，故可以看成是"效用不可能"区域；而在 UU' 的左下方区域，则是"无效率"区域：在既定的资源和技术条件下，经济没有达到它可能达到的最优效用水平组合。例如在该区域的 D 点，代表着效用水平组合 (U_A^D, U_B^D)。它显然缺乏效率。如果能够重新配置资源，就能够使经济从D点移到效用可能性曲线上的e点，从而使两个消费者的效用水平均得到提高。"无效率"点的存在或者是由于交换的无效率，或者是由于生产的无效率，或者是由于生产和交换的无效率，即是由于三个帕累托最优条件中有一个或两个或三个未得到满足。

如果将所有的无效率点也看成是可能的经济状态，则所有可能的效用水平组合的集合就是封闭（包括边界）的区域OUU'O。由此可以给效用可能性曲线另外一个解释，即它是效用可能性区域的"边界"，故亦称为效用可能性边界。福利经济学的目的是要在效用可能性区域当中寻找一点或一些点，使社会福利达到最大；帕累托最优条件仅仅告诉我们，社会福利必须在该效用可能性区域的边界，即在效用可能性曲线上达到，但并没有告诉我们，究竟在效用可能性曲线上的哪一点或哪些点上达到。

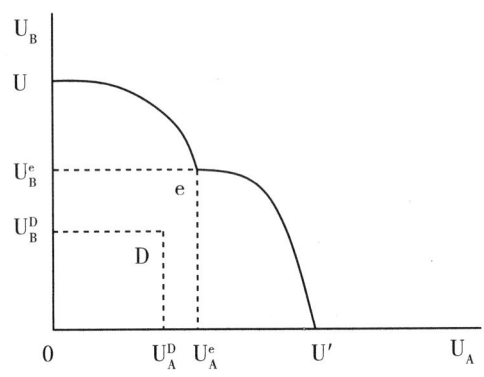

图9-7 效用可能性曲线

二、社会福利函数

为了解决上述问题，需要知道在效用可能性曲线上每一点所代表的社会福利的相对大小，或者更一般地说，需要知道效用可能性区域或整个效用空间中每一点所代表的社会福利的相对大小；这就是所谓的社会福利函数。社会福利函数是社会所有个人的效用水平的函数。因此，在我们的两人社会中，社会福利函数W可以写成：

$$W = W(U_A, U_B) \tag{9.19}$$

给定式（9.19），由一个效用水平组合(U_A, U_B)可以求得一个社会福利水平。如果我们固定社会福利水平为某个值，例如令$W = W_1$，则社会福利函数成为：

$$W_1 = W(U_A, U_B) \tag{9.20}$$

式（9.20）表明，当社会福利水平为W_1时，两个消费者之间的效用水平U_A和U_B的关系。该关系的几何表示就是图9-8中曲线W_1。曲线W_1称为社会无差异曲线，在该曲线上，不同的点代表着不同的效用组合，但所表示的社会福利却是一样的。故从社会角度来看，这些点均是"无差异的"。同样的，如果令社会福利水平为W_2和W_3，亦可以得到相应的社会无差异曲线W_2和W_3。通常假定这些社会无差异曲线与单个消费者的无差异曲线一样,亦是向右下方倾斜且凸向原点,并且较高位的社会无差异曲线代表较高的社会福利水平。

有了社会福利函数即社会无差异曲线,则结合效用可能性曲线 UU′即可决定最大的社会福利,如图9-8所示。最大社会福利显然在效用可能性曲线 UU′和社会无差异曲线 W_2 的切点 e 上达到。这一点被叫做"限制条件下的最大满足点"。这是能导致最大社会福利的生产和交换的唯一点。之所以叫做限制条件下的最大满足点,是因为它不容许为任何可能值,即不能任意选择,而要受到既定的生产资源、生产技术条件等的限制。UU′曲线和社会无差异曲线 W_1 交于 S 和 S′点。这些点所代表的社会福利都低于 W_2,因而不是最大社会福利;W_3 是比 W_2 更高的社会无差异曲线,因而代表更大的社会福利,但这种更大的社会福利超出了效用可能性曲线,也就是超出了现有条件下所能够达到的最大水平。

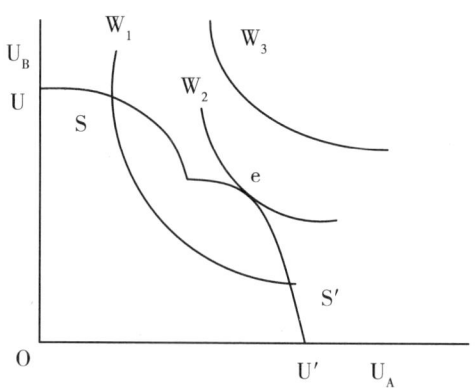

图 9-8 最大社会福利

如果确实存在上述所谓社会福利函数,则可以在无穷多的帕累托最优状态中进一步确定那些使社会福利最大化的状态。果真做到了这一点,则资源配置问题便可以看成是彻底解决了。例如,假定按照图9-8,社会福利在 e 点达到最大。这个 e 点同时表明三个帕累托最优条件均被满足,即它相应于图9-6中的 e 点。作为图9-6中的 e 点,一方面它表明了既定产出在两个消费者之间的最优分配状况,即消费者 A 消费 X_A、Y_A 量的产品,消费者 B 消费 X_B、Y_B 量的产品;另一方面它又与生产可能性曲线 PP′上的 B 点相应,从而与生产的埃奇渥斯盒状图9-3中生产契约曲线上一点 b′相应。b′点表明了既定投入要素在两个生产者之间的最优分配状况,即生产者 C 消费 L_C、K_C 量的要素,生产者 D 消费 L_D、K_D 量的要素。于是,假定整个经济可得的要素总量为 $\bar{L}$ 和 $\bar{K}$,则按如下办法配置资源即可使整个社会福利达到最大:将要素总量在 C 和 D 两个生产者之间如此分配,使 C 得到 L_C、K_C,D 得到 L_D、K_D,从而生产出产品 $\bar{X}$、$\bar{Y}$;再将产品产量在 A 和 B 两个消费者之间如此分配,使 A 得到 X_A、Y_A,使 B 得到 X_B、Y_B。

由此可见,彻底解决资源配置问题的关键在于社会福利函数。社会福利函数究竟存不存在呢?换句话说,能不能从不同个人的偏好当中合理地形成所谓的社会偏好呢?可惜的是,阿罗在1951年在相当宽松的条件下证明了这是不可能的。这就是有名的"阿罗不可能性定理"。

 **即问即答**

1. 社会福利函数是（　　）。
   A. 个人福利函数的综合　　　　　　B. 是社会偏好的表达方式之一
   C. 是整个社会对事物进行排序的原则　　D. 以上都对
2. 福利经济学是（　　）。
   A. 实证经济学　　B. 规范经济学　　C. 宏观经济学　　D. 科学经济学

 延伸阅读

阿罗不可能性定理——少数服从多数原则的局限性

在我们的心目中，选举的意义恐怕就在于大家根据多数票原则，通过投票推举出最受我们爱戴或信赖的人。然而，通过选举能否达到这个目的呢？1972年诺贝尔经济学奖获得者、美国经济学家阿罗采用数学中的公理化方法，于1951年深入研究了这个问题，并得出在大多数情况下是否定的结论，那就是鼎鼎大名的"阿罗不可能性定理"。阿罗不可能性定理是指在一般情况下，要从已知的各种个人偏好顺序中推导出统一的社会偏好顺序是不可能的。

在所有人为寻找"最优公共选择原则"奔忙而无获的时候，美国经济学家阿罗经过苦心研究，在1951年出版的《社会选择与个人价值》提出他的不可能定理。并为此获得了1972年诺贝尔经济学奖。阿罗不可能定理的意思是，"只要给出几个选择者都必然会接受的前提条件，在这些前提条件的规定下，人们在一般或普遍意义上不可能找到一套规则（或程序）在个人选择顺序基础上推导出来"。由此进一步推出，在一般或普遍意义上，无法找到能保证所有选择者福利只会增加不会受损的社会状态。

阿罗所说的几个选择者必然接受的条件是：广泛性，至少有三个或三个以上的被选方案，以供选择者选择；一致性，即一定的社会选择顺序以一定的个人选择为基础，但必须符合公众的一致偏好；独立性，不相关的方案具有独立性；独立主权原则，对备选方案的选择和确定，应由公民完全依据个人的喜好而定，不能由社会强加；非独裁性，不能让每一个人的喜好决定整个社会对备选方案的排序顺序，应坚持自由和民主的原则。

阿罗认为上述五个相互独立的条件每一个都是必要的，但是要构造能同时满足这些条件的社会福利函数是不可能的。导致不可能的原因在于1~5个条件之间存在相互矛盾，因此不可能达到完全一致。他从中得出了一个似乎不可思议的结论：没有任何解决办法能够摆脱"投票悖论"的阴影，在从个人偏好过渡到社会偏好时，能使社会偏好得到满足，又能代表广泛的个人偏好这样一种排序方法，只有强制与独裁。这样寻找合理的社会选择机制的努力就几乎陷入了困境。

阿罗不可能性定理，打破了一些被人们认为是真理的观点，也让我们对公共选择和民主制度有了新的认识。因为我们所推崇的"少数服从多数"的社会选择方式不能满足"阿罗五个条件"如市场存在着失灵一样，对公共选择原则也会导致民主的失效。因此多数票原则的合理性是有限度的。

资料来源：www.people.com.cn。

·经济学名家·

新福利经济学代表人物——维尔弗雷多·帕累托

维尔弗雷多·帕累托（Vilfredo Pareto，1848年7月15日~1923年8月19日），意大利经济学家、社会学家，洛桑学派的主要代表之一。1848年7月15日，帕累托生于巴黎。1891年，帕累托读了马费奥·潘塔莱奥尼的《纯粹经济学原理》，开始对经济学产生兴趣。1893年，帕累托接替里昂·瓦尔拉斯担任洛桑大学政治经济学教授，为建立洛桑学派做出了很大贡献。这时，他开始了新的职业生涯，并发表作品。1896年，帕累托在洛桑用法文发表《政治经济学讲义》。1906年，帕累托出版《政治经济学提要》。

帕累托对经济学、社会学和伦理学做出了很多重要的贡献，特别是在收入分配的研究和个人选择的分析中。他提出了帕累托最优的概念，并用无差异曲线来帮助发展了个体经济学领域。帕累托因对意大利20%的人口拥有80%的财产的观察而著名，后来被约瑟夫·朱兰和其他人概括为帕累托法则（80/20法则），后来进一步概括为帕累托分布的概念。帕累托指数是指对收入分布不均衡的程度的度量。

【本章小结】

1. 一般均衡分析是把所有相互联系的各个市场看成一个整体。在一般均衡分析中，每一商品的需求和供给不仅取决于该商品本身的价格，而且也取决于所有其他商品（如替代品和互补品）的价格。当整个经济的价格体系恰好使所有商品的供求都相等时，市场就达到了一般均衡。实际经济体系的一般均衡被假定为通过"拍卖人"的"试探过程"来达到。

2. 帕累托最优状态的标准是：如果至少有一人认为A优于B，而没有人认为A劣于B，则认为从社会的观点看，亦有A优于B。以帕累托最优状态标准来衡量为"好"的状态改变称为帕累托改进。如果对于某种既定的资源配置状态，所有的帕累托改进都不存在，则就达到了帕累托最优状态。帕累托最优状态被认为是经济最有效率的状态。

3. 帕累托最优状态要满足三个条件：交换的最优条件、生产的最优条件能够以及生产和交换的最优条件。交换的最优条件：对于任意两个消费者来说，任意两种商品的边际替代率相等；生产的最优条件：对于任意两个生产者来说，任意两种商品的边际技术替代率相等；交换和生产的最优条件：任意两种产品的边际替代率与边际转换率相等。在完全竞争条件下，帕累托最优的三个条件均能得到满足。

4. 社会福利函数是社会上所有个人的效用水平的函数。如果存在社会福利函数，则从社会福利函数可以得到社会无差异曲线。社会无差异曲线与效用可能性曲线的切点代表了可能达到的最大社会福利。但是，阿罗不可能性定理说明，在非独裁的情况下，不可能存在有适用于所有个人偏好类型的社会福利函数。

【关键术语】

一般均衡，埃奇沃思盒状图，帕累托标准，帕累托改进，帕累托最优，生产可能性曲线，社会福利函数，阿罗不可能性定理

【技能训练】

1. 局部均衡分析与一般均衡分析的区别是什么？
2. 什么是帕累托最优？满足帕累托最优需要具备什么样的条件？
3. 为什么即使两个厂商生产的产品不同，要达到帕累托最优状态，必须使任何使用这两种生产要素的该两种生产要素的边际技术替代率相等？
4. 为什么交换的最优条件加生产的最优条件不等于交换和生产的最优条件？
5. 为什么完全竞争的市场机制可以导致帕累托最优状态？
6. 生产可能性曲线为什么向右下方倾斜？为什么向右上方凸出？
7. 如果对于生产者甲来说，以要素 L 替代要素 K 的边际技术替代率等于 3；对于生产者乙来说，以要素 L 替代要素 K 的边际技术替代率等于 2，那么有可能发生什么情况？
8. 假定整个经济原来处于一般均衡状态，如果现在由于某种原因使商品 X 的市场供给增加，试考察：
（1） X 商品的替代品市场和互补品市场会有什么变化？
（2） 在生产要素市场上会有什么变化？
（3） 收入分配有何变化？

【案例分析】

收入分配改革应体现多数原则和公平原则

我国收入分配制度经历了由计划经济"平均主义"向社会主义市场经济"效率优先、兼顾公平"的转变，全体居民的收入水平大幅提高，增加了个人福利和社会福利。但是，在过去收入分配制度的改革过程中，一部分高收入人群通过机会不均等造成的不公平获得了很高的收入，而其他人群的收入虽然也在增长，但无论收入水平还是增长速度都远远落后于高收入人群。这种全体居民受益的改革效果符合"帕累托改进"的特征，经济社会实现了良好发展。另外，我们也发现"帕累托改进"忽略了收入分配的公平问题，不同群体之间目标冲突与博弈导致收入分配出现了一定的公平缺失。在几十年的时间里我国并没有一个政策目标和体系都稳定的收入分配制度，这使得我国居民没有享受到稳定而公平的收入分配，而是在低水平的收入均等化向收入差距逐渐扩大的转变中承受着收入分配的

不公平。因此,"帕累托改进"并不能全面而准确地衡量收入分配制度的变迁。

我国一些经济问题的根源就在于收入分配机制的扭曲。在收入分配制度改革中,一些非公平的制度安排使得城乡之间、行业之间、地区之间、中低收入阶层与高收入阶层之间存在着收入上的巨大差距。由效率提高引起的报酬递增和自我强化机制,使得制度变迁在报酬递增阶段存在一些既得利益集团,它们为追求利益只会加强现有制度安排,不愿进行制度变革,而是通过强化机制使制度变迁形成路径依赖,甚至会使制度被锁定在一种无效率的状态,以不断获取利益。这将对其他社会群体的利益造成损失,使得公平取向的制度变迁无法最终实现。路径依赖就如同物理学上的"惯性",任何改变既定收入分配制度的决定都阻力重重。

在今后一个阶段内,我国收入分配制度改革应主要是一种"卡尔多-希克斯改进"。由于一项制度常常使一部分人的福利增加而同时使另一部分人的福利减少,"帕累托改进"无法适用于解释这种情况。卡尔多和希克斯提出了"卡尔多-希克斯改进"。如果说A的境况由于某种制度变迁而变得好些,以至于他的境况改善在补偿B的损失之后还有剩余,那么这种制度变迁就是好的。富人阶层过高的收入对中低收入人群造成了很大的收入损失,而高收入人群有足够的收入水平在补偿中低收入人群后还能达到高福利状态,这完全符合"卡尔多-希克斯改进"的特征。

"卡尔多-希克斯改进"强调对福利受损失的人进行补偿,在理论上这种补偿是虚拟的,但在收入分配制度改革的实践中,这种补偿应是实实在在的。正是由于补偿的现实性,收入分配制度改革要求对利益群体之间的利益分配进行重新调整,使得高收入阶层的过高收入向中低收入阶层合理流动,扩大中等收入阶层的规模,避免两极分化。但这种利益的调整会使得高收入阶层利益受损,因此他们会反对和阻碍收入分配制度改革。

当前,社会上中低收入群体和弱势群体在利益分配格局中处于受损失的地位,但由于他们的权力和权利有限,还无法通过自身行动改变现存收入分配制度,政府应该把补偿变为现实,通过政府主导的自上而下的强制性制度变迁来实现补偿。在政府主导的强制性制度变迁中,公平的收入分配制度应是一种集体选择,这种公众参与的集体选择要求政府建立一个集中的社会偏好加总机制,将个人对于收入分配制度改革的偏好加总起来,根据多数原则和公平原则,将大多数人的收入分配偏好转化为具体制度安排。

由于"卡尔多-希克斯改进"的特征,实现财富和收入由高收入群体向中低收入群体和弱势群体的合理流动,就必然要改变现有的利益分配格局,形成新的利益分配格局,在这个过程中很有可能会出现一些新的利益集团。政府应该把实现全社会的收入分配公平作为制度变迁的最终目标,不断地推进收入分配制度改革。

建立长期稳定的收入分配制度,避免各种短期政策手段调节和应用的不连续性和不稳定性,才能真正使收入分配的公平性在长期内惠及全体居民。

资料来源:冯涛:《收入分配改革应体现多数原则和公平原则》,载于《中国证券报》,2012年10月12日。

问题:

1. 如何看待我国的收入分配改革?
2. 结合所学知识分析我国如何进一步深化收入分配改革?

第十章　微观经济政策

知识要求 >>> >>>

掌握市场失灵的含义；熟悉公共物品、外部性、垄断、信息不对称等市场失灵的具体特征；了解市场经济失灵时政府如何进行干预。

案例导入 >>> >>>

当火车驶过农田

20世纪初的一天，列车在绿草如茵的英格兰大地上飞驰。车上坐着英国经济学家庇古。他边欣赏风光，边对同伴说：列车在田间经过，机车喷出的火花（当时是蒸汽机车）飞到麦穗上，给农民造成了损失，但铁路公司并不用向农民赔偿。这正是市场经济的无能为力之处，称为"市场失灵"。

将近70年后，1971年，美国经济学家乔治·斯蒂格勒（1982年诺贝尔经济学奖得主）和阿尔钦（产权经济学创始人）同游日本。他们在高速列车（这时已是电气机车）上想起了庇古当年的感慨，就问列车员，铁路附近的农田是否受到列车的损害而减产。列车员说，恰恰相反，飞速驰过的列车把吃稻谷的飞鸟吓走了，农民反而受益。当然铁路公司也不能向农民收取赶鸟费。这同样是市场经济无能为力的，也称为"市场失灵"。

同样一件事情在不同的时代与地点结果不同。两代经济学家的感慨也不同。但从经济学的角度看，火车通过农田无论结果如何，其实说明了同一件事：市场经济不是万能的。

资料来源：梁小民：《微观经济学纵横谈》，三联书店出版社2000年版。

在前面几章中，我们用了大量篇幅论证市场机制在调节社会资源配置与产品产量中的作用。这些论证表明，市场机制能够使资源达到有效的配置。但通过本章的学习，大家就会看到，市场机制不是万能的，它不可能调节人们经济生活的所有领域。市场经济在某些领域不能起作用或不能起有效作用的情况，我们称之为市场失灵（market failure）。导致市场失灵的原因主要有这样几种：垄断、公共物品（public goods）、外部性（externalities）及不对称信息（asymmetric information）。本章将就上述几种情况，以及政府是否应该进行调节，进行讨论。

第一节 垄断

一、垄断与低效率

在现实经济活动中,垄断现象到处存在。垄断产生的原因主要是生产的物质技术条件、人为因素和自然条件。那么垄断是如何导致市场失灵的呢?

以上问题可以由图 10-1 解释说明。为简单起见,假定 AC = MC。根据 MR = MC,则均衡点是 c,对应的产量为 q_m,价格为 Pm。显然,Pm > MC。即消费者愿意为增加额外一单位产量所支付的价格超过了生产该单位产量所引起的成本。因此,存在帕累托改进余地。如果让垄断厂商再多生产,让消费者以低于垄断价格 Pm 但大于 MC 的某价格购买该产量,则垄断厂商和消费者都从中得到了好处:垄断厂商的利润进一步提高,因为最后一单位产量给它带来的收益大于它支出的成本;消费者的福利进一步提高,因为它实际上对最后一单位产量的支付低于它本来愿意的支付(本来愿意的支付用需求曲线的高度衡量,即它等于垄断价格)。

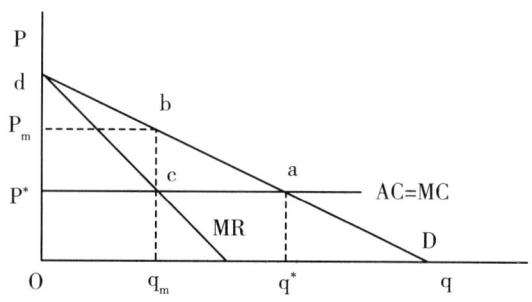

图 10-1 垄断与低效率

上述帕累托最优状态在 q^* 的产量水平上达到。D 与 MC 相交,即消费者为额外一单位产量的愿意支付价格等于生产该额外产量的成本。此时,不再存在任何帕累托改进的余地。

如何使产量从 q_m 到 q^*,一种可能的方法是:垄断厂商同意在 P^* 上出售 q^*;则垄断厂商的利润损失为 $(Pm - P^*) \cdot q_m$。为了弥补损失,消费者之间达成协议,共同给予垄断厂商一揽子支付。在给予这一揽子支付之后,消费者的福利与垄断条件下相比,仍有所改善,因为价格从 Pm 到 P^* 给消费者带来的全部好处是区域 $PmbaP^*$,即消费者剩余。它大于 $(Pm - P^*) \cdot q_m$。超过的部分为区域 abc 的面积,是产量从 q_m 到 q^* 产生的全部收益。这个收益在垄断厂商和消费者之间进行分配,从而双方得到好处。

为什么均衡产量不是在帕累托最优状态 q^* 上呢?

原因:垄断厂商和消费者之间以及消费者本身之间难以达成一致意见。

(1) 垄断厂商和消费者在如何分配增加产出所得到的收益无法达成一致意见;(2) 消费者本身之间在如何分摊一揽子支付不能达成一致意见;(3) 无法防止消费者不分摊

"一揽子"支付而享受低价格好处,即"免费乘车者"。由于存在上述这些困难,实际上得到的通常便是无效率的垄断情况。

上述分析,也适用于垄断竞争或寡头垄断等其他非完全竞争的情况。只要市场不是完全竞争的,只要厂商面临的需求曲线是向右下方倾斜,则厂商的利润最大化原则就是 MR = MC,而不是 P = MC。当 P > MC 时,就出现了低效率的资源配置状态。由于协议的困难,潜在的帕累托改进难以得到实现,于是整个经济便偏离了帕累托最优状态,均衡于低效率之中。

不仅如此,垄断还可能造成更大的经济损失。为了获得和维持垄断地位从而享受垄断的好处,厂商常常需要付出一定的代价。例如,向政府官员行贿;雇用律师向政府官员游说,等等。这种为获得和维持垄断地位而付出的代价,不是用于生产,没有创造出任何有益的产出,完全是一种"非生产性的寻利活动"。这种非生产性的寻利活动被概括为所谓的"寻租"活动:为获得和维持垄断地位从而得到垄断利润(亦即垄断租金)的活动。现实的经济生活证明,寻租活动造成的经济损失要远远超过传统垄断理论中的"纯损三角形"。

二、对垄断的政府管制

针对垄断造成的市场失灵,政府有必要进行干预。

政府管制:指政府制定条例和设计市场激励机制,控制市场上的价格、销售与生产决策,以提高资源的配置效率。政府管制分为经济管制与社会管制。

经济管制:只对价格、市场进入和退出条件、特殊行业服务标准的控制。

社会管制:主要用来保护环境以及劳工和消费者的健康和安全。

这里重点讨论政府对垄断价格和垄断产量的管制。分两种情况:

(1) 递增成本:AC 向右上方倾斜。在没有管制的情况下,垄断厂商均衡点为 A 点,对应的产量、价格分别是 Pm,q_m。这种均衡一方面是缺乏效率的,因为 P > MC;也是缺乏"公平",因为厂商获得了超额垄断利润,即经济利润不等于 0。

现在考虑政府的价格管制:如果政府的目标是提高效率,则政府应当将价格定在 P_c,对应产量为 q_c,此时 P = MC,于是实现了帕累托最优。当政府将价格定为 Pc,垄断厂商仍可以得到一部分经济利润。如果政府试图制定一个更低的"公平价格"以消除经济利润,则该价格须为定为 Pz 时,产量为 q_z。此时,经济利润为 0。因此,Pz 可称为零经济利润价格。但是在 Pz 上,帕累托最优条件被违反了:此时边际成本大于价格。

(2) 递减成本:AC 向右下方倾斜。由于 AC 一直下降,故 MC 位于其下方。在不存在政府管制时,垄断厂商的产量和价格分别为 q_m 和 Pm。当政府管制价格为 Pc 时,产量为 Qc,达到帕累托效率。

如果要制定零经济利润价格 Pz,Pz > Pc,注意:在 Pc 和 Qc 上,垄断厂商的 AR < AC,即亏损。因此,政府必须补贴垄断厂商的亏损。

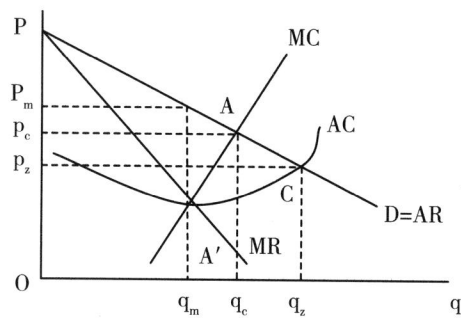

图 10-2　对具有递增成本曲线的垄断厂商的价格管制

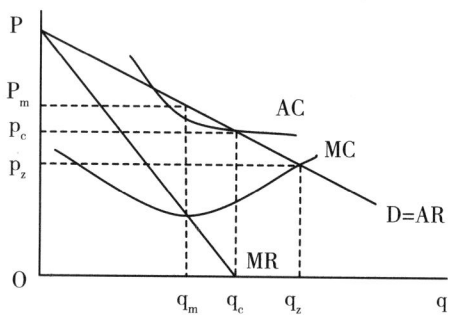

图 10-3　对具有递减成本曲线的垄断厂商的价格管制

知识链接

反垄断法

反垄断法在中国还是一种全新的法律制度。但美国早在一百多年前就已经颁布了这种法律。19世纪末和20世纪初，美国企业界出现了第一次大兼并。正如列宁在《帝国主义论》中所指出的那样，结果形成了一大批经济实力雄厚的大企业。这些大企业被叫做"垄断"厂商或托拉斯。这里的"垄断"不只局限于一个企业控制一个行业的全部供给的"纯粹"的情况，还包括几个大企业控制一个行业的大部分供给的情况。按照这一定义，美国的汽车工业、钢铁工业、化学工业等都属于垄断市场。垄断的形成和发展，深刻地影响到美国社会各个阶级和阶层的利益。1890~1950年，美国国会通过一系列法案，反对垄断。其中包括谢尔曼法（1890）、克莱顿法（1914）、联邦贸易委员会法（1914）、罗宾逊—帕特曼法（1936）、惠特—李法（1938）和塞勒—凯弗维尔法（1950）。统称反托拉斯法。在其他西方国家中也先后出现了类似的法律规定。

2007年8月十届全国人大常委会第二十九次会议表决，通过了《中华人民共和国反垄断法》。反垄断法自2008年8月1日起施行，共分为8章57条，包括：总则、垄断协议、滥用市场支配地位、经营者集中、滥用行政权力排除、限制竞争、对涉嫌垄断行为的调查、法律责任和附则。

反垄断法明确规定，禁止大型国企借控制地位损害消费者利益，国有经济占控制地位的关系国民经济命脉和国家安全的行业以及依法实行专营专卖的行业，国家对经营者的经营行为及其商品和服务的价格依法实施监管和调控，维护消费者利益。

资料来源：王晓晔：《〈中华人民共和国反垄断法〉析评》，载于《法学研究》，2008年第4期。

第二节 公共物品

一、公共物品的含义

（一）公共物品的含义与特征

如果消费一个物品时，其他人能够被排除在外，就称这种物品为排他性物品；如果一个人对这种物品的消费减少了其他人的消费量，就称这种物品为竞争性物品。很显然，在前面的章节中，我们所讨论的物品都同时具有这两种特性：排他性与竞争性，这种物品我们称之为私人物品。实际上，市场机制只有在具备上述两个特点的私人物品的场合才真正起作用，才有效率。

然而，在现实的经济中，还存在着许许多多不满足排他性或竞争性特点的物品。如果一件物品不具有排他性，即无法排除一些人"不支付便使用"，则它毫无疑问就会带来外部影响，并造成市场机制的失灵。"国防"和"海鱼"是缺乏排他性的两个生动例子。一个公民即使拒绝为国防支付，也可以享受国防的好处；同样，我们也很难阻止渔民自由地在公海上捕捞海鱼。"国防"和"海鱼"的区别在于"竞争性"方面。容易看到，国防除了不具有排他性之外，同时也不具有竞争性。例如，新生人口一样享受国防提供的安全服务，但原有人口对国防的"消费"水平不会因此而降低。从某种程度上讲，道路和电视广播等也与国防一样既不具有排他性也不具有竞争性。在达到一定点之前，道路上多一辆汽车不会妨碍原有汽车的行驶；某个人打开电视广播同样不会影响其他人收听。另外，"海鱼"则毫无疑问是"竞争性"的：当某个人捕捞到一些海鱼时，其他人所可能捕捞到的海鱼数量就减少了。然而在现实生活中，往往有些物品并不同时具备这两种特性，例如，天气预报，不管我们是否向国家缴纳了赋税，我们都可以通过多种方式得知；还有国防、消防等。这些物品既不具有排他性也不具有竞争性，我们称其为公共物品。

私人物品：具有竞争性和排他性的物品。

公共物品：与私人物品相对应的一个概念，指同时具备非排他性和非竞争性的物品。一般不能或不能有效通过市场机制由企业和个人来提供，主要由政府来提供。

竞争性：指增加一个消费者，会减少任何其他消费者对这种产品的消费。

排他性：指产品一旦生产出来，付费才可以使用。

（二）公共物品的分类

如果某种物品同时具有消费的非竞争性和非排他性，这种物品无疑就是纯公共物品，很容易与私人物品区别开来。可是，在很多情况下，这两个特征不一定同时存在。如果某种物品只存在一个特征，可称其为准公共物品或准私人物品，即混合品。因此，整个社会的物品可以划分为三大类，即纯私人物品、纯公共物品和混合品。

1. 纯私人物品

纯私人物品是指具有竞争性和排他性的产品。即当一个人消费某一私人物品时，其他的人是不可能同时对它进行消费的。如你买的苹果吃掉了，别人就没法去吃了。同时，消费者也可以因为某种原因而拒绝消费私人物品。因为如果你不付钱，那么你就不能得到苹果。

2. 纯公共物品

纯公共物品是同时具有消费的非竞争性和非排他性的物品，如国防。

3. 混合品

混合品是指具有不完全竞争性和排他性的产品。混合品又分为两类：一类是具有非竞争性和排他性的物品，称为俱乐部物品，如有线电视、社区绿化等；另一类是具有非排他性和竞争性的物品，称为公共资源，如公海中的鱼类资源、拥挤的免费公路等。

因此按照是否具有排他性与竞争性，可以将所有物品分为四类，如表10-1所示：

表10-1　　　　　　　　　　　　物品的划分

	竞争性	非竞争性
排他性	私人物品	俱乐部物品
非排他性	公共资源	公共物品

二、公共物品与市场失灵

公共物品在现实经济中是广泛存在的，由于其不可分割性、非排他性和非竞争性的特点，消费者都想无偿使用这些产品，而不愿为之付出代价，于是就出现了"搭便车"现象，即不支付成本但获得利益的行为。由于不能有效地将产品的使用者和非使用者分割开来，产品的提供者无法收回其成本，这就会丧失其提供产品的积极性，从而导致了生产的萎缩。这些特点使得边际私人成本与边际社会成本、边际私人收益和边际社会收益偏离，从而导致了市场的失灵，公共物品的有效供给就可能发生问题。这是因为，不能有效地界定产权，就不会有人对此负责，消费具有不可分性，就无法保障公共物品的供给费用征收，同时又会使消费者在消费公共物品时大手大脚，挥霍浪费，最终，公共物品会发生供给不足、供给质量和效率低下等问题。

由以上分析可知，市场只适用于提供私人物品和服务，对提供公共物品是失效的。由于公共物品的存在导致市场失灵，市场无法有效率地配置公共物品，这就需要政府介入公共物品的供给。

> **知识链接**
>
> "搭便车者"
>
> "搭便车者"一词的英文是"free rider"，它来源于美国西部城市道奇城的一个故事。当时，美国西部到处是牧场，大多数人以放牧为生。在牧场露天圈养的大量马匹对一部分人产生了诱惑，于是出现了以偷盗马匹为业的盗马贼。在道奇城这个城市，盗马贼十分猖獗。为避免自己的马匹被盗，牧场主就联合组织了一支护马队伍，每个牧场主都必须派人参加护马队伍并支付一定的费用。但是，不久就有一部分牧场主退出了护马队，因为他们发现，即使自己不参加，只要护马队存在，他就可以免费享受别的牧场主给他带来的好处。这种个别退出的人就成了"free rider"（自由骑手）。后来，几乎所有人都想通过自己退出护马队伍来占集体的便宜。于是，护马队解散了，盗马贼又猖獗起来。后来，人们把这种为得到一种收益但避开为此支付成本的行为成为"搭便车"，这样的人称为"搭便车者"。
>
> 资料来源：卢现祥、朱巧玲：《新制度经济学》，北京大学出版社 2007 年版，第 288 页。

 **即问即答**

为什么公家的电话费、电费都比较多？

三、公共物品的供给

前面分析了公共物品由政府来供给较为有利，因为政府能够定出税或者费来支付其成本，供给公共物品是政府的主要职能之一。但是，在存在免费"搭便车者"时，政府要决定提供多少公共物品是困难的，那么政府怎样确定哪些公共物品应该提供，以及应该提供多少呢？在西方国家，通常采用成本－收益分析的办法来决定资源在公共物品上的配置。

（一）成本—收益分析

成本—收益分析是一种经济项目和非营利项目评价的方法。主要方法是比较项目的成本和收益，若收益大于等于成本，就值得生产，否则，就不值得生产。然而，在实际工作中，由于评估一件公共物品的经济价值和成本要受到人们不同偏好的重要影响，因而是十分困难的。如果生产公共物品的成本将根据人们表示的利益评价程度按比例分摊一部分或全部，则这一分析方案的结局是不难预料的：为了避免多付钱，大家都会有意低估公共物品对自己的价值,最终无法生产该公共物品了。例如,原来人们过河需要买船票乘渡船,现在政府决定建一座桥,需要每人如实报告这座桥对各人的价值,为了避免多付费,人人都会有意低估建桥对自己的价值,最终无法修建这座桥了。

(二) 公共选择理论

公共选择(public choice)指在市场经济条件下,以个人利益最大化为内在动力,通过民主程序投票等实现的对公共经济的理性决策。投票表决是公共选择的一个重要选择方式,它表示了人们自己对某公共物品的偏好。

借助投票方式决定公共物品的生产,一般遵循的原则,简单归纳如下:

(1) 一致同意规则,指的是一项决策或议案,需经全体投票人一致赞同才能通过的一项投票规则。实行的是一票否决制,能保证实现"帕累托最优"的规则。

(2) 多数规则,指获得投票人支持最多的决策方案获胜的一种决策方式。这个多数的比例视具体情况,可以是总数的1/2,也可以是2/3等。

(3) 加权规则,指按照重要性的不同,给参与者的意愿"加权",即分配选举的票数。

(4) 否决规则,将所有参与者自己提出的可供选择的方案加以汇总,每位参与者从汇总的所有方案中挑出自己最不喜欢的方案,剩下的未被否决的方案便成为参与者可以接受的方案。

公共选择理论是一门介于经济学和政治学之间的新兴交叉学科,它的主要研究对象是集体决策的过程和政治个体(包括选民和政治家)的行为特征,其研究重点是经济政策的制订过程。

公共选择理论认为,人类社会由两个市场组成:一个是经济市场;另一个是政治市场。在经济市场上活动的主体是消费者(需求者)和厂商(供给者),在政治市场上活动的主体是选民、利益集团(需求者)和政治家、官员(供给者)。在经济市场上,人们通过货币选票来选择能给其带来最大满足的私人物品;在政治市场上,人们通过政治选票来选择能给其带来最大利益的政治家、政策法案和法律制度。也就是说,政府以及政府官员在社会活动和市场交易过程中同样也反映出"经济人"理性的特征。政府及其公务人员也具有自身的利益目标,其中不但包括政府本身应当追求的公共利益,也包括政府内部工作人员的个人利益,此外还有以地方利益和部门利益为代表的小集团利益等。可见政府及其公务人员并不一定只代表公共利益。从另一个角度来说,即使政府基本上代表着公共利益,但由于公共利益本身有不同的范围和层次划分。因此,中央政府与地方政府作为不同的利益主体,除了自身利益诉求之外,在公共利益的总体目标方面也有着不同的价值取向和偏好程度上的差异。

公共选择理论的主要贡献是它运用了经济学的分析方法来研究政治决策机制的运作。把经济学的研究对象拓展到政治学领域;把人类的经济行为和政治行为作为统一的研究对象,从实证分析的角度出发,以经济人为基本假定和前提,运用微观经济学的成本—效益分析方法,解释个人偏好与政府公共选择的关系,研究作为投票者的消费者如何对公共物品或服务的供给的决定表达意愿。

 **即问即答**

能否说政府提供的物品都是公共物品？举例说明。

第三节 外部性

一、外部性的定义和分类

以前我们讨论的微观经济理论总是基于一个前提假设：单个消费者或生产者的经济行为对社会上其他人的利益不构成影响，即不存在外部影响。然而，在实际经济中是不可能的，往往某些人（消费者或生产者）自己的一项经济活动会影响到社会上其他成员乃至整个社会的利益，这种情况我们称之为外部性。如果这个微观经济单位的经济活动对其他微观经济单位产生的是有利的影响，我们称为外部经济，又称正外部性；如果产生的是不利的影响，我们称为外部不经济，又称负外部性。

外部性：又称为外部影响、外部效应、溢出效应或外差效应，是指某个企业或者居民的经济活动，对其他微观单位（企业或居民）所产生的非市场性的影响。

外部经济：根据经济活动的主体是生产者还是消费者，外部经济可以分为"生产的外部经济"和"消费的外部经济"；同理，对于外部不经济，针对经济活动的主体，也可以分为"生产的外部不经济"和"消费的外部不经济"。下面我们分别举例说明。

（一）生产的外部经济

企业培训合格的员工跳槽，作为生产者的企业培训了员工，却对员工跳槽后的企业带来了有利的影响，自己却不能从中得到任何报酬，就产生了生产的外部经济。

（二）消费的外部经济

人们注射预防针，不仅保证了自身的健康，也降低了其周围人群感染病毒的可能性，但自己却不能从他人获得收益中获利，这就是消费的外部经济。

（三）生产的外部不经济

以前我们称的"五小企业"：小煤矿、小炼油、小水泥、小玻璃、小火电，这些企业排除的污染物使周边的人们乃至整个社会都遭受了损失，但这些企业却未给他们以补偿，就产生了生产的外部不经济。

（四）消费的外部不经济

吸烟者的行为危害了被动吸烟者的身体健康，给他人的利益造成了损失，但并未给予补偿。

 **即问即答**

某一经济活动存在外部不经济是指该活动的（　　）。
A. 私人成本大于社会成本　　　B. 私人成本小于社会成本
C. 私人利益大于社会利益　　　D. 私人利益小于社会利益

二、外部性导致市场失灵的原因分析

外部性本质上是因为私人成本与社会成本、私人利益和社会利益之间的差异。外部经济是私人利益＜社会利益，差异为外在利益（external benefits），外部不经济：私人成本＜社会成本，差异为外在成本（external cost）。

下面我们来看一个实例：

钢铁厂向河中排放废物，这是私人成本＜社会成本，即外部不经济；若整个钢铁市场的排放可以通过降低产量来减少，则是私人利益＜社会利益，即外部经济。

（一）外部不经济与市场失灵

设在完全竞争条件下，某竞争厂商每增加一单位产量给他人造成的损失，用 MEC（marginal eternal cost）表示，即边际外在成本；那么边际社会成本 MSC（marginal social cost）就等于边际外在成本 MEC + 厂商自身的边际成本 MC，即

$$MSC = MC + MEC$$

如图 10-4 所示，在完全竞争条件下，该竞争厂商的需求曲线和边际收益曲线为一条水平直线 D=MR，MC 为其边际成本曲线，MEC 为该竞争厂商生产行为所产生的边际外在成本曲线。则该厂商的边际社会成本曲线就为其自身的边际成本 MC 曲线与边际外在成本 MEC 曲线的纵向加总。该竞争厂商利润最大化时，应满足 MR = MC，两条曲线交于 A 点，此时最大产量为 Q_1，而社会利益最大化时，应满足 MR = MSC，两条曲线交于 B 点，此时最大产量为 Q^*，显然 $Q_1 > Q^*$，即竞争厂商为了实现他自身的利润最大化，所生产的产量 Q_1 大于社会实现帕累托最优所需要的产量 Q^*。

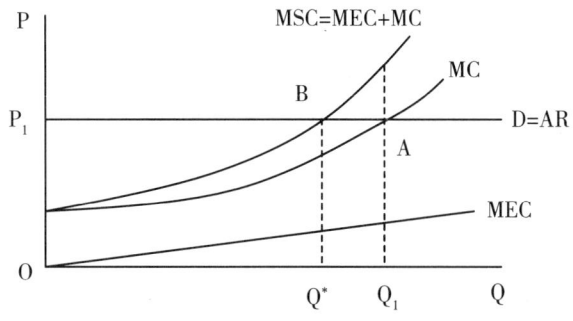

图 10-4　外部不经济和市场失灵

那为什么存在外部不经济的情况下,不能进行帕累托改进呢?

原因为:(1)交易费用过大,难以达成补偿协议,尤其是参与人数众多时,更难达成;(2)产权不明确,是工厂有污染权,还是居民有环境权,法律并不明确;(3)存在免费搭便车现象,跟排污者交涉是有成本的,某些受害者不付出成本,却想获得协商的收益;(4)势力不对称,污染者对众多受害者时,就像一个垄断者,污染者可以自主决定是否补偿以及补偿多少。在这种情况下,即使污染者和居民达成协议,由外部性产生的行为也会破坏资源的最优配置。

(二)外部经济与市场失灵

设在完全竞争条件下,某个人每消费一单位商品给他人带来的收益,用 MEB(marginal external benefit)表示,即边际外在收益;那么边际社会收益 MSB(marginal social benefit)就等于边际外在收益 MEB + 个人自身的边际收益 MB,即 MSB = MB + MEB。

如图 10-5 所示,在完全竞争条件下,该消费者的需求曲线和边际成本曲线为一条水平直线 D = MC′,MB 为其边际收益曲线,MEB 为该消费者消费行为所产生的边际外在收益曲线。则该消费者的边际社会收益曲线就为其自身的边际收益 MB 曲线与边际外在收益 MEB 曲线的纵向加总。该消费者效用最大化时,应满足 MB = MC′,两条曲线交于 A 点,此时最大需求量为 Q_1,而社会利益最大化时,应满足 MSB = MC,两条曲线交于 B 点,此时最大需求量为 Q^*,显然 $Q^* > Q_1$。即该消费者为了实现他自身的效用最大化,所需求的量 Q_1 小于社会实现帕累托最优所需要的量 Q^*,使得资源未能得到优化配置,故市场失灵。

而不能进行帕累托改进的原因同上。

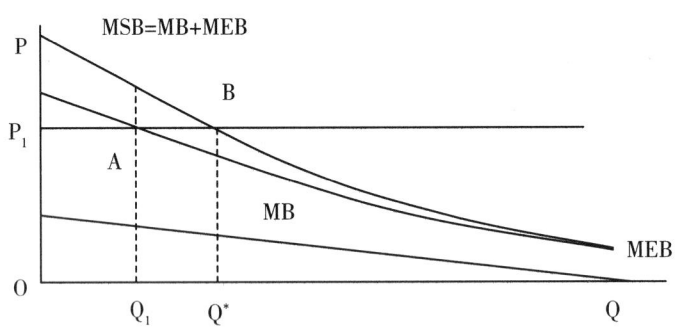

图 10-5 外部经济与市场失灵

 即问即答

从外部性角度谈谈为什么我国要实行九年义务教育。

三、有关外部性的公共经济政策

由外部性所造成的资源配置不当该如何纠正？消除外部性的基本思路就是使外部效应内部化。一般而言，常用的方法有以下几种。

（一）征税和补贴

税收方案是英国经济学家庇古提出来的法则。庇古认为，如果要达到社会总福利的极大化，任何经济活动的边际社会收益与边际社会成本必须相等。因此，在存在外部经济的情况下，政府应该对带来外部成本的当事人征税，税额等于边际外部成本。

对于产生正外部性的经济活动，政府可以给予补贴以鼓励生产或消费。例如，政府可以通过给予补贴来鼓励居民在自己的住宅周围养花种树。

然而，尽管庇古税收和补贴在理论上是可行的，但是在实际操作上则困难重重。因为用税收或补贴克服外部性的最大缺陷在于政府很难确切地掌握有关外部成本或外部收益的信息，因此很难确定边际污染成本或边际收益。此外，由于受外部经济影响的第三方也不一定确切地了解他到底遭受多大程度的损失或得到多大的好处，有时还因为私人的原因使得受到外部成本损害的人们常常夸大损失的程度，要求政府尽可能多地减少这种损害；而得到外部收益的人们则往往会保持沉默，因为向政府公开了外部收益对他们来说没有任何好处。因此，只要有关外部成本和外部收益的信息是"隐藏的信息"，庇古提出的税收或补贴政策就难以在实际生活中得到应用。于是征税和补贴的效果是否理想，关键在于政府能否得到足够的信息，以使得税收或补贴与相关的外部性正好一致。

（二）合并相关企业，使外部影响内部化

一个企业存在外部不经济，则可将其与受其损害的企业合并。在这种情况下，由于该企业将支付受损企业的全部成本，包括由其外部性所导致的成本，因此，实际上该企业支付了他的全部社会边际成本，从而将其产生的外部影响"内部化"了。

（三）规定财产权

在很多情况下，外部性之所以导致资源配置失当，是由于产权不明确。如果财产权是完全确定的并得到充分保障，则有些外部性影响就可能不会发生。例如，某条河流的上游污染者使下游用水者受到损害。如果给予下游用水者以使用一定质量水的财产权，则上游的污染者将因把下游水质降到特定质量之下而受罚。在这种情况下，上游污染者将会同下游用水者协商，将这种权利从他们那里买过来，然后再让河流受到一定程度的污染。同时，遭到损害的下游用水者也会使用他出售污染权而得到的收入来治理河水。

四、科斯定理

科斯在其1960年发表的《社会成本问题》一文中,通过界定产权为解决外部性问题做出了开拓性的贡献,其中的理论核心命题被概括为科斯定理。其基本含义是:只要财产权是明确的,并且其交易成本为零或者很小,则无论在开始时将财产权赋予谁,市场均衡的最终结果都是有效率的。这里的交易成本是指围绕自由交易而发生的任何谈判或是契约强制执行的成本。

假设有一个造纸厂,它向河流中排放的污水毒死了很多河里的鱼,因而给居住于附近的渔民造成了损失。假设每户渔民的损失为100元,则10户渔民总的损失为1 000元。又假定存在两种解决污染的技术方案:一是在造纸厂安装污水过滤设备,费用为600元;二是让渔民建造污水处理厂,每个渔民承担的费用是80元,总计费用为800元。我们假定渔民拥有享受河流清洁的权力(产权界定在渔民),那么造纸厂面临三种选择:一是筹资600元自行安装污水过滤设备;二是不采取任何治理污染措施,但是赔偿渔民因污染而造成的1 000元损失;三是支付渔民建造污水处理厂的费用800元。显然依据成本最小化的原则,造纸厂会选择第一种方案,即花费600元安装污水过滤设备,从而解决污染产生的负外部性问题。这一解决方案的实质,是在渔民拥有不受污染权力的前提下,污染带来的社会成本在造纸厂这一方内部化了,其结果对于双方都有利。

假定造纸厂拥有向河流中排放污水的权力(产权界定在造纸厂),那么渔民面临三种选择:一是支付造纸厂安装污水过滤设备600元,以减少污水的排放;二是花费800元建造污水处理厂以减少造纸厂对河流的污染;三是不治理污染,承担1 000元的损失。显然,渔民们的选择也应当是第一种方案。可见,在造纸厂获得排污权时,渔民自身利益的要求会使他们联合起来集资600元让造纸厂安装污水过滤设备,解决负外部性问题,结果对双方都有利。

可见,科斯定理的实质是只要产权界定清晰,并且交易费用为零,不论初始产权归属于哪一方,都可以通过市场化的交换而无须政府的干预,就可以达到资源的优化配置,从而最终实现最优。

通过分析也可以发现,科斯定理成立的一个重要假设前提是:交易成本为零。事实上,只要发生交易和谈判,或多或少都会产生成本。而在存在交易成本的情况下,产权的不同界定就会对市场效率产生影响。

当谈判和交易只在两个人之间发生时,谈判成本不会太高。但如果外部成本涉及很多人时,谈判成本就会大大提高,有时甚至会高得无法达成交易。例如,在前面的例子中,如果受到河流污染损害的渔民有几千家,那么谈判会有成本,如果仅由个别几家渔民出面和企业进行谈判并且承担费用,于是每个人都会寄希望于别人出面处理这件事并承担费用,那么出于"搭便车"的心理,最后企业与渔民之间的谈判可能会因为人数太多、交易成本太高而无法进行。结果,交易就不会发生,企业继续将所有的污水都排入河中,这样的结果同样是低效率的。因此,如果交易成本太大,通过市场可能无法有效地解决外部性问题，无法使资源达到有效的配置。在这种情况下，也许需要某种形式的政府调节。

 **即问即答**

科斯定理的一个局限性是（　　）。
A. 当存在大量厂商时最有效　　　　B. 假设存在很大的交易成本
C. 只有当普遍拥有产权时才成立　　D. 当交易成本很高时不成立

第四节　信息不对称

一、信息不完全和不对称

在完全竞争市场上，我们假设供求双方都是具有完全信息的，即消费者能够零成本地知道有关商品的所有信息，如质量、价格、产地、原材料、生产厂家、生产日期、生产环境等，消费者便可做出比较后的选择，做出性价比最高的决策，实现自己的最优解；生产商也是一样。最后，取优去劣，实现整个市场的帕累托最优。但实际经济中，信息往往是不完全的，或买卖双方所知晓的信息是不对等的，某一方要想获得更多的信息，需要付出相当的成本。这种情况我们称之为信息不完全和信息不对称。

信息不完全，指市场参与者不拥有某种经济环境状态的全部知识。

信息不对称，指交易中的各人拥有的信息不同。

在信息不完全和不对称的情况下，市场机制有时就不能很好地起作用。例如，由于缺乏足够的信息，生产者的生产可能会带有一定的"盲目"性：有些产品生产过多，而另一些产品又生产过少；消费者的消费选择也可能会出现"失误"，如购买了一些有害健康的"坏"商品，而错过了一些有益健康的"好"商品。更坏的情况是，由于缺乏足够的信息，有些重要的市场甚至可能根本就无法产生，或者即使产生，也难以得到充分的发展。下面具体说明各种情况下信息不完全与不对称导致的市场失灵问题。

二、信息不完全、不对称与市场失灵

（一）逆向选择

逆向选择（adverse selection），是指在买卖双方信息不对称的情况下，差的商品（次品）总是将好的商品驱逐出市场。当交易双方的其中一方对于交易可能出现的风险状况比另一方知道得更多时，便会产生逆向选择问题。我们以几个不同类型的市场为例来说明逆向选择问题。

1. 次品市场——以旧车市场为例

假设该旧车市场上信息是完全的，买者和卖者都可以区分高质量车和低质量车，这时，市场上将会有高质量车和低质量车两个区域市场，彼此按质论价。但实际经济中，旧车市场上的信息是不完全的，不对称的。卖者知道的旧车质量的信息对于买者，买者不能准确区分出高质量车和低质量车，卖者就会以次充好，而买者估计到卖者这种利益驱使的可能性，尽管他们不能了解旧车的真实质量，只知道车的平均质量，便只愿出旧车平均质量的中等价格，这样一来，那些高于中等价的上等旧车就可能退出市场。接下来的演绎是，由于上等车退出市场，买者会继续降低估价，次上等车会退出市场；演绎的最后结果是：市场上成了破烂车的展览馆，极端的情况一辆车都不成交。现实的情况是，社会成交量小于实际均衡量，市场上不能产生互利的交易。这个过程就形成了逆向选择问题，最终市场资源得不到有效配置，导致市场失灵。

 **即问即答**

为什么新汽车一旦在二手汽车成交就会很快贬值呢？为什么高档手表、高档服装（如江诗丹顿、香奈儿等）不降价销售呢？

2. 保险市场——以医疗保险为例

在医疗保险市场上，交易（签约）前，显然投保人比保险公司更了解受保人的情况。虽然保险公司也采取了一些措施想规避这种信息不对称的情况，如对受保人有年龄限制，年龄越高保费越高，或签约前要进行身体检查等。但卖方保险公司仍然无法全面了解受保人和投保人的情况。往往高风险人群购买医疗保险的积极性高于低风险人群，高风险人群购买的多，则保险公司为了自身利益会提高保费，而对于高保费，也只有高风险人愿意接受，这样恶性循环下去，最后只有高风险人群购买医疗保险，且保险公司也无利可图，同样形成了逆向选择问题。

3. 信贷市场

同前面两个市场类似，逆向选择的结果，由于交易（签约）前借方和贷方的信息不对称，只会导致只有高风险的借贷者才会寻求贷款的可能，最终贷方将无利可图。

（二）道德风险

道德风险（moral hazard），指交易协议签订后，其中一方利用多于另一方的信息，有目的地损害另一方的利益而增加自己利益的行为。

1. 保险市场——以汽车盗抢险为例

前面我们分析了在签约前保险市场因信息不对称可能发生的逆向选择问题，现在我们来讨论在签约后保险市场可能发生的道德风险问题。如汽车的盗抢险：在没有购买到汽车盗抢险以前，潜在的投保人总是小心谨慎，把自家汽车停放在安全可靠的地方以规避风险。因为在这种情况下，风险所造成的损失是完全由其个人承担；然而，当购买了汽车盗抢险后，投保人会放松警惕，甚至会变得粗心大意，汽车随意停放，增加了汽车发生盗抢的可能性（概率）。因为，此时出现风险的损失已不再是由他个人全部承担，保险公司会为其承担相当一部分甚至全部。因此，当投保人的行动不能被观察时，赔偿事件发生的概率和保险公司支付的数量将受到影响，也改变了市场有效配置资源的能力，使得市场失灵。

2. 劳动市场——委托—代理问题

代理关系即指某人的福利依赖于他人的行动。行动方为代理方，受行动影响的一方为委托方。在现实经济中处处可见，如股东与经理、雇主与雇员、公民与官员等。委托方的目的是依赖于代理方的行动来使得自己的利益最大化，而代理方的目的则是追求自身效用最大化。如果这两种利益不同，代理方的行动就会偏离委托方期望的方向，甚至相背离。如厂商与工人，厂商追求工厂生产的利润最大化，而工人只追求个人效用最大化。如果不通过一些方法把厂商的利润与工人的效用统一起来，则可能出现工人"磨洋工"、"偷懒"等现象。由于信息的不完全，订立合同时很多事后现象不可能都考虑进去，且企业不可能花大成本对工人的努力程度进行完美的监督，再加上劳动产品不可能单独计量（现代生产一般是团队生产），因此也损失了社会的经济效率。

三、有关信息不完全、不对称的公共经济政策

（一）针对"逆向选择"问题，解决办法是增强市场信号

1. 信誉和标准化

以旧车市场为例，当不对称信息通过逆向选择将高质量产品驱逐出市场时，这些生产者怎样才能让别人知道他们提供的产品是高质量的呢？可以通过设置卖方企业和商品的商标，使买方相信其所销售的商品是高质量的，从而规避逆向选择问题。如麦当劳通过标准化（其在这个国家任何地方，每一家麦当劳提供的配量和食品都是一样的），证明自己的质量可靠。这个标准也可以由政府来核定，对供求双方都是有利的。如政府制定的食品安全标准、环保标准、生产组织标准等。

2. 保证和保证书

高质量和可靠性产品的厂商更愿意让消费者知道其产品的品质。而保证和保证书有效地显示了信号，以识别高质量和可靠性，是有效的决策工具，因为对低质量的生产者而言，保证的成本太高，不易模仿。例如，厂商雇佣工人，典型的信号不对称。那么厂商如何在签约前判断工人生产效率的信息呢？"受教育程度"可以作为一个信号显示，也是一个政府授予的"保证书"。一般认为，和生产率低的人相比，生产率高的人获得更高水平的教育；"工作经历"也可以作为一个信号显示，一般认为，工作经历越丰富，获奖越多的人，生产率更高，其荣誉证书也可以认为是个"保证书"，等等。

 **即问即答**

许多消费者把著名品牌的名称看作是质量的信号,并愿为名牌产品多付钱。品牌能否提供有用的质量信号?

(二) 针对"道德风险"问题,解决办法是激励设计

例如,前面提到的委托代理问题(以股东和经理人为例),企业可以设立一个激励系统,使委托人(股东)和代理人(经理)的目标相一致,这样就避免了道德风险的产生。具体措施如奖励、股票、股票期权等。

 延伸阅读

灯塔的故事

在一个靠海的渔港村落里住了两三百个人,大部分的人都是靠出海捕鱼为生。港口附近礁石险恶,船只一不小心就可能触礁沉没而人财两失。如果这些村民都觉得该盖一座灯塔,好在雾里夜里指引迷津;如果大家对于灯塔的位置、高度、材料、维护也都毫无异议,那么,剩下的问题就是怎么样把钱找出来,分摊盖灯塔的费用?村民们怎么样分摊这些费用比较好呢?

既然灯塔是让渔船趋福避祸,就依船只数平均分摊好了!可是,船只有大有小;船只大的船员往往比较多,享受到的好处比较多。所以,依船员人数分摊可能比较好!然而,船员多少不一定是好的指标,该看渔获量。捞得的鱼多,收入较多,自然能负担比较多的费用。所以,依渔获量来分摊比较好!但如果有人是素食主义者,不吃鱼;难道也应该出钱吗?可是,即使素食主义者自己不吃鱼,他的妻子儿女还是会吃鱼啊。所以还是该按全村人口平均分摊。可如果这个素食主义者同时也是个独身主义者,没有妻子儿女,怎么办?还是船只数为准比较好;船只数明确可循,不会有争议!还会遇到这种情况:虽然家里有两艘船,却只有在白天出海捕鱼,傍晚之前就回到港里。所以,根本用不上灯塔,为什么要分摊?或者,有人表示:即使是按正常时段出海,入夜之后才回港,但是,因为是讨海老手,所以港里港外哪里有礁石,早就一清二楚,闭上眼睛就能把船开回港里,当然也就用不上灯塔!

灯塔的例子很具体而深刻地反映了一个社会在处理公共物品这个问题上所面临的困难。灯塔所绽放的光芒德泽广被、让过往的船只均蒙其利。可是,其他的东西像面包牛奶一个人享用了之后别人就不能再享用;灯塔的光线却不是这样,多一艘船享用不会使光芒减少一丝一毫。而且,你在杂货店里付了钱才能得到牛奶面包;可是,即使你不付钱,还是可以享有灯塔的指引,别人很难因为你不付钱而把你排除在灯塔的普照之外。

和牛奶面包相比,像灯塔这种产品就比较容易由公共部门来解决。因此,由灯塔的例子,可以具体入微地联想到"政府"存在的理由。

资料来源:http://www.beiwang.com,2002-7-8,北望经济学园。

·经济学名家·

新制度经济学的鼻祖——罗纳德·哈里·科斯

罗纳德·哈里·科斯（Ronald H. Coase）1910年出生于英国伦敦，1932年获伦敦大学学士学位，1951年获伦敦大学博士学位，移民美国。先后任弗吉尼亚大学、芝加哥大学、堪萨斯大学教授。1991年获得诺贝尔经济学奖。

罗纳德·哈里·科斯是产权理论的创始人，早在1937年，在以他的本科论文为基础发表的《企业的性质》一文中，就阐明了该理论的一些基本概念，人们至今仍应为他当时的洞察力深感惊奇。但该书完成以后，并没有得到人们的太多关注。沉默了近三十年，产权理论才受到重视。20世纪80年代后随着自由放任思想潮流的高涨，产权理论受到高度评价，科斯也正是因此获得诺贝尔经济学奖。

按照瑞典皇家科学院的公告，1991年诺贝尔经济学奖的获得罗纳德·哈里·科斯的主要学术贡献在于，揭示了"交易价值"在经济组织结构的产权和功能中的重要性。他的杰出贡献是发现并阐明了交换成本和产权在经济组织和制度结构中的重要性及其在经济活动中的作用。

2013年9月2日在美国去世，享年103岁。

【本章小结】

1. 市场机制不是万能的，它不可能调节人们经济生活的所有领域。市场经济在某些领域不能起作用或不能起有效作用的情况，我们称之为**市场失灵**。

2. 导致市场失灵的原因主要有这样几种：垄断、公共物品（public goods）、外部性（externalities）及不对称信息（asymmetric information）。

3. 垄断产生的原因主要是生产的物质技术条件、人为因素和自然条件。垄断行业缺乏效率，垄断厂商的产量低于社会最优产量，其市场价格高于成本。针对垄断造成的市场失灵，政府有必要进行干预，及"政府管制"（包括对垄断价格和垄断产量的管制）。

4. 公共物品是与私人物品相对应的一个概念，指同时具备非排他性和非竞争性的物品。市场只适用于提供私人物品和服务，对提供公共物品是失效的。由于公共物品的存在导致市场失灵，市场无法有效率地配置公共物品，这就需要政府介入公共物品的供给。

5. 外部性，又称为外部影响、外部效应、溢出效应或外差效应，是指某个企业或者居民的经济活动，对其他微观单位（企业或居民）所产生的非市场性的影响。外部经济与外部不经济都会扭曲资源配置。政府可以通过征税和补贴、合并相关企业、规定财产权等方式消除外部性的影响。

6. 科斯定理：只要财产权是明确的，并且其交易成本为零或者很小，则无论在开始时将财产权赋予谁，市场均衡的最终结果都是有效率的。

7. 在信息不完全和不对称的情况下，市场机制有时就不能很好地起作用。信息不完全和不对称会导致逆向选择、道德风险等问题。

【关键术语】

市场失灵，外部性，公共物品，信息不对称，科斯定理

【技能训练】

1. 某一产品的市场需求函数为 Q = 1 000 − 10P，成本函数为 C = 40Q，求：
（1）若该产品为一垄断厂商生产，利润最大化时的产量、价格和利润为多少？
（2）要达到帕累托最优，产量和价格为多少？
（3）社会纯福利在垄断性生产时损失了多少？

2. 一家名叫贝恩的公司奉行一项长期的政策，在任何时候该公司都接受它售出的退货，不论退货的原因是什么。为什么采取这样的政策对于一个追求利润最大化的厂商来说可能是划算的？

3. 设一个公共牧场的成本是 $C = 5X^2 + 2\,000$，其中，X 是牧场上养牛的头数。牛的价格为 P = 800 元。
（1）求牧场净收益最大时的养牛数。
（2）若该牧场有 5 户牧民，牧场成本由他们平均分担。这时牧场上将会有多少养牛数？从中会引起什么问题？

【案例分析】

老百姓对哪些垄断行业意见最大

国家统计局中国经济景气监测中心日前会同中央电视台《中国财经报道》对北京、上海、广州三个城市的 700 余位居民进行了调查。电信、邮政、铁路和电力等部门应破除垄断哪些行业应破除垄断呢？79.9% 的居民认为是电信行业，52.8% 的居民认为是铁路部门，47.5% 的居民认为是邮电行业，45.8% 的居民认为是电力部门。另外，认为是公交、航空、金融、保险的居民分别占 37.9%、29.6%、24.1% 和 14.6%。

国家统计局有关专家表示，必须坚定不移地对电信、铁路、邮政、电力等垄断行业进行改革和重组，通过使同一业务经营主体的多元化，非国有资本包括外国资本进入基础设施和公用事业领域，企业财产组织形式的改造与现代企业制度的建设等，创造开放和竞争格局，以适应我国社会主义市场经济迅速发展的要求。

多数居民认为现在的电费价格偏高。电力是不是一种商品？调查显示，85.8% 的居民认为电力也是一种商品，只有 11.1% 和 3.2% 的居民分别表示不是和不清楚。同时，相对于自己的收入水平，55.8% 的居民认为现在的电费价格偏高，41.6% 的居民认为合适，只有 1.6% 的居民认为偏低。

既然电力也是一种商品，作为这种商品生产者的电力部门就必须遵守和适应市场经济的发展规律，在提高产品质量和服务水平的同时，根据市场的变化和信息，灵活地制定和调整其价格，这样才能使电力资源得到有效的配置。否则改革滞后，使其价格偏离电力价值、服务水平和人民的收入状况，不仅不利于保障消费者的利益，也不利于电力

行业竞争力的提高和长远的发展。

绝大多数居民赞成采取价格听证会制度。多数群众对电力行业垄断和电力价格不满的重要原因，是电力部门的电力生产成本和定价规则缺乏公开性。电力价格听证会的宗旨是为了了解电力成本构成情况，其目的是增加电力价格的透明度，提高电力部门定价的科学性和合理性。

据调查，74.2%的消费者赞成对电力定价采取价格听证会，只有21.6%和3.7%的居民分别表示无所谓和反对。所以，一方面，电力部门要根据消费者的需求，按照有关程序，对电力定价采取价格听证会，使消费者了解电力成本和利润，科学合理地制定电价；另一方面，价格听证制度还是一个新生事物，需要在实践中进一步规范和完善。同时，作为垄断行业的电力行业，根本的问题是进行改革和重组，破除垄断和垄断价格。

资料来源：根据《中国财经报道》整理。

问题：

(1) 我国的垄断行业有哪些？有哪些共同特征？

(2) 我国部分行业的垄断经营对企业自身发展与消费者利益有哪些影响？

(3) 除了采取价格听证制度，还应该采取哪些措施消除垄断的不利影响？

【团队实训】

分析我国市场失灵现象

1. 实训目的

加深对市场失灵及微观经济政策的理解；了解我国当前市场经济运行存在的问题和对策；掌握资料、数据调研的基本方法。

2. 实训内容及要求

实训以小组为单位，成果在课堂完成上交，提交形式为纸质版文件。

(1) 请同学们通过上网等形式查找资料，找出我国市场经济运行中存在的市场失灵的现象。

(2) 分析市场失灵的原因，以及其造成的效率损失。

(3) 提出解决的对策建议。

参考文献

[1] [美] 保罗·萨缪尔森、威廉·诺德豪斯:《经济学(第十七版)》,人民邮电出版社 2004 年版。

[2] [美] 本杰明·M·弗里德曼:《经济增长的道德意义》,中国人民大学出版社 2013 年版。

[3] [美] 戴维·N·韦尔:《经济增长》(金志农等译),中国人民大学出版社 2011 年版。

[4] [美] 德怀特·H·波金斯、斯蒂芬·拉德勒等著:《发展经济学》,中国人民大学出版社 2006 年版。

[5] [美] 格里高利·曼昆:《经济学原理(第三版)》(梁小民译),机械工业出版社 2005 年版。

[6] [美] 格里高利·曼昆:《经济学原理(微观经济学分册)》,北京大学出版社 2006 年版。

[7] [美] 格里高利·曼昆:《经济学原理(宏观经济学分册)》,北京大学出版社 2006 年版。

[8] [美] 格里高利·曼昆:《经济学原理:宏观经济学分册(第6版)》,北京大学出版社 2012 年版。

[9] [美] 哈尔·R·范里安:《微观经济学:现代观点》,格致出版社、上海三联书店、上海人民出版社 2012 年版。

[10] [美] 杰弗里·萨克斯、费利普·拉雷恩:《全球视角的宏观经济学》(费方域等译),上海人民出版社 2004 年版.

[11] [美] 坎贝尔·R. 麦克南、斯坦利·L. 布鲁伊:《经济学(第五版)》(李绍荣等译),中国财政经济出版社 2004 年版。

[12] [美] 鲁迪格·多恩布什、斯坦利·费希尔、理查德·斯塔兹:《宏观经济学》(王志伟译),中国人民大学出版社 2010 年版。

[13] (挪威)拉斯·特维德:《逃不开的经济周期》(董裕译),中信出版社 2012 年版。

[14] [美] 威廉·J. 鲍莫尔、艾伦·S. 布林德:《经济学精要——原理与政策》(张嫚等译),东北财经大学出版社 2011 年版。

[15] [美] 沃尔特·尼科尔森、克里斯托菲儿·西迪尔:《中级微观经济学理论与应用》,中国人民大学出版社 2012 年版。

[16] [美] 约翰·B. 泰勒:《经济学(第十五版)》(李绍荣等译),中国市场出

版社 2007 年版。

［17］崔东红、陈晶：《微观经济学原理与实务》，北京大学出版社、中国农业大学出版社 2009 年版。

［18］陈友龙、缪代文：《现代西方经济学》，中国人民大学出版社 2002 年版。

［19］高鸿业：《西方经济学（微观部分．第六版）》，中国人民大学出版社 2014 年版。

［20］高鸿业：《西方经济学（宏观部分．第六版）》，中国人民大学出版社 2014 年版。

［21］韩秀云：《推开宏观之窗》，经济日报出版社 2003 年版。

［22］柯武刚、史漫飞：《制度经济学》，商务印书馆 2000 年版。

［23］厉以宁：《西方经济学》，高等教育出版社 2015 年版。

［24］黎诣远：《西方经济学》，高等教育出版社 2005 年版。

［25］李伯兴：《经济学验证性实验教程》，东北财经大学出版社 2010 年版。

［26］刘东、梁东黎：《微观经济学教程》，科学出版社 2005 年版。

［27］刘华：《经济学基础》，大连理工大学出版社 2006 年版。

［28］梁小民：《西方经济学》，中央广播电视大学出版社 2005 年版。

［29］卢现祥、陈银娥：《微观经济学（第二版）》，经济科学出版社 2008 年版。

［30］牛国良：《西方经济学教程（第二版）》，高等教育出版社 2006 年版。

［31］祁华清：《宏观经济学》，清华大学出版社 2007 年版。

［32］孙凤翔、薛桂芝：《财政与金融》，北京邮电大学出版社 2011 年版。

［33］王志伟：《微观经济学》，武汉大学出版社 2013 年版。

［34］《西方经济学》编写组：《西方经济学》，高等教育出版社、人民出版社 2011 年版．

［35］谢识予：《经济博弈论》，复旦大学出版社 2002 年版。

［36］许纯祯：《西方经济学教程》，吉林大学出版社 2002 年版。

［37］杨长江、陈伟浩：《微观经济学》，复旦大学出版社 2004 年版。

［38］尹伯成：《西方经济学简明教程．第 4 版》，上海人民出版社 2003 年版。

［39］尹伯成：《现代西方经济学习题指南（宏观经济学）（第 6 版）》，复旦大学出版社 2009 年版．

［40］张维迎：《博弈论与信息经济学》，上海人民出版社 1996 年版。

［41］张永良：《经济学基础》，北京理工大学出版社 2014 年版。

［42］张玉明聂、艳华：《西方经济学（微观部分）》，对外贸易大学出版社 2014 年版。

［43］赵英军等：《西方经济学（微观部分）第三版》，机械工业出版社 2014 年版。

［44］郑享清：《宏观经济学》，江西人民出版社 2013 年版。

［45］朱明：《西方经济学习题集（微观部分）》，陕西师范大学出版社 2004 年版。